晚清政局

黄昏中的　紫禁城

刘晨晖 著

团结出版社

图书在版编目（CIP）数据

　　晚清政局：黄昏中的紫禁城 / 刘晨晖著. -- 北京：
团结出版社, 2017.4
　　ISBN 978-7-5126-4806-7

　　Ⅰ．①晚… Ⅱ．①刘… Ⅲ．①中国历史－研究－清后期 Ⅳ．①K252.07

　　中国版本图书馆 CIP 数据核字 (2016) 第 315357 号

出　版：团结出版社
　　　　（北京市东城区东皇城根南街 84 号　邮编：100006）
电　话：(010) 65228880　65244790　（出版社）
　　　　(010) 65238766　85113874　65133603（发行部）
　　　　(010) 65133603（邮购）
网　址：http://www.tjpress.com
E-mail：zb65244790@vip.163.com
　　　　fx65133603@163.com（发行部邮购）
经　销：全国新华书店
印　装：三河市东方印刷有限公司

开　本：170mm×240mm　　　16 开
印　张：21.5
字　数：370 千字
印　数：4045
版　次：2017 年 4 月　第 1 版
印　次：2017 年 4 月　第 1 次印刷

书　号：978-7-5126-4806-7
定　价：45.00 元

前　言
PREFACE

从 1840 年到 1912 年的晚清 70 年，是一个充满了历史事件和风云人物的时代，长期吸引人们的注意。

读者若想要较全面了解晚清史，有一个问题是必须要涉及的，即必须深入认识在这 70 年间，朝廷皇室在宫廷内外危机的紧逼下，自己因处理不当如何走向覆亡路（这里不涉及辛亥革命发生的具体过程，那是革命派的事），为说明此过程，作者就写了这本书。

所以本书主要是讲晚清 70 年间，面临各种危机的清朝廷皇室，如何因自己的无能、保守、偏执……而走向覆亡。

总的来说，晚清皇室危机分为两大类：来自皇室外的危机和来自皇室本身的危机。

相对来说，来自皇室外的危机比较容易化解，比如说，由于有曾国藩的湘军与李鸿章的淮军，就化解了太平天国与捻军所引发的危机；由于签订了不同的条约就化解了英法联军与甲午战争引发的危机。而且这类危机直接延续的时间相对都不长，当然有后果，那是后话。

但是来自皇室内部的危机就不同了：

首先，它延续时间长，可以说，在整个晚清的 70 年中，皇室内部由于有形式多样的权力之争，就使朝廷一直处于各种盘根错节、脉脉相承且诡谲多变的内争危机中。

其次，有些皇室危机只限于皇室内部争权夺利，倒还容易解决，但有些皇室危机却还引发了巨大的外部危机，使内外危机结合，那就造成了严重的后果，最典型的例子就是：

朝廷内皇权危机—立大阿哥之争—导致利用义和团—引发八国联军庚子之乱。

再次，晚清时主要的皇室危机实际上是不能解决的：因为慈禧太后延续近半个世纪的垂帘听政与独裁专政，是产生晚清皇室内部危机的根本原因所在，而这是不可能解决的，并且随着她掌政时间愈久，皇室危机就愈严重，最终导致大清皇朝覆亡。

最后，在朝廷中，不但有慈禧太后垂帘听政形成近半个世纪的独裁统治的危机，而且当时朝廷整体封闭、保守、顽固抗拒新思潮、抵制并拖延实施真正有效的改革，就使得朝廷本身错过了可以挽救自己覆亡的机会。

这些内外危机在晚清70年内，交错呈现和叠叠相加，其后果当然难以破解。

本书揭示的就是1850年后逐步发展的晚清皇室危机，前后十三章的内容，步步相随，揭示出这个朝廷如何不可抗拒地逐步走进亡途路。

本书说的是紫禁城如何走向覆亡的大事，而不是说紫禁城内的宫廷琐事。

目 录
CONTENTS

第一章
晚清皇室危机溯源起自咸丰时期

1—1. 危机之源：为立嗣君掌社稷，道光皇帝错选咸丰

1840 年鸦片战争以后，清朝进入晚清时期。

此后到 1911 年辛亥革命爆发，1912 年中华民国成立，中国历史在七十年中发生了最剧烈的变化。在此期间，清政府虚弱而又腐朽的实体，完全暴露在西方帝国主义的武力侵略打击下，使得一向自诩为天朝上邦的中国，逐渐沦落为西方列强共同掠夺的半殖民地，同时国内又面临种种危机；而在应对这些内忧外患时，大清朝廷又出现了重大的失误，并造成了严重的后果。

道光皇帝

除了政治制度腐败、社会发展落后这些大方面的原因以外，这七十年，正是清皇朝咸丰、同治、光绪、宣统这四个皇帝在位之时。其中宣统只是一个幼儿且在位时间也不过三年，不应承担历史责任，而同治和光绪两朝时，中国的实际统治者则是大名鼎鼎的慈禧太后。

所以，追溯中国历史上这七十年中具有最大影响力量的、实际掌握国家政权的统治人物，同时也是最应当对大清皇朝承担一定个人历史责任的，当是咸丰皇帝与慈禧太后这两个人。

晚清时节，且不说国事，皇室本身就已经凋零。清皇朝入关以后共计产生了十位皇帝，这十位皇帝子女的多寡与大清皇朝的兴衰有密切关系。道光

及以前的五位皇帝，子嗣都不乏。

道光皇帝一生共有九子，第一个儿子其实长得落落大气，但活到23岁时就突然病故，此时离后来的咸丰皇帝奕詝出生还有两个月，道光的第二个儿子和第三个儿子都早夭，后面几个最显要的儿子是皇四子奕詝、皇五子奕誴、皇六子奕䜣、皇七子奕譞。

道光二十六年（1846年）正月初五，正值传统的新春佳节，65岁的道光皇帝突然宣布将不喜欢读书的皇五子奕誴过继给惇亲王绵恺为嗣子，这当然就意味着他已经被剥夺了皇位继承权，这位皇五子出生其实只比皇四子奕詝晚6天，都是十六岁。而皇七子奕譞当时才七岁，年龄过小，基本上不在道光考虑可继承皇位的皇子之列。

清朝皇帝立皇位继承人的原则是立贤不一定立长，也不一定立嫡。

当时在道光皇帝的心目中，可能继任皇位的就是皇四子奕詝或皇六子奕䜣，所以虽然奕詝是皇后所生，也就是嫡出，但他继位的可能性也只有百分之五十，而且当时道光皇帝似乎更倾向于皇六子，不过晚年的道光（道光二十年鸦片战争发生时，他就已经快60岁了）体弱多病一直难以决定。

其实这两位皇子从小就是在一起长大的，自幼就一起读书习武，十分亲密。尤其是奕詝十岁时，他的生母孝全皇后突然去世，然后他就由奕䜣的生母静皇贵妃抚养，因此兄弟两人的感情就更加亲密了，然而，他们两人中只有一人能继位当皇帝，那么会是谁呢？

本来道光皇帝只需要在两个皇子中立一个为太子就可以了，那么道光为什么不这样做呢？这需要了解清朝的立储君制度。

康熙皇帝在位时，曾有35个儿子和20个女儿，他于康熙十四年，册立年仅一岁的皇二子允礽为太子（皇长子允禔是惠妃所生，而皇二子为皇后所生，她生下皇子后不久就去世，康熙与皇后感情深厚，为了让她安心地离去，康熙满足了她在临终前最后的愿望，决定立其幼儿允礽为皇太子），康熙对这个皇太子曾倍加喜爱。可是随着年龄的增长，皇太子允礽刚愎暴躁，"暴戾淫乱，举动乖张"，只想早日登基继位，表现出很不耐烦的样子，对康熙皇帝也常有不礼之举，并私下自穿龙袍，大有悖逆不孝觊觎皇位之意，且对其他皇子冷酷无情。

康熙不能容忍，所以在立允礽为皇太子三十三年以后，竟于康熙四十七年下诏废黜太子，并将他囚禁于上驷院侧，命皇长子看守。在此之前，为翦除太子党羽，已经将太子的死党、领侍卫内大臣索额图，以"结党妄行，议论国事"的罪名,幽禁致死。

但是,后来皇三子却出来揭发皇长子,说是他用巫蛊之法使皇太子中了邪,于是皇太子才有些不当之举,所以皇长子才是最应当受到处分的人,并且举出了证据。康熙皇帝大惊,立即询问皇太子,他当然顺水推舟就将责任推到皇长子身上。

于是废太子后的康熙就有些后悔,并想重新再立他为太子,但又不好直接这样做,于是以推举为名考察众臣,其实众臣在明知康熙的意思下,却坚决抛弃了暴戾变态的允礽,一致推举在朝中声誉甚佳的皇八子允禩为皇太子。这却极大地触怒了康熙,因为他不能允许有一个威信几乎与自己相等的皇太子存在,而且也不能容忍众臣无视自己的意思来立皇太子,所以他宁可否定这次推举,而将人心尽失的允礽重新复位。

因此一年后,康熙四十八年三月,康熙再次立允礽为皇太子。然而,在康熙五十一年九月,他却又再次废黜这位太子,而且将他幽禁在咸安宫,称"太子狂易之疾未除,秉性凶残,与恶劣小人结党"。其实是因为太子确实已经厌烦了数十年的等待生涯,多有抱怨,而且有一批官员,包括步兵统领托合齐、刑部尚书齐世武、兵部尚书耿额和一些八旗将领,正在暗中组织太子党,想用武力逼迫康熙皇帝让位。康熙及时察觉了这个阴谋,因此断然采取第二次废太子之举,同时以极其严酷的手段处死了托合齐。

当时康熙皇帝年岁已高,一些朝臣们当然为讨好未来的皇帝,便纷纷上奏请求皇帝早日册立太子。康熙五十七年二月,翰林院检讨朱天保甚至上奏,请康熙第三次立允礽为太子。康熙大为震怒,亲自在行宫审讯朱天保,骂他是"不忠不孝之人",并处死。

康熙皇帝直到临死之前才册立皇四子胤禛继位,是为雍正皇帝。

所以,清朝自康熙一朝发生两次废皇太子的事情以后,历朝相承均不预立太子,只由在位的皇帝暗中选定一个他认为自己死后可以继位的皇子,亲笔写下诏书,分存于两个金盒子中,一个放在乾清宫正大光明匾额后,另一个则存放在皇帝寝宫。等皇帝病重将死时,方宣示遗命,由侍奉在旁的王公大臣同时请出两个盒子,启视无差,然后才能立继位皇帝。正是:

> 太子无冕异汉皇,皇孙终老郑家庄;
> 从今正大光明殿,御管亲笔禁匾藏。

其中所说的郑家庄,就是现在北京昌平的郑各庄。也就是因为当年康熙皇帝的二皇子允礽曾被立为皇太子,后因急于要取代康熙的思想暴露,两度被立和被废。第二次被废黜以后，允礽即被禁于咸安宫。雍正即位以后，于雍正元年下诏在昌平城郊郑家庄修建一处房屋，驻有兵丁，并将他的二哥允礽迁居幽禁于此地。第二年十二月，允礽就在此地死去，时年51岁，故诗中说："皇孙终老郑家庄"。

清朝廷在位皇帝这种不预先公布皇太子的做法有几个好处：

第一，既然不预先宣示谁为皇太子，则某个已内选为皇太子但未公布的皇子，若因行为表现不佳而需要更换，就不必经过会震动朝野的废立程序。

第二，没有太子之名，便可避免太子与其他皇子兄弟之间的朋党倾陷。

第三，在没有正式继立为帝之前，每一个皇子都有继立为君的希望，因此他们就不得不在学问品行方面格外加强修养，以博取皇帝的好感。所以清朝自雍正和乾隆以后，皇子们的教育一般都很成功。

《清稗类钞·宫闱篇》中有一段记载：宣宗（指道光，成皇帝）倦勤时，以恭亲王奕䜣最为成皇帝所宠，尝预书其名，置殿额内。有内监在阶下窥伺，见末笔甚长，疑所书者为奕䜣，故其事稍闻于外。宣宗知而恶之，乃更立文宗（指咸丰）。

这说明道光本意要择立奕䜣，但因事外泄，便改立奕詝。不管此事是真或是假，但是当时奕䜣得宠并有希望继立却是事实。不过最后却由于奕詝的老师教导有方与策略运用得当，终于影响了道光选择接班人的最后决定。

有一日，道光皇帝召二位皇子入宫亲加垂询，进宫前两个皇子都向自己的老师讨教。皇六子的老师教皇子在皇帝面前对皇帝所问的事要有问必答，且知无不言，言无不尽，以显示自己的才干与知识储备；皇四子的老师杜受田知道在才学上皇四子绝不如皇六子，因此在对答朝政时务等问题上，一定会处于下风，但他断定道光皇帝一定会说到自己体弱，将不久于人世之事。他告诉皇四子，此时他一定要伏地痛哭，哀求上天以自己的寿命来换皇帝安康，而无须自逞才智："唯有一策：皇上若自言老病，将不久于此位，阿哥就伏地流涕，以表孺慕之诚而已。"

二位皇子进宫后事情正是如此发生的，从而皇四子的表现大得年迈的道光皇帝的欢心（道光皇帝在位时因鸦片战争失败丢失香港，心情忧郁，未立神功且失土，因此死后皇陵上不能立神功圣德碑），这样皇四子奕詝就得立为储君，就是后来继位的咸丰皇帝。可见，这位帝师杜受田的远见卓识和思考的缜密，这就是"藏拙示孝"。

不但如此，《清史稿》还记载说："至宣宗晚年，以文宗长且贤，欲付大业，犹未决。会校猎南苑，诸皇子皆从，恭亲王奕䜣获禽最多，文宗未发一矢。问之，对曰：'时方春，鸟兽孳育，不忍伤生，以干天和。'宣宗大悦，曰：'此真帝者之言！'立储遂密定，此实受田辅导之力也。"

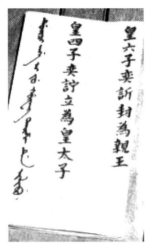

道光第一道遗诏

这里所说，宣宗即道光，文宗即后来的咸丰，这就是杜受田的另一教导："藏拙示仁"，于是通过这样的测试，道光就决定立皇四子奕詝为嗣君，当时奕詝年仅十六岁。

道光三十年正月十四日（1850年2月25日），道光皇帝已经病重垂危，在道光帝逝世前的六个小时，他宣布了大清皇朝新一代帝君的人选。

此时的道光皇帝已经不能说话，但由于回光返照，神志还算清楚，而且按照清朝秘密立储的原则，实际上三年前他就已经拟就了立储的圣旨，此时只需要解开谜底。他急召宗人府宗令戴铨、御前大臣载垣、端华、僧格林沁、军机大臣穆彰阿、赛尚阿、何如霖、陈孚恩、季芝昌、总管内务大臣文庆等进到寝宫，他们奉命打开一个金匣，宣示建储朱谕。

严冬早晨六点，圆明园还笼罩在一片黑暗中，但慎德堂内却是灯火辉煌，御前大臣、内务府大臣、军机大臣、近支皇亲、所有皇子，都当着生命垂危的道光皇帝的面，准备公开装有圣旨的金匣，领受皇帝的立储谕旨。

太监捧来了金匣，实际上它并不是金的，而是一个楠木盒子，无锁，但上贴封条，封条上写着"道光二十六年立秋"八个字，可见是三年前就已经拟定了的圣旨。

总管内务府大臣文庆奉旨在众目睽睽之下撕开封条，打开盒子，看到里面有两道用朱笔写成的内容十分简练的密旨，其中一道密旨汉字旁还注有满文。

于是，文庆拿起这道密旨高声宣读："皇六子奕䜣"，现场鸦雀无声，文庆接着念："封为亲王。皇四子奕詝立为皇太子。"

随即又宣布了第二道密旨："皇四子奕詝著立为皇太子。尔王大臣等，何待朕言，其同心赞辅，总以国计民生为重，无恤其他。特谕。道光二十六年六月十六日"。

奕詝随即磕头痛哭，群臣也纷纷下跪表态拥护新君。

当天午时，道光皇帝崩于圆明园慎德堂。

道光死后不久，正月二十六日，二十岁的奕詝即位为咸丰皇帝，以第二年（1851年）为咸丰元年。注意，遗诏中强调要封皇六子奕䜣为亲王（而且是先写这一句话），表明不许即位皇帝亏待奕䜣，也表明道光至死也喜爱奕䜣。

以后的晚清历史表明，晚清皇室的危机实际上都是起自咸丰皇帝的偏执、无知、放荡与失误，所以，道光皇帝选奕詝为嗣君是一个历史性的错误，是晚清皇室不可化解的危机之源。

假如道光的第一个儿子不死，并能继承皇位的话，那他将是在43岁即位，也就是一位很成熟的壮年君王；假如道光不是定四皇子奕詝为继承人，而是定只比奕詝小一岁半的六皇子奕䜣为继承人，他青年即位，而他后来一生的表现表明他必将是一位大有作为而且身体健康、活得长寿并且不乏子嗣的帝君，也就绝不会出现后来晚清帝室凋零，皇室自己没有继承人，外选皇亲幼儿为帝，而必须采取皇太后垂帘听政的可悲境遇。

那么，晚清的历史就必然会改写。但是，历史不能假设，大清皇室只能自食其果。

1—2. 太平军起：进剿太平军失败，朝廷已经无兵可用

道光三十年（1850年）正月十四日，道光皇帝去世，正月二十六日奕詝即皇帝位，表明咸丰时代开始了，但那一年仍称道光三十年。这年十二月，即道光三十年十二月，太平天国风暴就掀起了。十二月十日，洪秀全在广西桂平金田村发动起义，建号"太平天国"。

广东花县人洪秀全，曾读过私塾，教过乡馆，但多次参加科举乡试均未获成功，因此形成了很急躁的性格。道光十六年（1836年），洪秀全赴广州参加乡试，又不中，他在途中遇到一个穿长袍并蓄浓须的新传教士，这位传教士送给他一本宣传上帝的宗教性小册子《劝世良言》，不过他当时并未很在意这本书。

后来他详细研读了这本书以后，遂于道光二十三年（1843年），创立了"拜上帝教"，广泛宣传"上帝"，洪秀全说自己是"天父次子、天兄亲弟、天父天兄所派下凡之天王真圣主"，下凡来救助受苦受难的天下老百姓，并由此发展会众。形势发展十分迅速，很快就有上万人参加，其中不乏优秀分子，一些有组织才干的人物，如杨秀清、萧朝贵、韦昌辉、石达开等都参加了

进来。

终于，他们成立了组织，洪秀全作为公认的上帝的次子被推举为领袖，而冯云山就是上帝的第三子，杨秀清是第四子，萧朝贵为第五子。1849 年到 1850 年间广西发生了大饥荒，首先是广西本地天地会的会众在"劫富济贫"的旗号下开始行动。此时，在广西很多的非当地的客家人就纷纷加入"拜上帝会"以求免受本地人欺侮，而大量穷人的加入则是想逃脱土匪与酷吏的迫害，他们天真地认为，"拜上帝会"由于信奉洋教便可不受官府的干扰。到了 1850 年春，洪秀全已经有一万多信徒，于是他选定桂平县金田村为大本营，要求会众都变卖自己的家产到金田村集中，所有私家财产都交给"圣库"，并由"圣库"统一安排吃住，这种财物共享的做法当时很得穷人们的赞同。

实际上洪秀全等核心成员已经做好了起义的准备，道光三十年十二月十日（1851 年 1 月 11 日）洪秀全 37 岁生日那一天，"拜上帝会"正式在广西桂平县金田村宣布起义以庆洪秀全的寿诞。洪秀全被宣布为新成立的"太平天国"的"天王"，"太平"两字取自中国典籍，"天国"则出自"圣经"，所以"太平天国"加在一起，就是指在地上的太平之天国。

须知过去不管是中国皇帝或是外国皇帝，他们从来都不是社会的思想领袖，而只是掌握控制国家的权力。即使在中国废除百家独尊儒家以后，对孔孟之道的解释权也是掌握在历朝的硕学大儒手中，而不是在皇帝手中，也就是社会公认皇帝并不是思想的最高权威。另一方面，在几千年的历史中，中国人的宗教意识历来就不强，儒家思想不是宗教教义，它是已逝的先哲圣人留给后人的宝贵精神财富，教导人们如何做人和提高自己的修养，所以它是"人道"，而非"神道"；宗教则是"神道"，它要求信徒们按永存的"天主"的教谕行事。不过在中国普遍受到尊重的佛教与道教，也都只是一个靠庙宇、菩萨与信徒相互联结而成的一个组织松散的信仰组合而已，除了专门献身佛教与道教的和尚与道士以外，对于一般的信徒是没有严格的教义传授与道德约束的，老百姓只需烧香膜拜许愿即可，这些信徒们可以信观音，也可以信老子，而无论老百姓信哪个佛，拜哪个神，官府一般不管。皇帝只是强调"朕受命于天"，老百姓不要造反就行。在西方这就叫作"君权神授"。

现在，在洪秀全所创立的太平天国中，自称"天王"的洪秀全自己就是天（上帝）的化身，他不但垄断了统治权，而且也垄断了跟随他的人的一切信仰，也就是人神合一，他要求臣民将肉体和灵魂都交给他，忠于这个天王就成了其信徒们舍生忘死的人生目标，所以这个太平天国是中国历史上从未出现过的政教合一的政权。对于不接受这种观念的人，尤其是千年以来一直是受儒家正统思想陶冶的知识分子，自然首先就会起来反对它。

起义的太平军不同于清军剃发，后来都是留着长发，因此被清朝廷称为"长毛贼""长毛"或"发匪"。洪秀全在广西起义不久，1851年先后夺武宣、拔象州，9月25日攻占重要城市永安，并在此停留近半年，积累了足够用三四个月的粮草，并将队伍扩充到三万七千多人，同时封杨秀清为东王、萧朝贵为西王、冯云山为南王、韦昌辉为北王、石达开为翼王，初步建立了太平天国的政权体制，已渐成气候了。

咸丰闻讯后，何敢怠慢，立即诏广西巡抚郑祖琛发兵平息，同时启用林则徐为钦差大臣，命他驰往广西，督办军务，却不料林则徐却病死在广东赴任途中。而郑祖琛则因进剿失败，被加以"养痈遗患"罪而流放新疆伊犁。皇帝又派前两江总督李星沅为钦差大臣，办理广西军务，但此时太平军的势力已经迅速膨胀，结果李星沅不但未能成功，又劳又急也病死军中。

这样一来，咸丰皇帝就只好决定由朝廷直接派大臣进剿，于是派文华殿大学士、军机大臣赛尚阿为钦差大臣，并随调万余兵力，拨银数百万两，命他速往广西，平定太平军。在为这位钦差大臣送行时，咸丰帝特将清初名将遏必隆所佩的"神锋握胜刀"赐给他为他壮行。

阿鲁特·赛尚阿（1794—1875年，字鹤汀），是蒙古正蓝旗人，阿鲁特氏；嘉庆二十一年中举人，是历仕晚清朝后五朝（嘉、道、咸、同、光）的晚清蒙古族大臣；历任内阁侍读学士、头等侍卫、哈密办事大臣、督统、授文华殿大学士、首席军机大臣、户部尚书。

赛尚阿当时就是朝中地位最尊之臣。由于爆发了太平天国起事，且声势日渐浩大，赛尚阿就被受命为钦差大臣前去镇压太平军。

然而赛尚阿出任进剿太平军的钦差大臣并不能扭转局势，事实上太平军的实力已经远远超出了他们的想象。赛尚阿率清军精锐之师到达广西以后，当然就集中全力要将太平军歼灭在永安。1851年9月25日，太平军占领永安（今蒙山），当时负责进剿的广州副都统乌兰泰率部尾追，于次日就抵达永安以南20余里之文墟。而广西提督向荣直到12月29日，才由桂林到达永安前线，他受命督办北路军务。永安四面环山，利于对太平军实施围困，但钦差大臣赛尚阿是个"未经行阵"的贵族，远驻阳朔，专依乌兰泰和向荣南北合攻，但乌、向二人意见又不合，乌兰泰主张"围而击之"，向荣则主张"纵而掩之"（也就是主张让太平军走，他们只是在后面跟着），南北两军不能协同作战，围攻半年，终无建树。

后来太平军自永安突围，并直指省城桂林。清军各路援军迅速赶援桂林，由于此前城防得到加强，太平军虽猛攻月余，但省城还是得以保全。见桂林难攻，1852年5月19日，太平军就从桂林撤围北上，攻全州，出广西，原想沿湘江北上取衡阳，再挥师北上，占长沙，取道两湖，专意金陵。太平军出广西以后形势就严重了，于是咸丰帝又紧急调两广总督徐广缙带兵速到广西以协助赛尚阿，务必要围堵太平军，不使其北上。

太平军破全州进入湖南后，队伍迅速扩大，沿途又吸收兵力数万人，大大增强了进攻的实力，使清廷极为惶恐且震怒。6月，湖南知州江忠源率所属团练（并非正规清军）在湘江上设伏，他以乱木阻塞湘江，太平军水师不能动弹，使太平军惨败于蓑衣渡，且太平军南王冯云山在该战役中战死。受挫的太平军并未停止自己的攻势，遂转道州、郴州而直逼长沙。

蓑衣渡大战，江忠源以楚勇千人敌太平天国全师之兵，夺船三百艘，太平军军中精锐，即来自广西最早的老兄弟，被斩杀甚多。如果当时江忠源手里有更多的兵，或者清军主帅和春肯听从江忠源之计，在湘江东岸也设一伏兵，则太平军可能全军覆没。

太平军本意过蓑衣渡后就攻打长沙，其时长沙守备空虚，如太平军数万人及时杀到，清军势必救援不及，长沙就必为太平军所破。故湘军诸统帅后均认为江忠源"蓑衣渡一战为保全湖南首功"。有史家认为，蓑衣渡一战，是清廷战胜太平天国，得以苟延残喘的关键之战，"天下不可一日无湖南"，如无蓑衣渡之战，长沙陷落，湖南尽入太平军之手，丁忧的曾国藩必不能回乡募勇甚至会为太平军所俘，曾、胡、左、李诸中兴名臣就永无出头之日，历史上将不再有湘军这一支武装，而太平天国将尽收湖南精兵，顺江而下，国无大将，清朝必亡。

但太平军围攻长沙近三月（82天）未克，便接受石达开的建议与安排，于11月30日从长沙撤围北上，经益阳，出湘阴，集民船数千越洞庭，占岳州，便得以沿长江水路东下，进军武汉，12月22日进抵武昌外围。长沙解围后，各路清军都迟疑不进，唯向荣率部尾追。

这时军事紧急，武汉前线统帅乏人，不久，朝廷令跟随向荣暂署湖北提督，并授为钦差大臣，专办军务，所有军营文武，统归节制，原钦差大臣赛尚阿被免职。

1853年1月12日，太平军攻陷武昌。2月9日，太平军做出惊天之举，弃守武汉，以号称 50 万之众，战船万余只，蔽江而下。两江总督、钦差大臣陆建瀛弃九江逃回金陵。向荣亲率清兵 2400 余人为前队，轻装兼程追击，企图抄截太平军，然太平军水陆齐进，所向无阻，进军异常神速。向荣于 2 月21 日抵达九江，但前阻鄱阳湖，无舟不得继续前进，在此迟滞半月。当太平军的先头部队开始围攻金陵（南京）时，向荣方离九江取道水路东下。

太平军于咸丰三年二月十一日（1853 年 3 月 20 日）攻占金陵城，改名为天京，并正式在此建都。同年 3 月 24 日，向荣自安庆抵芜湖，即舍舟登岸，由陆路绕道秣陵关，于 31 日到达金陵城东沙子冈，并在金陵城外钟山南麓孝陵卫一带，建立起清军江南大营，卡住太平军南进之路，同时另一支清军还在扬州建立江北大营。两个大营互相策应，企图钳制太平军向东南和向北发展，当然最终的意图是想克复金陵，当时朝廷还寄希望于自己这支绿营兵。

太平军占领金陵时，队伍已号称百万，其中能战之兵也有数十万，而且拥有船只以万计，完全控制了这一带长江水道。但洪秀全、杨秀清对江南大营没有采取立即围歼的方针，也就是并不是很在意这支清军。而是抽出主力分兵两路，一路由林凤祥、李开芳率领，于四月一日由扬州出发北伐直隶；另一路由胡以晃和赖汉英率领，于四月十二日溯长江而上再西征两湖，这就使向荣的江南大营得以在金陵城外与太平军长期相持。

不久，北伐太平军过安徽，破归德（今商丘），围开封，渡黄河，使京师受到直接威胁，清廷在北伐太平军胜利进军下十分惊慌，责令向荣加紧攻城，限夏末秋初之际收复金陵，以牵制北上之太平军。对于朝廷的谕旨，向荣当然不敢拒绝，但他心里明白，仅凭江南大营现有的兵力，要想攻下金陵是不可能的。

江南大营本来兵力就不多，太平军北伐和西征后，又先后调出 3000 余名尾追，兵力更加单薄，于无可奈何之中，只得勉强应付。向荣挑选了 3000 余名精兵，亲自与之沥血饮酒，誓师破城。显然，这是做给皇上看的。偌大的金陵城，绝不可能用此法收复。在江南大营建立的第一年内，向荣只是定期派兵对金陵进行零星的攻击，但这既不可能攻克城池，也不能使皇上满意，结果不断遭到咸丰帝的严责和痛骂："似此等打仗，不过谨（仅）免大败……若不能攻克金陵，汝亦无颜见朕。"1856 年 6 月，太平军西征军在湖北失利后回师天京，在杨秀清和秦日纲的指挥下攻破江南大营，向荣又被革去湖北提督之职，不久就忧郁而死。

太平军弃桂林入湘以后，朝廷急命赛尚阿尾追太平军，并又调川军、赣军入湘增援，又调陕军和豫军入鄂防堵，但这些清军在太平军面前都不堪一击。当时朝廷严令参将以下官员，贻误军机者，"一面奏闻，一面军前正法"。

先是大学士赛尚阿领兵驰赴广西镇压太平军，但无论在广西和湖南攻击太平军都无建树，倒是湖南巡抚骆秉章提前几个月就修缮加固了长沙城墙，使太平军围长沙近三月未能攻克，且西王萧朝贵战死，于是太平军采纳翼王石达开的建议，弃长沙进洞庭湖，集民船数千只，取岳州，入湖北，于咸丰二年十二月攻占武汉三镇。咸丰三年正月，数十万太平军又顺江东下，二月占领金陵，并在金陵正式建立太平天国，改金陵为"天京"，离金田起事也就两年多一点。至此，清军在长江两岸的防御事实上已经完全崩溃，后来只得依赖湘军了。

其实，剿灭不了太平军也不能完全怪赛尚阿，关键是那时候的绿营军根本就已经没有战斗力了。前面已经说到，太平军起于广西时，主领广西驻军的广西提督是向荣，他的兵力其实远大于刚起事的太平军，但就是因为军队不肯作战，他只能跟在太平军后面走。

这样的绿营兵怎么能打仗，结果向荣的江南大营于咸丰六年四月被太平军攻破。

绿营兵是在清顺治初期开始组建，曾经用来剿灭三藩，到咸丰年间兵力曾达六十万人，但早已腐败衰弱，丧失了战斗力。这样的军队当然不敢与太平军作战，而且在太平军的打击下，自然也都是一打就垮，所以太平军就曾经两次完全击破清军绿营兵的江南大营。只是后来依赖湘军、淮军和楚军，朝廷最后才将太平天国镇压下去。所以太平天国的兴起当然对朝廷是一个巨大威胁，但这个外界危机也只经过十四年（1851—1864 年）就被湘军、淮军和楚军平息了。

1—3. 又蒙外患：英法联军攻北京，僧格林沁兵败通州

咸丰皇帝在位时，清朝已经进入晚期，而他在位期间，发生了两件对皇朝具有致命打击的大事，即国内的太平天国起义和国外的英法联军入侵，也就是内忧与外患接踵而来。

1850 年咸丰即位后，刚开始时他还是想有所作为的。如："每日披览章奏，引对臣工。军兴以来，所授机宜，皆合时宜。建元之初，诏免天下钱粮千有余万……或述志以示廷臣，或手诏以褒直谏……命内外大臣保举人才，不拘

咸丰皇帝

一格，一秉大公……"

他即位刚 11 天时，就降诏求言，要求朝中大小臣工，对于国家的用人行政等，有意见或建议都可以"据实直陈"，凡是有利于吏治官方、国计民生者，都可以各抒己见，切实论奏。后来还多次下诏，要求朝廷各位大臣据实指陈时政，尤其是弊政，因此朝政一时颇有振作之象。倭仁和曾国藩也就是在此时，因奏请皇帝当政应当注意事项并且提出用人三策而受到嘉奖，因此很快被提拔重用的。

但是他即位不久，还没有使用新元号时，即道光三十年十二月初十，洪秀全等人所领导的太平天国就在广西发动了起义，洪秀全自称天王。当然立即调兵遣将进行剿灭，但是此时的清兵已经完全没有能力应付太平军，结果是太平军出广西、进湖南、克武昌，洪秀全浩浩荡荡攻进了金陵城，并在那里建立了自己的政权。最后在没有办法的情况下，请出了湘军、楚军、淮军等地方私家训练出来的军队，才将太平天国镇压下去。

咸丰六年（1856 年）九月下旬，江南一带的太平天国已经将清朝廷搅得焦头烂额，而英法联军又对中国发动了进攻。本来，为了扩大在中国所获得的利益，英国在 1854 年就向中国提出修改鸦片战争后所签订的《南京条约》的要求，但遭到中国的拒绝，1856 年，美国也提出了修改《望厦条约》的要求，同样也遭到中国的拒绝。于是英国认为，只有采取强大的军事压力，才能从中国获取更多的权益，因此英、法两国就各自寻找发动对华战争的借口。

民国史学名家蒋廷黻先生在一篇题为《中国与近代世界的大变局》的长文中曾这样分析英国入侵中国的原因：第一，经过工业革命，"在海外开辟市场成了英国新工业的急迫需要"；第二，"自由贸易的学说随着工业革命起来了"，对于以往的各种贸易限制，英国人"看为最野蛮黑暗，非打倒不可，中国的通商制度亦在内"；第三，作为彼时毫无疑问最强大的帝国，"为维持及发展在印度的利益，英国觉得有进一步经营亚洲其他地区的必要"。故史家说："在统一的全球经济和体系中，'东方的衰落'和'西方的兴起'肯定是互相联系的。"

1856 年 10 月，英国终于制造了一个"亚罗号事件"。英国政府借口中国抓了鸦片走私船"亚罗号"上的 12 名英国水手，便派兵东来并炮轰广州，发动了第二次鸦片战争。法国则以传教士马神甫在广西被杀为由，也派出远征军，与英国军队共同行动。1857 年 12 月 29 日，英法联军占领了广州。1858 年 4 月，四国照会中国政府，要求中国派全权大臣在北京或天津举行谈判，英、法两国公使要求在 6 天内答复其要求，否则将采取军事行动。美、俄两国公使则佯装调解，同时劝清政府赶快谈判。清政府不能正确判断英、法下一步的行动，又指望美、俄的调解，因此既没有战争的准备，又没有开战的决心。

1858 年（咸丰八年）5 月 20 日上午 8 时，英法联军向清政府发出最后通牒，要求让四国公使前往天津，并限令清军在两个小时内交出大沽炮台。咸丰帝一生都尊奉"华尊夷卑"的认识与无知，清军根本就没有做任何交战的准备，上午 10 时，英法联军开始炮轰白河（海河）两岸炮台，炮台很快就失守，英法联军就逆白河而上并到达天津，并扬言要进攻北京。

清政府立即派大学士桂良、吏部尚书花沙纳及被降职使用的前大臣耆英前往天津议和。

6 月 26 日和 6 月 27 日，中英《天津条约》和中法《天津条约》分别签订，与美国与俄国也签订了同样的条约，他们在中国都获得了最惠国待遇、领事裁判权、降低关税和获得巨额战争赔款。当时，咸丰皇帝对这类极大损害国家利益的条款并不在意，他在意的是绝不让外国在北京设立公使馆，更加在意的是外国公使不下跪就可以见到皇帝，他认为这才是最不能接受的，他甚至同意免除关税和允许鸦片进入中国来换取外国公使不进入北京，极端无知封闭的咸丰皇帝要的就是自己的皇帝尊严和"天朝"的面子，什么国家利益都可以不考虑。

《天津条约》签订后，英法联军退出了天津，准备明年来北京换约。1859 年，英国派普鲁斯为驻中国公使，他随即来中国并准备换约。普鲁斯和法国公使布尔布隆于 6 月中旬带领舰队和海军陆战队开到大沽口外。清政府安排英、法公使由北塘登陆并到北京换约，普鲁斯断然拒绝，坚持要清政府拆除白河防御，他要乘舰入天津然后带兵入北京。命中国限期撤防。

1859 年 6 月 24 日晚，英法联军炸断白河上拦河铁索两根。25 日，英国舰队司令率十余艘战舰和炮艇突袭了大沽口炮台。此时大沽口炮台经过蒙古亲王僧格林沁的整顿，已经改善了武器装备并加强了兵力，因此面对英法联军的进攻，炮台也英勇地进行了还击，双方激战了一个昼夜，结果英法联军的军舰有十多艘被击沉或击伤，水兵也死伤600多人，英军舰队司令也被击伤，英法舰队不得不退出了大沽口。英法舰队在大沽口的失败激怒了两国，他们随即派来支援部队。一年后，1860年4月，英法联军首先占领了舟山，5月和6月，又占领大连和烟台，对渤海进行了封锁，肃清了外围，完成了对北京、天津的进攻准备。

1860年8月1日，英法军舰40多艘，另外还有140多艘运兵船，集结于没有设防的北塘附近海面，8月12日，约18000名英法联军在北塘登陆，迅速占领北塘西南的新河、军粮城和大沽炮台（大沽炮台曾经历与英法联军的三次作战）。清军僧格林沁部退到离北京不远的张家湾、通州一带，联军乘胜占领天津。并要求带军队到北京来进行条约换文。

清政府立刻派人到天津乞和，英法联军不予理睬，并进逼通州。清政府又派怡亲王载垣和兵部尚书穆荫为钦差大臣，到通州求和，英法联军提出了极为苛刻的条件，和谈未成，9月，僧格林沁部三万多蒙古铁骑被英法联军在八里桥击溃，清军已无任何抵抗力量。

僧格林沁是怎样兵败八里桥的呢？1860年8月21日，大沽失陷后联军进迫天津，僧格林沁统率蒙古马队七千、步兵万余名，从天津撤防退至通州、八里桥一带，准备与英法联军进行野战。8月24日，英法联军占领天津城。8月31日，咸丰帝急派大学士桂良为钦差大臣到达前线，会同直隶总督恒福向英、法侵略者谈判乞和。9月18日，谈判破裂后（愚蠢的清政府竟然在通州扣留了39名联军谈判人员），由于谈判代表被扣，联军遂决计进犯北京。9月19日，英法联军对八里桥一带开始全面军事侦察，英法联军侦察发现北京到通州运河沿岸部署大量清军，运河上有一座17世纪石料单孔桥，即为八里桥，距京师15公里。

僧格林沁在通州一带指挥的清军共计达30000人，其中蒙古马队共近10000人。1860年9月18日，英法联军先头部队开始侦查前进，是日中午，自河西逼近张家湾附近，并向张家湾的清军驻地开炮攻击。僧格林沁所部守军早已严阵以待，蒙古马队立即向敌阵勇猛冲锋。英法联军为抵御彪悍的蒙古马队，以数百支火枪齐射悍不畏死的蒙古勇士，蒙古骑兵受枪击后马匹惊骇回奔，冲击了后面的步队，导致阵势混乱。在清军失利的形势下，僧格林沁立即率部退驻八里桥，以扼赴京道路。随后，英法联军一举占领了张家湾和通州城。

僧格林沁所部退守八里桥后，全军分设南、东、西三路截击敌军。

其中，将近 10000 名满、蒙马队军部署在
八里桥一带防守。八里桥东距通州八里，西距
京城三十里，是由通州入北京城的咽喉要地。
清军利用八里桥周围的灌木丛林，在这里构筑
了土垒和战壕，准备和敌军在此决一死战。9 月
21 日凌晨 4 时，英法联军由骑兵在前开路向八
里桥方向推进。

僧格林沁亲王

上午 7 时，英法联军分东、西、南三路对
八里桥清军阵地发起攻击。据俄使伊格估计，
当时清军投入约 5 万至 6 万人，其中 3 万骑兵，
损失 1000 人（清朝自己估计为 3000 人），受伤
不计其数。法军死亡 3 人，受伤 17 人，英军死亡 2 人，受伤 29 人。

总之，1860 年 9 月 21 日，英法联军向八里桥附近发动进攻。清军僧格林沁、
胜保、瑞麟诸将奉命迎击，激战半日后僧部溃退，胜保、瑞麟继续督军奋战，
激战中胜保连中数弹而昏晕落马。最终清军战败，英法联军也遭受一定打击。
战后胜保受咸丰美誉"忠勇性成，赤心报国"。

八里桥之战是西方列强近代军队与中国所依靠的旧式封建军队的一次经
典战役。英法联军当时已经经历过拿破仑战争锤炼，和最新克里米亚战争中
的考验，兵员是义务兵役制加职业军官团。装备的是配备刺刀的前膛燧发枪
和滑膛炮，部分使用了刚刚发明不久最新的线膛火炮和线膛步枪。使用的是
空心方阵和三排阵列的战列步兵线等最新战术。而八旗军还是以冷兵器为主
的步骑混合军队，绿营军装备的是少数进口和仿制的旧式滑膛枪、自制的本
国鸟枪、抬枪、抬炮、劈山炮，以及大刀、长矛等冷兵器。19 世纪欧洲的近
代军队在面对世界各地的封建军队作战时，有不少压倒性的胜利。

现代香港军事评论员马鼎盛认为，僧格林沁领兵的八里桥之战，是中国
千年传统的骑兵冲击、冷兵器近战，与西方经过拿破仑战争和工业革命后以
炮兵为核心的火力战之间的两个时代的决战，血肉之躯终归抵挡不住侵略者
的新式枪炮，他认为八里桥之战虽败，但却使中国人后来对"师夷长技以制夷"
有了进一步认识。

学者胡世芸认为，僧格林沁在第三次大沽口之役中已经知道冷兵器不能
抵抗新式兵器，就不该督率马队与联军进行野战决战，是他的无知和错误使
中国官兵付出惨重的代价。

英法联军的进攻对于清朝廷来说，当然是一个巨大的危机，它随即使皇朝的京城第一次遭到沦陷而且皇帝都被迫流亡到热河。

1—4. 苦命天子：抛宗庙社稷，咸丰皇帝仓皇北走热河

当英法联军占领天津和逼近通州时，清政府与联军曾有过一系列的外交谈判。

通州谈判时，英方派代表巴夏礼率领 39 人参加，清政府答应英法联军提出的所有强制要求，但在礼节问题上却寸步不让，也就是在巴夏礼面见皇帝"跪与不跪"一点上争执不下。

钦差大臣全权谈判代表载垣说："按中国礼制，见皇帝必须跪拜。"

巴夏礼说："我不是中国的臣。"争辩既久，相持不下。清政府接到谈判通报后指示："必须按中国礼节，跪拜如仪，方予许可。"巴夏礼拒不接受，扬长而去。

但清政府则指示僧格林沁于 1860 年 9 月 18 日将巴夏礼一行 39 人扣押，押往北京作为人质。巴夏礼等人被扣押后，英法联军迅速以解救人质为借口发动进攻，兵临北京城郊。

此时已无力抵御英法联军的僧格林沁立即奏请皇帝"巡幸木兰"，实际上就是要皇帝赶紧离开皇宫，逃到热河的避暑行宫去避难。但是皇帝出走总不能被说成是出逃吧，于是他就发布朱谕（皇帝以红笔写成的圣旨）称：中外即将决裂，朕绝不会抛开社稷江山，置列祖列宗的宗庙与臣民百姓于不顾而北走热河，现已准备"亲统六师，直抵通州，以伸天讨而张挞伐"，但是，他同时又将僧格林沁奏请"巡幸木兰"的奏章交王公大臣们讨论。他的意思当然很清楚，是希望各王公大臣实际领会自己的意思，吁请皇帝尽快巡幸木兰，以便堂而皇之地以俯顺朝臣所请为由，北走热河。但是，并不是所有大臣都同意皇帝出走热河。

大学士周祖培等人根据历史上的经验教训，上奏咸丰皇帝：皇帝欲统帅六师以讨伐英法夷人外丑，可见天子圣明有安抚天下之意，但是，现在的通州却非昔日北宋的澶州，现今朝廷也没有寇准那样的贤能之相，因此皇上欲行御驾亲之举，非万全之策，"断不可轻于一试"；而且，若如僧格林沁所请"巡幸木兰"，则更不能采用实施：第一，北京城墙高大坚固，外有护城河，内有精兵，若认为北京都不足以抵御英法入侵者，那么，热河一带平川大野，

更是无可防御；夷人既然能从海上打到天津、北京，就不难进一步追到热河；第二，皇上一旦离开北京出走，必定导致人心涣散，闹不好就会再一次出现明朝"土木堡之变"。

周祖培等人在这里以两个历史故事提醒咸丰皇帝注意。一个是北宋之时，辽兵大举南犯，当时身在汴京的宋真宗赵恒惊慌失措，欲迁都南逃以避其锋，但宰相寇准力排众议，促请皇帝亲至河北澶州前线，当宋兵得知皇帝亲临，士气大振，辽兵因而大败不得不与宋朝签订了"澶渊之盟"，使北宋局势转危为安；另一个则是指在明代时，明英宗朱祁镇在宦官王振的鼓动挟持下，也率 50 万大军御驾亲征，小败之后，退到土木堡（今河北省怀来县以东），蒙古瓦剌军赶到，大败明军，英宗被俘，并被掳往北方，于是留守北京的明朝大臣便拥立英宗之弟朱祁钰继位，是为代宗，史称此为"土木堡之变"。

其他一些王公大臣，如醇郡王奕譞、大学士潘祖荫、户部侍郎文祥、御史许其光等，皆上奏恳请咸丰皇帝不要走，一定要坚守在京城。特别是当咸丰皇帝已经命令大兴、宛平两县，征集大车 600 多辆，时刻准备北逃时，合朝文武都奏留圣驾。他们分析说：咸丰帝若离京巡狩热河，必定要在北京留一位代替皇帝监国之人。此人若是"无能者，必误事，其害甚浅"，但是若所留监国"有才者，倘一擅专，则有不可设想之大祸"。甚至有人以大不敬的口气责问咸丰帝，如若弃京出走，"上何以对祖宗，下何以示臣庶？"

惇亲王奕誴、恭亲王奕䜣、醇郡王奕譞等皇帝的亲弟弟，"抱上足哭留"。尤其是惇亲王奕誴，闻讯从西陵回来以后，更是痛哭流涕，苦苦劝谏，皇帝绝不可丢下宗社北走热河。

咸丰皇帝问他："不走避热河，若夷人进京，你当如何？"

其实老五惇亲王奕誴也无良策，只好说："如有不测，奴才死于慕陵。"他也没有办法。

而且，此时懿贵妃（也就是后来的慈禧太后）也公开出面劝阻，她先说："洋人必不得入京"，然后又说，皇上如坚守在北京，可以震慑一切，自然天下无事。如若圣驾出走，宗庙无主，恐为夷人践踏。"昔闻周室东迁，天子蒙尘，永为后世之羞，今若遽弃京城而去，辱莫甚焉。"咸丰帝却以为她一个女人知道什么，这是后宫干政，并因此对她产生了不满。

在这种众朝臣皆苦谏不可北走的情况下，咸丰帝只好发下谕旨，命令将已征集的车马全部遣散，但是棘手的现实问题，即如何面对英法联军正在逼近北京，还是没有解决。

众多朝臣之所以坚决反对咸丰帝北走热河，除了担心会有人乘机觊觎皇位，导致皇权旁落以外，另一个重要原因就是认为皇帝的责任就在于保卫江山社稷，护卫祖宗陵寝，不能做置祖宗宗庙于不顾的逃跑皇帝。侍郎毕道远就进言说："从古国君守社稷，断无远出之理。"

咸丰皇帝当然有自己的想法与顾虑。他知道若能不出走则尽可能不要出走，因为皇帝丢下京城出走一定是要留下千古骂名的，但是，若不出走则夷人进京后自己将会受到怎样的对待，被掳走或是被杀害，这样的例子在历史上并不是没有，能不考虑吗？

但是也不是所有大臣都反对皇帝出走，也有赞成皇帝北狩热河的，僧格林沁当然是第一个，也就是从军事角度上来看问题的朝臣都赞成皇帝离开北京这一极不安全的地方。郑亲王端华和户部尚书肃顺等人考虑的问题就是，清军是否有足够的兵力保卫京城，确保皇帝的安全。他们问负责北京城防的团防大臣："有何准备？"回答说："无。"又问："京城兵力，足够充裕以御城否？"回答是绝无把握。在这种情况下，众大臣也都无言可说，于是端华对参加京城保卫形势汇报会的大臣们说：既然京城无可防守，怎么能贸然奏请皇上仍然留在宫中，坐等危险的降临呢？兵部尚书陈孚恩也说，总得为皇上谋一条出路吧。

而且，当时咸丰和朝中诸大臣还容忍不了的是，即令夷人进了北京不伤害皇帝，那他们也一定会要求见皇帝甚至要求皇帝去见他们，而且他们在见到皇帝时，是无论如何也不会磕头的，对这一点，咸丰皇帝断然不能接受，因此他也绝对不能见到夷人。

既然没有人能保证皇帝在京城内的安全，所以咸丰皇帝最后还是决定离开北京远走热河了。他颁布朱谕称："巡幸之举，朕志已决。"并指定惠亲王绵愉、惇亲王奕誴、恭亲王奕䜣、郑亲王端华着手准备。大家都知道反对也没有用了，也就不反对了。

咸丰十年八月上旬，咸丰皇帝命其弟弟恭亲王奕䜣留守北京与英法联军谈判议和，自己带着后宫匆匆逃往热河行宫去了。

这次咸丰皇帝出走热河，并不是清廷与政府机构的整体大迁移，也就是并非迁都。除了后宫主要成员以外，随行的王公大臣，主要是惠亲王绵愉、惇亲王奕誴、怡亲王载垣、郑亲王端华、户部尚书肃顺、军机大臣穆荫、匡源、杜翰（帝师杜受田之子）等人。

大部分朝廷官员还是留守北京，在去往热河的路上，皇帝又下旨命豫亲王义道、大学士桂良、大学士贾桢、刑部尚书赵光、兵部尚书陈孚恩等人为留京办事大臣。其中，义道坐镇紫禁城内，贾桢、周祖培、陈孚恩在外城防守，桂良在城外海淀一带防守，配合恭亲王奕䜣与英法议和。此前，咸丰皇帝曾下达上谕：前被派往天津与英法议和的载垣和穆荫由于办理和局不成，撤去钦差大臣职，现授恭亲王奕䜣为钦差便宜行事全权大臣，督办和局。

恭亲王受命议和

同时，又下朱谕给恭亲王，告之：现在与英法议和，人所共知，很难成功，现在派你出面与他们相互照会往来，不过是争取时间，你不必过急与他们的全权大使见面；"若抚仍不成，即在军营后督剿；若实在不支，即全身而退，速赴行在（即指皇帝的热河行宫）。"

有两点值得注意：

首先，1860年派往天津议和失败的载垣和穆荫仅仅被撤去钦差大臣之职，却没有受到任何处分，不像另一个大臣耆英，却因1858年天津谈判时英法方面不愿意与他谈，他只好返回京城，结果被责问因未获朝廷命令私自回京而被杀，可见咸丰对载垣与穆荫的器重，而且命他两人随驾去热河，对这两人也非常信任，事实上后来他们都成为八位顾命大臣的成员；

其次，恭亲王奕䜣被授命为与英法议和的全权钦差大臣，全面负责对英法的议和，看来是对恭亲王的信任，但是，钦差大臣并不是一个官职，只是奉皇帝之命负责办理某件特殊事情的临时差使，事毕就回原任。所以，这里特别要注意，咸丰皇帝没有委任恭亲王奕䜣为皇帝北狩热河时留在京城的"监国"，就说明除了议和以外，没有授予恭亲王奕䜣任何其他的权力，这就充分表明了皇帝对他实际上的不放心。

10月初，英法联军已经到达北京城下，但还没有立即攻城。

恭亲王与英法联军谈判时首先就遇到原先的英军谈判代表巴夏礼等人的命运问题。

中国方面扣押的以巴夏礼为首的英法人员共39人，其中英国人26人，法国人13人。

被火烧以后圆明园的残垣断壁

　　当时，英法方面认为这些人被扣押在圆明园，并已被虐待而死。

　　事实是，9月18日巴夏礼等人在通州被扣押以后，被捆绑后送到僧格林沁和大学士瑞麟面前，推推搡搡，又是敲脑袋，又是罚跪，确实让他们丢尽了脸面。当天晚上，巴夏礼等主要人物就被送到北京，并被关进了刑部大牢，戴上脚镣手铐，与七八十个各色各样的中国罪犯关押在同一个牢房里。

　　"两国交兵，不拘来使"，对方谈判大员被捕成了犯人，可见当时清政府无知到什么程度。当然英法政府立即与清政府展开交涉，逼迫清政府交人。刑部尚书赵光亲自到牢里去看望巴夏礼等人，会见时巴夏礼质问为何扣人，赵光解释说是奉旨收监，因此刑具一时还不能解除。几天后，巴夏礼等人绝食抗议，赵光就指示监狱方面婉言相劝，以美食相待。

　　9月26日，被扣人员的刑具被解除，而且也不再与中国犯人关在一起，在拘留室内可以自由活动，还可以举行宗教仪式。

　　10月2日，巴夏礼等人离开刑部监狱，被转移到德胜门内的高庙暂住，8日下午三时，巴夏礼等人被送到德胜门外的英法联军军营。然而，被送回联军营房的英法被扣押人员却不是39人，而只有21人，其中的18人已经在关押期间死亡（13名英国人，5名法国人），在所归还的尸骸中，还有尸体不全的。

　　此前，在抓捕了巴夏礼等人以后，确实有大臣建议将他们"极刑处死，以绝后患"，但咸丰皇帝主要想拿巴夏礼等人逼英法联军退军，因此没有立即处死他们。

　　恭亲王奕訢在与联军谈判时对他们说：巴夏礼等人安然无恙，你们大可放心。至于什么时候放人，你们一退兵，我们就放人。英法方面的答复是：

你们先放人，我们才能退兵。

双方坚持不下。此时已逃至热河的咸丰皇帝为了打破僵局，就指示奕䜣相机处理，以便使战事早日结束，也就是如果英、法方面坚持不退让，我们也可以将巴夏礼等人送还，"以示大方"，"不值为此数十夷丑，致令亿万生灵俱遭涂炭。"

于是10月8日，巴夏礼等人被释放。但当英法联军方面看到送回来的活人只有21人，其他是尸体，而且还有被分成数块的尸体，问题就严重了。英法联军遂决定报复中国之野蛮行为，并教训中国皇室以后不得蔑视英国及法国。英法联军随即决定进攻北京城，并于10月13日从安定门进入北京。10月6日，联军已经进入北京城外的圆明园，并对园中进行了掠夺。

攻进北京城后，英法联军司令格兰特和英国公使额尔金说："必须给清政府一个霹雳般的迅速而厉害的打击。"于是10月18日，联军就开始抢劫焚毁圆明园，因为他们把这个辉煌的皇家园林看作是中国皇帝的私有财产，认为只有摧毁圆明园才能给中国皇帝极大的打击。这样，圆明园成为联军报复和发泄私愤的对象。圆明园是清皇室独享的休闲园林，皇室的"休闲"与"办公"本来就分不开，所以圆明园在很多时候实际上又是清朝廷的政治中枢所在。从雍正到咸丰，五代帝王都常年居住在这里，许许多多的政事都在这里决定，大量的政令从这里发出。英国人清楚地知道这一点，额尔金就说，圆明园是清帝"最宠爱的行宫"，巴夏礼则说，圆明园之于中国人，就好比白金汉宫之于英国人。圆明园大火持续了三天三夜，300多名太监和宫女葬身火海。

签订《北京条约》

其实英法联军在北京城郊抢掠烧杀近50天，京郊皇家园林如圆明园、清漪园、静明园（玉泉山）、静宜园（香山）、畅春园等均被付之一炬。

交战的一方是野蛮侵略成性，交战的另一方则是愚昧与无知，导致了这场灾难。

当时，受命议和的恭亲王奕䜣还面临两难的局面：和议不成他可能会被问罪；但不向英法两国做出相当的让步，肯定是不能签订和约的，而这又可能落个"卖国"的罪名。所以，若是咸丰皇帝存心对恭亲王不满，那么议和无论成功与否，咸丰都可以给恭亲王奕䜣定罪。

恭亲王奕䜣还有另外的危险，即在谈判中能否保证英法方面对自己不实施人身扣押，须知在这次战争中，首先在咸丰七年十一月，英法联军攻占广州以后，将当时的两广总督叶名琛俘虏，并且后来送到印度加尔各答去了。而在不久前，清廷方面的蒙古亲王僧格林沁在通州的张家湾，就将前来谈判的英国人巴夏礼等人也扣下了（这是后来英法联军火烧圆明园的直接导火线），英法方面会不会报复呢？所以，恭亲王奕䜣知道与英法谈判不是没有人身危险的。

其次，咸丰皇帝要求恭亲王奕䜣在谈判中不要与对方的全权代表见面，这是什么意思？显然是怕洋人亲自见到这位亲王并与他们进行了成功的谈判以后，对这位亲王产生了好感，从而对逃跑的清朝皇帝更加看不起，便转而要联合留守在京城的大臣们支持恭亲王在中国主政呢？然而谈判双方主代表互不见面又怎么谈呢？

所以，恭亲王奕䜣心中也明白，无论议和是否成功，他都不能轻易去热河。

9月30日，咸丰皇帝北逃到达热河，10月13日，联军占领安定门后进入北京，北京陷落，然后10月18日联军火烧圆明园，恭亲王尽管心中充满怒火，但也无奈，最重要的任务是赶紧是与英法联军签订和约，结束战事，使英法联军尽快撤离北京。

经过恭亲王奕䜣与英法两国代表的谈判，由于中国已经没有讨价还价的余地，只有答应对方的要求，因此谈判的进程还很顺利，从谈判到签约只用了不到十天。

10月24日，中英《北京条约》签订；25日，中法《北京条约》签订。

条约规定，中国向英、法两国各赔款800万两，允许他们在北京长驻外交代表，开放天津，并允许外国人在该地居住和通商，英国还获得了香港对面的九龙半岛，而且允许法国传教士在中国内地传教并购置地产。

英法联军之役造成了清皇朝京城沦陷以及皇帝被迫外逃的严重皇室危机，然而通过与英、法两国分别签订《北京条约》，这个巨大的危机也就化解了，这就是皇室外部危机的特点。后果当然存在，但是已经不影响朝廷当时的生存了。

然而，这个皇室的外部危机虽然得以化解，但随后就种下了严重的皇室内部危机。

1—5. 皇室蒙灾：恭亲王签约成功，咸丰帝却病死承德

条约签订后，联军于 11 月 8 日前后撤离了北京。咸丰皇帝总算放心了，不过，这时候对于他本人来说，另一个更要命的问题接着就来了。原来咸丰皇帝自登基以来，面临太平天国起义且日益见大，最富裕的江南半壁江山税源断绝，于是国家财政紧张；另一方面，此时八旗、绿营皆已腐朽，将帅无能，乃至无兵可用于平乱。咸丰难以承担如此沉重的精神压力，但他不是励精图治，变革图强，而是走向了逃避现实的颓废道路。史书中说："咸丰季年（三年），天下糜烂，几于不可收拾，故文宗以醇酒妇人自戕。"也就是皇帝每天沉迷于酒色。

《满清野史》中记录说：文宗的管园太监文丰为迎合皇帝而为他在民间搜寻美女，"文宗因东南太平军起，心中忧焦，颇怀信陵君醇酒美人意，命宫监四出觅汉女，充下陈。文丰有心腹奴二，皆汉人也。一走淮扬（淮阴扬州一带），一走金阊（南京），购得民女四人，皆绝艳，或云取自妓家。文宗为特设四院以处之。亭馆崇宏，隔垣相望，金屋藏娇，即世所传杏花春、武陵春、牡丹春、海棠春是也。杏花春尤妖冶，系广陵（扬州）方氏女，幼曾鬻于娼家，心腹奴物色得之，以二千金脱其籍。时海棠春新自金阊来，文宗益乐甚，为诗以赏文丰之能，恩赐重叠。未几，心腹奴又献牡丹春，女亦苏人，善媚工歌舞，文宗尝携那拉妃听歌，妃颇赏之。其后宠眷日隆，妃遂嫉忌，别遣心腹至粤选花，得珠儿之丽者，以间牡丹之宠，即武陵春是也。四春争妍斗媚，由文丰进者居其三。故文宗朝文丰宠贵，比于内府。"另外咸丰又特别宠爱一个山西小寡妇。咸丰皇帝为什么喜欢到民间去选美女呢？因为他特别喜欢汉族女人的小脚，也就是喜欢汉族姑娘的"三寸金莲"，野史中记录说："文宗眷汉女，其目的所在，则裙下双钩是也。"那时候在宫中的满族后妃们都是大脚，而那个山西姓曹的小寡妇就是"风流姝丽，脚甚

纤小，喜欢在鞋履上缀以明珠。咸丰帝召入宫中，最为眷爱。"

　　早在清军入关时，首任顺治皇帝就曾经在宫中纳了几个汉族女子。当时其母孝庄皇太后一方面怕尚未成年的顺治皇帝过早迷恋女色而伤身体，但更为主要的是为了保证以后的皇子和皇孙们都是纯正的满蒙血统，所以曾在清皇宫后门神武门内悬挂谕旨："有以缠足女子入宫者，斩！"所以，小脚的汉族女子是不能进皇宫的，于是咸丰皇帝就将这些汉族绝艳女子"四春"藏于圆明园里，因为圆明园并非皇宫，他就可以纵情与这些绝代佳人尽情欢乐了。

　　总之，咸丰皇帝有四大癖好：

　　贪美色。在承德避暑山庄，仍然不管国家大事，只顾自己的酒色娱乐。

　　迷丝竹。他逃到承德时，居然带来一个戏班子，上午唱叫"花唱"，下午唱叫"清唱"，天冷就在屋子里唱，夏天就在专门的"如意洲"演出，真是"乐不思蜀"。

　　好醉酒。咸丰十分好饮酒，而且一饮即醉，醉后大肆折磨宫女等。

　　吸鸦片。咸丰即位不久就开始吸食鸦片，美其名曰享用"益寿如意膏"。

　　这样一来，皇帝纵欲过度，身体就越来越差了，他终于患上了吐血的严重肺病。

　　承德夏宫适宜避暑，但不适宜于避寒。农历九月间对英与对法的和约都签订以后，天气也在逐渐转寒，就可以考虑皇帝和皇室回銮北京了。而且恭亲王奕䜣等留守京城的大臣们也都奏请皇帝回銮。咸丰十年九月十八日（1860年10月31日），此时和约已经签订，不过联军尚未退出北京，咸丰帝向恭亲王奕䜣等人表示，只要英法联军退兵，朕立即可回銮。

　　但是，当联军已于11月8日撤离北京以后，咸丰帝还是没有明确他返回北京的确切日期。当时咸丰皇帝有两点最担心的是：首先，英法联军虽然现在撤离了北京，目前尚在天津，难保他们明年春天会不会再返回北京；其次，咸丰皇帝最怕自己要会见洋人，并且要接受他们不向自己下跪磕头的事实。所以，9月25日，咸丰在恭亲王等人的奏折上批道：奕䜣等人必须与英、法切实交涉议定，将外国公使向清帝亲递国书一事彻底取消，否则，祸患就停止不了。可见这位封闭、保守、无知而又偏执的咸丰皇帝把这件事情看得多么严重。他同时警告恭亲王奕䜣等人：如果英、法只是暂时答应取消亲递国书一事，而朕回銮北京之后，英、法又从天津而至北京，再次提出觐见及呈递国书之事，进而要挟不已的话，朕唯你等是问。

　　十月初一，咸丰皇帝再次就奕䜣等人奏请回銮一事回答说：现在英、法两国并未明确表示将亲递国书一事作为罢论，英、法等夷人难保不因朕回銮，再来饶舌。若现在贸然回銮北京的话，夷人又来挟制，朕必将去而复返，再次避往热河。这样频繁往来，必将使大清帝国及清帝的权威与脸面再次扫地殆尽，因而命奕䜣等人不准再行奏请回銮之事。并且特谕内阁说："本年天气渐届严寒，朕拟暂缓回銮，待明岁再降谕旨。"

　　转眼就来到春节。随行的肃顺等大臣虽然也极力想承办一个热热闹闹的春节，无奈承德到底不是北京，行宫到底也不是皇宫，场面和气氛都不可能与往年紫禁城内的春节相比。

　　咸丰皇帝这次真的想念北京了。咸丰十一年正月初二（1861年2月11日），咸丰皇帝降旨称："传旨，朕要回銮，立即回銮。"于是决定于当年初春，即天气稍暖的2月13日起驾回銮，后又因故改定为2月25日回銮。但是，咸丰帝的身体健康状况却越来越差了，他的肺病病情在不断发展，不仅是咳嗽不止，而且还开始痰中带血，也就是有吐血的前兆了。

　　于是，醇郡王奕譞等人上奏，以皇帝圣体违和为由，劝止暂缓回銮。咸丰帝朱批称：朕本欲即刻回銮，却"不意旬日以来，身体稍觉可支，唯咳嗽不止，红痰屡见"，只得听从御医嘱咐，安心静养。并降谕内阁宣布，朕将暂缓回銮，至于何时回銮，"待秋间再降谕旨。"

　　但咸丰皇帝毕竟最终未能回銮北京。1861年8月22日，即咸丰十一年七月十七日，在位十一年的"苦命天子"并"日夜以醇酒和妇人自戕"的荒淫咸丰皇帝在承德夏宫病亡。

　　年轻纵欲过度当然影响了皇帝的寿命与生殖能力，所以咸丰皇帝一生仅有二子一女。且晚清皇帝又多短命，弥留之际立尚存的6岁儿子载淳为皇太子，时太子之母懿贵妃才26岁。

　　我们说过，错立咸丰是晚清皇室内部危机之源，就在于他荒淫早死造成幼儿继位的后果。

第二章
意义深远且速战速决的辛酉政变

2—1. 铁面无情：肃顺强硬治政

在晚清文宗咸丰皇帝当朝时，有一位重要的大臣是必须要提到的，那就是肃顺（1816—1861年），他是一位在晚清政局变化中不可忽略的人物。

在道光皇帝驾崩时，传定郡王载诠、军机大臣穆彰阿、赛尚阿、何汝霖、陈孚恩、季芝昌，御前大臣怡亲王载垣、郑亲王端华、科尔沁亲王僧格林沁，内务府大臣兼步军统领文庆等人入内，同时也传皇四子奕𧘌入内，当众打开密匣，传示匣中的朱谕，一致确认皇四子奕𧘌继承大统，道光命各位大臣尽心辅弼继位皇帝，即后来的咸丰皇帝。

在这几位受命辅佐新皇帝的满蒙顾命大臣中，尤以载垣、端华、僧格林沁最为重要。载垣和端华都是"世袭罔替"的亲王，也就是后辈可以永远继承该亲王衔的"铁帽子王"，而僧格林沁是当时朝廷最为倚重的、统帅蒙古铁骑的骑兵统帅，但他只统兵而不过问政治，所以他最后没有被指定为顾命大臣。

然而载垣与端华这两位亲王虽然地位高、资格老，政治才能却一般，遇事少有主见，汉文功底也不太好，从而在管理朝政中难以发挥真正突出的作用。

所以咸丰刚当政以后就需要有一个强势的满族官员来辅佐皇帝，这个人就是肃顺。

肃顺是满洲镶黄旗人（满洲八旗，即镶黄旗、正黄旗、正白旗、正蓝旗、镶蓝旗、正红旗、镶红旗、镶白旗，都是世袭兵制，所以入关后的旗人只认自己是哪一旗人，而无祖宗籍贯），是郑亲王端华的同父异母弟弟，在道光年间并无特别显赫的地位与官职，道光二十六年（1846年）授三等辅国将军。

直到道光三十年（1850 年）才得任内阁学士兼礼部侍郎。

肃顺为人极具阳刚之气，不但"状貌魁梧，眉目耸拔"，面相中充分体现出刚毅果敢之气，而且他又绝顶聪明，尤其具有超强的记忆力，"接人一面，终生能道其形貌；治一案牍，经年能举其词"。他不但具有难能的政治家的远见卓识，而且具有坚决进行弊政改革的胆识与气魄。正因为如此，在咸丰即位以后，经载垣和端华的极力推举，肃顺很快就得到咸丰帝的信任与重用。自咸丰四年以后，肃顺被先后调任御前侍卫、工部左侍郎、礼部左侍郎、都察院左都御史、理藩院尚书、礼部尚书、户部尚书等职，清代六部的尊卑顺序是吏、户、礼、兵、刑、工，所以肃顺在咸丰朝中是春风得意，一路升迁。

随着肃顺的得势，于是在他的周围就聚集了一批官员，到咸丰十年（1860 年）左右，基本上就形成了以肃顺为核心，包括怡亲王载垣、郑亲王端华、军机大臣穆荫、匡源、杜翰、焦祐瀛等人在内的官僚集团，时人称之为"肃党"，尤其重要的是，这一帮官员都十分受咸丰皇帝的器重，实际上被皇帝视为是心腹之臣。

肃顺在进入到朝廷的最高层以后，对当时的许多朝政弊端进行了一系列的改革。

首先是重用汉臣。原来在朝廷中，表面上规定朝廷中枢臣设置是满汉各一半，但实际上关键位置上的满族官员的数量远多于汉族官员，而且地位与权势也是满族官员高。

问题是，随着入关以后在城市里的养尊处优，满族官员逐渐腐化而无能，文化水平与治世的历史知识远不如汉族官员，很难选拔出优秀的满族文武官员，这样就把他们处理朝政无能的问题逐步显示出来了。

直到太平天国起义前，生死攸关的军事指挥权一直掌握在满族人的手中，绝不会交给汉人。当某地发生事端兵乱时，大多是由皇帝亲自"简一亲贵大臣为大将军，或曰经略，副以一人曰参赞"，领兵出征讨伐，如道光二十年（1840 年）鸦片战争爆发时，朝廷第一次派往广州的领兵统帅是靖逆将军奕山（满族、宗室）、隆文（满族）、杨芳（汉人），第二次派往浙江的统兵者是扬威将军奕经（满族、宗室）、文蔚（满族）、特依顺（满族），结果都是一败涂地，不但毫无建树，而且损兵误国。

太平天国起义爆发以后，朝廷还是像过去一样，命大学士赛尚阿（蒙古族）为钦差大臣，乌兰泰（满族）与向荣两人为大将，调集八旗兵和绿营军去镇压，结果太平军势力越剿越大；最后攻陷南京，而且两次攻破清军的大本营——

肃顺

驻扎在南京城外的江南大营。

这就使朝廷和一些头脑比较清醒的大臣们认识到，依靠原有的八旗兵和绿营军是绝对不可能将太平天国镇压下去的，唯有利用汉臣启练乡勇，组织另一支汉族军队，才可能与太平军作战。如大学士、军机大臣文祥就向咸丰皇帝建议：当此多事之秋，"欲办天下事，当重用汉臣"，因为大多数汉臣都来自民间，熟悉各地的实际情况，"岂若吾辈（指满族亲贵）未出国门（指当时的都城北京）懵然于大计者乎。"

而肃顺说得更爽快，他认为满人就是不如汉人，《清朝野史大观》中记载："肃顺极喜延揽人才，邸中客常满，如陈孚恩、匡源、焦祐瀛、黄宗汉等，皆肃所举也。而独不喜满人，常谓满人糊涂不通，不能为国家出力，唯知要钱耳。故其待满人不如待汉人之厚，满人深恶之。"肃顺当政时，作风非常严厉，对待下属也很粗暴，但主要是对满族官员如此，对汉族官员则很是谦恭，他曾对满人说："咱们旗人浑蛋多，懂得什么？汉人是得罪不得的，他那支笔厉害得很。"所以，对于后来的中兴汉臣名将曾国藩、胡林翼、左宗棠等，他都十分推重，"平时与座客谈论，常心折曾文正公之识量，胡文忠公之才略。"

尤其是，肃顺关于重用汉臣和汉人的主张，对咸丰皇帝产生了很大的影响。《异辞录》一书中说，咸丰皇帝在治理国家政务时，之所以会推行唯贤是用，不分满汉，都是采纳肃顺的建议而形成的。所以后来曾国藩、胡林翼、李鸿章、左宗棠等之所以能够迅速崛起，组建了湘军、楚军和淮军，最后将太平天国和捻军镇压下去，并继而由这些出色的领军将帅出任当时中国各重要省份的总督、巡抚，从而大大影响了晚清政局的发展与进程，都是与肃顺所极力推行的重用汉臣与汉人的政策有直接的关系。所以后来人们评论说，曾国藩没有他就无法受到大用；左宗棠没有他也早就被人陷害了，而且他与名士王闿运也是私交很深的朋友。

除重用汉臣外，肃顺还用强硬手段对腐败的吏治进行了扫荡与整顿。即对官场中贪赃枉法和营私舞弊的行为进行了不留情的打击，其中最有名的是科场舞弊案与户部钞票案的查处而且要撤销实行了200多年的对旗人的供养制。

肃顺在朝廷上掀起的另一个大案就是杀耆英。

鸦片战争发生在道光二十年（1840年），那时咸丰还没有登基做皇帝。鸦片战争失败后清廷派出了武英殿大学士、盛京将军耆英与英国议和，并于道光二十二年七月二十四日（1842年8月29日）在南京江面的英国军舰上最后签订了《南京条约》。当然，在该条约中，中国损失了很多权益。但是应当实事求是地说，这个责任不应当完全由谈判代表耆英个人完全负责，因为当时是清廷被打败了，而道光还满意地认为签订该和约可保长期和平。

但是，当时耆英却因此担上了卖国的骂名。咸丰皇帝即位不久，就来算这个十年前的老账，他亲笔朱谕历数耆英"畏葸无能""抑民以奉夷，罔顾国家""丧尽天良""贻害国家"等罪名，将他从正一品降为五品顶戴，以六部员外郎候补，说没有杀他，还是从宽处理。耆英当然感到很委屈，于是写了一副讽刺性的对联来发泄：

先皇奖励有守有为

今上申斥无才无能

考虑到耆英是老臣，咸丰皇帝对他未加罪责，但心中对他的不满更加深了。

但咸丰八年（1858年）五月，英法联军首次攻陷大沽炮台，随即沿白河而上抵达天津，而且扬言要进攻北京。朝廷大惊，于是派大学士桂良和吏部尚书花沙纳赶赴天津议和。但是这两个人从来没有办过外交，而面对英法入侵者的蛮横态度，恃强要挟，两人一筹莫展，不知如何应付。此时，巡防大臣惠亲王绵愉以耆英曾与英国人谈判过，比较熟悉外国人的情况，可能外国人更愿意与他进行谈判，因此就上奏皇帝，建议对他"弃暇录用"，而耆英本人也表示愿意"力任其难"，所以咸丰帝便再次起用耆英，授予他侍郎衔。

当时，咸丰皇帝的想法是，先由桂良等人与英法谈判，并不妨答应他们的一些条件，若对方同意，则就可签订和约；如果英法还不同意，则可由耆英再答应几条。这样，或许英法就能在朝廷所设想的范围内与清廷签订和约；当然还有另外一种可能，即桂良等人根本就与英法两国谈不成，也就是桂良等人先拒绝英法提出的条件，然后再由耆英出面调和转圜。这个想法原本不错。但是英法谈判代表却完全拒绝与耆英谈判，因为他们在广州攻占两广总督府以后，发现一些清廷的官方档案，其中就有当年耆英向朝廷的报告，说他是如何成功地欺骗和敷衍英国人的，当这次听说耆英作为清廷的谈判代表又来了，所以拒绝与他见面，并将在广州缴获的档案交给桂良和花沙纳看。这样一来，耆英就处于十分狼狈的地位，根本无法参与与英法的谈判，于是他就离开了天津返回北京。

耆英对他返回北京的解释是，此次对英法议和是一件大事，谈判情况事关机密，外国人耳目众多，因此有关情况不能以书面形式上奏，必须亲自回京向皇帝报告。而且桂良和花沙纳也认为由于英、法对耆英严重不满，而且对朝廷派出的谈判代表耆英所表示出的鄙视和报复，实际上事关大清朝廷的尊严，因此他们也奏请皇帝允准耆英进京面陈夷情。

但是这里也有一个不争的事实，那就是耆英是在没有得到咸丰帝允准之前，擅自离开天津返回北京的。得知此事后咸丰皇帝大怒，他本来就认为耆英是一个畏葸无能的人，现在证明更是如此，竟敢于大局未定之时，"不候旨擅自回京……实属自速其死"，于是命僧格林沁将其缉拿。惠亲王绵愉也因保举不当，自请处分，同时奏请将耆英审讯后即行正法。咸丰随即命恭亲王、惇亲王会同大学士、六部九卿等官员共同审讯耆英。

耆英因此被缉拿后，也很不满，于是又写了一副嘲讽的对联：

先帝褒奖有胆有识

时皇罪过无耻无能

恭亲王等人从朝廷现有的法律条例和过去的先例出发进行判断，认为耆英不候谕旨就自行回京，确是一种极为冒昧糊涂和不合官场惯例的行为，当然应当予以严惩，但是考虑到他本人并非统兵的将帅，且其行为也没有对议和局势造成什么实质性的危害，而且他回京的目的也是担心他在天津将有碍于谈判的进行；另一方面，遍查大清律法，并无对朝廷大员无旨擅自回京应如何处置的专门条款，因此奏请咸丰皇帝，将耆英定为绞监斩，即死刑缓期执行。

但是肃顺却不赞成。当时任理藩院尚书的肃顺从振刷政治的角度出发，上奏咸丰皇帝，认为耆英的供词多为巧饰之词，并无不可在奏章内奏陈的机密之事，显然是"居心巧诈"，对于这样的畏缩无能的官员，应即行正法，以儆官邪而申国法。最后，咸丰下令耆英自尽。

由这些事例可清楚看出，肃顺对于整肃吏治方面是很有决心和胆略的，但有两点要指出：

首先，肃顺整肃吏治的主要目的并不是为了整顿朝纲，而是含有很多的个人目的，也就是通过打击他人而培育自己的党羽，为了自己集团的利益，他重用了一批汉臣，并非全为皇朝中兴。

其次，他也就得罪了一些人。然而肃顺得罪了一些官员，尤其是满族官员，并不会引起严重后果，但是他却得罪了一个他认为没有什么了不得的人物，结果却给自己带来了杀身之祸。

这个人是一个年轻的女人，即当时的懿贵妃，也就是后来的慈禧太后。

2—2. 因计结仇：劝皇帝思身后，皇家应重演"钩弋故事"

咸丰十年八月上旬，咸丰皇帝带着后宫及一帮亲信朝臣，离开北京，北狩热河。此事的整个组织工作都由肃顺负责，要在极短的时间内安排皇室一家人和一些大臣们远走热河，其车马安顿与吃喝安排绝不是一件简单的事。

由于肃顺卓越的组织才能，他在仓促中成功地组织了这次皇家集体大逃亡。

但是由于此次出逃非常仓促，来不及有组织地从民间征调车马，因此出行时只有一辆像样的宫车供皇帝享用，其他人，包括皇后，都只得坐临时从老百姓那里征用的简易马车。

出北京城后不久就进入山区，道路崎岖不平，车又简陋，所以颠簸得很，对于那些在皇宫内过惯了享受和奢侈生活的嫔妃们来说，这种行程就是一种难以忍受的活受罪，不但如此，路上有时还没有吃的。带着一个皇子的年轻懿贵妃实在受不了，于是在路上两次向主管官员肃顺要求给她换一辆较好的车。已经被逃亡路上的食宿安全等问题弄得焦头烂额的肃顺，在这荒凉的路上到哪里去弄一台较好的车，于是两次都拒绝了她，甚至不客气地对她说："难道你没有看见，皇后不也是坐这种从民间临时雇来的车吗？考虑到你带着皇子，所以她的车还没有你的好呢！你要知足了，不要想凌驾在皇后之上。"

懿贵妃受了肃顺的一顿抢白，心中当然对肃顺很不高兴。

这还不是什么主要问题，主要问题是此时皇帝对这位懿贵妃已心有成见。

懿贵妃叶赫那拉氏于 1851 年 16 岁以秀女入宫，就是因为入宫后生了一位皇子，也是当时咸丰皇帝唯一的皇子，因而她于 1854 年被封为懿贵妃，并因此受宠。

但是咸丰帝对懿贵妃的宠眷并没有持续多久就对她产生了厌倦，甚至萌生了要在适当的时候以某种适当的方式将她废除的想法。据《慈禧传信录》

懿贵妃

中的记载，咸丰帝曾向皇后钮祜禄氏表示，懿贵妃为人机诈，要格外提防。而且在北京时也曾向恭亲王奕䜣表示过要废除懿贵妃的想法，恭亲王劝说："妃实诞育元子，望上矜全。"听了恭亲王的劝告，考虑到懿贵妃是自己唯一儿子的生母，因而一时没有采取废黜的做法。

为什么咸丰皇帝会产生除掉懿贵妃的想法呢？首先是他感觉到这个妃子有干政的企图。

太平天国起事以后，各地的奏折当然很多，皇帝有些处理不过来，于是有些谕旨就由皇帝口述而要懿贵妃代笔，这本是咸丰皇帝太忙而采取的一种临时措施，但却激发了这位妃子对皇权的窥视，表现在她也想在一些国家大事上发表意见与看法，甚至批评皇帝。

太平军首次攻破武昌以后，政局越来越糟，皇帝被这些坏消息弄得十分焦躁，遂有倦勤之态。懿贵妃借此机会就多次在皇帝面前谈论起政事，使皇帝逐渐有所警觉。

特别是当英法联军攻陷天津时，咸丰皇帝正在圆明园里与众嫔妃摆筵庆贺自己的生日，听到这个消息以后，皇帝大哭随即离席而去，众妃愕然。懿贵妃就去劝慰咸丰皇帝，但是她却说了这样一句话："事危急，环泣何益，恭亲王素明决，乞上召筹应付。"

这句话就把恭亲王抬起来了，因为夸他"素明决"，另一方面其意思岂不是指咸丰皇帝糊涂而又优柔寡断吗？咸丰皇帝岂能听不明白其中的含义。而且当咸丰皇帝决定北走热河时，懿贵妃也公开出面劝阻，她先说："洋人必不得入京"，然后又说，皇上如坚守在北京，可以震慑一切，自然天下无事。如若圣驾出走，宗庙无主，恐为夷人践踏。"昔闻周室东迁，天子蒙尘，永为后世之羞，今若遽弃京城而去，辱莫甚焉。"咸丰帝却以为她一个女人知道什么，这是后宫干政，因此更加产生了对她的不满。

此外，由于咸丰皇帝迷恋汉族美女，鉴于祖制这些小脚的汉族美女不能进皇宫，因此皇帝就将她们安排在圆明园内，这样，皇宫内的嫔妃们自然受到冷遇。原来圣眷甚浓的懿贵妃当然醋意大发，于是有一天她在圆明园内命令将一名江南的汉族佳丽，脱光了衣服绑在柱子上活活打死，因此，咸丰帝对懿贵妃就更加不满了，并从此后不再去懿贵妃那里过夜了。

　　此时，肃顺已经知道懿贵妃对他不满，而懿贵妃的儿子将来一定会继承皇位，从而现在就已经对自己不满的懿贵妃未来一定会成为皇太后，那将对肃顺很不利，肃顺当然要防备。

　　肃顺是咸丰皇帝最器重的大臣，皇帝将他视作自己的心腹，什么事情都会与他商量。据黄濬在《花随人圣庵摭忆》一书中记载说：某日，咸丰帝在单独召见肃顺时，因那拉氏违抗旨意，表示了对懿贵妃的极大不满。肃顺趁机向咸丰帝进言，请用"钩弋故事"。

　　所谓"钩弋故事"是出自西汉的典故。西汉武帝刘彻是中国历史上一位十分有名和有成就的皇帝，而且汉武帝是汉朝在位时间最长的一个皇帝，他当了五十四年皇帝，然而他在晚年却疑心病很重。

　　当时的太子名刘据，是汉武帝的长子，卫子夫皇后所生，元狩元年汉武帝29岁时所得，所以很是高兴。然而后来汉武帝却迷信巫蛊之术，相信将仇人刻成一个小木人，然后刺心锥眼并埋入地下，就能使灾祸降于他，且汉武帝还宠信一个佞臣江充，而太子很讨厌这个人。

　　于是公元前91年，江充诬告太子刘据宫中地下埋有木人以诅咒陷害皇帝，太子大惧，乃杀江充及胡巫，汉武帝因此派兵追捕太子，逼得这位戾太子不得不举兵相抗，激战五日，戾太子最后自杀身亡。汉武帝虽有六个儿子，但戾太子死后，因此为嗣君问题伤透了脑筋。最后他只能把眼光锁定在晚年所得的非常像自己的幼子刘弗陵身上，原来汉武帝有一位妃子，封号婕妤，因她住在钩弋宫，故称钩弋夫人。她生有一子，名叫弗陵，即后来的汉昭帝，弗陵小时就长得强壮，而且聪明过人，颇受汉武帝喜爱，于是有心要立他为太子。但其时刘弗陵还只有五六岁，因此汉武帝又担心刘弗陵的母亲在皇帝登基尚年幼时会专权而动摇刘氏的天下，因此就萌生了一个立子杀母的念头。也就是汉武帝立下遗嘱，令立太子刘弗陵继位为皇帝，而杀其生母钩弋夫人，在立遗嘱时就有人对这种残忍的做法提出疑问，并且由于这件事情做得非常特殊，因此后有论者指出"自古帝王遗命多矣，却未有如汉武之奇者。"

　　钩弋夫人赐死后，人们还是对杀母立子的做法不能理解，《资治通鉴》于是强调记载了武帝的一段解释："是非儿曹愚人所知也。往古国家所以乱，由主少母壮也。女主独居骄蹇，淫乱自恣，莫能禁也。汝不闻吕后邪！故不得不先去之也。"所以为了避免再出现前朝吕后专权总揽朝政的局面，汉武帝断然采取了"立其子、去其母"的措施，将钩弋夫人赐死。汉武帝这个做法虽然残忍，但是也确实保证了大汉江山在下一朝中的皇权稳定。汉武帝立下的这个规则后来就在一些由少数民族（如鲜卑族、拓跋氏、北魏）政权中以明确的皇家典章规定继承下来了，现在咸丰皇帝就面临是否要继承这个古代先例的问题。可是咸丰皇帝却是个优柔寡断的人，"濡濡不忍"，不敢下手。而且钩弋故事毕竟是发生在近两千年前的事，时代已大不相同了，现在皇家再演两千年前的故事，皇家历史将怎样交代？

这还罢了，谁知在后来的一次醉酒之后，他竟将这件事情透露给了懿贵妃，因此，懿贵妃就当然恨透了肃顺。以后一旦她大权在手，她首先必将杀肃顺。所以恽毓鼎在《崇陵传信录》中说：大学士肃顺，曾经秘密疏请咸丰帝实行钩弋夫人故事，因此，后来慈禧太后听政掌权之后，才要首除肃顺。

不过也有历史书说，行钩弋夫人故事实际上是咸丰皇帝自己的主张，并不是肃顺向他建议的，然而当皇帝向肃顺谈到这个想法时，肃顺牙关紧闭，一句话也没有说，即没有反对。

不管到底是谁先提出了这个主张，但是有几点是肯定的：

咸丰皇帝在生前已经对懿贵妃严重不满；肃顺知道在懿贵妃身上可能重演钩弋夫人故事这件事情；而且肃顺在咸丰皇帝面前，从来没有为懿贵妃说过好话。然而，这两个都能掌握懿贵妃生死命运的男人，明知后果将很严重，却都不敢采取断然措施，朝廷危机何能不来。

2—3. 贵在神速：辛酉政变，八大臣不堪一击全盘覆没

清文宗咸丰皇帝于咸丰十一年（1861 年）七月十七日驾崩于热河行宫之烟波致爽殿。

当弥留之际，召集皇后、贵妃等皇室成员与御前大臣和军机大臣等到皇帝寝宫入见，安排后事。

懿贵妃领咸丰唯一尚存的儿子载淳入见咸丰于病榻前（咸丰皇帝的玫贵妃曾于咸丰八年产下皇二子，但未及命名即夭亡），泣问事当如何？

咸丰瞑目不答，懿贵妃复告之儿子在此。咸丰于是张开眼睛说："当然立之为君。"因为此前并未立嗣君，现在咸丰既作此言，自然也就是宣布继承人的圣旨了。

当然，应召前来的御前大臣及军机大臣即请皇帝亲写朱谕，立载淳为皇太子，以便继位为君。然而此时咸丰已经不能执笔，就命军机大臣代写。于是军机大臣就承命写谕旨一道：

咸丰十一年七月十六日奉朱谕，皇长子载淳著立为皇太子，特谕！

由于 31 岁的咸丰只有这一个儿子，所以生前没有像他的爷爷那样密谕立嗣君，因此现在临时立载淳为皇太子，已经没有立储的意义，实际上就是宣布载淳即将合法地、顺理成章地继承皇帝位。

虽然载淳已被立为嗣君，但载淳当时只有六岁，童幼无知，无法行使皇帝权力，所以一旦咸丰皇帝驾崩，载淳如何继立为君？这个问题必须在皇帝未死之前也得到皇帝同意或者更明确地说，是皇帝生前要有所交代和安排。

所以咸丰皇帝命令又写下了第二道谕旨：

咸丰十一年七月十六日奉朱笔，皇长子载淳现立为皇太子，著派载垣、端华、景寿、肃顺、穆荫、匡源、杜翰、焦祐瀛，尽心辅弼。特谕。

这两道上谕写得极其简单明确，没有通常谕旨上的套语格式，一方面是因为当时情况已经紧迫仓促，另一方面也是为了避免有可能因文字过长杂沓而词意混淆，因词害意以留后患。

第二道谕旨中所提到的八个人当时都在承德，也就是都在咸丰的身边，其中载垣是怡亲王，端华是郑亲王，肃顺是户部尚书，景寿是皇家驸马，而穆荫、匡源、杜瀚和焦祐瀛都是军机大臣。显然，这八个人就是皇帝指定的顾命大臣，新皇即位后，赞襄政务。

当时，在朝廷中，这八位在承德的顾命大臣被称为"热河派"，但与此同时，朝廷中还有一帮留守在北京处理与英法联军谈判的大臣，主要是恭亲王奕䜣、豫亲王义道、军机大臣文祥、大学士桂良、大学士贾桢、协办大学士周祖培、吏部尚书全庆、刑部尚书赵光、兵部尚书陈孚恩等，他们被称为"北京派"。

在这其中，尤其是恭亲王奕䜣，他是咸丰皇帝的亲弟弟，而且精明能干，本来咸丰皇帝就对他很有防范。咸丰在逃往热河之前，命恭亲王留京办理与英法议和的事情，但并未授予"监国"之名，也未授予节制前敌军队及留京文武大臣的实权或全权，甚至还设想他议和也未必能成功。但却没有料到恭亲王竟然在十天之内就议和成功，因此声誉鹊起，不但外国人对他多有称赞，而且留京的王公大臣们也开始集结在他的周围，并且暗地里都在议论在这次英法联军兵犯京师之时，咸丰皇帝竟然不顾江山社稷与列祖宗庙，抛弃百姓臣民而自己逃命，但恭亲王临危受命，力挽狂澜，有安定社稷之功。这样一来，咸丰皇帝对自己这位弟弟就更加有防范心理了，因此当恭亲王听说皇帝病重，要到承德来请安并讨论可能的皇家后事安排时，咸丰皇帝竟然不同意他来，而且在亲自选定的八位顾命大臣中，居然也没有恭亲王。

慈安皇太后

咸丰皇帝在这个问题上犯了大错，因为在当时的皇家权力结构中，尤其是咸丰皇帝身后，是不可能忽视恭亲王的，只有一个如何合理又合适的安排他的问题，而绝不可能对其视而不见，但咸丰皇帝完全没有认识到这一点，他竟然将恭亲王排斥在八位顾命大臣之外，这就为后来随即发生的皇室危机留下了伏笔。咸丰皇帝显然对自己这位雄才大略的弟弟至死也不放心。

所以当初道光皇帝立咸丰为嗣君是极大的错误，不但由于咸丰这个皇帝本身的无能和偏执，造成英法联军进北京，自己又荒淫过度而早死，只留下幼儿继位，而在确立幼儿皇帝的辅政大臣时，最需要委以重托的恭亲王却被排斥在外，结果就造成以后一系列的皇室内部危机的剧烈发展与爆发。

咸丰皇帝去世后，他的皇后随即被尊封为慈安皇太后，而皇太子的生母懿贵妃也被尊封为慈禧皇太后。

咸丰皇帝临终前还是有所考虑的，他将自己平时十分喜爱的两枚私印"御赏"和"同道堂"，分别交授给皇后和儿子载淳，并规定，凡是皇帝的谕旨，在起首之处，必须钤盖"御赏"印，即所谓"印起"，而在谕旨的结尾处，必须钤盖"同道堂"印，即所谓"印讫"。这是为了防止某些别有用心的人，有可能在皇帝谕旨完成之后，将个人的意思私自添加在谕旨前面或后面的舞弊行为。凡钤加了这两枚印章者，其中间所含的内容才是皇帝认可的谕旨，否则无任何效力。

本来，由于皇帝年幼，所以"圣旨"就由顾命大臣拟就并颁发，皇帝根本无权看，但有了两印钤规定以后，所有以皇帝名义颁发的圣旨都必须通过两位皇太后同意并加钤印以后才能颁发，所以顾命大臣就不能为所欲为了；另一方面，由于皇帝年幼，从而掌握在皇帝手中的那枚"同道堂"印实际上就由慈禧太后掌控了，因此她就可以干预政事了。

本来，肃顺等八大臣并没有将两位皇太后放在眼里，主张凡是颁布皇帝谕旨诏书等，皆由赞襄政务八大臣全权拟定后上呈，两宫太后只钤盖印章即可，至于谕旨的内容是否得当，两宫皇太后是不必过问的，更不得更改；朝廷各部院及京内外大臣所上的奏折等，也不必呈给两宫太后阅看。这就意味

着朝廷的最高权力就全部掌握在肃顺等八大臣
手中，两宫太后没有一点实权，只不过是循例钤
盖印章的工具而已。

慈禧皇太后

对此，两宫皇太后表示了强烈的不满，并且
召见这八位大臣，就上述问题与他们激烈地争吵
了四天，结果八位顾命大臣被迫让步同意：

文武大臣的奏折疏章，皆由八大臣首先进呈
两宫太后阅览，然后发回。

有关的谕旨，必须由两宫太后认可钤印后，
方可颁发。

任命的各部院尚书、侍郎，各省的总督和巡
抚，先由八大臣提出名单，最后由两宫太后裁定。

任用的其他官员，则由八大臣提出候选人数名，并开列他们的履历、评
语等，在皇帝面前抽签，最后仍需两宫太后认可后，才能正式任命。

这样一来，由于获得了奏折的阅看裁处权和重要官员的任免权，两宫皇
太后实际上就获得了皇权的最核心部分，而咸丰皇帝原来所设计的八大臣辅
政制度，实际上已被改变成"垂帘辅政，盖兼有之"了，这是两宫皇太后在
政治上的巨大胜利。而此时慈安皇太后才26岁，慈禧皇太后则是27岁。应当说，
八位顾命大臣对两位皇太后还是比较尊重，没有表现十分专断，漠视皇太后。

虽然很不满意咸丰皇帝将自己排斥在顾命大臣之外，然而恭亲王得知咸
丰去世以后还是断然从北京赶到承德奔丧。奔丧当然是名正言顺的，但更有
他意：

首先，他必须了解政局的形势，当政权已经掌握在八大臣手中以后，若
更让他们将势力做大，而自己却一无所知或无所作为，则必将是坐以待毙，
束手就擒；

其次，他必须掌握要想击倒八大臣，关键在哪里。

咸丰是十一年七月十七日去世的，八月初一清晨，恭亲王到达热河避暑
山庄。

他带着满身的尘土，一进灵堂就跪扑在咸丰皇帝的灵柩前，"伏地大恸，
声彻殿陛"，真是，从咸丰皇帝逝世以后，热河行宫中还没有见过谁悲痛到
如此程度，因此所有在场的人都被感动得流下了泪，感觉到他们亲兄弟之情
确非旁人可比。

两宫皇太后得知恭亲王来到以后，立刻传谕召见。但是八大臣显然不希望他们见面，于是就说什么叔嫂都很年轻，而且先帝刚刚去世，皇太后正在居丧期间，叔嫂不宜在后宫见面。认为两宫皇太后此时要召见亲王，于情、于理、于礼均不合。

恭亲王很聪明，他不提出自己一定要见皇太后，而是提出可以由八大臣陪着他去见皇太后。这就使八大臣为难了，因为皇太后并未召见他们，而且后宫传出懿旨，就是要恭亲王入见，于是八大臣最后也没有办法，只好同意恭亲王单独去会见两宫皇太后。

两宫皇太后与恭亲王的会见进行了一个时辰，也就是两个小时，估计是谈了三个问题：

两宫皇太后向恭亲王哭诉了肃顺等人对她们的轻侮，获得了恭亲王的同情与支持，双方进而讨论了如何对付他们的策略；

恭亲王向她们说明了要解决八大臣的问题，不能在热河动手，"非还京不可"，于是他们便做出了回北京后发动政变的决定；

恭亲王同时向两宫皇太后保证了皇帝和两宫皇太后回銮北京后，外国势力不会有任何介入，从而解除了两宫皇太后对外国是否会干涉宫廷政变的顾虑。

这样他们就结成了同盟，当时慈禧太后与恭亲王各自是怎样考虑的呢？就慈禧太后来说，她毕竟刚登太后之位，与朝廷掌握实权的官员接触不多，因此她必须借助于恭亲王及其他朝廷力量，共同除掉肃顺等八大臣，然后再由恭亲王等来扶持自己。就恭亲王来说，他现在已经不是与自己的哥哥争夺权力了，而是与皇室的远支亲王和其他大臣争权，因此无须再有什么顾忌了，他需要的是得到两宫皇太后与其他北京派的官员们的支持，在咸丰皇帝灵柩返回北京后，一举消除八大臣。至于两宫皇太后，他认为她们现在都很年轻，而且恭亲王自己并不图皇帝位，因此即令到北京后让她们垂帘听政，政权的实际操作还将交给恭亲王。

在承德不宜久留，更不宜与皇太后多见面，于是八月初七，恭亲王就返回北京，并开始政变前的准备工作了。要知道恭亲王是一定要解决八大臣的，否则他们回京当政以后，就一定会以"签订卖国条约"的罪名对他进行清算并彻底扳倒他，因为他已被骂为"鬼子六"。

但是就在恭亲王返回北京的途中，却发生了一件意外的事：留守北京的御史董元醇于咸丰十一年八月初六，上了一份题为《奏请皇太后权理朝政并另简亲王辅政折》，八月初九送达热河。主要论点有三：

皇帝年幼尚不能亲政，请皇太后垂帘听政，以防其他朝臣干预和把持朝政。

请于近亲的亲王中任命一两位顾命大臣，显然就是要求恭亲王入选。

请选派德望素优的大臣担任新皇帝的老师。

该奏折送达皇太后以后，就"留中"没有发回来。八月初十，八大臣派人去要，还是没有要回，而八月十一日，两宫太后召见肃顺等八大臣，明确表明她们接受董元醇奏折中的奏请，并要求八大臣立即做三件事：就垂帘听政一事进行讨论并提出具体办法；开出一张空名谕旨，等两宫皇太后再任命一二名亲王辅政；保举几名可任帝师的朝臣。

八大臣立即抗命，并与皇太后发生了言语极其激烈的争论，说话毫无顾忌，大声叫道：两宫太后如若听信他人之言，"臣不能奉命"，双方言辞之激烈把小皇帝都吓哭了，甚至尿了太后一身。双方互不相让，没有结果，于是八大臣回去以后又以皇帝的名义拟了一道谕旨，痛斥董元醇奏折中的各点，尤其是前两点。但是该谕旨送到两宫皇太后处要求钤印时，却又被皇太后"留中"扣下不发。

八大臣与皇太后又气势汹汹地吵了一天，没有结果。于是，第二天八大臣就宣布"搁车"，也就是：罢工！八大臣自有他们的道理，因为两宫皇太后要求实施垂帘听政，并且再任命新的辅政大臣，这都不合乎咸丰皇帝遗旨。作为顾命大臣，当然要秉尊先皇的遗旨。

八大臣"搁车"就意味着军机处停止运转。军机处一停止运转当然就要追究原因了，而大清朝确有祖训："后宫不得干政"，因此若要最后较真，两宫太后怕真要担当责任。

在这样的情况下，较成熟的慈安太后说服了慈禧太后，为了不影响她们已安排的今后要进行的政变大局，她们同意将董元醇的奏折和八大臣痛斥董元醇的谕旨都发下，才算解决了这场危机。而八大臣则认为，两宫太后也不过如此，朝廷没有他们是不行的，因此对两宫太后也没有什么特别警觉与防备。

恭亲王回到京城以后，非常低调，守口如瓶。但是对于皇帝即将回銮，朝臣们却都有不同的盘算，因为八大臣回来以后会怎样呢？

此时在热河的两宫皇太后坚决要求要奉咸丰皇帝梓宫和新皇帝回銮京师，这确是不可阻拦的：已去世的老皇帝要安葬，新皇帝要登基，这是天经地义。

经过钦天监勘定的黄道吉日，八月十三日，朝廷发布谕旨，新皇帝将于十月初九举行皇帝登基大典。八月十四日又发布谕旨："谨择九月二十三日辰时，恭奉皇考大行皇帝梓宫回京。"九月二十三日晨，大行皇帝灵柩由避暑山庄起驾，新皇帝载淳与两宫皇太后奉皇帝梓宫自承德启程返京师。但两宫皇太后和小皇帝只陪了灵驾一天，就以皇帝年龄小，两宫皇太后是年轻妇道人家为借口，小皇帝和两宫皇太后以及载垣、端华、景寿、穆荫、杜翰等人，就从另一条路直奔北京了。而肃顺、弈譞等人，则负责护送咸丰皇帝灵柩，在后面缓缓而行。朝廷出动了两万多兵力，分两路进行沿途护送。九月二十八日，两宫皇太后带着小皇帝到达返回北京的最后一站南石槽行宫，恭亲王在这里接驾，并且告诉太后，北京城里一切都已经按部就班安排就绪，皇帝一到京城，即可按计划办理。两位皇太后放心了。

九月二十九日下午，皇帝和两宫皇太后乘轿子到达北京，在京的王公大臣都到德胜门外跪迎。咸丰皇帝的灵位则由东华门进城并奉安于乾清宫。《庸庵笔记》中记录说："车驾至京师，诸大臣皆循例郊迎。两宫对大臣涕泣缕述三奸（指载垣、端华与肃顺）欺蔑之状。周祖培奏曰：'何不重治其罪？'皇太后曰：'彼为赞襄王大臣，可径予治罪乎？'祖培对曰：'皇太后可降旨先令解任，再予拿问。'太后曰：'善。'乃诏解赞襄王大臣八人之任，以恭亲王奕䜣为议政王，从民望也……另派大学士桂良、户部尚书沈兆霖、户部左侍郎文祥、右侍郎宝鋆、鸿胪寺少卿曹毓瑛为军机大臣。"

此时，皇太后确信留京大臣们对捕杀肃顺等人已经毫无异议以后，随即拿出早在热河期间就已经由醇郡王奕譞拟好的谕旨，交给恭亲王奕䜣，当众宣示，核心意思是两点：要求王公大臣等妥议皇太后亲理大政并另选亲王辅政；宣示现有八位赞襄大臣的种种罪行，谕旨解除他们的一切职务。所以当时就落实了三件事：

降旨罢斥顾命八大臣的赞襄政务大臣之职，褫夺他们所掌握的政权；

决定了现时立即实施两宫皇太后听政；

任恭亲王奕䜣为议政王，并由他负责立即组成新的军机处。

一切准备就绪后，十月初二日（1861年11月2日）下午六点左右，恭亲王奕䜣、军机大臣文祥、大学士桂良、大学士贾桢、大学士周祖培等王公和大臣都陆续来到宫中。

这一天，由于刚回到京师，不敢疏忽，八大臣中的载垣等人也一直待在军机处，监视着朝廷内外的政治动向。天将傍晚时，他们发现恭亲王等留京的重要大臣全部都来到宫中时，顿然感觉十分意外，预感到有什么情况将发生，但仍故作镇静地大声斥责道："尔等皆外廷臣子，怎敢擅入宫内？"恭亲王等当时并不直接与他冲突争论，只是淡淡地说："是皇帝有诏，命我等入见。"载垣等人仍力图阻止，并声称两宫皇太后无权召见朝廷大臣。

就在载垣等人与恭亲王等人纠缠争论之时，两宫皇太后又命人传来第二道上谕，称：载垣等人竟敢擅行阻拦太后召见大臣，实属肆无忌惮，命将载垣、端华、肃顺等人"革去爵职拿问"，并交宗人府会同大学士等官，严行议罪。载垣等人还不服，说谕旨都应当由他们八大臣草拟，现在我等尚未入朝视事，何来上谕？但是这一切都是徒劳的了。八大臣中的七名同一天内均在北京城内被捕，并没有发生任何意外或流血。

此时只剩下肃顺一个人了，他当时还在护送咸丰灵柩来京的路上，对京城内已经发生的事情一无所知。于是皇太后先给与肃顺同行的醇郡王奕谭发一道谕旨，要他立刻到北京来，这样他就得以离开肃顺的大队，然后在路上他又接到第二道谕旨，要他回去将肃顺即行拿问，并押解到京，交宗人府听候议罪。

于是醇郡王又返回去，并于当天深夜将宿于密云行宫的肃顺顺利抓捕，捆绑之后，押上囚车，直回北京。醇郡王在热河时已经知道两宫皇太后与恭亲王将联手解决八大臣，所以他并不感到意外，不过没有想到进行得这样快和顺利。这时离咸丰皇帝去世才 72 天。

当然，随即对八大臣进行了定罪与处理。十月初六公布了他们所犯的罪行。八人中以肃顺的罪最重，他被指控犯有七项罪名：自行矫诏立顾命大臣，也就是现在的得胜方不承认咸丰皇帝临终立辅弼大臣的上谕是咸丰皇帝的真实意愿，也就是一封假的"上谕"、当时以同治名义发布上谕说："皇考升遐，即以赞襄政务王自居，实则我皇考弥留之际，但面谕载垣等，立朕为皇太子，并无令其赞襄政务之谕，载垣等乃造作赞襄名目"云云、行事不请旨，擅自专权主持、擅改谕旨，反对太后垂帘、离间太后与亲王的关系、擅坐御座、随意进出后廷内宫、擅用行宫内御用器物、恶意挑拨两宫太后的关系等，总之，欲加以罪，何患无辞。

最后，肃顺被判凌迟处死，但加恩改为斩立决。

他被捕以后受到满人的一片欢呼，他在被处决时，不但有很多满人出来看热闹，而且还向他投掷瓦砾以泄私愤，据说，肃顺临刑前写了两句诗：'东风不与周郎便，铜雀春深锁二乔'。其含义十分耐人寻味。而且"将行刑，肃顺肆口大骂，其悖逆之声，皆为人臣子所不忍闻。又不肯跪，刽子手以大铁柄敲之乃跪下，盖两胫已断矣。遂斩之。"

载垣和端华被判赐令自尽，穆荫被判充军，匡源、杜翰和焦祐瀛三人被革职，景寿（道光皇帝的额驸）革职后保留其公爵及额驸的品级。

其实，这次政变中八大臣之所以失败得如此之快，与他们自身傲慢轻敌很有关系。比如，咸丰十一年九月初四，也就是咸丰皇帝死后不到两个月，载垣、端华、肃顺就奏称自己兼职过多，恳请酌量改派，这实际上是历代权臣以退为进的惯技，两宫皇太后理应温言挽留，谁知这一次却弄巧成拙，两宫皇太后竟然顺水推舟"恩准"了他们自己提出的请求："载垣著开銮仪卫、上虞备用处事务，端华著开步军统领缺，肃顺著开管理理藩院并向导处事务。"这就使得肃顺等人被打得狼狈不堪，也是后来政变得以成功的一个重要保证。因为向导处掌管皇帝出巡的准备工作，肃顺被开缺后，就使得在回京途中他与前方失去了联系，从而稀里糊涂就成了阶下囚。步军统领肩负保卫京师的重责，端华被开缺后就失去了兵权，而这个重要的职权就落到了奕譞的手中，于是他就可以来往承德与京师，通风报信，互相联络，为政变的成功立下了大功。

这次宫廷政变发生在辛酉年，故称"辛酉政变"，也称"祺祥政变"。

辛酉政变最终处死了肃顺、载垣、端华三人，受牵连的十六名大臣、太监均按从犯处理，没有大开杀戒，这是很难得的，因为历来宫廷政变都牵连极广，所以这次政变发生以后，开始时官员们也都是人心惶惶，因为与八大臣有关联的人或事实在是太多了，追究下去不知将有多少官员要受到牵连。两宫皇太后在处理这次政变中最得人心之举，就是将肃顺家中查抄所得的各种信函统统付诸一炬，一时人心大定，从而使两宫皇太后博得了仁慈的美名，也为她们随后实施的垂帘听政巩筑了稳固的基础。

这次政变的过程与结果都表明，八大臣仅是一批"权臣"却非政治家，而两宫皇太后与恭亲王等"北京派"都是朝廷政治家，朝廷政治家为实现自己的政治目的，可以动用他们所拥有的一切资源，什么方式与手段都可以采用。几个自我陶醉的权臣当然斗不过精确策划的、并掌控京城兵权的朝廷政治家集团。

政治危机总是隐于阴谋，显于运作。运作之后，这场危机看来就化解了。

然而八大臣纵然被清除了，但是，新的皇室危机又在孕育中了。

现在回过头来看，本来，清朝设置军机处的初衷就是要杜绝皇亲干预皇帝控制朝政的权力，所以皇贵亲王们都不得进入军机处。

不过到咸丰年间，这种权力架构开始出现松动。登基后第三年，咸丰就打破祖制，允许六弟恭亲王奕訢入值军机处，成为首席军机大臣。虽然恭亲王甚堪重任，朝廷局势和气象一新，但咸丰担心其做大成势，威胁自己的控制权，于是一年半后即解除这位能干的弟弟的一切职务。不过七载之后，咸丰皇帝北走热河，身患重疾，由于不信任恭亲王，实际大权旁落于以肃顺、端华、载垣等为首的"八大臣"手中。尤为值得注意的是，端、载二人俱为铁帽子王，所以自清初以后久被闲置的皇亲又再度染指最高权力。按照《剑桥晚清中国史》的推测，肃顺诸人虽"赞襄一切政务"，但由于事出突然，尚无先例，他们"所受的权力既不能被解释为顺治帝未成年时多尔衮的那种摄政，也不能说成是康熙帝未成年时鳌拜及另外三大臣的辅政"。可以想见，"八大臣""在怎样抬高他们的作用这一点上未能取得一致意见。肃顺在他们之中最为机敏，但又是地位较低的宗人，绝没有资格当摄政"。悖论即在于，原本最有潜在质能成为摄政之人的肃顺，却偏偏不是皇亲，而端、载二人又难担此任。

当然咸丰并没有病糊涂，于弥留之际，他一面任命八人为顾命大臣，一面又将"御赏"和"同道堂"两枚随身私章赐予慈安与同治皇帝，二人可凭印章对决策实行否决权。也就是说，顾命大臣若想合法使用代替"朱批"的玉玺来颁布上谕，必须求助于两宫太后。咸丰的理想设计，大概是希望双方通力协作，以保证政事的顺畅进行，同时这貌似亦是能确保同治小皇帝平安接班的唯一途径。因此当时朝政的运作形式，既非"八大臣"一家独大，也非两宫垂帘独裁，而是"垂帘辅政，盖兼有之"的暂时制衡。显而易见，对于本已宿怨颇深的欲独揽大权的双方而言，这种最高权力由两家分摊的局面无法长久，结果矛盾趋于升级，最终导致两宫联手恭王，打掉顾命大臣肃顺等人，开启了幼帝双后、叔嫂共治的洋务新政时代。

平情而论，扫除八大臣之后所形成的权力格局，既偶然，又必然。1861年12月25日，帝师翁同龢来到养心殿，平生首度见识了"垂帘听政"的阵势："两宫皇太后垂帘，用纱屏八扇，黄色。皇上在帘前御榻坐，恭邸立于左，醇邸立于右，吏部堂官递绿头签，恭邸接呈案上。"让人匪夷所思的是，翁"仰瞻阙廷，俯览禁闼，不自知其悲来横集也"。此中情绪，或与御座后面那扇几乎透明的令人生畏的黄色屏风有关。垂帘听政自古有之，太后临时代理国家政事。不过历数前朝垂帘往事，教训总大于经验。垂帘听政极易造成两种结果：太后弱，则重臣操权，如南宋杨、谢两位太后；太后强，则皇权旁落，西汉吕后及唐代武则天便是典型。熟谙古史的翁同龢，恐怕胸中未尝无此担忧。毕竟先帝暴卒，幼帝冲龄，在如此偶然的情形下，两宫可谓骤然崛起。但她们能以迅雷不及掩耳之势搞垮肃顺等人，替同治执掌中央控股权，又绝非泛泛之辈。

况且更为复杂的是，权力架构中又平添了叔嫂共治的新剧情。肃党"崩塌式倒台"的最大赢家非恭亲王莫属，新一届军机处班子皆是其亲信，改革派居优势。因扫除八大臣有功，恭亲王遂集万千恩宠于一身。两宫先是打破祖制，封其为议政王。又任命其出任军机大臣和宗人府宗令。时隔一周，两宫又以幼帝名义，赐给恭王世袭罔替"亲王"爵位，亦是违背常例之举。两宫如此重赏恭王，本意无非望其感谢天恩，忠心辅佐小皇帝。然而这却恰恰使得本已错位的权力格局愈发倒置。须知，作为一国之君，同治皇帝控制皇权是名正言顺，太后垂帘即意味着两位本无资格染指皇权的妇人却替小皇帝暂代控制了皇权，而权势显赫的恭亲王作为议政王，其距离御座实际仅一步之遥，难保无丝毫非分之念。彼时的情形是：该控制皇权的人没有控制，不该控制皇权的人却控制皇权，想控制皇权股且有能力控制皇权的人看到了有一定的希望。于是此等犬牙交错的态势，注定了叔嫂之间必须经过一场激烈的"争夺"，来最终确立各自在最高权力结构中的序列与地位。因而发生于同治四年（1865 年）春天的"罢黜恭亲王"事件，标志着慈禧最终将控制权牢牢攥在手心。过去人们多把此事件归因于慈禧强烈的权力欲望，然而却不尽然如此，若制度设计上不出现最高权力格局的严重错位，西太后亦无法借此漏洞揽权。故一定程度上讲，这是不稳固的权力构架发展的必然结果。

2—4. 悲剧开始：同治幼年即位，造成皇太后垂帘

咸丰十一年十月初九黎明，在京城内举行了同治皇帝的登基典礼。

八大臣被清除以后，在当时的政治形势下，当然朝中无人敢再提出建立新的辅政大臣体制，而只能接受两宫皇太后的要求，实施两宫皇太后的垂帘听政。

但是在清朝的历史中，从未出现过正式的皇太后垂帘听政，因此由于皇帝年幼必须实施皇太后垂帘听政，就必须解决一个垂帘听政的法律和制度

问题。

首先，九月三十日由大学士贾桢和周祖培上《奏请皇太后亲操政权以振纲纪折》，正式提出了要求由两宫皇太后"不居垂帘之虚名，而收听政之实效"的建议，但是这与皇太后的要求还有距离，因为皇太后，尤其是慈禧太后，所要求的并非只是居于幕后处理朝政之权，即不仅要理政之实，还要求有正式的垂帘听政之名，也就是形式与内容的统一，使之成为合法的皇家定制。了解太后之意以后，大臣们首先对太后理政的权力做了明确的规定。规定：凡各省将军、总督、巡抚的奏折，都首先要呈递太后慈览；然后再交议政王和军机大臣等评议讨论；由御前各王、大臣听取太后意见后，将相关的指示谕旨誊写清楚，再次呈递太后；太后批阅同意后再行颁发。这就保证了，清廷的一切政务、权力"均蒙两宫太后躬亲裁决。"

然后，十月十六日，礼亲王世铎领衔各位王爷、贝勒、贝子和文武百官共计202人，共同联合上呈《遵旨会议皇太后亲理大政事宜折》，并附上议定的《太后垂帘章程》十一条，这就将实施太后垂帘听政的法律、制度和具体形式等都明确规定了。

《太后垂帘章程》进呈后，两宫太后随即颁布懿旨，称：各王、大臣所议章程，"斟酌妥善，着即执行"，随即又表示"垂帘之举，本非意所乐为"。但是，只因目前时事多艰，皇帝年幼，不能亲政，朝廷中各位王、大臣等遇有重大问题又不能秉承，在此万般无奈的情况下，两宫太后才不得不"姑允所请"，出面垂帘听政，一旦皇帝长大成人，"典学有成"，两宫太后即行归政。这就是君主专制的政体，必须有皇帝或能够代表皇帝的人来主朝政。

咸丰十一年十一月初一，咸丰帝的百日国丧期已过，慈安皇太后与慈禧皇太后的两宫垂帘听政仪式便正式举行。从此开始了清朝历史上正式的、成制度的皇太后垂帘听政。

但是应当说，慈禧太后这时所实行的垂帘听政，其主要目的还不是自己迷恋皇权，因为现在的皇帝是他自己的亲生儿子，确实年幼无法掌政，在经历过辛酉政变以后，她清楚地看到，作为皇帝的母亲，她不出来掌政，这个政权将不知道会要落到谁的手中去，所以这是她当时首先要考虑的问题。因此虽然后来重用了应当说对皇权没有威胁的恭亲王为首辅大臣，但是她还是时时提防着大权旁落，当时她确实希望自己的儿子同治皇帝能健康成长，并在其亲政以后成为一个有作为的君王，那时她当然会把政权愉快而安心地交给自己的亲儿子。

　　但是历史却不是这样发展的。历史将她三度推到晚清皇权的顶峰：两度垂帘听政和一度与皇帝平坐但掌实权的训政。

　　在清朝的满洲贵族中，其实一直有三个势力集团：异性贵族、宗室贵族和皇室嫡系贵族。顺治初年的摄政王多尔衮、济尔哈朗都是宗室贵族，康熙初期的辅政四大臣，索尼、苏克萨哈、遏必隆、鳌拜，都是满洲非爱新觉罗氏贵族，也就是异性贵族，由于都不是皇室嫡系，最后就都被清除了。而同治初立的八位赞襄大臣中，也没有一个是皇室嫡系贵族，因此也都被清除了，可见一切都是为了皇室政权的稳固。"病榻之旁，岂容他人鼾睡。"

　　然而这都与掌政的帝君是否已成年有关。就辛酉政变来说，在此之前咸丰当时作为皇帝，他是已成年的青年帝君，他并不担心其他非皇室贵族会威胁他的皇位，而是担心皇室嫡系恭亲王威胁他的地位，因此咸丰帝倒是信任非皇室贵族的宗室贵族载垣、端华和肃顺之类，而帝君的两宫皇太后为巩固幼儿皇帝的皇权，却主要依仗皇室嫡系贵族恭亲王奕訢和醇郡王奕譞，并且只相信他们，为此首先清除了八大臣宗室贵族，而且再通过两宫皇太后垂帘听政与恭亲王总揽朝政，就彻底消除了异性贵族和宗室贵族可能对皇室造成的威胁，也削弱了他们对朝政的影响，并最后逐渐形成了慈禧太后的近五十年的掌权局面。

　　这是好是坏现在且不好说，但后来近五十年的慈禧太后垂帘听政，结果造成了大清皇朝实际上断送在她手中的不可否认的历史，这就是晚清皇室内部危机之根源。

第三章
皇权衰落无可奈何但见湘淮势力做大

3—1. 无兵可用：江南大营第二次被攻破引来的危机

1856 年 6 月，太平军攻破钦差大臣向荣在天京城外建立的清兵江南大营。

于是，朝廷命和春（满洲正红旗人）接替钦差大臣职位并以张国梁任江南提督，于 1858 年 2 月第二次建立江南大营围困天京，设大营于沧波、高桥两门之间，号称拥兵五六万众，于天京城外挖掘深阔各约丈余的长壕，绵亘百余里，并占领长江对面的江浦和九洑洲。咸丰九年七月，为急于攻克金陵，又添募精锐一万名，但至咸丰十年二月，金陵仍迟迟未克。

1856 年 9 月，太平天国发生了北王韦昌辉杀害东王杨秀清的内讧，翼王石达开随即入天京调解，11 月捕杀北王韦昌辉。1857 年 5 月，因被见疑于天皇，翼王石达开不得不离开天京西走安庆。同年底，曾国藩和胡林翼分兵两路向皖西太平军步步进逼。

石达开出走以后，太平军形势险恶，幸亏咸丰八年十月（1858 年 11 月 16 日），在后起将领陈玉成与李秀成领导下，太平军在安徽取得了著名三河镇大捷，湘军被歼灭 6000 余人，名将李续宾战死。然后李秀成又收复了浦口，并围攻江浦，稍解天京之围。此后，李秀成就率军留守浦口一带，陈玉成则率军返回皖西战场，对付东犯湘军胡林翼部。

1859 年 4 月，喜见这两位青年将领的崛起，洪秀全加封前军主将陈玉成为英王，加封后军主将李秀成为忠王，使太平天国出现了新的希望，当然也还存在不少困难，特别是天京仍处于江南大营清军的包围之下，总的形势依然相当严酷。

面对上述情况，李秀成一再向洪秀全"强奏"，要求率军离开浦口，设法攻打江南大营，以解京围。这一要求最后得到了洪秀全的应允。关于如何解围问题，李秀成与当时在天京主持朝政的干王洪仁玕进行过三次面商。洪仁玕认为："此时京围难以力攻，必向湖、杭虚处，力攻其背。彼必返救湖、杭，俟其撤兵远去，即行返旆自救，必获捷报也。"李秀成同意这一"围魏救赵"之计，两人共同确定了如下作战方案：一、由李秀成、李世贤率部"伪装缨帽号衣，一路潜入杭、湖二处"，攻敌之所必救，以吸引和调动江南大营清军；当出现上述情况时，立即放弃浙江杭州和湖州（今吴兴），由小路回师天京，围攻江南大营。二、由英王陈玉成执行"虚攻安徽"的任务，在皖北实施佯动，以掩护江南之作战行动。整个作战由李秀成负责组织实施。

1860 年 4 月底，也就是咸丰十年闰三月，各路太平军均抵达天京外围，众达十余万人，在扫清清军外围据点后，随即准备总攻江南大营。总攻部署是：李世贤部自北门洪山、燕子矶，李秀成部自尧化门，刘官芳、陈坤书部自高桥门，杨辅清部自雨花台，陈玉成部自善桥方向，五路并进。天京城内的太平军则由城内出击，配合城外各军夹攻清军。5 月 2 日，太平军发起总攻。是日天气晴朗，但从当晚开始降雨，连日不止，太平军冒雨连续进攻。

太平军突破敌西南长壕，内外会师，重围实际已解，士气更高，便连夜乘胜猛攻。清军营四处火起，江南大营总部所在地大营也被攻破，于是，重建后围困天京两年多的清军江南大营又被摧毁。

二破江南大营，是太平天国战争史上最为"得意之笔"。洪仁玕、李秀成等正确地选择杭州作为"攻敌必救"的目标，调动和分散江南大营清军的兵力，然后回师急攻，内外夹击，使数万清军陷入被动挨打地位，这一着是十分成功的。

从此以后，清朝廷发现在江南再没有自己可掌握的军事力量可以用来对付太平军了，因为在此之前，在天京四周、江北浦口、苏州和常州以及浙江都是控制在朝廷军事力量手中，曾国藩和胡林翼的湘军不过被看作是在长江中游牵制太平军的一支军事力量，所以湘军主帅曾国藩一直是"素位征战"，也就是没有被授予任何实际督抚官职。

江南大营第二次被攻破以后，朝廷看到已经没有任何自己的军事力量可以用来对付太平军，也就是今后只能依靠湘军来平定太平军了，从而也就必须由曾国藩出来担任与太平军作战的主帅。所以，咸丰十年四月，曾国藩被任命为钦差大臣，加兵部尚书衔，四月十九日，署理两江总督（原两江总督何桂清因弃守苏州被撤职并被处决），六月二十四日，实授两江总督，以钦差大臣督办江南苏、皖、浙、赣四省军务与财务。

从此，湘淮实力派就在晚清军政界成为最有实力与影响的力量，并因此影响晚清今后的军政事务数十年。大清皇朝已经失去了自己嫡系武装力量的支持，它的存在基础已经岌岌可危，逐步走向覆亡路的前景也就毋庸多议了，也就是其前景已不取决于皇室的意志了。

3—2. 鸟尽弓藏：恐因功高震主，曾国藩自请遣散湘军

曾国藩曾说："处大位掌大权而兼享大名，自古曾有几人能善其末路者。总须设法将权位二字推让少许，减去几成，则晚节可以渐渐收场耳。"即历史上功威震主者从没有好下场，他当然很明白且警惕。对于终生遵行"诚意、正心、修身、齐家、治国平天下"，笃信此信念而又具有深厚儒家道德思想与修养的曾国藩来言，他绝对不会走身败名裂之路。

1864 年 7 月 19 日，湘军曾国荃部攻陷天京（南京），太平天国覆亡。破南京后曾国藩就立即通过"裁军、停饷、遣返"等措施，遣散部分被朝廷视作已具有巨大现实威胁的湘军，即自释兵权。他在奏折中以"湘军作战年久，暮气已深"为由，主动奏请将湘军裁遣归里，明白表示他无意挟兵权以自重，事情做得光明磊落，令人钦佩并无可厚非。

此前，因为被围绝望，太平天国天王洪秀全于 1864 年 6 月 3 日在天京自杀身亡，儿子即位为幼天王。1864 年 7 月 22 日晚，死守天京的太平天国忠王李秀成保护着幼天王冲出天京城，被冲散后李秀成被俘。7 月 28 日，曾国藩来到金陵，审问后，令李秀成书写供词，李秀成在囚笼里写下三万多字的《李秀成自述》。1864 年 8 月 7 日，李秀成在天京被杀。曾国藩为什么如此匆忙杀掉李秀成，这一直算是一个谜。也许，长于识人的曾国藩对于李秀成这样年轻又瘦弱，但却如此彪悍感到不爽，在他看来，这个太平天国忠王异常狡猾，并且，在太平天国中又享有很高的威望，只有速杀，才会让其余党彻底断了东山再起的念头。当然，这只是想法之一。

其实最大的可能性在于，曾国藩审问李秀成之时，李秀成极可能力劝曾国藩起兵造反恢复汉室，并且承诺召集十数万旧部帮助曾国藩。在李秀成的自述书中，也极可能有相关内容，后来被曾国藩删除了。这一点，可以说是最让曾国藩忌讳的。李秀成如果被押解到京，审讯中话题必然会涉及这方面，李秀成也很可能说出某些客观上对曾氏兄弟不利的话，这当然会让曾国藩很被动。另外，还让曾国藩忌惮的一点是，天京破后太平军在天京外的余部势

力还很大，如果李秀成在押送至京的途中，有个三长两短，虎走归山，就必定酿成大祸。

总而言之，如果起解李秀成去京城献俘，一切将无法控制，有百害而无一利，还是在金陵将他迅速处死为上。当然，另一种可能是，李秀成在与曾国藩谈话时，请求速将他在金陵处死，以免折磨，而曾国藩满足了李秀成的愿望，在金陵处死李秀成。最起码可以让他死个痛快，而到了京城作为献俘，肯定会遭受百般折磨，最后还得"凌迟而死"。以曾国藩的为人来说，他是具有如此器量的。可以佐证这一猜测的是，李秀成在见了曾国藩一面之后，意识到自己的死可由曾国藩控制，就带着伤残的身体，几乎是用每天七千字的速度在写自述。

1864 年 8 月 7 日，李秀成上午刚刚完成自述，晚上，就被带到法场上处死。据幕僚赵烈文后来记述道，李秀成在临死之前一直说"中堂厚德，铭刻不忘，今世已误，来生图报"云云，似乎对能痛快地速死在曾国藩军中感恩戴德。

死之前，李秀成谈笑风生，虽然他的文化程度不高，还是写了十首半文半白的绝命诗（可惜未能传世）。曾国藩下令："免凌迟。其首传示各省，而棺殓其躯，亦幸矣。"

后来的野史记载：曾国藩亲自审讯李秀成的第二天，也就是 1864 年 7 月 29 日晚，曾国藩曾经与其弟曾国荃有一次长谈。

对于其弟曾国荃，曾国藩一直是抱有感激之情的。这位不凡的弟弟自从咸丰六年组建"吉"字营跟随曾国藩打仗之后，攻城拔寨，战无不克。有一次左宗棠问曾国藩，对于曾国荃，他这个做兄长的，有什么看法，曾国藩的回答是：杀人如麻，挥金如土。在曾国藩看来，曾国荃算是一个军事奇才，但在治理国家以及人情世故方面，缺少智慧，显得相当不成熟。现在，裁减湘军，首先要争取的，就是曾国荃的支持。其实，历史上成大事的人，都有几个共同特点：爱才如命，挥金如土，杀人如麻。曾氏兄弟何尝不是如此。

野史曾记述兄弟二人的谈话——两人见面后，曾国荃看出了兄长的心事，干脆开诚布公地说："东南半壁无主，我公岂无意乎？"这实际上就是很明白地问曾国藩，敢不敢造反？曾国藩把脸一沉，说，这种掉脑袋的话，你也敢说，真是糊涂啊！曾国荃似有不服，辩解说：两江总督是你，闽浙总督是左宗棠，四川总督是罗炳常，江苏巡抚是李鸿章，还有三个现任总督、五个现任巡抚全是湘军之人。大哥手里握着二十多万湘军精兵，如果需要，可把现在被捕的李秀成说动，让他振臂一呼，收纳十几万太平天国降兵跟随你造反。这样，手上就有三十多万精锐之师。有这些兵马，即可攻破京师，恢复汉家江山，成为一代帝王。

大哥，舍你其谁啊！

据称，此前的一天夜晚，就有湘军的高级将领约有三十余人齐集大厅，企图重演一场"赵匡胤黄袍加身"的故事。听了曾国荃的话，曾国藩摇了摇头，缓缓地说：你这是只知其一而不知其二！在湘军中，有很多人可以共患难，但不能共享富贵。左宗棠一代枭雄，做师爷时便不甘居人下，如今同我平起平坐，他能甘心在我面前俯首称臣？我敢肯定，如若起事，第一个起兵讨伐我的人就是左宗棠；再说李鸿章，我若一帆风顺，李鸿章永远是我的学生；如若不顺，李鸿章必然反戈一击。李鸿章多么聪明啊，名利心极强，他当然不会轻易丢掉现有的权力和地位。并且，你看看现在这支湘军吧，这么多年的仗打下来，精锐早已打光了，那些优秀的人早已牺牲，部队已呈老态，哪里还能再打仗呢？再说李秀成，他不投降可以振臂一呼，从者云集；一旦他投降了，就是一只走狗，谁还听他的！

一席话把曾国荃说得哑口无言。曾国藩还说，当兵吃粮，升官发财，就比如养了一群狗，你扔一块骨头，它就跟你走，别人扔一块更大的骨头，它就可能出卖你。我现在这个样子，又还有多少骨头可以扔给他们呢？

现在的曾国藩可以说具有亦文亦武的身份，他既是两江总督，又是钦差大臣，所以具有统辖苏、皖、浙、赣四省的军务与财政大权，所有四省的巡抚、提督的文武以下各官，均受其节制。不但如此，现在这些省的巡抚又都是湘军系统的人物，也就是他们都是总督曾国藩的部属，而且这些巡抚又都兼任主管本省各镇绿营军总兵的提督，并加兼理粮饷衔。这样，巡抚变成了总督的下属，各省的布政使、按察使、提督都成了督抚的属员。所以，此时节制苏、皖、浙、赣四省的两江总督曾国藩就具有无可比拟的军、政、财、人权，这就使他的下属们自然产生了要给他黄袍加身的想法。

曾国藩与曾国荃的这一番谈话，当然有野史想象的成分。不过以曾国藩和曾国荃的性格和关系，这样的谈话内容完全合理。

不仅如此，曾国藩到了金陵之后，他的很多心腹，包括彭玉麟、赵烈文等人，以及著名的研究"帝王之学"的学者王闿运等，都先后来探曾国藩的底（据称曾国荃那句劝曾国藩造反的话，实际上是王闿运说的）。他们一开始说话时都很隐晦，有的借机发发牢骚，抱怨朝廷奖励不公，有的替曾国藩抱屈，因为咸丰帝临死之时有遗言，许诺"克复金陵者王"。可等到曾氏兄弟攻克了金陵，慈禧太后和同治皇帝只吝啬地给了曾国藩一个"一等毅勇侯"，"王"与"侯"，相差十万八千里啊！对于部下与幕僚们的试探，曾国藩丝毫不动声色，他什么也没有表示，后来，为了避免越来越多的麻烦，曾国藩干脆亲笔写下了一副集句对联："倚天照海花无数，流水高山心自知"（上句出自苏轼，下句出自王安石），挂在金陵住地的中堂上，表明自己心胸坦荡宽广，君子胸怀日月可鉴，绝无任何不轨之意。这样，所有来曾府试探风向的人，从这副对联中，就已经明白曾国藩的心迹。

实际上对曾国藩来说，他不是没有考虑，而是考虑得已经非常彻底了。

"狡兔死，走狗烹；飞鸟尽，良弓藏；敌国破，谋臣亡。"历史常以惊人的相似重复上演过去的一幕幕悲喜剧，达到事业顶峰的曾国藩，同样不得不面临中国往朝历史上曾经出现多次的权臣得势后的洋洋得意与最后可怜的结局。

摆在他面前的道路无非三条：一是进——起兵反叛清朝，问鼎中原；二是观——保持实力，维持现状；三是退——裁撤湘军，自翦羽翼，以明心志。

何去何从，这与曾国藩的个人修养有很大关系。对于曾国藩来说，他显然不想继续打仗，多年的战争已让他彻底厌倦，更何况自己的身体和精力每况愈下，继续争权夺利，对于他说，已没有太大的兴趣。曾国藩自咸丰七年三月那一次，因不满朝廷不授予他督抚的实权，因而从军中不告而辞回乡之后，人生的态度已亲近黄老哲学，几乎没有攀登顶峰的野心。水满则溢，月满则缺，曾国藩深得其中三昧。因此，曾国藩宁愿自己的福分和运气不要太好，所以，他把自己住的地方，命名为"求缺斋"，也是这个意思。他认为人生最好的境界是："平生最好'花未全开月未圆'七字，以为惜福之道，保泰之法莫精于此。"不仅如此，曾国藩越来越迫切想退隐归田，颐养天年，在往后的岁月中，尽情地享受生活，读书，写文章。

再说，如果造反，就一定有必胜的把握？曾国藩清楚地知道周围的形势，湘军只是清廷进攻金陵的一个先锋，"螳螂捕蝉，黄雀在后"，在他的身前左右，现在还有大量其他兵马驻防：在金陵的西部，湖广总督官文守武昌，据长江上游；在东部，富明阿、冯子材守扬州、镇江，据长江下游；尤其在北面，清朝廷尚存的一支蒙古主力骑兵僧格林沁亲王屯兵皖、鄂边境，虎视金陵。这些人马，都跟曾国藩的湘军毫无关联，从一方面来说，他们可以说是来支援湘军的，虽然打太平军无能，但从另一方面来说，也还是可以用来防备湘军的。在这样的情况下，自己竭力去做这样的军事上的冒险事，不是很愚蠢吗?

既然没有前进的路,那么,身心疲惫的曾国藩就不得不寻求退路了。曾国藩知道,在这种情形下,只有迅速表明自己的态度,才能安全度过危险。那段时间,曾国藩无论在公开场合,还是在私下的日记中;无论是在给朝廷及同僚友朋的奏章和信函里,还是在给兄弟儿子的家书中,都用不同的语言和口气表达一个共同的意思:"胜利得力于别人,自己无功可居。"

在裁减湘军方面,曾国藩可谓是计划周密——曾国藩向朝廷建议,经过这么多年的战争,湘军已"无昔日之生气",奏请裁汰遣散,想马上裁三四万人。没等朝廷答复,曾国藩就擅自做主,在没有经曾国荃同意的情况下,以曾国荃有病为由,上奏朝廷,请朝廷不要安排曾国荃担任浙江巡抚,让他回老家养病。曾国藩担心的是,毫无城府的曾国荃因为沉不住气而坏事,并且,曾国荃因为攻破南京之后的大肆屠杀,以及太平天国银库大量金银失踪事件,得罪了不少人,若不让他暂时避一避,很可能首先遭殃的就是他。

曾国藩的请求正中朝廷下怀,朝廷很快同意了曾国藩的意见,并且,在上谕中很是慰问了曾国荃一番,并授他以伯爵。慈禧还特意让钦差送来一支六两的大人参,以示龙恩。

曾国荃其实心中很不高兴,以为兄长有意排斥自己。不久,在湘军将领秦淮河的一次聚会上,曾国荃借着酒兴,大发牢骚,曾国藩一时下不了台。曾国藩强忍住了,对此没有理会。

的确,遣军易,裁将难。而且他必须首先要将其弟、战功赫赫也受封伯爵的曾国荃裁遣回乡,他当然知道在十年征战中九死一生、浑身是伤的弟弟心中何等不满和气愤。不久,曾国荃的生日到了,曾国藩派心腹幕僚赵烈文带礼物前去祝寿,并特意为曾国荃写了七绝十二首,在给弟弟贺寿的诗中如实表述了自己的感情,曾国荃感动得泪流满面(后来曾国荃还是出任官职,如两江总督),这个性格刚烈无比的汉子,终于明白了家兄的一片苦心。如:

> 河山策命冠时髦,鲁卫同封异数叨;
> 刮骨箭瘢天鉴否,可怜叔子独贤劳。

也就是说我们两人都是应世而生,共同被封为侯爵与伯爵必遭人嫉妒,需要急流勇退。

从另一方面来看,这次攻破南京,曾国荃抢得宝物金银最多,湘军老将如多隆阿、杨载福、彭玉麟、鲍超等都心怀嫉妒,借不同意擅杀李秀成为由,纷纷向曾国藩告退,曾系湘军几乎闹到争赃火并的局面。与曾国藩不和的左宗棠、沈葆桢又向朝廷攻击曾国藩兄弟吞没财宝，清政府本想从审问中查究出金银所在，但在曾国藩提供裁撤湘军三四万人的交换条件下，又看到南方各将领为争夺财物，形势已很紧张，为怕变也就不再追认曾国藩拒绝献俘，而且擅杀李秀成为"合法"，把危机缓和下去。曾国荃给李鸿章信里说："李秀成擒获后，弟遍刺以锥，流血如注，随即传置槛车（囚笼）中。"曾国荃对李秀成下此毒手，不是简单为了泄愤，更不是强迫他投降，而是逼供南京藏金的地窖。所以曾国藩擅杀李秀成，大裁湘军，令曾国荃称病归家（托词回家治疗，而曾国藩长着极重的病，也不曾回家医治过），一方面是为了表明心迹，使自己免受猜疑；另一方面也是为了掩护湘军免受追究以为保全。

曾国藩裁军采取的策略，连保存实力的意图也没有，大刀阔斧地自翦羽翼。以他的本意，原想将湘军全部裁撤掉，后经人劝谏提醒，才保留了约两万嫡系精英（包括老湘军王鑫的旧部刘松山部），一则北方捻军正盛，湘军还有可用之处；二则只有以实力作后盾，才能真正保住自己的利益地位不受侵犯、身家性命免遭伤害。这样，两万五千多名湘军回家了。因为湘军大队人马的解散，东南局势变得平稳起来。不仅仅是曾国藩，很多人都为此松了一口气。

不过让曾国藩稍感宽慰的是，曾国藩的心腹部队、庞大的湘军水师保留住了——原先的湘军水师改编为长江水师，纳入了朝廷的正式编制，这一点，对于湘军很多弟兄，算是有了一个交代。值得庆幸的还有淮军的保留，以李鸿章处世的圆滑和机智，将来肯定是可以成就一番事业的。淮军也算是曾国藩的部队，因为是他命令李鸿章一手组建的。把淮军留下来，是一件好事，有淮军在，自己就会很安全。况且，现在战事还没有真正平息，在北方，捻军异常活跃，淮军打仗剽悍，装备好，对北方也比较熟悉，去担当围剿任务更为适宜。至于其他方面，由于看到曾氏兄弟自己主动撤裁自己直辖的湘军，因此左宗棠部湘军也由六万余人裁去四万多，其余江西、湖南等地的湘军也大部分遣散。

曾氏兄弟主力湘军的撤裁以及其他湘军的相继遣散，使大清朝廷大大地松了一口气，以为解除了一个重大的隐患，正因此，朝廷对于湘军将领以后一直保持高度信任与重用。

尤其是对于曾国藩本人，他虽遣散子弟湘军因而削解了自己的兵权，但曾国藩本人又不要求辞职，表明愿意继续留任两江总督为朝廷服务，不轻言去留。这更使朝廷放心，因为他若真辞职归乡，免不了会被已遣返回乡的故旧包围并挟持，以他当时的威望，随时可以一呼而起，八方响应，又会给朝廷带来巨大的麻烦。

历朝功成名就拥有重兵之人，要么问鼎皇权王位，要么被人打败击溃甚至被杀，像曾国藩这样主动裁减、自行解散，而自己又得以善终并千古留名，中国有史以来确实是很少见的。

无论怎样去猜测或探索曾国藩当时的真实想法，且不从"忠义"的大义出发，但确实可以认定，正是他作为一位理学家，所以考虑问题总是能够从现实出发并理性思考，从而在政治风云中，总能使自己立于不败之地，功成名就，千古流芳，而朝廷也庆幸免除了一场危机。

对于朝廷皇室来说，无论是太平天国起义或是曾国藩强大的湘军势力的存在，都是一种外在危机因素。而我们又看到，外在危机因素总是有可能在较短时间内以不同的方式得到比较容易的化解（如用湘军平定太平天国），然而它的后果当然要在以后显现。

3—3. 痛失大将：剿捻军却中埋伏，僧格林沁亲王毙命

前面已经讲到，同治年间朝中处死了朝中一位最重要的文臣：肃顺。

但同治年间朝中也死了一位最重要的武将，那就是僧格林沁亲王。

道光十四年（1834年），授御前大臣、正白旗领侍卫内大臣。开始进入朝廷核心。

道光十六年（1836年），授镶白旗满洲都统，已是武官从一品。

道光二十五年（1845年）二月，为镶黄旗（八旗上三旗之首）领侍卫内大臣，成为重要朝臣（正一品）。道光二十六年（1846年）五月，又为上三旗中的正白旗领侍卫内大臣。

道光三十年（1850年），为镶黄旗蒙古都统。总之，在道光期间，他就是朝廷重臣。

一月，道光皇帝驾崩，僧格林沁为顾命大臣之一。

咸丰元年（1851年），僧格林沁任御前大臣，署銮仪卫事。

咸丰二年（1852年），主持道光帝梓宫迁葬，恭谨从事，赏加三级。咸丰三年（1853年）五月，受命督办京城巡防，任参赞大臣。

此时，太平天国已于咸丰三年二月十一日攻占金陵，并在此定都，改金陵为天京，四月一日派天官副丞相林凤祥和地官正丞相李开芳领兵北伐。僧

格林沁受命统领健锐营、外火器营、两翼前锋营、八旗护军营、巡补五营及察哈尔各营官兵，并各地勤王劲旅出京抵御，也就是当时京畿附近所有的军队以及外地奉命来京勤王的部队都归他统辖。

五月初，太平军到达黄河南，并在汜水、巩县渡过黄河。接着就进入山西和直隶，九月十一日已经离保定只有 60 里。北京大震，此时太平天国天王洪秀全指示北伐军"到天津扎住"等待援军，然后再取北京。于是九月二十七日，太平军占领了天津附近的静海县。

八月，因太平天国北伐军即将攻入京畿重地。咸丰帝亲自将清太祖努尔哈赤使用过的宝刀授予僧格林沁，命其率军进剿。九月，设防紫荆关。十月，在天津南王庆坨与太平军北伐军接战。时已届冬，太平军北伐军因缺乏棉衣和粮食，难以迎战，损失惨重，退到连镇一带。

咸丰四年（1854 年），僧格林沁又在连镇大败太平军北伐军，咸丰帝因此赐僧格林沁"湍多巴图鲁"（无敌勇士）称号，然后双方互有攻守。

咸丰五年（1855 年）正月，僧格林沁整军再战太平军，破东连镇木城，太平军冒死冲突想突围而走，但被僧格林沁全部歼灭，生擒太平天国北伐军统帅林凤祥。

因此殊功，咸丰帝于二月加封僧格林沁为博多勒噶台亲王，赏朝珠一盘、四团龙补褂一件。四月，诏世袭罔替，俸银加倍。

六月，僧格林沁又在山东冯官屯歼灭了尚余的太平天国北伐军李开芳部，又生擒李开芳。林凤祥、李开芳都是太平天国的名将，骁勇善战，僧格林沁在两年之中，大小数百战，终于将孤军北进的这支太平军全部消灭，无一漏网，因此当时他所领的蒙古八旗军名震海内。

咸丰七年（1857 年）五月，僧格林沁受命署镶红旗汉军都统，一人统帅多支八旗军。

咸丰八年（1858 年），英法联军首犯直隶，直隶总督谭廷祥及提督托明阿防守天津大沽海口战败，清廷主和派与英国代表签署《天津条约》。僧格林沁得知后，向咸丰帝奏请，坚决要求撤回谈判代表，主张调用全国之兵员，倾全国之粮饷，整顿军队，把外国侵略者赶出去，他这种坚决抗击外国入侵者的认识与决心可嘉，但因主和派占上风，意见未被采纳。

咸丰九年（1859 年），英法联军再次来犯，此前，咸丰帝命僧格林沁至天津督办大沽口和京东防务。僧格林沁吸取第一次大沽口战役失败的教训，积极筹建大沽海口的防御工事，整肃军队，做好迎战入侵者的各项准备。英法新任驻华公使普鲁士、布尔布隆率领所谓换约舰队从上海沿水路北上。舰队由一艘巡洋舰和13只炮艇组成，行至天津大沽口时，藐视中国军队的设防，不听中国军队的劝阻和警告，明目张胆地闯入大沽口，激起了中国官兵的极大愤慨。僧格林沁下达坚决反击入侵者的战斗命令，督军力战，击毁英军战舰多艘，使英军死伤464人，英海军司令贺布也受重伤。相持数日，英法联军军舰被迫撤走。

这次大沽口保卫战，是自1840年西方列强入侵以来，中国军队抵抗外国入侵所取得的第一次重大胜利，因此清廷对僧格林沁及有功将士大加奖赏。

他虽然最后在八里河与英法联军作战失败，但咸丰十年（1860年）九月，直隶、山东及河间府一带捻军四起。清廷又恢复僧格林沁郡王爵，命其率清军赴山东与捻军作战，同治二年春，攻陷捻军的根据地雉河集，俘虏并诛杀了捻军首领张洛行。

同治元年（1862年），赏还博多勒噶台亲王爵，不久诏世袭罔替。清朝有十二位满族世袭罔替的铁帽子王，但蒙古族世袭罔替的亲王只有僧格林沁一人。不久朝廷授权僧格林沁节制调遣直、鲁、豫、鄂、皖五省兵马（其实另一个目的是警惕当时在长江中下游实力已经相当强大的湘军）。僧格林沁率蒙古骑兵和五省提供的兵力多次打败捻军，如曾在鄂东霍山黑石渡收降捻军十几万人，并打散十几万人，当然清军也损失惨重。

同治四年四月二十四日（1865年5月18日），心高气傲的僧格林沁被东捻军赖文光部诱至山东曹州（今山东菏泽地区），随后陷入重围。五月十八日晚，僧格林沁率少数随从冒死突围，当逃至曹州西北的高楼寨时，被一捻军士兵诛杀在麦田，终年55岁。

僧格林沁战死疆场，令清廷上下一片震惊，皆以失去"国之柱石"而惋惜。

历史学家蔡东藩说："自曾国藩战胜江湖，而湘军遂横厉无前；自僧格林沁肃清燕鲁，而京畿乃完全无缺。南有曾帅，北有僧王，是实太平军之劲敌，而清祚之所赖以保存者也。"又说："僧亲王锐意平捻，所向无前，戮张洛行，诛苗沛霖，铁骑所经，风云变色，乃其后卒为赖文光等所困，战殁曹南。盖有勇无谋，以致于此。"

对于朝廷来说，当江南大营第二次被太平军攻破，朝廷自己所能掌控的、在江南与太平军作战的军事力量就已损失殆尽，此时朝廷实际上所能掌控的主力武装部队就只剩下僧格林沁了，他不但用来防御与剿灭捻军，其实更重要的是，作为一支战略总预备队，是用来防御曾国藩与李鸿章的，现在连这支力量也被消灭了，朝廷对湘淮军事力量的崛起也就确实完全无可奈何了，也就是从此以后，朝廷就再没有自己可依赖的满蒙近卫军，军权就完全落在汉人手中了，若再加上朝廷驾驭无能，大清皇朝的命运也就会如履薄冰了，这是严重的皇室危机。

事实确实是：僧格林沁之死构成了晚清历史的一个军事转折点。

清朝廷在顺治期间（17 世纪中叶）形成了八旗和绿营军事制度，两者称为经制兵，也即今天所说的国家正规军。绿营军是清朝廷入关后继承明朝制度形成的以汉人为基本的军队，常规保持达 60 万人之众，而八旗兵力可能仅为 20 万人，最高的时候为 35 万人。尽管如此，八旗军队仍是清朝廷的看家武力。就驻防而言，绿营军分散在全国，主要是防守西北、西南、华南、华中、华东，战时才进行集中。八旗除部分分散全国驻扎外，主力采取集中方式，防守京畿地区，因此，八旗主力相对绿营处于优势状态，是清朝廷最后的铁拳。嘉庆（18 世纪末 19 世纪初）之后，无论是绿营还是八旗，都开始明显腐败、衰落，但国家基本军事体系的格局并没有变化。

1851 年太平天国兴起，随即捻军也兴起，问题顿时显得格外严峻。太平天国的主力是在南方作战，当时清朝廷进行应对的主要依靠绿营，然而绿营根本没有能力获取优势，从广西一直跟随太平军到金陵，对太平军无可奈何。于是咸丰皇帝不得不在 1852 年底就开始大力组织团练，这就成为湘军出现的直接原因。1856 年 5 月太平军首次击破清绿营军的江北大营和江南大营，1858 年又第二次击破江北大营，尤其是 1860 年 4 月再第二次击破江南大营，就此，绿营武装基本失去了战斗力，从而湘军得以真正兴起，成为清朝廷在南方的基本武装和主力。

尽管太平天国 1853 年定都天京（南京）后即进行北伐，捻军也随即在北方迅速传播开来，但他们还是受到了沉重的打击和限制。清朝廷用以对付太平天国北伐军和捻军的主力，却不是绿营，而是蒙古八旗。在这个过程中，僧格林沁统率和控制了蒙古八旗主力，实际上成为清朝廷最重要的守护神。僧格林沁曾活捉太平天国北伐主帅林凤祥、李开芳，全歼了太平军的北伐军；随即又应付了进攻天津、北京的英法联军，又接连获取了击败捻军的胜利。然而，捻军属于流窜作战，僧格林沁是一名勇于作战的蒙古悍将，但不是帅才，他没有统帅的战略观点，只知作战而不会布局，他只知追剿，而又有剿不胜剿之苦，并且又在接连的战役胜利中越来越轻敌，终于在山东曹州率领不多兵力死命追敌而陷入包围，一代名将战死马下。

僧格林沁一死，八旗武装就没有了能够真正担当统兵的主帅，终于步绿营之后失去了可以控制局面的战斗力。就在僧格林沁战死的前一年，湘军攻占了天京（南京），标志着太平天国已经失败。僧格林沁一死，曾国藩马上就奉命北上对付捻军。尽管湘军已经开始进行裁减工作，但李鸿章部和左宗棠部却又都兴起，李鸿章、左宗棠在平定南方太平天国残余后也率军北上。1868 年捻军基本被剿灭，曾国藩担任了直隶总督。

此时，尽管八旗、绿营仍然存在，但已经都无战斗力可言，于是自同治至光绪年间再经裁汰，最后被改编为地方守备巡防营，失去了常备军的作用，绿营之制从此仅存空名而已。

由于八旗与绿营都已丧失了战斗力，因此来自湘军以及淮军和楚军的勇营体系武装，就逐渐成为晚清朝廷的基本军事力量和主力，晚清时代汉人控制清朝军事力量的格局已经注定，从而构成了清朝最终垮台的基础。

不过幸好，当时掌握兵权的几位汉族大臣曾国藩、左宗棠和李鸿章都是对朝廷忠心耿耿的，没有个人野心，或者说都是对国家的历史命运有深刻认识的人。

而且当时朝廷有恭亲王奕䜣和文祥这样的能够充分信任与团结汉臣的贤良朝枢大臣主政，他们很成功地处理了朝廷与几位握有重兵的疆臣之间的关系，互相信任。

这才使大清皇朝当时没有立即出现从内部被颠覆的危机。

一个人数极少的满族，二百多年前借助明朝的内乱得以入主中原，现在汉族的力量，尤其是其掌控的武装力量，已经大大崛起，满族统治者及满族都已经完全抵御不了，那么为什么汉族人现在还不推翻它呢？

那就是因为，经历了二百多年的统治，清皇朝这个政权已经被汉族人所接受，实际上已经不认为它是一个满族入侵所建立的政权，而已经接受它是一个中国正统政权。

曾国藩与左宗棠都是晚清挽救了国家的重臣，左宗棠为国家收复新疆功不待言，而当年王闿运劝曾国藩在江南起事以取代清王朝，曾国藩断然不允。除了曾国藩作为忠臣的操守外，更重要的是曾国藩担心在太平天国后，国内若再起刀兵内乱，恐西方列强势将趁此机会入侵中国，则华夏文化必将遭毁灭性的摧残，人民也将遭空前劫难，国家也势必将四分五裂而近灭亡，故实不能为之也不耻为之，此即所谓国之忠臣与重臣当以国家黎民为重，并非只是对晚清皇室尽忠耳。

3—4. 排外始兆：曾国藩和李鸿章相继办理天津教案

本来，平定太平天国并遣散湘军以后，两江总督曾国藩就奉旨剿捻，不料剿捻无功，又回任两江总督，剿捻的任务主要就交给了李鸿章。同治六年（1867年），原直隶总督刘长佑因剿匪不力去职，但他是老湘军将领，朝廷为了继续向湘军示好，于是同治七年就任命曾国藩接任直隶总督，而由马新贻任两江总督。

担任直隶总督时曾国藩已经右眼失明，而且肝病日重，头晕眼花，因此想请假休息一段时间，但朝廷却未准假而让他去天津处理教案纠纷。

同治九年（1870年）在天津爆发的教案是后来民间反洋教运动大规模兴起的前兆。在教案发生前，社会上就已经纷纷传说教会的种种罪行，稀奇古怪的传说越来越多，当然也就越传越广。同治九年五月，天津法国天主教育婴堂所收养的婴儿不明不白的死亡达三四十人，而且老百姓中也有多起儿童失踪的案件。于是谣言遂起，说是天主堂的神父和修女们经常派人用蒙汗药拐了孩子去挖眼剖心，而天主堂坟地的婴儿尸体又有不少暴露在野外被野狗刨出来吃了，"胸腹皆烂，腑脏外漏"。百姓见了，更是群情激昂说这正是洋人挖眼剖心的证据。

5月21日，一个名叫武兰珍的拐犯被群众现场抓住并扭送天津县衙。经审讯，武兰珍供出，是受教民、天主堂华人司事王三指使，迷药也是王三所授，拐一人可得大洋5元。教民王三本是一个开药铺的商人，但经常依仗教会势力，欺压良善，早已引起公愤。

在这种情况下，驻天津的三口通商大臣崇厚与天津道周家勋共同拜会了法国领事丰大业，要求调查法国天主堂并提讯教民王三与武兰珍对质。

丰大业答应了这个要求，将王三交出与武兰珍对质，结果证明教堂并无挖眼剖心之事。哪知当衙役送王三回教堂时，一出署门百姓就蜂拥而上，怒骂王三并用砖石砸他。王三回到教堂后向神父哭诉，神父就转告丰大业。于是丰大业两次派人要崇厚派兵镇压，但是崇厚只是派了两个人去劝说百姓，并不肯抓人。丰大业怒不可遏，不但鞭打来通报的兵弁，而且自己也赶往三口通商大臣衙署找崇厚算账，他脚踢衙署大门，进来以后又打砸家具，还接连两次向崇厚开枪，幸被推开没有伤人。但枪声传出以后，更引起群情沸腾，一时人们哄传中法两国已开战，于是大街上便鸣锣聚众，百姓都涌向通商大臣衙门"帮打"。崇厚怕出事，劝丰大业待群众散去后再回领事馆。但丰大业不听劝告，狂吼自己不怕中国老百姓，并气势汹汹冲出门外，人们见丰出来还主动让道，当时并无伤害他之意。不料丰大业走到浮桥时遇到天津知县刘杰，丰大业却不问青红皂白，就向刘杰开枪，虽然没有打中刘杰，却打伤了刘杰的跟班。这立即激起了在场的群众不可压抑的义愤，丰大业当即被群众当场打死，紧接着群众又放火烧了教堂以及很多处外国人的房屋，在纷乱中杀死外国神父两名、修女 10 名，然后又去了法国领事馆杀死两人。同一天又杀死两名法国商人和 3 名俄国人，另外还杀死信教的中国教民三十多人。总共杀死外国人 20 人，烧毁教堂 6 座，这就是天津教案。被杀的外国人中多数为法国人，事件发生后，不但天津人心浮动，而且也影响京畿附近地区及外省。清朝当局及驻华的各外交使团都为之震动，除了法国公使为此向清政府提出抗议与威胁外，英、美、俄、意等国也联合向清廷提出抗议，并声言要派军舰来。

朝廷立即派驻在保定的直隶总督曾国藩接手此案，曾国藩首先定下的原则是不与主要当事国法国启战端，并先对英国、美国和俄国所受的财产与人员损失进行赔偿，然后再单独与法国谈。当时朝廷对于处理天津教案意见分为两派，分歧在于：

第一，对于教案发生的原因与定性。一派认为是愚民无知，遽开边衅，曲在天津民众，刁风不可长；另一派则认为衅端是洋人所开，津民出于义愤致成巨案。天津百姓只知畏官而不知惧洋，只知效忠国家而不惜以身犯洋，此正是处理夷务之转机，与刁民闹事全然不同。

第二，对参与反洋教斗争的群众的处理意见。前者认为杀人偿命是天经地义，只有这样才能安抚洋人而消弭祸端；后者认为应当安抚百姓，以激起忠义奋发之心。民心不可失，否则无以制夷人。

第三，对天津地方官的处理意见。前者认为地方官有失于防范，致酿巨祸不严惩不能平洋人之气；后者认为天津地方官不可更换以此维系民心。

若干年后（1900 年），更大规模的义和团排外运动开始以后，朝廷内对义和团看法也是分为如此两种，而且当时是第二种看法占了上风与主导。

但曾国藩当时对天津教案的处理持第一种意见。

同治九年六月初十，曾国藩到达天津，就立即发布《谕天津士民》，对天津人民多方指责，警告不得再挑起事端。这首先就引起天津士绅们的不满，随后曾国藩又释放了犯法教民与涉案的拐犯。

六月二十三日，他向朝廷呈上《查明天津教案大概情形折》，曾国藩认为教堂并没有在中国干什么坏事，他没有抓住丰大业首先开枪是造成天津教案的直接导火线这一点，就在7月下旬设局发审，而且"严立限期，昼夜追求"，"以命抵命"，也就是曾国藩荒谬地先定下要杀多少人以抵命，然后再查案，结果"先后两次，共得正法之人二十人，军徒各犯二十五人"，所以审理结果是要杀已经先定下的数目二十人，充军二十五人，天津知府和知县被革职流放黑龙江。

曾国藩认为："在中国戕官毙命尚当按命拟抵，况伤害外国多命，几开边衅，刁风不可长。"这种处理结果不但在天津引起公愤，口诛笔伐，并使全国舆论都为之哗然，声讨曾的舆论浪潮顿时在全国掀起，连他的老家湖南都把他骂得一无是处。

曾国藩当时处境已十分尴尬。

同治八年正月初十（1869年2月），在平定捻军并安排了淮军的归宿以后，李鸿章正式接任湖广总督，倒也没有什么大事。

同治九年六月二十八日他突然接到朝廷发出的密谕："着令李鸿章即日启程，速到京畿一带布防。"

八月初三，当他来到直隶的获鹿县时，又突然接到调补他为直隶总督的谕旨。他当然感到很惊奇，现任直隶总督是他的老师、德高望重的曾国藩，怎么会让他去接任曾国藩的位置？

此时他还不知道，在此期间发生了两件震惊朝野的大事：

七月间，曾国藩处理"天津教案"失当，引起朝野一片愤怒与指责。

七月二十六日，两江总督马新贻突然被刺，而此时曾国藩正因"天津教案"处理不当面临巨大压力，所以朝廷就让他离开直隶去回任两江总督，处理马新贻案件。

就是在这样的情况下，朝廷宣布由李鸿章继任直隶总督。

八月二十五日，李鸿章到达天津，九月初六，正式接任直隶总督，而湖广总督就由他的哥哥李瀚章接任。李鸿章接任直隶总督以后，当然首要的事情就是处理"天津教案"。

曾国藩处理此案时方法过于简单：他按照"以命抵命"的原则，认为既然中国人杀死了20名洋人，那就不分青红皂白，要杀20个中国人为洋人抵命，另外还要充军25人，就是这个不分青红皂白地处理办法引起了一片愤怒。

李鸿章接手此案以后，当然不好直接推翻曾国藩的原判，但他了解到俄国对于被杀死的四名俄国人并不要求"以命抵命"，于是立即将处死刑的人减为 16 人；而且在对其余 16 人执行死刑时，他又耍了一个花招，即用监牢中的 16 个死刑犯进行了偷梁换柱以进行替代；另外充军人数也有 25 人减为 21 人；在答应重修教堂和支付抚恤金方面，还大大压减了法国领事所索要的无理金额；他又派崇厚去法国赔礼道歉；由于各种目的已经基本达到，又见中国已经在京畿一带屯聚重兵，因此各国都将军舰撤走了，一场危机便因此化解。

所以李鸿章对天津教案的最后处理结果深受朝野一致的好评。

此前，第二次鸦片战争时，清政府被迫签订了《天津条约》和《北京条约》，增加了一批新的通商口岸。咸丰十年十二月，更是设立了总理事务衙门，下设三口通商大臣一职，规定该大臣驻天津，办理天津、牛庄（后改营口）、登州（后改烟台）三口通商交涉事宜，兼办海防，并管理天津关税，职位与督抚平级。

"天津教案"之后，考虑到此次事件的发生，与原三口通商大臣崇厚平日过分吹捧洋人，使得民怨积累已久，从而遇事而酿发成大案，为了以后避免地方办事多方掣肘，使办事更有效率，便决定撤裁三口通商大臣一职，而设立北洋通商大臣，由直隶总督兼任。

于是李鸿章就成为直隶总督兼北洋通商大臣，是当时清朝廷中地位最显赫的、权势也最大的封疆大吏，而且他从 1870 年 10 月任此职，一直到 1895 年 5 月签订《马关条约》以后被解职，共延续 25 年。

同治十三年十二月初三，李鸿章被授予文华殿大学士，这是清朝文官的最高爵位，时年五十一岁。由于李鸿章一直任直隶总督兼北洋大臣这个重要的职位，所以他没有进入军机处成为军机大臣，他与曾国藩一样，都是晚清最显赫的疆臣而非枢臣。

天津教案虽然平息了，但是这件事引发了很令人思考的问题：

首先是，中国几千年的封闭锁国，根深蒂固的传统儒家文化与佛教信仰，从根本上与外来文化难以兼容，进而产生了排斥与敌视。

整个国家与社会没有对外开放的意识，政府没有明确制定对外开放的政策，没有向社会说明，外国传教士在中国进行传教活动是允许的，中国人民当然可以接受它，也可以不接受它，但是无须互相排斥与仇视。由于没有这种教育与政策宣传，使得普通老百姓认为这是不能接受的外国文化与宗教的入侵，为了维护自己的文化与宗教，就产生了强烈对抗意识。

外国传教士由于在中国的传教活动进行的不是很顺利，就利用施恩教民与开展一些慈善活动，一些传教士与教民在活动中飞扬跋扈而受到社会指责，同时在建立教堂并开展礼拜活动与开展慈善事业时，由于进行得不透明，因此其内容与活动也颇受社会置疑。

所有这一些不断积累的对外国文化的置疑与排斥和愤怒，最终都集中到仇恨来华的外国人身上，天津教案发生后，这种倾向更加发展，终于导致三十年后大规模的义和团起事。

真是，冰冻三尺，非一日之寒也，中国民间对洋人的仇视，正在厚积中。

3—5. 暗潮涌动：朝廷低调处理两江总督马新贻遇刺案

同治九年七月二十六日（1870年8月22日），上任两年的两江总督马新贻决定举行军队的"秋操"，以检验军队的训练情况。"秋操"原定8月21日进行，因突降大雨便推迟到次日8月22日进行。第二天，"秋操"便在江宁总督府西边的校场演武厅举行，由总督大人亲自检阅参加"秋操"的部队。依照大清朝过去的惯例，总督大人检阅军队，以示军威是可以让老百姓参观的，因为这是江宁的一个盛典，而且自朝廷剿灭太平天国以后，还一直没有举行过"秋操"，因此格外引人注目，那天一早，总督府校场周围就挤满了看热闹的老百姓。

"秋操"结束后，总督马新贻在巡抚、藩司、臬台、知府等人的陪同下，骑马慢步向总督府走去，一切都很正常。当马新贻一行走到总督府后院门口时，突然一个自称是总督山东同乡的武生王威镇，冲到总督面前跪地求助，他当即被巡捕拿下。总督一行还没有很在意，又走了几步，又有人拦道喊冤。于是，马新贻等人就停了下来，突然，从那个喊冤的人旁边又冒出一个人来，他手持一把明亮的匕首，向总督大人猛刺过去。马新贻右肋中刀，当即滚下马来，痛苦地呻吟，刺客马上被随行护卫抓住，而刺客并不反抗，也不逃走，从容就缚。

遇刺后的马新贻面如土色，蜷缩成一团，他立刻被抬进了总督府，但是由于刺客这一刀正好刺中了马新贻的肝脏，造成大出血，无法挽救，于第二天下午二时死亡。

两江总督马新贻被刺杀了，这可是一件惊天大案。8月23日，江宁将军魁玉飞章入奏：两江总督马新贻遇刺身亡。当慈禧太后得知此消息后，骇然说："这事岂不甚奇。"当时曾国藩也在她身边，他也诚惶诚恐地回答："这事很奇。"

普天之下都认为这是一件奇案，而且由于案情的扑朔迷离，难以结案，因此此后的一百多年，它都被认为是清末四大奇案之首。

刺客名叫张汶祥，46岁，曾是太平天国侍王李世贤手下的一名战将，他自称是河南河阳人。道光二十九年（1849年）南下宁波贩卖毡帽，在此期间当过捻军和太平军，因自己的结拜兄弟曹

两江总督马新贻

二虎被马新贻所杀，逃出后辗转回到宁波，并与南田海盗集团往来甚密。

马新贻，回族，山东菏泽马垓村人。数代官吏人家，道光二十七年与李鸿章同科进士。

1853年（咸丰三年），马新贻任合肥知县时，此时捻军已经在皖北一带兴起，马新贻曾随钦差大臣袁甲三（袁世凯的祖父）率兵与太平军作战，并在攻克庐州的战斗中立有战功，因此升庐州知府，并负责团练。然而他率领团练在一次与捻军的作战中，遭遇惨败，并被捻军中一个头目张汶祥所俘。当时张汶祥已经有降清的想法，因而对马新贻十分客气，款待甚优，还将自己的好友曹二虎、石锦标介绍与他相识，结果四人很是投机，就结拜为异性兄弟。随后，张汶祥就将马新贻放回，要他在安徽巡抚唐顺方处代为请降。

唐顺方当然很高兴，同意接受马新贻归顺，并在归降后由马新贻将他们收编为山字二营，马新贻任统领，张汶祥、曹二虎和石锦标都当上了营哨官。

咸丰八年马新贻已经担任安徽按察使，但是在与太平军陈玉成部作战中失利，失守庐州，从而被革职留任，后经袁甲三保举得以复官。同治二年他领军在蒙城又大胜太平军，因而升安徽布政使。

同治三年左宗棠已经由浙江巡抚升任闽浙总督，于是马新贻就任浙江巡抚，不久，同治五年九月，左宗棠调任陕甘总督，马新贻就接任闽浙总督；同治七年七月，两江总督曾国藩调任直隶总督，于是马新贻随即转任两江总督这个重任，但是他不属于湘军体系，而两江总督这个重位是湘军不会轻易

让出来的，马新贻自己当时完全没有想到这一点。

马新贻被刺后，关于他被刺的原因有很多种说法，传扬很广。

一种说法是马新贻在安徽与捻军作战时曾被捻军俘虏，而俘虏他的人就是张汶祥。当时张汶祥就有意归顺朝廷，因此不但没有杀马新贻，而且与他结为金兰。后来，张汶祥归顺以后，归马新贻节制。

同治四年，马新贻已经升任安徽布政使。官越做越大后，"富易妻，贵易友"，当然对张汶祥等就渐渐冷落了。此时，山字二营虽已经被裁减，但张汶祥等人还在马新贻身边当差。

这时，曹二虎要将自己老婆接来同住，张汶祥极力反对，可曹二虎不听，接来以后就住进了藩台（布政使）官署。曹妻既然住进了官署，自然必须去拜谒马新贻和他的夫人。马新贻一看曹妻美艳绝伦，顿生邪念。没多久就与她开始通奸，并三天两头就打发曹二虎出去干一件美差，以支开他。日子一久，这件事情就传扬出去了。

张汶祥就将此事告诉了曹二虎，曹还不信，但是后来别人跟他说的更是有声有色，不由得他不信了，于是在盛怒之下，曹二虎就要杀掉他的老婆。

张汶祥劝他说："杀奸就要杀一双，若你先将自己老婆杀死，你就要抵命。你如果想得开的话，干脆不如将这个贱货送给马新贻，还可加深彼此的友谊。"曹二虎觉得他说的有道理，就找个机会，将打算赠妻的想法对马新贻说了。

谁知，马新贻一听就大怒，说曹二虎存心要诬蔑朝廷大员的名声，将曹二虎大骂一顿。张汶祥知道以后，当即感到事情不妙，就对曹二虎说："你可能要大难临头了，赶紧远走高飞吧。"但曹二虎还一时拿不定主意。过不几天，马新贻发下公文，要曹二虎到寿春镇总兵官署去领军火。张汶祥对曹二虎这次公差十分警觉，他就对石锦标说："曹二虎这次出差凶多吉少，我担心他在路上会遭到暗算，我们两人保他一起走一趟吧。"

于是他们三人赶到了寿春总兵官署，刚刚递上公文，忽然就看见总兵行辕中有一个军官高举令箭，带着几名亲兵冲了过来，高喊要逮捕私通捻军的曹二虎，兵丁们随即就将曹二虎捆绑起来，曹二虎当然高呼冤枉，对方却说："你奉命启程的时候，就有人告发你想领了军火以后去接济捻军，眼下抓你的公文已到，命我立即以军法处置你，你还有什么可喊冤的！"

曹二虎随即被推出处决。

眼看这突然发生的一幕而当时自己也毫无办法，张汶祥狠狠地对石锦标说："你看，我估计得不错吧！这个仇我是一定要报的！"他们两人埋了曹二虎以后，就分道而奔。

若干年后，张汶祥终于找到了刺杀马新贻为自己兄弟报仇的机会，并成功地实施了这次刺杀。他在审讯的口供中说："自从曹二虎被杀后，我私下跟踪了马新贻好几年，我用最好的钢打铸了两把匕首，并用毒药淬在刀口上。每当夜深人静时，我就把牛皮叠了四五层，然后练习用刀刺穿。两年后，我就能一刀刺穿五张牛皮。就算冬天马新贻穿上裘皮袄，我也能将他刺死。他在浙江当巡抚时，我碰到过他一次，当时人多未能动手，现在终于报了仇了！"

第二种说法是说，在平定太平天国的最后作战中，两江一带都是湘军和淮军的势力范围，江宁就是曾国荃亲自带领湘军蒙受了巨大牺牲才收复的，而浙江和上海、苏南都是湘军和淮军经过苦战从太平天国手中光复的，所以曾国藩和李鸿章当然都可以任两江总督，一个本没有多大名气而且与湘、淮军体系毫无关系的、自己又无一兵一卒的马新贻凭什么能当上两江总督，曾国藩和李鸿章嘴里不说，但他们手下的战将，例如曾国荃（当时只当得湖北巡抚）和丁日昌（当时任江苏巡抚）等人，他们当时是什么想法，难道不会想到要清除马新贻？

第三种说法是说马新贻为官在任上得罪的人多，尤其传说他要彻查湘军攻破天京时大肆掠夺洪秀全的宫中财宝一事并放火烧掉天王宫殿的动机与过程，这也必然会引来杀身之祸。

8月28日朝廷在接到江宁将军魁玉关于马新贻遇刺的奏折后，接连发出四道谕旨，命令魁玉和巡抚担纲审理此案，"务将因何行刺缘由及有无主使之人一一审出，据实奏闻。"可见朝廷一开始就认为此案后面必有主使人。然而魁玉审了一个多月，他向朝廷的奏报中一再说的就是，罪犯张汶祥说话"一味闪烁""语言颠倒""一味支离"，至于张汶祥到底"闪烁支离"何事，在奏报中没有说明，这说明提审的大员也在"闪烁"和"支离"什么。

因此朝廷又命令漕运总督张之万，于9月25日赴江宁与魁玉共同会审。

张之万连审数日，也未得结果，但是也没有用刑。马新贻的亲信、参与会审的孙依言和袁保庆（袁世凯的父亲）都十分不满，要求严刑讯究。但张之万不紧不慢地说："案情重大，不便徒事刑求。尝未正典刑而瘐死，谁负其咎。"老奸巨猾的张之万当然心中明白，这个案子不管怎么审、怎么结，都要得罪人。审不出主使人，马家不愿意，朝廷也不满意；若审出主使人，不用说来头一定不小，势力一定很大，而且那又要得罪一大批人，他们可以把一个两江总督都"做"掉，难道不能将你张之万"做"掉？那不是自讨麻烦。

江苏巡抚丁日昌

因此最好的办法就是拖，因为他在朝中已经听说了，曾国藩即将回任两江总督，所以，慢慢地审，等着回任的两江总督曾国藩来审吧，相信只有他才能审出结果。

12月12日，张之万和魁玉递上了他们提审马新贻的结案意见："凶犯张汶祥曾从发捻，复通海盗，因马新贻前在浙抚任内，剿办南山海盗，戮伊伙党甚多，又因伊妻罗氏为吴炳燮诱逃，曾于马新贻阅边至宁波时，拦舆呈控，未准审理，该犯心怀愤恨。适在逃海盗龙某复指使张汶祥为同伙报仇，即为自己泄愤。张汶祥被激允许……本年七月二十六日，随从混进督署，突出行凶。再三质讯，矢口不移其供，无另有主使各情，尚属可信。"只是该结案文书中竟用"尚属可信"为结论到底是何意思。是抑或不是？

此时，朝廷已委令曾国藩重回南京任两江总督，除催他克日赴任外，另派刑部尚书郑敦谨作为钦差大臣携随员赴江宁复审。也就是不仅主审官员换了，就连办事的司员们也都换了，一方面显示了朝廷处理此案的决心，另一方面也反映出对原有审案人员的不满。但曾国藩却不急于回任两江总督，迟迟不起程，似乎对回任两江并不感兴趣。其实他非常关心此案，他并不在意马新贻的死，只是关注是否已经扯出了什么"背后主使"。此时，湘淮体系的重要人物、江苏巡抚丁日昌正受到巨大压力。太常寺少卿王家壁上奏直指马新贻被刺案与丁日昌有关，他在奏折中说："江苏巡抚丁日昌之子被案，应归马新贻查办，请托不行，致有此变。"

所谓丁日昌之子案，即1869年10月5日，太湖水师勇丁徐有德、刘步标陪同哨官王有明到苏州看病。夜二更，徐有德和刘步标闲游妓院，正遇丁日昌之子丁惠蘅、侄丁继祖也与家人同游妓院，双方发生争执。此时，游击薛荫榜正带亲兵胡家岳、丁玉林等丁日昌族人巡夜，看其滋事，责徐有德40军棍。徐不服，又遭重责，四天后徐伤重死亡，太湖水师乃上报此案于两江总督府。丁日昌看到自家子侄闲游妓院滋事，致太湖勇丁被责丧命，不得不上奏，自请议处。上谕命马新贻审理此案。丁继祖投案，丁惠蘅传唤未到。丁日昌说，丁惠蘅已于夜里越墙逃脱，不知去向。此案因丁惠蘅拒不到案，一直拖到1870年7月6日才结案，而此案结案后40多天，马新贻就遇刺身亡，而丁惠蘅仍未归案，因此便有王家壁之奏。

　　丁日昌一看火快要烧到自己身上了，当然十分着急，期望着曾国藩早些回来主持两江事务，他才能把事情摆平，因为他相信，在两江事务上，曾国藩是绝对不会同意湘淮旧部任他人摆布的。1871年1月12日，曾国藩来到江宁，14日，接印视事。从他奉命从直隶总督回任两江总督，历时三个月他才到任。第二天上午，张之万急急忙忙就交接了案件的有关文件，下午就离开江宁这个是非之地，他庆幸自己总算是脱身了。

　　但是曾国藩却沉得住气，在郑敦谨来到江宁之前的两个多月时间里，他从未主持过对此案的审理，直到郑敦谨到的前一天，他才调阅卷宗，记下了有关罪犯的名字，而在这段时间内，他却潜心阅读《阅微草堂笔记》。为什么对此案他一直采取拖延回避的态度呢？有一位名叫邓之诚的人在他写的一篇随笔中写道："国藩不欲深求，必有不能深求者在。"

　　2月18日，郑敦谨到达江宁，他倒很积极，隔一天就开始审案。当时郑敦谨的决心很大，非要把这个天下疑案审出个水落石出不可，也不枉他那个"铁面无私"的雅号。连审了十四天，但张汶祥还是坚持原来的供词，毫无变化。与郑敦谨并坐在公堂上的曾国藩，只是听着，很少发问。审到第十四天，他终于淡淡地对郑敦谨说："看来也只好仍照张、魁二公原奏执法结案了。"郑敦谨一听全明白了，难怪自己连审十四天，终没有结果，原来是一切是他们都已安排好了，他明白了，此案不能深究。因此，对罪犯也不能用大刑，以免他熬不过严刑而吐真情，所以在堂审时尽管堂威喊得震天响，但就是不用刑，喊威只是给人看的。

　　参与会审的孙依言和袁宝庆一再要求用刑，说："贼悍且狡，非酷刑不能得实。"但是还是被郑敦谨用一套官话拒绝了，不过说得更好听一些，如说自己是堂堂国家刑部尚书，也就是国家最高的司法官，岂能靠对被告用酷刑来取供。

　　3月19日，郑、曾联名上奏，对案情的结语比张之万和魁玉的叙述当然更详细一些，取供、采证和行文方面也更加缜密，但基本结论还是一样，所不同的是强调张汶祥"听受海盗指使并挟私怨行刺"，"实无另有主使及知情同谋之人"；再就是对张汶祥的量刑更加残酷，除了"按谋反大逆律问罪，拟以凌迟处死"外，又增加一条"摘心致祭"。

　　虽然会审的孙依言与袁宝庆都拒绝在奏结上签名认可，但奏结还是报上去了。对于案犯张汶祥的供词，仍然认为是"该犯供词，尚属可信"。已经经过三审了，而且是朝廷最高官员最终审理的结论，因此朝廷也不得不接受了。3月26日，谕旨下达，肯定了郑、曾的奏结。4月4日，曾国藩奉旨监斩，将张汶祥凌迟处死，行刑经历六个小时，然后摘心祭奠。

马新贻死后，皇帝亲赐祭文、碑文，特赠太子太保，予骑都尉兼云骑尉世袭，谥"端敏"，并在江宁、安庆、杭州、海塘以及菏泽等地为他建祠。

虽然对于此案的结案，持有不同看法的人大有人在，甚至慈禧太后也可能心有存疑，但也只能接受这样一个结案，这实际上是当时最合适的结论，因为：若马新贻确是有负于自己当年被俘虏时所结拜的朋友，并且诱奸朋友之妻，因而被张汶祥报仇刺杀，这样的结论太有损堂堂一位两江总督的官誉了，朝廷显然不能接受。

若怀疑此案是湘淮军旧部所为，只能是猜疑，没有证据，面对曾国藩、李鸿章等湘淮大员还握有军政大权的形势下，谁敢这样说。

所以当时给张汶祥刺马案所定的那个结案，不管它是否合乎事实，但却是最合理的，而且也是当时朝廷和在世的湘淮大臣们所能接受的。

郑敦谨当然心中有数，因此上报结案以后，知道朝廷只能接受这结论，因此未等上谕下达，就匆匆离开江宁而去，曾国藩和其他官员到江边送行，他谢绝任何礼品，头也不回，扬帆而去，而且在回京的路上就上疏以病乞罢，但在十四年以后才死，显然是觉得自己作为刑部尚书审理此案有愧，而郑敦谨两个收受了曾国藩谢仪的助手，回京后都被解职。

的确，马新贻在就任两江总督之前，慈禧太后曾召见他，要他密查湘军当年在攻破天京以后，太平天国宫中和各王府中财宝的去向。

太平天国经营十年，定都江宁以后，据说天王宫中和其他王府中的财宝堆积如山，曾国荃攻破天京后，纵使湘军抢掠数日，然后一把火，将天王宫和诸王府都烧得片瓦不存。而湘军一个个都私囊充裕，大车小车不停向湖南家乡运财宝，然后买地置业，造成朝野一片议论纷纷，而曾国藩但称是士兵所为，刑不罚众，自己也没有办法，只有自请裁减湘军。

但几万湘军被裁以后，其中不乏将领，他们并不因此再回家务农，而是成为一批散兵游勇，到处游荡掠夺，甚至还参加一些地方帮会，如哥老会，成为社会的一害。

当时马新贻和袁保庆对这些散兵游勇十分严厉，抓到有犯法的游勇们就立即就地正法，因此这些湘军被遣散的旧部都恨他入骨，不杀他才怪呢。

所以，不管张文祥刺马这个案件本身是何结局，慈禧太后和朝廷绝对明白了，不但仍在朝廷中的湘淮势力是不能惹的，就是东南沿海一带已遣散的原有湘军部卒，也是不能轻视的，因此，在相当一段时间内，两江总督这个位置只能由与湘淮系有关的人士担任。

为此我们可以看 1860 年到 1894 年的两江总督就可以知道了：

1860—1865　曾国藩　湖南湘乡人；1865—1866　李鸿章　安徽合肥人；

1866—1868　曾国藩　湖南湘乡人；1868—1870　马新贻　山东菏泽人；

1870—1872　曾国藩　湖南湘乡人；1872　何　璟　广东香山人（未到任）；

1872—1873　张树声　安徽合肥人；1873—1874　李宗羲　四川开县人（淮系）；

1874—1875　刘坤一　湖南新宁人；1875—1879　沈葆桢　福建闽侯人（湘军后援）；

1879—1881　刘坤一　湖南新宁人；1881　彭玉麟　湖南衡阳人（自己请辞）；

1881—1884　左宗棠　湖南湘阴人；1884　裕　禄　满　正白旗（未到任）；

1884—1887　曾国荃　湖南湘乡人；1887—1888　裕　禄　满　正白旗；

1888—1890　曾国荃　湖南湘乡人；1890—1894　刘坤一　湖南新宁人。

可见，从 1860 年以后，在三十五年内，两江总督的官位一直是在湘淮体系的人掌控中，期间有几个非湘淮系的人，虽被任命为两江总督，但都不敢上任。

而这个结果就是张汶祥刺杀马新贻一案造成的。

所以，尽管曾国藩已经宣布遣散湘军，尽管湘淮军现有的大臣和将领都宣称忠于朝廷，但是实际上两江总督及他所管辖的领域，甚至东南一片，已经是朝廷力所不能及了，而在当时的情况下，清朝廷对此也无可奈何，只能接受事实。

而且东南一片与朝廷离心离德的趋势还在继续发展，也就孕育着更大的政治危机。是否会有一日，上谕难出紫禁城！等着看吧。

3—6. 惊天预言：赵烈文断言五十年后大清皇朝覆亡

史家认为，清朝在道光末、咸丰初之际，由于太平天国以及捻军之兴起，实际上就已经呈崩溃决裂之象，幸亏有曾国藩、胡林翼、李鸿章、左宗棠这几

赵烈文

位明白国家生死存亡道理的旷世贤才出来支持大局，才可以在清皇朝已处于国家大乱之时力挽狂澜于既倒。所以，若不是有曾国藩等当年拯救了大清并延续了清皇朝，那后来的辛亥革命就不知道是何时发生及如何发生了。曾国藩自 1854 年春（咸丰四年二月受命）出兵湖北开始对太平军的战争，到 1864 年 7 月 19 日攻破天京，剿灭了太平天国，历时十年。

一百五十年来除怀有"驱除满清鞑虏"的人谩骂曾国藩是"满清走狗"外，其他人都十分赞佩这位为国家贡献了一生、个人品德高尚、学问过人并能使国势中兴和使人民免于灾难、华夏文化免于沦亡的人物，且被誉为：立德立功立言三不朽，为师为将为相一完人。

虽然曾国藩在 1864 年平定太平天国从而挽救了清皇朝，但是曾国藩有一位重要的幕僚赵烈文却于 1867 年尖锐地向曾国藩指出：不出五十年，大清皇朝必亡。而且是，朝廷先亡，然后国家分裂，形成地方割据，造成一片混乱。

曾国藩对他的预言很惊讶，他问朝廷有没有可能南渡，然后南北分治，维持半壁江山之势呢？因为曾国藩以为自己作为南方将领是拥戴朝廷的。但赵烈文坚定地说，五十年后将造成清皇朝覆没的因素将不会是来自北方，因此也不可能再出现东晋和南宋偏安江南一隅的局面，而且也不会再如洪杨之乱与捻军之乱，靠几名杰出将帅用兵就能扑灭。

然而曾国藩认为现在朝廷并不是昏君当政（当时是东宫慈安太后和西宫慈禧太后垂帘听政，恭亲王奕䜣主政，政局比较清明），应当不会出现社稷危机。

赵烈文说这不是当今圣上是否英明的问题。问题在于大清皇朝取得中国政权的道德合法性在中国人的心目中始终耿耿不忘。

1644 年吴三桂打开山海关大门请清兵入关，当时清兵扬言是帮明朝剿灭李自成，结果是清皇室用欺骗行径轻而易举地就取得了中国的政权，但"扬州十日"和"嘉定三屠"又使中原人永远难忘，所以清皇朝在中国得天下的偶然性与残暴性这两点，决定了它的统治缺乏"道德合法性"。

虽然后来出现了康乾盛世，但是这不等于中原人会忘记那段惨烈的历史，一旦盛世不再延续，朝政出现不济，中原人必有向清朝廷清算之日，太平天国与捻军的兴起已是明确的前兆，如太平天国在《奉天讨胡檄》中就已强调："天下者中国之天下，非满洲之天下也"。

赵烈文据此认为，虽然现在有曾国藩等能臣来支持局面，但大清皇朝本身实际上是大势已去，气数已尽，不会再有什么希望了，即令皇帝和太后以及辅政的恭亲王现在也都不是很坏，但都挽救不了不久即将覆没的命运。

他尖锐地指出，对于一个皇朝，三代以后，取决于强弱，不在君王个人；取决于社会形势，而不在君王的德泽，而当今的社会形势决定这个朝廷已经没有希望了。

听了赵烈文的话，曾国藩希望他只是说笑话而已，但赵烈文认真地说这绝不是笑话，于是曾国藩沮丧地说，他恨不得早死，不希望看到这一天的到来。

赵烈文立刻说，你可死不得，有你一天，朝廷就安稳一天。

同治七年七月，曾国藩被任命为直隶总督，在就近观察朝廷以后，他终于同意了赵烈文的看法，认识到清朝未来"甚可忧也"。可见，当时就已经有人看出清皇朝即将覆亡了。

且不论赵烈文所说中原人必将起来推翻清皇朝的原因是否完全准确（即所谓不忘清朝取得政权的偶然性与前期的残暴性），但是有几点他是完全说对了：

1. 不到五十年，实际上是四十四年后（1912 年），清皇朝在中国的统治覆亡；

2. 推翻清皇朝的主要力量不是来自中国北方，恰恰是先在南方爆发了推翻清皇朝的武装起义，并且也非洪杨之乱的仅仅是地区失控的形式，而接着就是全国性的响应起事，因此不可能再形成朝廷南渡偏安或退出山海关外以求自保的局面；

3. 不论当时当政的皇室统治者是否昏庸，社会形势表明它被推翻是不可避免的；

4. 四十四年后，首先是清皇朝覆没，然后中国陷入长达十六年的分裂，造成军阀混战与南北对峙的局面。

其实当时就有外国人认为，道光去世，新君咸丰即位，此时已是中国危险之时，也就是此时中国若略有闪失，就会有覆国的危险。当时中国已经不简单是有所闪失，而是有太平天国和英法联军这样的倾国之灾，然而清皇朝却能平安地渡过这一生死劫，就因为当时在中国出现了像曾国藩、胡林翼、李鸿章和左宗棠这样的人物。

第四章
同治皇帝早亡使皇太后垂帘听政再成定制

4—1. 桀骜不驯：少年天子行事荒唐，竟然怒贬恭亲王

清文宗咸丰皇帝去世后，尚存只有一个儿子载淳，他接任了皇帝，就是清穆宗同治皇帝。当时他只有六岁，正当冲龄之际，于是就由慈安孝贞皇太后和慈禧孝钦皇太后垂帘听政。

所谓两宫垂帘以及后来的慈禧垂帘和慈禧训政的形式区别在于："两宫之垂帘也，帝中坐，后蔽以纱幕，孝贞孝钦左右对面座。孝贞既崩，孝钦独坐于后。至戊戌后训政，则太后与上并坐，若二君焉。"

清朝的皇帝，在历代以来可以说是最勤于政事的，他们不但日日召见军机大臣，对于内外臣工的奏章文牍，也是一一亲自批阅，从不苟安偷闲。

同治初年，皇帝年龄太小，既然太后垂帘，勤政当然也是太后的事。此时虽然皇帝还不必勤政，但临朝与召见军机大臣时，小皇帝还是必须正襟危坐地端坐在皇位上，不能放肆随便。而且除了临朝坐殿以外，小皇帝还必须每天按时到慈安和慈禧两位太后所居宫中问安侍膳，随时要听侯皇太后查问功课。而每日半天所定的功课，更是无法偷闲。因此，皇帝的地位虽然很高，但是对于一个六岁的孩子来说，似乎没有什么可贵之处。

每天都要应付这三件事，小皇帝颇有厌倦，所以小皇帝就经常对他的老师翁同龢说，自己是当差劳苦。这表明了这位小皇帝当时心中的一些想法：

他觉得这种生活太苦恼，没有趣味，可能在幼小的心灵中就已经萌发出某种要寻求刺激的反叛思想。

这种受压抑的生活与不满心理，一旦到某一日他大权在握并可以自由行使皇权时，就可能使他自己肆意放纵，以求补偿。

由于小皇帝与太后并不住在一起，与老师也不是整天见面，而经常与这

位小皇帝在一起生活的却是他身边的那些太监。这些太监为了巴结皇帝，自然就会想出各种各样的花样来投其所好，当然也会教导他皇权的至高无上，即使读书偷懒，肆意玩耍，也不会影响他的皇帝地位与皇权的无比权威。这样，就使小皇帝学会了如何逃避枯燥学习生活的方法，使得皇家对培育皇帝成长而苦心设计的严格教育计划最后都化为泡影。

同治皇帝的老师开始时是翰林院编修李鸿藻，他是咸丰皇帝还在世时为他选定的老师。同治元年，载淳在北京登基正式做皇帝以后，两宫皇太后又发布懿旨："李鸿藻及礼部尚书前大学士祁隽藻、大学士翁心存（不久翁心存就病逝，便由其子翁同龢接任）、工部尚书倭仁，均著在弘德殿授读。"这样，同治皇帝的老师一下子就由一人增加到四人，可见当时两宫皇太后对这位未成年的皇帝确实抱有很高的希望。同时，太后认为惠亲王绵愉辈行最尊，品行端正，就命其子奕祥和奕询（比同治皇帝高一辈）为同治的伴读。

当时皇帝要学的内容是很多的，包括蒙古文、满文、汉文、拉弓、射箭、打枪、骑马等，几乎一年中很少有假日。但是同治皇帝就是十分不愿意学习，到了十五六岁，还是"见书就怕"，学习只"不过磨工夫"，"认字不清"，到了快亲政的 16 岁时，不仅连最基本的经典读物都理解不了，甚至不能句读（那时候的文章是没有标点符号，不分段的），奏折也读不成句，书写时则白字连篇，说话也没有逻辑，表达不清楚，皇帝老师翁同龢对此也无可奈何。

而且，此时同治与慈禧太后之间的关系却日见紧张，母子关系的紧张已经是宫中人所共知的事。原因就在于十多年来，两宫太后垂帘听政，对皇帝管束太严，而偏偏这个年轻的皇帝又是一个桀骜不驯的人，他的逆反心理越来越强烈。当同治皇帝每天例行向两宫皇太后请安时，只是与较慈祥随和的、实际照管自己的慈安东太后有所交谈，与西太后，也就是自己的亲生母亲慈禧太后，简直连一句话也说不出来，可见两人之间已经有相当深的成见。

同治十一年秋天，同治皇帝大婚，因为皇帝已经年满十六岁了。第二年正月，两宫皇太后实践自己的诺言，随即撤帘归政，同治皇帝终于亲政了。

慈禧太后归政以后，由于同治是她亲生的儿子，所以当时她心中还是感到踌躇满志，毕竟把自己的儿子培养出来了，于是就想在归政以后，能有一处华丽宏伟和舒适的园苑，作为自己休息娱乐之地。当她身边的人物探知慈禧有这种想法以后，就乘机劝皇帝兴修园庭，以为承欢孝养之计。

这些人物当然盘算到，一旦大兴土木他们自然可以从中营私图利，另一方面，同治本人就是一个喜欢嬉游的人，正好有这个借口可以修建一个好玩

同治皇帝

的去处，因此他立即就同意了。

当时所选定的修建目标，就是咸丰十年毁于英法联军之役的圆明园。于是同治十二年九月，就以颐养太后为名，皇帝正式颁旨兴建圆明园。说修复圆明园"恢复旧制"，"庶可上娱两宫皇太后之圣心，下尽朕心之微忱"，说得很漂亮。

同治十三年三月，圆明园正式动工复建。但是修复圆明园需要钱，当时估算需要一千万两以上的银子。到哪里去筹这笔款？年轻的皇帝根本不懂得还有这个问题。

此时刚经历英法联军进犯京师和太平天国之乱，那边左宗棠要平复回乱和收复新疆，这边李鸿章要巩固海防建设水师，国家受到了严重的创伤后，百废待兴，需要恢复。所以不但御史们纷纷上疏反对，而且一些大臣们也都上奏劝阻，但任性的同治皇帝一意孤行，不但不听劝阻，而且不断召见内务府大臣，要他抓紧施工。内务府倒很积极，因为这是一个赚钱的机会，但是前提条件是经费充足，然而实际情况是要修建却没有钱。

后来不法商人李光昭借修圆明园进行诈骗之事传出以后，朝野大哗，议论纷纷。终于，首席军机大臣，实际执掌国柄的恭亲王也出来奏请停修圆明园了。他在奏折中，历举开国以来大清诸帝之艰难创业，以说明守成之不易，除坚请速停修园工程以外，还逐条指陈同治亲政以来由于草率行事造成种种失当之处，他实际上提了八条建议：停园工、戒微行、远宦侍、绝小人、警宴朝、开言路、惩夷患、去玩好。请求皇帝"及时定志"，以"用济艰危"，辞意极其恳切但也尖锐。

当时恭亲王完成此奏折以后，担心玩心很重的同治皇帝不愿意细看，故他又找来醇亲王、惇亲王和军机大臣文祥等九名王公和重臣，共十人联名上折，然后又请求皇帝召见军机和诸王大臣，以便当面递陈。初请不许，经三请，同治于十三年七月十八日召见军机全班及御前王大臣。同治首先阅看奏折，没看几行就说："我停工如何？尔等有何饶舌？"

恭亲王说："臣所奏尚多，不止停工一事，容臣宣诵。"于是他就从朝靴中取出奏折底本，逐条讲读，反复陈说。同治大怒，将手中所持的十人奏折愤然摔在地上，恨恨地曰："此位让尔何如？"军机大臣文祥是一位对皇帝很忠的人，又年高体弱，听到此话以后当即吓昏在地，几乎断气，连忙被抬出。

此时，醇亲王也痛哭进谏，并说到皇帝有出宫"微行"一事，皇帝坚持问是谁说的，有何凭证。醇亲王乃举出具体时间和地点，皇帝乃无话可说。但对于修圆明园一事，皇帝则始终坚持是"承欢太后"之故，不敢自擅，需要转奏两宫皇太后决定。这当然是一场极其罕见的廷争，虽然当时皇帝没有做出激烈的反应，但必然会有后果。果然，十天后，更大的朝廷风暴就来了。

那天皇帝回宫以后，就苦思不解，为什么自己与自己寝宫的小太监出宫"微行"，竟然会被醇亲王点出时间和地点。因此他一定要把这件事情查清楚。所以到了这个月的二十七日，他再次

恭亲王奕䜣

召见醇亲王，要再详细查询，不巧那天醇亲王到南苑验炮去了，不在，于是改召恭亲王细问。恭亲王承认是从自己的儿子载澄处得知的。而知道这个信息以后，同治皇帝就决定要重重治理他们父子二人。原来，恭亲王之子载澄也和同治一样是一个纨绔不学之徒，两人年龄与习气均相同，所以十分投缘，两人又与翰林院侍讲王庆祺勾结在一起，总是穿着黑衣服，出没在北京内城的私娼馆寻欢作乐，而且与王庆祺还有同性恋关系。王庆祺"顺天人，生长京师，世家子也。美丰仪，工度曲，善谄媚之术……宠冠同侪，无与伦比。"有一次他在广德楼饭庄唱小曲，恰好被微服出行的同治遇见，对他大加赞赏，并随即召进宫来，给他加官晋爵。王庆祺本来只是从四品的翰林院侍讲，立马被授予三品官加二品衔，命在宫内行走。

有一天，太监给同治送茶，远远看见同治与王庆祺两人共坐在榻上凑在一起津津有味地看一本小册子，状甚亲密。太监心存疑惑，待走近一看，居然是本淫书《秘戏图》。此外，也传说，由于要玩淫戏，同治连太监也不放过："有阉杜之锡者，壮若少女，帝幸之。之锡有姊，固金鱼池娼也。更引帝与之狎，由是溺于色，渐至忘返。"

恭亲王的儿子又怎么会与同治皇帝很熟悉呢？

原来，恭亲王奕䜣为使同治皇帝读书不至于寂寞（惠亲王的两位伴读的儿子都比皇帝大一辈），于是安排自己的儿子载澄也来做皇帝的陪读，载澄非常聪明机敏，但为人很轻佻，不像皇帝每天住在宫中不能出去，载澄是住在外面的人，对外面的花花世界熟悉得很。

恭亲王本来的意思是一方面让他陪年幼的皇帝读书，另一方面也可以管教自己的儿子。谁知载澄进宫以后，为了迎合皇帝爱玩的习惯，就把好多从宫外学来的淫秽玩法教给了皇帝，因此两个人非常投机，进而载澄就和同治一起演淫戏，翁同龢得知以后告诉了恭亲王。一怒之下，载澄被赶回家，围禁起来了。几年后，皇帝已经长大成人，又想起了他，就仍然招他入宫相伴，从此两人就经常穿着黑衣一起出宫玩耍并光顾那些低级妓院。

本来因反对修建圆明园，同治皇帝就对恭亲王不满，怀恨在心，现在他的儿子又泄露了他的行踪，因此就更恨恭亲王了，于是突然发出圣旨，要革去恭亲王的世袭爵位，降为庶人。圣旨中说："恭亲王诸事跋扈，离间朕母子，欺朕年幼，奸弊百出，目无君上，天良何在？着革去一切差使，降为庶人，交宗人府严行管束。"

哪一个大臣敢去宣读这样的圣旨。醇亲王反应过来后，膝行几步连连叩头，说："皇上，请息雷霆之怒，收回圣命，不然……臣只有一死以谢朝廷了！"军机大臣文祥也是坚决不同意，再三请见，请改。但是皇帝就是不许，最后没有办法只好另降一旨，将恭亲王革去亲王世袭，降为郡王，载澄也革去贝勒。过了一天又降一旨，将御前大臣惇亲王弈誴、醇亲王弈譞及军机大臣恭亲王、文祥等全班五人共计十人全部革去职务，指责他们"朋比谋为不轨"。

事情闹到这样大这还了得，于是两宫皇太后急忙出来收拾局面，在弘德殿召集诸大臣进行安慰，说："十年来无恭王何以有今日？皇帝少不更事，昨谕着即撤销。"即日又发上谕，仍复恭亲王父子所革爵职，因而结束了同治帝的此闹剧。

这件事情虽然很快就过去了，没有造成什么实际严重后果，但这充分显示了，幼年时代曾备受压制束缚的同治皇帝长大以后，久已不满他当年所受的严格管制，因此一旦大权在手，就可以不顾一切胆大妄为地行事，即使像恭亲王这样的朝中顶梁柱，也居然也敢随意废黜。

这样一个毫不懂事的皇帝主国，对朝廷将是祸还是福，不问可知，幸好，他当政也就一年多，同治十三年十二月，这个极不懂事的皇帝就驾崩了，然而他的去世又引发了新危机。

4—2. 死不足惜：寻花问柳致同治皇帝早夭

同治十一年秋天，皇帝大婚。

《清野史大观》记载了同治册立皇后的情形：

穆宗将立后也，于同治十一年召诸满大臣女入宫备选。慈禧独喜侍郎凤秀女，欲以中宫处之。凤女虽燕绝诸丽，然举止殊轻佻，慈安后及穆宗皆不喜。侍郎崇绮（就是赛尚阿之子）女阿鲁特氏年稍稚于凤女，貌亦较逊，而雍容端雅，望而知有德量者。慈安后深喜之，密询穆宗，于二人中意安属？亦以崇女对，册立中宫之议遂定，即孝哲毅皇后也。凤秀女富察氏乃封为慧妃。慈禧太后之所以看中富察氏，是觉得该女在文化修养上远不如阿鲁特氏，也就是什么也不懂，缺乏统摄六宫和襄助帝业的才华和能力，所以若选她为后，便能利用皇后的年幼与无知继续自己对皇权的控制。

又说：穆宗成婚后，见皇后气度端凝，不苟言笑，始终以礼敬之，宫中无事，尝举唐诗问皇后，则背诵如流，心益喜。故伉俪綦笃，而燕居时（即两人在一起可以私语时）亦无亵容狎语，慈禧以其子之敬畏后也，益愤怒，每值皇后入见，从未睦以辞色，浸而母子间亦乖违矣。太后乃谓穆宗曰："慧妃贤明，宜加眷遇。皇后年少，未娴礼节，皇帝毋辄至宫中，致妨政务。"且阴使内监时时监视之。穆宗大不悦，于是终岁独宿乾清宫。

也就是慈禧太后竟然干涉起皇帝的私生活来了，不让他亲近自己喜欢的皇后，让他多加"眷遇"他并不喜爱的惠妃，对于这个桀骜不驯的青年皇帝来说，他怎么会听话，于是他断然采取了另一种办法，哪个宫也不去，自己独居乾清宫！这时慈禧太后竟然命太监李莲英把惠妃晚上背到皇帝的御床上，然而同治皇帝就是不碰她。

这就惹出事来了。假如同治皇帝真的是终年独宿于乾清宫中，当然不会发生意外事情，问题是同治本来就是一个纨绔少年，又当血气方刚之年，怎么能忍受寂寞。不但左右的太监时有勾引，而他所结交的载澂、王庆祺等人更不时带他夜晚黑服出宫，微服私行于娼寮酒馆之间寻欢作乐。而且由于京城的上等游院中多有内务府官吏的踪影，皇帝如私自光顾，必遭发现，于是皇帝就只能到那些下城中的肮脏和低级妓院中去寻春。据说他经常到崇文门外的妓院和酒楼中饮酒作乐，"伶人小六如、春眉、娼小凤辈，皆邀幸"。

这样一来，年轻的皇帝就染上了致命的梅毒！《清朝野史大观》是这样记录的：久之毒发，始犹不觉，继而见于面，盎于背。太医一见大惊，知为淫毒而不敢言，反请命于慈禧，是何病症？慈禧传旨曰："恐天花也。"遂以治痘药治之，不效。帝躁怒，骂曰："我非患天花，何得以天花治？"太医奏曰："太后命也。"帝乃不言，恨恨而已。

皇帝不喜欢惠妃，使得慈禧太后更加不喜欢皇后，就常找碴儿为难她，由于太后处处为难，再加上皇帝又重病在身，使得这位皇后的日子很不好过。皇帝病重了，皇后理应在旁侍候，这也不断遭到慈禧太后的呵责。有一天，皇后前去养心殿看望皇帝，二人说了些私房话，被慈禧太后知道，她便怒不可遏，闯入皇帝所住的暖阁，"牵后发以出，且痛扶之"，并叫来太监要大杖侍候，据说在忍无可忍的情况下，皇后说了一句话："媳妇是从大清门抬进来的，请太后留媳妇的体面。"也就是我这位皇后是皇家用最体面的礼仪从大清门正正当当抬进宫里来的，而慈禧太后当年不过是一个秀女，是同一帮秀女一起从侧门引进来的，慈禧当然更加动怒，要将皇后打死（从大清门抬进来的皇后若无不可饶恕的大罪也是废不得的），同治见状，自己无法起身护卫皇后，当时就连气带吓昏了过去，慈禧见状，才没有敢对皇后动刑。

也有记录说，皇后说过："敬则可，昵则不可。我乃奉天地祖宗之命，由大清门迎入者，非轻易能动摇也。"从大清门抬进来的皇后，地位不可动摇，对太后可以尊敬，但不会阿谀。

大清门原名大明门，建于明永乐年间，1644年清朝定都北京后，改名大清门，辛亥革命成功后，中华民国成立，1912年又改名为中华门，1959年为扩建天安门广场被拆除，1976年在遗址上修建了毛主席纪念堂。此门在明清两代被称为"皇城第一门"，清朝皇帝大婚时，只有皇后的凤舆才能经此门抬进紫禁城，其他嫔妃的轿子都只能从紫禁城后门神武门进。

由于皇帝和太后乃至清室朝廷历代帝君都不曾有过得梅毒的经验，所以以为皇帝是得了天花，而心中明明已经知道皇帝是得了梅毒的太医，他们怎么敢把实情说出来，那是要命的，因此只好用请命太后之法以推卸自己的责任，最后将皇帝的病情认定是天花。

也许，当时若是能以医治梅毒的方法来医治同治的病，即令也未见得最终能医治好，但一定能延续他的生命期，使他不至于发病四十天就不治而亡。但是既然已经经太医认定而且太后也同意是天花，那当然就必须按天花来治，因为每天的医疗脉案都要呈送两宫皇太后过目而且要登记入档的。

皇帝病重以后，已无力批阅奏章，便指派恭亲王批阅，但是警觉的慈禧太后立即收回了这个权力。同治十三年十二月初五，在位十三年的同治皇帝驾崩，"将死之前数日，下部溃烂，臭不可闻，至洞见腰肾而死。"死时年仅十九岁，是清皇朝中寿命最短的皇帝，而且显然是带着对自己母亲的深刻仇恨而离世的。两位给皇帝治病的御医都被革职戴罪当差，幸免死罪，看来两宫皇太后心中也知道同治皇帝实际得的是什么病，皇帝的死并非太医之无能。

同治帝死后不久，教授皇帝春宫密术并走向淫乐之道的王庆祺就被弹劾，他随即被撤职，永不续用，而引导同治帝出宫夜游的太监，不久也被发配到黑龙江为奴。

皇后阿鲁特氏见皇帝死了，大恸大悲，不思饮食，吞金自杀，但被救活。皇后之父崇绮将此事告之慈禧太后，指望得到太后的一点关心，但太后冷冷地回答说："可随大行皇帝去吧！"也就是要他殉夫死节。而且慈禧太后也不为同治皇帝立嗣，实际上就是不为皇后留下任何继续活着的希望或理由，这样皇后就只有自杀一条路。皇后的父亲无奈将太后的话告诉给了女儿，阿鲁特氏就更加坚定了必死的决心。光绪元年（1875 年）二月，同治皇帝去世后 75 天，皇后阿鲁特氏"遽尔崩逝"，死时只有 22 岁。

官修史书及官方人士的记载中都说同治皇帝死于天花。他们不能不这样说，要说真话的话，一方面牵涉皇家和同治皇帝的颜面，同时也无法对同治皇帝的死作一个合理的交代——把梅毒当作天花来治，并且终于将皇帝治死，这岂不是天大的笑话！不过历史是不容愚弄的。正是：

> 人道富不过三代，皇家帝室亦如哉；
>
> 同治寻花问柳日，康乾恨天骂地来。

4—3. 难题错解：载湉继位，慈禧再垂帘

同治皇帝载淳死时才十九岁，由于生前荒淫无度，没有留下儿子。

这就给统治中国的大清皇室出了一个大难题，谁来继承皇位？

由于同治无子，两宫皇太后当然必须从皇室的后裔中选一人为嗣皇帝，以延续清皇朝的统治。此时可以说到了大清皇朝一个关键时刻：假如新立的帝君英明干练，则皇朝已显的积弱之势就可以得到改变，真正实现中兴；但假如新选的帝君是一个碌碌无为之辈，甚至又是一个寻花问柳的不肖之徒，则事情当然就会走向反面。这真是实实在在的皇室危机！

但是在这个皇朝的关键时刻，两宫皇太后的抉择却完全出乎人们的想象，也就是两宫皇太后完全排除了上述的两种可能，而选择了另外的第三种安排。此时慈安皇太后是一个没有什么主见的人，因此选择新君的事主要就是按慈禧太后的意志决定。

而慈禧太后的决定是：迎立一个四岁的皇室子弟为嗣君，这样就可以再度实施皇太后垂帘听政，以便使她能继续执掌统治国家之权。所以这一次她要实行垂帘听政与第一次实行垂帘听政的目的就完全不相同了。第一次垂帘听政是真正为儿子辅政；而现在要求得到的第二次垂帘听政完全是为了满足自己的权力欲所需。

这个决定就影响了随后几十年中国近代史的历史进程与清皇朝的命运，真正使清皇朝朝廷随后陷入几十年都不能自拔的真正危机。所以说，因同治的死使大清皇朝所面临的关键性变化，对中国近代史影响巨大。

同治十三年十二月初五皇帝驾崩，两宫皇太后随即召开御前会议，与王公大臣商议择立嗣君的问题。帝师翁同龢参加了那一天的会议，他在日记中记录了当时的情形：戌刻，太后召诸臣入。谕云："此后垂帘如何？"枢臣中有言宗社为重，请择贤而立，然后恳乞垂帘。谕曰："文宗无次子，今遭此变，如承嗣年长者，实不愿，须幼者乃可教育。现在一语即定，永无更移，我二人同一心，汝等敬听"。则即宣曰："某"。维时醇亲王奕譞惊遽敬唯，碰头痛哭，昏迷伏地，掖之不能起。由这段记述可知：

两宫皇太后已经明确表明不愿意在皇族宗裔中立已成年长者为君；

还没有进入正题，皇太后就已经挑明了打算要再垂帘；

垂帘的借口是要对新君（必然是幼君）能够进行教育；

现在在这个会议上就此做出决定，任何人今后都不得反对，此决定也不能更改，也就是太后再度垂帘听政之事就此定下；

至于选何人为新嗣君，大臣们事先都一无所知，完全听皇太后当时说出；

当皇太后说出将立的新嗣君的名字时，醇亲王奕譞顿时吓得惊恐倒地。碰头痛哭，昏了过去，因为皇太后说出的这个新嗣君的名字，竟是他的儿子，可见事先他对此也是一无所知。

两宫皇太后宣布新立的幼皇帝就是醇亲王奕譞四岁的儿子载湉。

至于说醇亲王在御前会议上得知此事时竟然吓得痛哭并昏了过去，究竟是高兴过度，或是知道自己儿子进了宫即令当了皇帝，但是在这两个女人（尤其是慈禧太后）的掌控下，恐怕将不会有好日子过了，甚至是凶多吉少，那时他的心情就难以知道了，估计后者为多。

两宫皇太后，特别是慈禧太后，为什么要立载湉为新君呢？这还得从道光皇帝宣宗说起。

文宗皇帝咸丰乃道光皇帝的第四个儿子，名叫奕詝。道光皇帝共有九子，除二子奕纲、三子奕继早丧，他们也没有留下后代、长子奕纬、五子奕誴、六子奕䜣、七子奕譞、八子奕詥、九子奕譓俱有儿子，而且奕纬这一系在同治死时已经有了孙子。

国有长君，社稷之福。慈禧太后当然知道，若真是为了国家和宗社着想，她应当在咸丰皇帝的亲兄弟中，或者在奕纬和奕誴的儿子中选其贤者，立为嗣皇帝。但是，慈禧太后有她的考虑：前提是，她要垂帘听政，掌握政权，这是最基本的原则，就是在此原则下选择新君。

首先，道光皇帝剩下的还活着的儿子，如奕䜣，是咸丰皇帝的同辈人，不能继位为君（那不是继位而是篡位），这是当然的。

奕纬这一系中已有他的孙子、同时也是慈禧太后的孙子辈溥伦，显然也不能立他为皇帝，因为对于溥伦来说，慈禧是太皇太后，隔了两辈了，不能垂帘听政。

也就是，咸丰同辈人不能接位，他们都已经是成年人；咸丰的侄孙辈（溥字辈）也不能接位，因为太皇太后不能垂帘听政。

因此要实现垂帘听政，新皇帝只能在咸丰皇帝的兄弟的儿子中去寻找（也就是与同治同辈，即载字辈），但是还有一点是要特别注意的，那就是：绝不能在咸丰皇帝哥哥系列中（也就是奕纬系列）中去寻找，因为哥哥系中的后辈继承皇位以后，就不会承认自己是继承叔叔这一支的皇位，而一定是坚持自己是继承爷爷皇帝的皇位，明朝就出现过这样的事情（明正德十六年三月，风流的明武宗正德皇帝因宣淫过度死于豹房，无子，由太后与阁臣杨廷和等人商定，立受封于湖北钟祥的兴献王朱祐杬的长子朱厚熜为帝，也就是堂弟即位为明世宗嘉靖帝，但他即位后就不承认是继承堂哥的皇位，首先将明武宗改称为皇兄，而将自己的生身父亲、受封于湖北钟祥的兴献王正位为兴献皇帝，然后又将武宗之父明孝宗尊为皇伯，表明自己这一支是正宗的帝脉，可见皇兄之子即位后更会如此），因此就一定只能从咸丰皇帝的弟弟后辈中去寻找，而且又不能从恭亲王奕䜣的这一支中去找，因为恭亲王此时的权势已经很重了，是领班军机大臣，因此不能让他这一支的权力过大。

正好，此时咸丰的弟弟、道光的皇七子醇亲王奕譞的四岁儿子载湉（与同治同辈）进入慈禧的视野，他完全合乎条件：四岁，与同治同辈可以接受皇太后垂帘听政，是同治的叔叔的一系中，尤其是，这个孩子的生母就是醇亲王的嫡福晋，而她又是慈禧的亲妹妹，所以这个孩子不但是咸丰的侄子而且也是慈禧的姨侄，关系较他人尤为密切。由此双重关系，对于醇亲王奕譞及新皇帝的驾驭，自较他人为易。而且可以想象，由于慈禧与这个孩子的母亲是亲姐妹，她一定也知道这个孩子秉性柔弱温顺。

正是这些原因，使得慈禧太后决定选醇亲王奕譞的儿子载湉继位为新皇帝，是为光绪，而在他成年亲政之前由两宫皇太后垂帘听政。

由于同治亲政结束了的皇太后垂帘听政又再度复活，而这次完全是由于慈禧的权力私欲所导致的，也因此种下了随后光绪一朝国家和皇帝本人悲惨的命运。

从选定载湉继任皇帝一事可以看出：

一、奉懿旨参加立嗣君会议的王公大臣达 29 人之多，可谓空前，这说明此次决定由非皇子入承大统，在大清历史上是首次，因此必须以格外郑重的方式确定，以免遭到物议。

二、明确载湉是继承咸丰为子，即为咸丰帝的嗣皇帝，这就为两宫皇太后垂帘听政提供了合乎仪规的辈分，因为若载湉是以继承同治帝为嗣皇帝，则应由同治皇后垂帘听政，而不能再由慈安皇太后与慈禧皇太后垂帘听政。

所以慈安与慈禧这两个女人在大清历史上做了四个重大的改革：

当自己的亲儿子以幼儿冲龄登基时，由皇太后按所定制度进行垂帘听政。

当皇帝去世且没有子嗣时，皇太后有权确定并选择非皇子系列的亲王之子继承大统。

并且确定继承大统的新皇帝不是继承刚刚逝去的大行皇帝的皇位，而是继承大行皇帝早已死去的父亲的皇位，这样就保证了她们皇太后还是可以继续垂帘听政。

正因为是皇太后继续垂帘听政，所以无须为幼儿皇帝安排辅政大臣，这也就避免了朝廷大权旁落在辅政权臣手中。真是史无前例！

光绪即位后，六岁开始读书，翁同龢再为帝师，这个皇帝天性聪慧，尊师勤学，学习大有长进。光绪十五年二月（1889 年 3 月），皇帝已经十八岁了，太后撤帘，归政光绪，自己移居颐和园。归政大礼完成以后，慈禧太后在理论上说已经交出政柄，不再过问国家大事了。然而这不过是表面上的文章，事实上慈禧还十分眷恋权力，名为已经归政，却仍留下了一条尾巴，即规定光绪每日所阅的奏章须在事后封送颐和园，以备太后阅看，二品以上官员的任免和废黜，都需请示颐和园太后的意见后决定，皇帝不得自专。这就等于捆住了光绪的两只手，使其不能自由行动，所以名曰归政，实际仍在幕后操纵。慈禧之所以这样做，一方面还是要把持朝政，另一方面就表明了对光绪的不放心。

当然就会产生矛盾，而且各自当然会聚拢一批人来支持自己，终于有一天这种矛盾大爆发，于是酿成了百日维新和戊戌政变。然而百日维新（1898年6月11日—1898年9月20日）结果是光绪皇帝最后失败了，慈禧太后随即宣布重新训政，也就是由她再掌朝政。

慈禧太后的两度垂帘听政与第三度临朝训政（1862—1908年），前后达47年，这段时间内她独断朝纲，大清在政治、外交、军事和社会建设上越来越陷于困局，无法自拔，她的近半个世纪的主政是晚清皇室危机不断发展与深化的最根本原因。

4—4. 后宫悲剧：光绪不喜欢皇后，慈禧太后处死珍妃

光绪皇帝达到十六岁成年以后，接过政权亲政（按照规矩，他应当在十六岁亲政，结果又接受训政两年，后来是在光绪十五年二月，1889年3月，慈禧太后才撤帘归政给光绪皇帝，然后慈禧就移居颐和园，所以光绪是十八岁才亲政）之前，还要有一件重要的事情要做，那就是大婚立皇后。

对此，慈禧太后当然要发挥她的权威作用，她要将自己二弟桂祥的女儿静芬立为皇后，她就是比光绪皇帝大三岁的隆裕皇后。安排这样亲近的娘家人在皇帝的身边，当然可以使慈禧太后放心，但是，光绪皇帝却不愿意接受这位皇后。然而，慈禧太后却于光绪十四年（1888年）十月初五，断然选定其弟、副都统桂祥的女儿静芬为光绪帝之皇后，即为隆裕皇后。这就导致1889年2月15日新婚之夜，皇帝竟然拒绝与新婚皇后共枕，而且决定取消第二天应当在太和殿举行的答谢皇后家族全体成员的盛大宴会。慈禧太后当时真是气昏了，而最伤心的当然是隆裕皇后。

当初遴选皇后候选人时，共有五人入围。除了静芬以外，还有江西巡抚德馨的两个女儿和礼部左侍郎长叙的两个女儿，光绪心中最中意的是德馨之女。慈禧当然明白光绪的意思，但是偏偏不让他选自己意中的人，而强制性决定要选静芬。当时尚未亲政的光绪毕竟无力反对太后的决定，只得定静芬为皇后，而以长叙的两个女儿为嫔，姐姐为瑾嫔（15岁），妹妹为珍嫔（13岁）。而且慈禧也只允许光绪有这两个嫔。光绪二十年（1894年）甲午春，因慈禧太后六十大寿加恩，两人都晋升为妃，她们都是满洲镶红旗人。

光绪大婚之后，隆裕皇后逐渐失宠，不过瑾妃性情忠厚，不会巴结人，

珍妃

她与皇后走得很近，似乎同病相怜，反与光绪相处漠漠。唯珍妃生性乖巧、善解人意，工翰墨，会下棋，日侍皇帝左右，与光绪共食同饮共玩齐乐，且对于男女之事毫不在意。光绪其时也不过十八岁，每日凌晨寅时上朝，午时退朝还宫，工作时间长达七八个小时，很是辛苦。珍妃日侍左右，想着法子顺应光绪的喜爱，"德宗尤宠爱之，与皇后不甚亲睦。"珍妃不但容颜秀丽，而且生性活泼，喜欢穿男装，特别爱玩当时被宫中视为"奇技淫巧"的照相机，甚至想穿皇帝的龙袍照相，这都使慈禧太后更加加深了对她的不满。

尤其是按照当时清朝制度，皇后的例银（工资）每年1000两，递减到妃子为300两，嫔为200两。珍妃用度不足，又不会节省，而且为表示大方，对宫中太监时有赏赐，太监们得些小恩小惠，也都竭力奉承这位"小主儿"。时间一长，这位"小主儿"也被捧得有点不知所以，渐渐失去自我节制，亏空日甚。于是她遂串通太监，恃宠多次从皇帝那里获得一些空缺官位或官衔，因此就通过太监和她在宫外的哥哥受贿卖官。由于有利可图，当时太监中最有势力的数人均染指其中。卖官后就与太监们分利，她当然能得大头。慈禧曾当面拷问珍妃，并从其住处搜获记有其卖官收入的一本账本。于是珍妃被打入冷宫。光绪二十六年（1900年）七月二十一日，八国联军已集结兵力进攻到北京城外，慈禧太后挟持光绪帝慌忙出逃。行前，命太监将幽禁中的珍妃唤出。慈禧亲信太监崔玉贵有描述：

"到了颐和轩，老太后已经端坐在那里了。我进前请跪安复旨，说珍小主奉旨到。我用眼一瞧，颐和轩里一个侍女也没有，空落落的只有老太后一个人坐在那里，我很奇怪。珍小主进前叩头，道吉祥，完了，就一直跪在地下，低头听训。这时屋子静得掉地下一根针都能听得清楚。老太后直截了当地说：'洋人要打进城里来了。外头乱糟糟，谁也保不定怎么样，万一受到了污辱，那就丢尽了皇家的脸，也对不起列祖列宗，你应当明白。'话说得很坚决。老太后下巴扬着，眼连瞧也不瞧珍妃，静等回话。珍妃愣了一下说：'我明白，不曾给祖宗丢人。'太后说：'你年轻，容易惹事！我们要避一避，带你走不方便。'

珍妃说：'您可以避一避，可以留皇上坐镇京师，维持大局。'

　　就这几句话戳了老太后的心窝子了，老太后马上把脸一翻，大声呵斥说：'你死到临头，还敢胡说。'珍妃说：'我没有应死的罪！'老太后说：'不管你有罪没罪，也得死！'

　　珍妃说：'我要见皇上一面。皇上没让我死！'

　　太后说：'皇上也救不了你。来人哪！把她扔到井里头去。'

　　就这样，我和王德环一起连揪带推，把珍妃推到贞顺门内的井里。珍妃自始至终嚷着要见皇上！最后大声喊：'皇上，来世再报恩啦！'"

　　庚子之乱后的第二年，即 1901 年，慈禧和光绪帝由西安返京，命人将珍妃尸体打捞，追封为珍贵妃，初葬恩济庄。后来慈禧死后，其姐姐瑾妃将其迁葬于光绪的崇陵。

第五章
股肱之臣恭亲王几度浮沉与朝廷内争

5—1. 君臣兄弟：咸丰皇帝与恭亲王之间的微妙关系

前面已经讲到，道光皇帝一生共有九子，到道光二十九年时，前三个儿子都已亡，后面几个是皇四子奕詝（后即位为清文宗咸丰皇帝）、皇五子奕誴、皇六子奕訢、皇七子奕譞、皇八子奕詥、九皇子奕譓。不过在道光二十六年初已经将不喜欢读书的皇五子奕誴过继给道光皇帝的三弟惇亲王绵恺，因而他也就失去了皇位继承权，但是他并不因此感到沮丧，因为他知道自己本就不能继承皇位，因此在皇宫外当一个自由自在的亲王更安全。

道光皇帝虽然十分喜爱皇六子奕訢，但是最后还是决定让皇四子奕詝继位，不过在遗诏中特别提到一定要晋封皇六子奕訢为亲王。据说，因为奕訢从小就十分聪明，道光皇帝曾向他表示他长大后要传位给他，但是，奕訢以奕詝年齿居长，并称这位兄长的才、武、德、量均优于自己，请求道光皇帝仍立奕詝为皇太子。道光皇帝颇为感动，因此在病重临终时，"执奕訢手谓文宗（奕詝）曰：是尝让位于尔者，尔视之当异诸弟"。也就是告诉奕詝，这个皇帝位是奕訢让给他的，因此他继位皇帝后应当格外器重这个弟弟。

皇四子奕詝即位后就是文宗咸丰皇帝，随即封他的弟弟皇六子奕訢为恭亲王，"恭"字就是暗示"兄友弟恭"的古训。

道光皇帝在遗诏中特别指明他生前就已经要求奕詝即位后一定要封奕訢为亲王，这是对奕訢的一种政治补偿，也就是一方面防止新皇帝不封他为亲王，而且也是告诉朝中诸大臣，奕訢将在新的一朝中具有特殊重要的地位，警告他人不得侵犯他。

咸丰皇帝同时封七弟奕譞为醇郡王、八弟奕詥为钟郡王、九弟奕譓为孚郡王，可见六弟奕訢被封为恭亲王确比其他几个弟弟高一个等级。

咸丰皇帝奕詝是道光皇帝的爱妃钮祜禄氏所生，奕詝出生后不到两年，道光的原配皇后佟佳氏病亡，于是钮祜禄氏先被封为皇贵妃，后又被册封为孝全皇后。但是钮祜禄氏却似乎无此福分，于道光二十年初突然病亡。

也有记载说是被赐死的，因为道光皇帝特别喜欢奕䜣，所以钮祜禄氏为了保证自己的儿子能当上皇帝，就想谋害奕䜣，她为此设宴约请几位皇子前来赴宴，并在鱼中放置了毒药。孝全皇后事先告诉了自己的儿子奕詝，叫他不要吃鱼，因为里面有毒，但是因为奕詝与弟弟们从小在一起玩，孩子们都是天真无邪的，因此他就把这件事告诉了弟弟们，于是他们就都能免于一死，后来这件事当然就传了出去，道光皇帝的母亲即皇太后大怒，命令立即将孝全皇后赐死，当时奕詝只有十岁。可见当时的宫廷内险恶严重到什么程度，一个皇后竟然无知和胆大到要毒死其他非她所生的皇子们。

奕䜣比奕詝小一岁半，静贵妃所生。奕詝的生母死后，奕詝便由静贵妃抚养。据史料记载说，静贵妃对奕詝十分爱护，如同对待自己亲儿子一样对待他，而奕詝"亦亲之如母，与奕䜣问安，数年无间"，所以奕詝与奕䜣虽为同父异母兄弟，但在年少时却亲密无间。

到了六岁时，是开始读书的时候了，两位皇子又一起到皇宫内乾清门内东侧的上疏房去读书。奕詝的汉文老师就是那位有名的杜受田。

道光皇帝是于道光三十年（1850 年）正月十四日（2 月 25 日）驾崩的，新皇帝奕詝在正月二十六日正式登基为皇帝，但是那一年纪元仍为道光三十年，第二年（1851 年）开始用咸丰纪元，而他的几位皇弟在新皇帝登基前的正月十七日就受封了。

咸丰皇帝登基后，恭亲王奕䜣确实受到了重用，皇帝首先将位于北京什刹海西岸的原乾隆朝重臣和珅的府邸赐给了他（这就是至今还保存完好的北京著名旅游景点恭王府）。

然后，恭亲王又多次代替、代表咸丰皇帝举行各种祭礼。

当太平天国定都金陵并派李开芳领兵北伐以后，恭亲王被受命办理巡防事务。

接着恭亲王被命署理正白旗（皇帝亲领的上三旗之一）领侍卫内大臣。

尤其是，咸丰三年，恭亲王被授命在军机大臣上行走，也就是进入军机处。

这样，当时也不过才 21 岁的恭亲王奕䜣就进入了清皇朝的最高层政治中心，其中，领侍卫内大臣和军机大臣的职务最为重要。

领侍卫内大臣，官阶正一品，是从八旗兵上三旗（镶黄、正黄、正白三

恭亲王奕訢

旗）中选拔的人才出众者，担任皇帝、皇宫的"随侍宿卫"，也就是皇帝的卫队长。

军机大臣则是直接帮助皇帝处理军政事务的重要职位，一般进入军机处的大臣是四到五位，它并不是一个固定的官职，比如某一位大学士或六部中某一位尚书或侍郎，都可能在某一时候被任命为军机大臣，其中的首席军机大臣则权比过去的宰相。按照以前的清朝旧制，皇室亲王或皇子可以担任御前大臣，但不得担任军机大臣，其目的就在于防止宗藩的势力借此扩张，以致可能会削弱和威胁皇权。军机处首先是在雍正七年（1729年）设立的，到当时已经有124年的历史了。此期间只有当嘉庆朝时期因镇压川楚白莲教起事期间，因军务繁重，当时命成亲王永理暂时进入军机处，后来又恢复祖制退出了。

所以现在咸丰帝居然命令恭亲王进入军机处，这不但是极大的恩典、极高的信任，而且也是极其大胆地打破了清朝的旧制。而且他既然是以亲王身份进入军机处，当然就是担任首席军机大臣。从此以后，清廷的首席军机大臣就大多为皇室宗亲，如恭亲王奕訢，以及后来的礼亲王世铎、庆亲王奕劻、醇亲王载沣等担任。后来有时军机处竟同时有两位亲王，如自光绪二十年（1894年）到光绪二十四年（1898年），军机处内就有恭亲王奕訢和礼亲王世铎两位亲王；而在光绪三十三年（1907年）至光绪三十四年（1908年）间，军机处内就同时有醇亲王载沣与庆亲王奕劻。之所以朝廷后来越来越允许更多的亲王参与军机处，是因为当时大清皇朝已经建立了200多年，皇权已经十分稳定，宗室已经对皇权不能构成威胁，此时对朝廷构成威胁的是国内的农民起义和外国的入侵，在这种情况下，倒只有皇室宗亲是最可靠的人了，因此旧制也就被打破了。

咸丰四年，恭亲王又先后担任了宗人府右宗正、宗令（掌管皇家事务的最高官员）、正黄旗满洲都统、阅兵大臣等。咸丰皇帝还特令嘉奖他："恭亲王奕訢，宗人府从优议叙"。命令宗人府要特别表彰恭亲王。可见在咸丰即位之初，他与恭亲王的关系是很不错的。

早在道光皇帝驾崩后的第七天，即道光三十年正月二十一日，还未正式登基的咸丰皇帝就颁布了圣谕：奕訢生母在此前侍奉皇考道光帝，淑慎素著，理应加崇称号，以申敬礼，"谨遵封为康慈皇贵太妃"。并于咸丰元年（1851

年）三月十五日，命文华殿大学士赛尚阿为正使，正式恭赍册宝，尊封奕䜣生母为"康慈皇贵太妃"。

在清初，大学士本是内阁的主官，雍正设立军机处后，内阁的实际职权就为军机处所取代，但大学士仍是一种极高的荣典，官居正一品，凡被授为大学士者，又任军机大臣者，俗称拜相。最初以保和殿、文华殿、武英殿和文渊阁、体仁阁、东阁之名入衔。但真正授保和殿大学士者，只有乾隆朝傅恒一人。实际上，后来朝廷上就以文华、武英、文渊、体仁、东阁为先后尊卑之序，所以赛尚阿作为文华殿大学士就是朝廷中最尊之臣，可见尊重。

但是，恭亲王奕䜣和他的母亲对此并不太满意，他们希望得到的是"皇太后"的尊号。

此后，奕䜣曾多次向咸丰皇帝表示，其母"宜尊号太后"，但咸丰帝始终"默不应"，也就是不说同意也不说不同意。当时咸丰帝对奕䜣还是很信任的，重用有加，而且奕䜣母亲的身体也还不错，等等看吧。这对于咸丰和奕䜣他们两人来说，都还是可以接受的。

可是到了咸丰五年夏天，康慈皇贵太妃的身体越来越差，咸丰帝也曾经多次去探视，但是，咸丰帝来看望，并没有能使皇贵太妃的病情有所好转，因为他始终没有解除她日思夜想获得的晋封太后的心病。

恭亲王的母亲就是咸丰帝的养母，所以咸丰与恭亲王就像亲兄弟一样。咸丰登基以后，就命令恭亲王进入了军机处，对他十分加恩。同时册封恭亲王的母亲为贵皇太妃，恭亲王的心中不甚高兴，多次向皇帝要求晋封为太后，但皇帝默不作声。皇太妃病后，恭亲王当然每天都去问候，而皇帝也经常来探视。有一天，皇太妃正卧而未醒，此时恭亲王刚走不久，皇帝来问安，太监急忙要通报，皇帝摇手要他们不要惊动太妃。这时刚刚醒来的皇太妃见床前有人影晃动，以为是恭亲王还没有走，她是面向内躺的，没有转身就说："你怎么还没有走，我所有的都已经给你啦，他那个人性情不容易知道，就不要与他产生互相猜疑了。"咸丰帝知道太妃是将自己当作恭亲王了，就上前去呼额娘。这时太妃才知道是咸丰，但也只是转身看了一眼又转过身朝内睡了，表示了自己对皇帝的强烈不满。受到如此冷遇，咸丰帝当然有感觉与想法，到底不是自己的亲生母，既然对皇帝不亲，那就不封皇太后，但恭亲王不知道这件事。

又过了几天，皇太妃已病危了，咸丰帝再次前来探望，恰遇恭亲王从里面出来，咸丰就问太妃的病情如何。恭亲王跪地哭着回答说："已经不行了，但因为没有得到封号，难以瞑目。"皇帝听了又是不置可否地说："哦！哦！"恭亲王听见皇帝没有说不行，就立即到军机处传旨，称皇帝已经同意晋贵皇太妃为皇太后，命礼部立即准备正式的册封晋礼文件。

礼部何敢怠慢，立刻将正式的册封礼册准备妥当。当一切都送到咸丰帝面前时，都已经是木已成舟的事了，皇帝金口玉言，这样的皇家大事直接牵扯到皇帝本人的孝道圣名，皇帝何能反悔，咸丰只好认可，但心中因此产生了对恭亲王的严重不满。

咸丰五年七月初九，已被册封为皇太后的康慈皇太后病逝，年仅44岁。

但是，这位皇太后身后的葬礼与身后所享受的规格却比较低，这明显是咸丰皇帝表示的某种不满。例如，咸丰皇帝只着丧服27天，而不是像他的父亲道光皇帝为自己母亲去世着丧服100天；这位太后的灵牌位没有供在太庙，而是供在奉先殿，也就是小太庙。

咸丰皇帝为康慈皇太后拟定的谥号为"孝静康慈弼天辅圣皇后"，只有十个字，而且不系道光皇帝的帝谥，也就是不加道光皇帝的谥号——"成皇帝"中的"成"字，不称"成皇后"，因此神位就不附太庙，也就是强调孝静"皇后"与真正的皇后嫡庶有别，不能享受后代的香火。

皇后不系帝谥，本来始于明朝。有很多明朝皇帝是庶出，也就是他们的生母不是先朝皇后，即位后照例要追尊自己的生母为皇太后，但规定她们的谥号中不加皇帝的谥号，以区别嫡庶，所以在明朝的皇后中只有原配皇后的谥号中才有皇帝的谥号。但此制度在清朝并未执行，例如顺治皇帝生母孝庄文皇后也没有当过皇太极的皇后，但死后照样加皇太极的谥号——"文皇帝"中的"文"字。现在咸丰皇帝不给康慈皇太后加"成皇帝"的谥号，显然他是很看重皇后嫡庶有别的，对此，恭亲王心中当然很有想法，但当时无可奈何。

然而更重要与更现实的是，七月二十七日，也就是孝静皇后的丧事刚办完，就借口恭亲王奕訢"于一切礼仪，多有疏忽之处"，咸丰皇帝谕旨革去他军机大臣、宗人府宗令、正黄旗满洲都统等职，发回上疏房读书，并警告他"自知敬慎，勿再蹈愆尤"，即不要再犯错误。此时的咸丰皇帝对奕訢，已不是道光皇帝遗命所要求的"视之当异诸弟"，而是从此疏远奕訢，和其他诸王没什么区别了，甚至可能对他更感到厌烦。在咸丰看来自己的皇权高于一切，可以无视父亲的嘱咐。

所以，咸丰五年七月，恭亲王又回到皇子们读书的上疏房（乾清门内东侧）去读书了，这一读就是六七年。须知，在清朝，皇子们自六岁起就在上疏房读书，并没有毕业年限，有读到三十多岁的，所以现在年刚满二十的恭亲王又回上疏房读书并不为怪，可能他的几个弟弟当时也还在那里读书。事实上，自咸丰五年七月退出军机，一直到咸丰十一年七月咸丰在热河病逝，跨年份的七年间恭亲王就一直未能参与国事决策。正是：

> 乾坤但许有一龙，并驾齐驱断不容；
>
> 纵有先皇情意在，当朝天子恩威重。

咸丰七年正月十四日，是道光皇帝的七周年忌日，咸丰与奕䜣同去圆明园向道光皇帝的神位致祭。受冷落两年之后，奕䜣被授予蒙古都统之职，咸丰九年，他又被授予内大臣之职，掌管宫廷宿卫及扈从，但最核心的问题是，虽然官位不低，他仍然不能参与朝政。

一直到咸丰十年八月（1860年9月），因躲避英法联军，咸丰出走热河，由于自己抛弃了京城与社稷，无法向臣民交代，无奈之下，卓有才识的恭亲王才被咸丰皇帝任命为留守北京与英法议和的全权大臣，但并未授予"监国"之名，只负责议和事项。由于恭亲王的沉着与努力，十天内议和得以成功，与英法两国相继签订了《北京条约》，而且使英法联军于11月间退出了北京。因此恭亲王声誉鹊起，无论是外国人或是留守北京的王公大臣们对他普遍都加以称赞，与咸丰皇帝不顾江山社稷和列祖宗庙以及臣民百姓仓皇出逃相比，恭亲王显然有临危受命，挽狂澜于既倒，安定国家社稷的功劳，两人形成了鲜明的对照。

咸丰皇帝北狩热河时，留守京师处理与英法联军议和事务的，除了恭亲王奕䜣为钦差全权大臣以外，还有军机大臣文祥、大学士桂良、户部尚书周祖培、兵部尚书陈孚恩等大臣，这样他们就逐渐形成了以奕䜣为中心的北京集团，与肃顺等八人的热河集团形成对立。

恭亲王与英、法议和成功以后，英法两国确实想另立恭亲王为清朝皇帝，为此，在北京的一次宴会上，英法代表"议恭王绝席，令王公以下皆跪迎，以观人情向背"。也就是英法代表设计了让奕䜣端坐于无人能与他并驾齐驱的"绝席"位置上，并命其他大臣以觐见皇帝之礼向恭亲王行跪拜礼，以此来试探在京各位大臣对拥立恭亲王为新皇帝的政治态度。据说，当时大学士周祖培见状不知所措，吓得"股栗不能言"。只是由于兵部尚书陈孚恩挺身而出，义正词严坚决反对，才使英法放弃了这个打算。

恭亲王忠于自己的职守，并未对皇位任何非分之想，联军撤出后，就多次奏请咸丰皇帝回銮北京，但皇帝顾虑重重始终不肯回京，终于在咸丰十一年病倒在承德，更不能走了。

得知皇帝有病以后，恭亲王曾几次奏请去热河来请安。这也许是出于兄弟之情，也许是他认识到，咸丰若病逝则朝廷将面临权力的再分配，他希望与咸丰帝做一次推心置腹的谈话，解开两人之间的心结，以免未来被排斥在朝廷最高权力圈之外。

但是咸丰却拒绝了奕䜣到热河来的请求，可能是咸丰对这个弟弟仍是猜防过甚。

后来，咸丰皇帝去世，在恭亲王的主导下，为慈安太后与慈禧太后成功地策划并发动了"辛酉政变"，保幼主同治登基继位为皇帝，并满足了两宫皇太后的意愿，实现了成为制度的皇太后"垂帘听政"，这些过程都在前面已经详细说过了。

论功行赏，咸丰十一年十月初一与初二，朝廷连发四道上谕：恭亲王奕䜣著授为议政王，在军机处行走（由于是以议政王身份在军机处行走，所以当然就是领班军机大臣）；补授宗人府宗令；补授总管内务府大臣；管理宗人府银库。

十月初八，又谕旨授予恭亲王世袭罔替，并赏食亲王双俸。

恭亲王已去世母亲的谥号由原有十个字加到十五个字，进太庙，地位更尊了。

恭亲王的长女晋封固伦公主，相当于皇后的女儿，地位高于和硕公主与格格。

恭亲王的长子被赏戴三眼花翎，也就是对皇室后辈的最高层的奖赏。

对于这样的史无前例的加恩与殊荣，恭亲王当是感恩不尽。

的确，对于当时的清朝廷来说，恭亲王奕䜣有三大功劳：

议和成功并使英法联军退出北京，挽救了朝廷社稷；消灭了肃顺集团捍卫了皇权；保幼主登基并开创了皇太后垂帘听政的制度，完全适应当时皇室和两宫皇太后的需要。

但是，也应当看到，恭亲王奕䜣所得到的众多奖赏中，最耀眼的当然是"议政王"的封号，但是"议政"却非"摄政"，也就是恭亲王作为议政王也只有参与商议政务的权力，没有决策权，绝不像清初顺治期多尔衮的"摄政王"，他被赋予了代皇帝处理一切政务的权力，而现在，虽然恭亲王被授予"议政王"，但实际朝廷最终决策权还是掌握在垂帘听政的两宫皇太后手中。

以后我们还会讲到，恭亲王的命运并不是一帆风顺的，在朝廷的政权斗争中曾经几起几落，但是清朝后来成立的同文馆中著名的外国总教练丁韪良说："恭亲王的命运之星升起在黑暗的暴风雨中"，他靠着"超凡的才智和勇气"，"在皇室危难的关键时刻，不止一次挺身而出"，"尴尬的局面愈发衬托出恭亲王的尊贵与镇定。"正是：

> **力挽狂澜铸功勋，智取骄臣满朝惊；**
>
> **论功加恩皇家礼，世袭罔替赏恭亲。**

历史是不能假设的。但假如咸丰皇帝是一个胸怀坦荡并颇有政治远见的帝君，在临终时任命恭亲王为"摄政王"，也就是在同治未成年以前，将皇权交由恭亲王掌管，那么：就没有"辛酉政变"诛杀八大臣的事；也就不会出现两宫太后垂帘听政以及后来的慈禧太后单独的垂帘听政；恭亲王一定会忠于职守做好"摄政王"，辅佐同治即位登基，并承担摄政的职责；即令同治皇帝还是早夭，但恭亲王大概不会再选一个年仅四岁的幼儿再来当皇帝，当时朝廷是否会推举这位身负众望、并曾为"摄政王"的亲王为接任的皇帝呢？

那整个晚清的历史就完全会变样了。然而，还是那句话：历史不能假设。不过确实不乏喜读晚清历史的人还在津津有味地设想和品味：假如恭亲王能在咸丰后接过政权……

5—2. 皇家栋梁：殚精竭虑为社稷，叹恭亲王几度沉浮

从此以后，在两宫皇太后垂帘听政的情况下，从同治元年（1862年）到光绪十年（1884年），恭亲王奕訢主持大清朝政共二十三年。

那么，这二十三年的情况又如何？

黄濬在《花随人圣盦摭忆》一书中有一段综述："恭亲王奕訢，为同（治）光（绪）年间握政柄最久之亲王，其举措进退，有关于清社稷之运特大，视后此一味贪婪之庆亲王不同，不可不记。恭亲王之生平，有两大事，三见黜，俱极有关系。两大事者，一为英法联军之役怡亲王载垣佯与英法议和，而忽执法国公使巴夏礼，与战。战不利，文宗乃召回怡王，而恭王为钦差便宜行事全权大臣。王初奏激励兵心以维大局，后饬勤亲王庆惠奏释巴夏礼，俟王入城议和，而联军已焚圆明园。王卒与英法议和，而自请议处。此一大事也。又一大事，则为两宫太后定计，杀端华、载垣、肃顺，详已见前。三见黜者，一为同治四年三月，两宫太后谕责王信任亲戚，内廷召对，时有不检，罢议

恭亲王（右）与醇亲王

政王及一切职任，寻以惇亲王奕誴、醇亲王奕譞及通政使王拯、给事中广诚等奏请任用，广诚语尤切，两宫太后命仍在内廷行走，管理各国事务衙门。王入谢，痛哭引咎。两宫太后复谕：王亲信重臣，相关休戚，期望既厚，责备不得怒严，仍在军机大臣上行走。此实西后小弄玄虚，意在褫其议政王一职，以恣所欲为，非真有仇隙也。二为同治十二年正月穆宗亲政，十三年上谕，责王召对失仪，降郡王，仍在军机大臣行走，并夺载澄贝勒。翌日，以两太后命，复亲王世袭及载澄爵。此为穆宗之轻燥妄动，起迄才两日。三为光绪十年中法越南之役，王与军机大臣不欲轻言战，言论交章论劾，太后谕责王等萎靡因循，罢军机大臣，停双俸，家居养疾。此次在家居十年，至光绪二十年中日之役，始再起。综计三黜中，以光绪十年之出军机，最为有意义。"

这里讲述了在二十三年中，恭亲王的政治经历并不是一帆风顺，而是曾经三次被废黜。

第一次是同治四年三月，有一位御史蔡寿祺参劾恭亲王有恣意妄为的行为，当慈禧太后将此事告诉他时，他在太后面前毫不自责，反而问太后是谁参劾他，而当太后将蔡御史的名字告诉给他时，他却当面对太后说这个御史不是好人。恭亲王这种行为是在太后面前不自检点，应对失态。因此太后随即降旨将他降为郡王，此事当然立即引起举朝大惊，外国使臣也来打听恭亲王犯了何事，在惇亲王奕誴、醇亲王奕譞和几位大臣的劝谏下，虽然过不久就撤销了对他的处分，但议政王一衔被剥夺。其实这一次并不是真要抛弃恭亲王，对他的处分第一个目的是要剥夺他的议政王衔，防止他的势力做大并警惕他胆大妄为；另一目的是要让恭亲王和朝中大臣知道，真正的朝政大权还是牢牢掌握在太后手中，任何人对此都不能有怀疑。所以恭亲王本人对此有了亲身体验，因此复职后在太后面前痛哭谢恩。

从这一点可以看出，慈禧太后的政治手腕是相当厉害的，她善于利用一切机会来显示自己的皇权权威，绝不许大权旁落，对恭亲王，也是既用之又防之，还要掌控之。

第二次被废黜是在同治十三年七月间，那是同治皇帝不懂事鲁莽造成的，第二天就被皇太后纠正过来了，在前面已经详细讲到了此过程。

光绪七年三月初十（1881年4月8日），年仅45岁的慈安太后突然去世，从此，朝中大权就完全归慈禧太后一人掌控了，而慈安太后生前是比较向着恭亲王的，所以她的去世使得朝廷最高控制权全归慈禧太后，这毫无疑问对恭亲王奕䜣是不利的。

此前，恭亲王曾多次与慈禧太后在一些问题上有过争执，对于太后的某些不为其他朝臣赞同的决定，"恭王亦以为不可，致与太后争辩，太后曰：'汝事事抗我，汝为谁耶？'王曰：'臣是宣宗第六子。'太后曰：'我革了你！'王曰：'革了臣的王爵，革不了臣的皇子。'太后无以应"。可见，他们之间的关系并非很融洽。

1883年，中法因越南问题发生外交和军事上的冲突，主持军机的恭亲王及其他几位军机大臣都主张采取较温和的态度与法国进行交涉，以避免发生两国间的战争，但是也因此表现出对战和问题未能及时把握时机，早决和战大计，而军机大臣安排在云南和广西两省的巡抚，在法军来攻时都不堪一击，相继溃败。于是有一位宗室左庶子盛昱上了一个奏折，要求皇太后和皇上责令军机处全体大臣改过补救。奏折说："该大臣等参赞枢机，我皇太后皇上付之以用人行政之柄，言听计从，远者廿余年，近亦十数年。乃饷源何以见绌，兵力何以日单，人才何以日乏？即越南之事，且应重处，况已败坏于前，而又蒙蔽诿卸于后乎？有臣如此，皇太后皇上不加谴责，何以对祖宗？何以答天下？唯有明降谕旨，将军机大臣及滥保匪人之臣，均交部严加议处，责令戴罪立功，认真改过……"

可见，该奏虽然指责军机处诸大臣多有不当之处，应当改过补救，戴罪立功，但并未要求因此罢免军机处诸大臣。但该奏折呈上不久，也就是几天以后，光绪十年三月初八（1884年4月8日），圣旨颁布，其基调就完全不同了："现值国家元气未充，时艰犹巨，政虞丛脞，内外事务，必须得人而理，而军机处实为内外用人行政之枢纽。恭亲王奕䜣等，始尚小心匡弼，继则委蛇保荣，近年爵禄日崇，因循日甚，每于朝廷振作求治之意，谬执成见，不肯实力奉行……"

这道上谕并未指出恭亲王等到底错在何处，而是摆出一副算总账的架势，首先严厉谴责恭亲王奕䜣开始时还能小心谨慎地辅佐皇上和太后，后来却完全变了，办事敷衍塞责，只是一心想保全自己的荣华富贵，近来更是一味贪图享受高官厚禄，因循保守，不思进取。每当朝廷急需振作求治之时，更是坚持错误成见，不肯努力实行。实际上是盲目封闭，精神萎靡，实在是有负浩荡皇恩，不堪社稷重托。因此，根据本朝家法，对他保留亲王待遇，但撤销一切职务，回家养病。

对奕䜣以下全班军机大臣的处分是：恭亲王奕䜣开去一切差使，家居养病；宝鋆原品退休；李鸿藻及景廉降二级使用，退出军机；翁同龢革职留任，退出军机。而以能力平平的礼亲王另组军机处。在清朝历史上，将全盘军机大臣都一次废黜是绝无仅有的事，这也称为"甲申之变"。

所以黄濬在《花随人圣盦摭忆》一书中感慨地说："所谓去贤任佞，以至于亡国败家，皆由于妇人之揽权与纵欲之败度，有史以来数千年至兹，未能悖此定律。鉴之哉！鉴之哉！"

盛昱感到很对不起恭亲王，于是就登门致歉，恭亲王却不以为然，并告诉他不要为保自己而再上疏求情，那是没有任何作用的，因为盛昱以为是自己的上疏导致恭亲王遭罢黜，而恭亲王心中知道，盛昱的上疏只是被太后用来排挤自己的一个借口而已，因此既然她已经达到了目的，岂有收回的道理。

但是盛昱不死心，于是他又上了一个折子，说恭亲王应当受到指责，但还是以留任为佳。但慈禧岂能再改已经罢黜恭亲王的决定，现在盛昱说礼亲王等才力不行，那就派醇亲王奕譞协助行政，也就是军机处有事可以与他"会商"，不过由于他是光绪皇帝的生父，就不要他名义上在军机处行走。

盛昱完全没有料到，竟然弄巧成拙，本想是让恭亲王能恢复权力，现在不但未能实现，反而将皇帝的本生父亲推上了前台，成了"太上军机大臣"，万一今后皇帝亲政，那是一定会清算自己的。

于是一不做，二不休，盛昱又上了第三道奏折："诚以亲王爵秩较崇，有功而赏，赏无可加；有过而罚，罚则不忍，优以恩礼而不授以事权，圣谟深造，万世永遵。恭亲王参赞密笏。本属权宜；况醇亲王又非恭亲王之比乎？伏恳皇太后禀遵祖训，收回醇亲王会同商办之懿旨，责成军机处臣尽心翊赞。

遇有紧要事件，明降谕旨，发交廷议。询谋佥同，必无败事。醇亲王若有所见，无难具折奏陈，以资采择；或加召对，虚习廷访，止不必有会商之名，始可收赞襄之道也。”

但慈禧又下了一道谕旨将他驳了回去：“据盛昱奏称仁宗睿皇帝（指嘉庆皇帝）圣训，有诸王向无在军机处行走等因。圣谟深远，允宜永遵。唯自垂帘以来，揆度时势，不能不用亲藩，进参机务。此不得已之深衷，当为在廷诸臣所共谅。本月十四日，谕令醇亲王奕谖与诸军机会商事件，本为军机处办理紧要事件而言，并非寻常诸事，概令与闻，亦断不能另派差遣。醇亲王奕谖，再三推辞，再叩恳请，当经曲加奖励，并谕俟皇帝亲政，再降懿旨，始暂时奉命。此中委曲，尔诸臣岂能尽知耶？至军机处政事，委任枢臣，不准推诿，希图卸肩，以专责成。经此次剀切晓谕，在廷诸臣，自当仰体上意，毋得多渎。盛昱等所奏，应毋庸议，钦此！”

这里再一次显示了，慈禧太后为了能罢黜恭亲王以使自己能真正掌控政权，她就可以发现并利用一切外界给她创造的机会，然后施展其政治手腕以达到自己的政治目的。盛昱是糊涂和愚昧的，他完全不知道自己成了慈禧太后要罢黜恭亲王的政治工具。

盛昱和朝臣们都知道慈禧太后决心已定，再争也没有用了，于是也就不争了。朝臣已经看出的是，慈禧太后要弃用恭亲王这一帮人的真实决心是：她要自己实际上掌控政权！

恭亲王回家“养病”去了。从政坛旋涡中退出来以后，他当然要反思自己的一生，做对了或是做错了，都要去思考。于是，他就到北京西山的戒台寺深居简出，拜佛参禅，静心养气，后来他写了很多的诗表达他的感受，如他写道：

纸窗灯焰照残更，半砚冷云吟未成；昨日何堪容易想，光阴催老苦无情。
金紫满身皆外物，文章千古亦虚名；猛拍栏杆思往事，一场春梦不分明。

“猛拍栏杆思往事，一场春梦不分明。”看来他对当年帮助那个女人实现“辛酉政变”有所后悔了。自从恭亲王被罢斥后，礼亲王世铎领军机，但实际是极端献媚于慈禧太后的醇亲王奕劻在掌实权，他对于慈禧太后是唯命是听，例如为讨好慈禧太后而不顾国家利益，动用 2600 万两银子建设海军的经费为慈禧太后修建颐和园，而这是恭亲王掌政时绝对不会干的，而军机处也失去了它原有的价值。

礼亲王领军机一直到 1901 年，在这期间，甲午战争后，1905 年恭亲王曾再度被起用并重新进入军机，但已不担任首领军机大臣。礼亲王以后则是荣禄与庆亲王，其中荣禄被认为还小有才气，而庆亲王奕劻则是一个不折不扣的贪官污吏。

以后在晚清朝廷的皇室宗亲中，再也找不出如恭亲王那样的有远见、有魄力、思想开放、敢承担责任，尤其是敢大胆使用汉臣的优秀政治人物了，而晚清的政治，从恭亲王被罢斥以后，也就一步一步走向没落与死亡了，这都是朝廷内部危机发展所自作的，也就是自走亡途。

从清朝历史我们看到：

大清皇朝开国的首辅大臣、顺治朝摄政王多尔衮没有好下场，死后鞭尸；康熙皇帝幼年时顺治皇帝指定的顾命大臣鳌拜也没有好下场，被皇帝捕捉；咸丰皇帝为自己儿子同治皇帝指定的八位顾命大臣的下场，或被杀，或被监；同治皇帝即位后曾经被任命为议政王、首席辅政大臣恭亲王奕䜣也没有得到好下场。

总之，作为年幼皇帝的顾命辅政大臣，若不能施展权术取代皇帝自立为帝，一般来说结果都是没有好下场的。

5—3. 走出愚昧：从理藩到外交，恭亲王首建总理衙门

说到恭亲王，尤其要说到这位难得的贤臣在晚清时节如何尽力使中国融入世界。

"华夏中心"的"天下"观统治了中国已经几千年，尤其是清朝入关经历了康乾盛世以后，朝廷上更是坚持这种认识，而这样的认识必然要在国家体制中得到反映和体现。也就是，当时与中国有关系的周围小国家都被视作是中国的"藩属"，所以中国那时对外只有"理藩"而无"外交"，管理、接待各藩属国朝贡的机构由"理藩院"和"礼部"分掌。

但经历鸦片战争后，这种状况不得不渐渐改变，才知道世界上还有比中国更强的国家。因此清政府不得不开始与英、法等国打交道，虽然中国打了败仗，但清政府认为自己是"天朝上国"的观念和面子还很强，虽知此时的西方列强不是"藩属"那类小国，却认为它们是远方未开化为传统"狄夷"，"天朝"自然不屑也根本不想与之"外交"，所以每当有中外交涉事件，由于没有专门机构和专人负责，朝廷总是因事随时择人办理。但由于中英签订了不平等的《南京条约》，中国被迫开放了五口通商（广州、厦门、福州、

宁波、上海），中外交涉遽增。"五口"成为外国人从事各种活动的法定地点，也是中外交涉的法定地点。

列强当然不会同意与"理藩院"或"礼部"打交道，于是清政府于 1844 年设置了五口通商大臣，处理这些地方的中外交涉事宜。传统的对外体制，开始被打开一个小小的缝隙。由于这"五口"都在南方，广州历来是对外交往较多的地方，所以五口通商大臣开始就由两广总督兼任。但随着上海的开埠，外国人的活动重心向此移动，因此从 1859 年起改为由江苏巡抚或两江总督兼任，如 1862 年李鸿章任江苏巡抚时就兼任通商大臣。

设立五口通商大臣时，其目的是将对外交涉局限在"地方"，不让外国人进京，以符中国传统体制，而且从观念上说这时的清政府仍有一种虚幻的满足感，即中国仍是"天朝上国"，那些"蛮夷之邦"只能与中国的地方政府打交道，而不能（因根本无资格）与中国的中央政府打交道；同时，还表明清政府认为与西方列强的某些交涉只是临时性的，因此拒不建立统一的常设外交机构。但这毕竟表明清政府被迫承认同西方列强间绝不是传统"宗藩"关系了。

为了进一步打开中国大门，英、法又发动了第二次鸦片战争。这次战争又以中国惨败告终。中国被迫在 1858 年 6 月分别与俄、美、英、法签订了不平等的《天津条约》。列强取得了公使驻京的权利，清政府又不得不增加了许多沿海沿江开放口岸，长江以南由原来的五口增设为十三口，长江以北新开牛庄、天津、登州三口。俄国早就与中国有来往，以前一直由"礼部""理藩院"分管俄国事务，但 1858 年的中俄《天津条约》中，在俄国要求下，规定今后俄国与中国的外交往来不再由礼部、理藩院掌管，而由俄方与清军机大臣或特派大学士往来照会。与俄国交往的这种改变，使其他列强也提出类似要求。这样，清廷就不得不建立一个中央级的专门对外机构了。

对《天津条约》，咸丰皇帝一直非常不满，他曾想以免除全部关税换取《天津条约》各项条款的废除，使中外关系恢复到"五口通商"的水平，但清廷最怕的还是外国公使进京，见皇帝时不下跪。所以为避免外国公使到北京换约，清政府就提出在上海换约。但是，西方列强坚持公使在北京换约，因此，又是双方冲突不断，列强最终决定用武力达到目的。1860 年 9 月，英法联军攻入北京，咸丰皇帝逃到热河，指定恭亲王奕䜣留京与英法联军谈判。10 月下旬，奕䜣代表清政府分别与英、法交换《天津条约》并订立《北京条约》。英、法两国公使终于在武力护送下，来到北京，随后，各国外交使节也常驻北京，同治皇帝亲政以后，外国使臣见皇帝也可以不下跪了。天朝惯例，终于被打开一个极其重要的缺口。

1860 年 11 月，英法联军依约从北京撤走，没有占领中国的意思，使恭亲王奕䜣大喜过望，在奏折中说："该夷并不利我土地人民，犹可以信义笼络，驯服其性，自图振兴"，劝咸丰帝"尽可放心"回銮。由于奕䜣负责与列强谈判，因此他对中国面临的国际环境、格局就有较深了解。他考虑到各国公使要常驻北京，再加上列强要中国成立一个中央级对外交涉机构，1861 年 1 月，奕䜣就再上《统筹洋务全局酌拟章程六条》，请求在朝廷中建立总理各国事务衙门，以有效地办理洋务和外交事务，也就是负责对外交涉事宜。奏折指出："近年各路军机络绎，外国事务，头绪纷繁，驻京以后，若不悉心经理，专一其事，必致办理延缓，未能悉协机宜。"1861 年 1 月 20 日得到咸丰帝批准。

咸丰皇帝批准了奕䜣的建议，同意在"京师设立总理各国通商事务衙门"。咸丰皇帝有意加上"通商"二字，事实上就是坚持"天朝"与"外夷"之间只能是洋人来华的通商关系，而不可能有政治关系。

但奕䜣知道中外之间已不可能只是通商关系，于是坚请去掉"通商"二字。在奕䜣坚持下，咸丰皇帝最终同意去掉"通商"二字。这样，清政府总算有了一个类似于外交部的机构，政治向现代体系又跨近一步。总理各国事务衙门由王大臣或军机大臣兼领，并仿军机处体例，设大臣、章京两级职官。具体来说，总理各国事务衙门的组织体制，"一切均仿照军机处办理"。设总理大臣三员至十几员不等，由亲王一人总领，其余称大臣（大臣上行走、大臣学习上行走）；另设总办章京、帮办章京、章京若干人。所以官员只有大臣和章京两级。

大臣由一亲王总领，即为首席大臣，其实首席大臣前后只两任，分别是恭亲王爱新觉罗·奕䜣（任职 28 年）和庆亲王爱新觉罗·奕劻（任职 12 年），其他大臣则由军机大臣、大学士、尚书、侍郎、京堂中指派委任，统称"总理大臣"。建立初咸丰帝派恭亲王奕䜣、大学士桂良、户部左侍郎文祥，充任总理大臣，以后大臣人数略有增加，经常为七八人，多时十多人。章京分为四级，从内阁、部院、军机处的司员中挑选，最初满汉各 8 人，以后人数逐渐增加。后来分设总办章京（满汉各两人）、帮办章京（满汉各一人）、章京（满汉各 10 人）、额外章京（满汉各 8 人）。

总理各国事务衙门位于北京市东堂子胡同 49 号，原为清大学士赛尚阿的宅邸，于设立的同年改建。总理衙门的东半部为中国最早的外语教学机构京师同文馆（今北京大学外语学院前身），西半部为各部院大臣与各国使节进行外交活动的场所。1901 年清政府实施宪政改革，改总理衙门为外交部，这也是北京东堂子胡同南侧外交部街得名的原因。

按照奕䜣原来的设想，总理衙门应是一个权力较大的部门，各省督抚、通商大臣、钦差大臣等有关外国的报折应一面上奏朝廷，一面直报总理衙门，但被咸丰皇帝否决。咸丰皇帝要求各地督抚仍只对皇帝负责，只向皇帝奏报，有关事件各地可同时咨行礼部，再由礼部转咨总理衙门。这一方面表明咸丰帝有意限制总理衙门，不令其与各省直接发生关系，以防皇上大权受到侵害；另一方面表明咸丰帝仍想对外交涉关系尽可能还保留传统理藩旧制的某些因素，不愿完全走向现代体系。

奕䜣当时是朝廷内对世界了解最深、最多之人，他讲究策略，于是对皇帝说，列强不久就可能离开，中国仍会回传统旧制，以此安抚咸丰皇帝。所以他在奏请成立时说："俟军务肃清，外国事务较简，即行裁撤，仍归军机处办理，以符旧制。"而且，为了表示他绝不像对待六部那样重视总理衙门，在它成立时的规制就一切因陋就简，暗寓不能与原来各衙门相比，以示中外仍有高低之别。所以，总理衙门的衙址也选定一民宅，由于其大门仍是民宅式样而非官宅，怕外国人抗议，于是仅将大门草草改成官衙式样。更重要的是，由于是临时机构，所以从总理衙门大臣到章京、郎中，全都是兼职。

但事实上，中外交往、交涉却是越来越多而不是越来越少，总理衙门这一临时权宜机构的权力也就越来越大，越来越不"临时"。许多中外交涉事情非常急迫，地方督抚在上奏的同时往往又直报总理衙门。由于它并非只是简单的"外交部"，所以与"洋"有关的一切事务几乎都归其管理，从外交、通商到铁路、电报、学校、工厂等。总理衙门最初主持外交与通商事务，后来扩大管理办工厂、修铁路、开矿山、办学校、派留学生等，权力越来越大，举凡外交及与外国有关的财政、军事、教育、矿务、交通等，无不归该衙门管辖，成为清政府的重要决策机构，几乎成为凌驾传统六部之上的"洋务内阁"。所以，有人说当时的总理衙门"与其说是一个外务部，不如说是更像一个内阁"。

因此从历史上来说，总理各国事务衙门的成立改变了中国从来只有"理藩"而无"外交"的传统，是中国与现代国际体系接轨的重要一步，是中国政治体系与外交制度现代化的重要一步，是恭亲王的重大贡献，也为 1901 年中国政府正式成立外务部打下了基础。

当然，这种体制的"接轨"并非易事，在成立总理衙门的同时，又保存了旧体制，在一段时间出现了新旧并存的局面。在设立总理衙门以后，清政府将原来的五口通商大臣改为"办理江浙闽粤内江各口通商事务大臣"，设在上海，后来演变称为"南洋通商大臣或南洋大臣"；在天津新设"办理牛庄、天津、登州三口通商事务大臣"，后来演变称为"北洋通商大臣或北洋大臣"。南北洋大臣都是为"通商"而设，仍反映清政府不愿承认与狄夷有政治关系。

南洋通商大臣从设立之初即由江苏巡抚或两江总督兼任，因此江苏巡抚或两江总督在清政府对外交往体制中占有一席之地。而北洋通商大臣则在设置之初就是专职，专办洋务兼筹海防，直隶总督不兼北洋通商大臣，因此从体制上说此时直隶总督与外交无缘。

由于与北京近在咫尺，再加上清廷仍是尽可能将对外交涉活动局限于地方，所以北洋通商大臣在天津设立之初，实际就参与了国家外交活动。一些外交谈判的签约地都是天津而不是中国的首都北京，有些国家派代表到了北京，清政府仍坚持要他们回到天津去。各国外交人员只能在中国的"地方"并主要是与"地方官"打交道明显不合国际惯例，引起各国强烈不满，一再要求进京。但清政府为传统观念所围，一直坚持与各国的交涉只能在国门天津而不能在国都北京进行。若想进京交涉，必须先在天津当地等候，由三口通商大臣先向总理衙门呈报获得批准后方可进京，如果不经三口通商大臣同意而直接进京投谒总理衙门大臣则肯定被拒。这些规定或曰惯例，就使三口通商大臣实际上深深参与国家外交。

由于三口通商大臣是专任，因此与直隶总督往往各自为政、相互掣肘，屡有矛盾。所以曾经参与天津教案处理、对直隶总督曾国藩与三口通商大臣崇厚之间矛盾有切身感受的工部尚书、总理衙门大臣毛昶熙于1870年10月上折，认为脱离本省督抚而设专职办理对外交涉的通商大臣彼此难以协调，因而奏请"三口通商亦不必专设大员，所有洋务海防均责成直隶总督悉心经理"，一如南洋通商大臣之例。

他的意见被朝廷采纳，11月12日，清廷发布上谕，决定裁撤专任三口通商大臣，照南洋通商大臣之例由直隶总督兼任。这一改变解决了直隶总督和三口通商大臣各自为政的积弊，大大扩充了直隶总督的职权，其工作重心亦从"省防"转为"海防""洋务"，确立了直隶总督在清政府外交体制中的地位。

直隶府城是保定，总督府自然在保定，北洋大臣衙署在天津，为解决这一矛盾，上谕规定"将通商大臣衙署改为直隶总督行馆"，直隶总督在天津、保定间轮驻，但可"长驻津郡"，"如天津遇有要件"更不可必回省城保定，明定直督驻天津优先于驻保定，为直督处理"海防"重于"省防"提供了另一方面的保证。

恰恰此前不久，李鸿章被任命为直隶总督，因此成为直督兼北洋通商大臣第一人。李鸿章当上北洋大臣不久，就开始积极参与一系列国家外交活动。就体制上的承属系统而言，总理衙门设立之后南北洋大臣只是地方上办理外交的代表，为总理衙门所统属，受总理衙门之命主持对外重大交涉，但实际上南北洋大臣尤其是北洋大臣却常常是代替总理衙门的总代表。在李鸿章的努力经营下，其活动范围迅速扩大，总理衙门几乎办理每一件事都要向他通报，汲取他的意见和建议，许多驻外外交人员更是经常向他汇报，听取他的指示，李鸿章已俨然成为国家外交全局的主持人。他在天津的北洋官衙渐渐成了清政府实际上的外交部；外国人与他打交道越来越多，反之又进一步提高了他的地位，甚至有超越总理衙门之势。

本应属于总理衙门的北洋大臣现在却超越总理衙门，固然有李鸿章位高权重的个人原因，但更有体制原因。负责对外交涉的南北洋大臣本无兵权，但由于是督抚兼领，既有兵权又有地方行政权，自然成为国防、外交上的重镇。而就南北洋"分量"而言，由于南洋大臣早设约20年，再加上早期南方对外交涉事件远多于北方，所以早期是"南重于北"；后来由于外交重心北移，北洋大臣更多地参与全国外交，渐渐地就"北重于南"了。

到了晚清最后几年，"北洋系"终成清中央政府难以驾控的巨大政治力量，对清末乃至民国政治都影响颇深。晚清政治格局的一大特点是地方势力

总理各国事务衙门

慢慢崛起，中央政府渐渐大权旁落，此乃清朝灭亡的重要原因之一。造成这种现象的原因固然很多，其中不容忽视的一点即清政府在"欧风美雨"的侵袭中已经风雨飘摇，却仍固守于自己是"天朝上国"虚幻观念，竟然把相当一部分"外交权"，即现代国家最重要的国家间政治事务交与"地方"处理，地方自然要崛起并做大。许多年后，正是任北洋大臣的袁世凯成为满清王朝的重要掘墓人！如此结局，是当初为维护传统"礼制"和"面子"、想把外交仍局限于"地方"而设南北洋大臣的清廷万万没有想到的。

面对已经深刻变化了的世界，满清统治者仍然如此愚蠢僵化地固守传统观念、传统意识形态，其最终命运，不亡也难。

虽然成立了总理衙门、对外派遣了常驻使节，但外交体制新旧并存的局面毕竟不能适应局势的发展、变化。总理衙门与"北洋"之间的权责一直不明，外国人办事时常常不知应当找谁，两部门有时互相推诿，有时又决策不一。总理衙门本不是专门外交机构，而是一个类似"内阁"机构，因此办理外交并不专业。总理衙门官员到后来仍是多为兼差，办事自然迁延拖沓。事实说明有成立"外务部"的需要，外国人也一再提此要求建议，但清政府并不考虑。虽然总理衙门已存在几十年，权限越来越大，但从建立时就规定其是临时机构，"俟军务肃清，外国事务较简，即行裁撤"，"以符旧制"。如果一旦设立外务部，而外务部不可能是临时机构，就意味着再不可能"符旧制"。因此几十年后清廷仍无意设立"外务部"。

直到1900年8月，八国联军攻入北京，清廷急于向列强求和时，才颁旨将总理衙门改为外务部并班列六部之前，并于1901年9月17日将其写入丧权辱国的《辛丑条约》。

1901年，在清末新政中，正式将总理衙门改为外务部，它总共延续了40年。

还应当指出的是，除了外交事务外，总理衙门也是早期自强运动中各种洋务事业在北京中央的领导者，一方面可用于听取包括外国使臣以及负责海关的赫德等西方人士的建议，来推行和提倡相关事业；另一方面负责的恭亲王本身亦为相关业务的领导，因此总理衙门当时实际上也推动了包括新式教育、交通、工业、经济（尤其海关）、军事等现代化建设，因此也被当时称作"洋务内阁"。总之，恭亲王所坚持建立总理各国事务衙门是晚清政治改革中唯一一个最见积极成效并有后续正面影响的朝政改革，它促使大清朝廷摆脱愚昧与封闭。

5—4. 绸缪王事：恭亲王之死加速了大清皇朝的覆亡

1884 年恭亲王家居养病十年后，光绪二十年（1894 年）甲午中日战争爆发，中国无论在海上或是陆地，都遭到惨败。慈禧太后这才领悟到治国需要能臣，于是又想起了恭亲王，因此于 1894 年 10 月 5 日这一天，慈禧太后四次单独召见恭亲王，重新委以总理各国事务衙门大臣的重用，总理海军，内廷行走，再入军机。

但是，国家形势已经衰败到如此程度，恭亲王也无力回天了。

光绪二十四年四月初十（1898 年 5 月 29 日），在戊戌变法即将开始的前夕，一代贤王恭亲王奕诉去世，终年 66 岁。临终前，他告诫亲临省视的光绪皇帝，要远离"广东小人"康有为，又大骂甲午年间力主对日开战的翁同龢："聚九州之铁不能铸此错者。"

恭亲王奕诉毫无疑问是晚清时期一位极其重要的人物，是清宗室中最杰出的亲王，且不论他与慈禧太后之间的恩恩怨怨，我们可以看到他的执政成绩：

一、在他主政的二十三年间，即从同治元年到光绪十年（1862—1884 年），清皇朝平定了太平天国、消灭了捻军、镇压了陕甘回乱、收复了新疆，二十年内没有爆发与外国的战争，实现了清朝历史上的"同治中兴"；

二、恭亲王十分清楚地认识到，在他主政的时期，要想国家获得大治就必须继续推行肃顺的政策，即重用汉臣与汉人，因此在晚清历史上一些举足轻重的汉人大臣，如曾国藩、胡林翼、左宗棠、李鸿章等，都是在这段时间内登上历史舞台的。

清朝初期，除了蒙古、满洲、西藏、新疆和青海这五个特殊的行政区以外，全国共有十五个行省。考虑到有几个省面积过大，于是在康熙年间，就将江南省拆分为江苏与安徽，将陕西省拆分为陕西与甘肃，将湖广省拆分为湖北和湖南，于是就形成了中国的十八个基本行政省，这也大致是原来明朝的版图。

清朝对十八个省实施督抚管辖制。乾隆期间全国有八个总督和十五个巡抚，后来不同时期巡抚数有所变化。

八个总督（加尚书衔，从一品）是：直隶总督、两江总督（江苏、安徽、江西）、闽浙总督（浙江、福建）、两广总督（广东、广西）、湖广总督（湖北、湖南）、陕甘总督（陕西、甘肃）、云贵总督（云南、贵州）和四川总督。

每个巡抚（加侍郎衔，正二品）管一个省，但直隶、甘肃和四川三个省无巡抚，由总督兼管巡抚政务；而山东、河南和山西三省则无总督，由巡抚署理总督公务。

按惯例，总督中以拱卫京畿的直隶总督兼北洋大臣地位最高也最重要，而巡抚中以雄踞一方的山东巡抚官威最显赫。

后来，在1884年和1887年，新疆和台湾分别置省，但台湾于1895年割让给了日本，而1907年又将满洲划分为三个省，即黑龙江、吉林与奉天，并置东三省总督，因此清朝末年共有二十二个省。

总督与巡抚都是清皇朝中位高权重的封疆大吏，当然都是由皇帝直接任命。总督主管军务，而巡抚则主管地方政务，但互不隶属，都直接对皇帝负责。总督与巡抚的关系并不一定总是很融洽，抚督之争屡见不鲜。当然，很多出色的巡抚后来都升为总督。

为何要督抚并存呢？从朝廷的角度来说，就是防止地方势力做大，以达到互相牵制的作用。总督主要侧重军事，而巡抚则主管民事。总督负责一省或多省的军政综治与吏治察举，属从一品；而巡抚则负责一省兴革利弊，民生发展，属正二品。同为封疆大吏，都由朝廷直接任命，互不隶属，且都有向皇帝单独奏事的特权。督抚看似分工明确，但也有很多职权是重叠的，如考核治下的百官，督抚都有此权力。如此有时纷争就不可避免，因此督抚之间的关系，尤其是同城督抚之间的关系，有时是很紧张的，常有互相参劾之事。

在巡抚以下，真正治理每个省的官员是一名布政使（分管政务和财政，即藩台）、一名按察使（分管司法监察，臬台）和一名学政使（分管教育，学台），他们主管实际行政，而且这三名官吏也是直接由皇帝任命的，并非督抚所任命的官员。

为了求得平衡，一般若满人出任总督，则其所辖各省就由汉人出任巡抚，反之亦然，这样就能使朝廷有一种安全感。据统计，整个清朝时期大约有57%的总督和48%的巡抚为满人；而43%的总督和52%的巡抚为汉人，基本实现了平衡。

但从白莲教起义（1796—1804年，此时正在嘉庆年间，因八旗、绿营皆已腐朽，于是开始各省练团练）和太平天国风暴（1850—1864年）以后，清皇朝就面临内忧外患的双重威胁，这时随着满族官僚的骄奢、堕落、腐败与无能，八旗与绿营兵的衰落，各地方督抚在各次国内战争中势力稳步做大，国家政权统治力便逐步从中央向地方转移，而支持朝政的力量也逐渐由汉人主导，例如，恭亲王主政时，曾使全国八个总督有七个是汉人，只有一个满人，而 1868 年时，十五个巡抚则全是汉人，与 1840 年相比，那时十五个巡抚中有七个满人和八个汉人。所以到了晚清时期（1851—1911 年），总督和巡抚的比例已从满汉各占一半的原则发展到 65.4% 的总督和 77.8% 的巡抚是汉人，可见皇朝的权力实际上已逐步转向汉人，这是造成大清皇朝覆亡的重要原因。

另外，通过在北京的议和，使恭亲王对洋人以及今后应当如何处理对外关系也有了新的认识。而且，《北京条约》签订后，联军于 1860 年 11 月 8 日前后撤离了北京。

在这次战争中，英法联军攻陷北京，在大清 200 多年的历史上，是第一次都城被敌人攻破了，当然在朝野和全国都引起巨大的震动，但英法联军在取得攻占中国京城的胜利并签订和约后，却很快撤出了北京，这一情况倒很出乎清朝廷的意外。以前，朝廷官员对外国人一方面总是充满了鄙夷和怀疑，但同时也对他们感到惊奇与畏惧。在清廷官员们所读的历史中，无论在哪个朝代，一旦某国的军队攻占了敌国的京城，占领了它的地方，就一定要消灭其国家，毁其太庙，在政治上取而代之，成为新的统治者。所以这次英法联军很快遵约撤军，使一些清廷掌政官员对外国人的态度发生了重大的转变。

当时受命与联军谈判的首席官员恭亲王奕䜣，就是这种思想转变的最典型代表人物。他在给咸丰皇帝的一份奏折中感慨地说：自从与英法定约以后，他们就纷纷撤兵南返，而且英法两国的各种要求，亦仅仅是"执条约为据"。由此可见，这些人"并不利我土地人民"，即不想长久地占领我大清朝的土地，统治我大清国的人民，也就是对大清国的生存并不构成威胁。因此，今后对于英、法等外国人"犹可以信义笼络，驯服其性，似与前代之事稍异"。奕䜣在此所说的"与前代之事稍异"，就是说对于要彻底推翻清皇朝在中国的政治统治并取而代之，英、法等国既没有这种想法更没有这种行动，因此我们对洋人的看法也应当有转变。

既然清政府对外国和外国人的认识已经发生了重大的变化，那么其对外政策也必将发生重大的变化，表现在：

一、从此他们对外国不再是一味地排斥或畏惧，而是试探着在某种程度上或在某种基础上开始讨论相互合作的可能。

二、清政府从此放弃了自我封闭的多年国策，不但外国公使可以长驻北京，而且于同治十二年（1873年），外国公使便以近代通行的鞠躬礼谨见了皇帝，而不再要求他们要下跪磕头。

三、与此同时，清廷也开始向英、法、俄等国派驻公使或领事，中国认识到需要展开国际上的外交活动并从此慢慢融入了世界。

四、通过再一次对英法联军战争中的失败，恭亲王已经完全认识到西方列强确实有其强大之处，因此从此以后就开始认识到自己要发展工业，尤其是军事工业与钢铁工业；旧式的军队（哪怕是僧格林沁那样看来威武赫赫的蒙古铁骑）完全不中用了，所以也要创建自己的装备洋枪的军队；只有一个大沽口炮台没有用，一定要组建自己的铁甲战舰海军；要修建铁路，兴办学堂，派遣留学生等，从此后曾国藩和李鸿章等人所倡导的洋务运动就在他的支持下开始在中国兴起了。而且他也清楚地看到，在中国没有真正强大起来之前，是不能再与洋人挑起战端了，所以1884年他反对对法国开战，在1894年，他更反对对日本的宣战。

因此史家评论恭亲王是一位"绸缪王事，定乱绥疆，罢不生怨，用不辞劳，有纯臣之度"的晚清时代的贤臣。

而在外国人眼中，认为恭亲王的逝世，就使得中国这架"错综复杂的政府机器失去了一个重要的平衡轮。""恭亲王的死是一件严重的事……如果他还活着，或许不会有义和团乱事"。

也就是总的说来，在晚清时节，在朝廷皇室中，唯有恭亲王是一位头脑清醒、有冷静政治判断力的政治家。

若1884年他没有第一次被废黜十年而继续当政，首先他就会制止挪用海军款修建颐和园；其次他就会与朝廷中头脑清醒的大臣李鸿章一起阻止甲午战争的发生，因为他明确地指出，甲午战争是"聚九州之铁不能铸此错者"。若能成功阻止甲午战争，那么也就不会有《马关条约》及其后果。

假如他能多活三年，"如果他还活着，或许不会有义和团乱事"，而若没有义和团之乱，就不会有八国联军之役，也就不会有签订《辛丑条约》之耻，和20世纪初中国面临被列强瓜分的现实危险，那中国近代史就会是另外一个样子了。

可见，人们今天在回顾晚清历史时，是多么感叹恭亲王奕訢的存在与去世，因为他主政的23年与慈禧太后后来主政的24年，给晚清皇朝带来的实际后果完全不同：他主政时晚清出现了二十年的"同治中兴"，而慈禧太后后来亲掌政权的24年，则是引导大清皇朝一步一步走向死亡之路。

5—5. 历史谜案：共掌朝政二十年，慈安太后突然暴毙

光绪七年三月初十（1881 年 4 月 8 日），与慈禧太后共同垂帘听政已经有二十年的慈安皇太后突然逝世，年仅 45 岁。

关于慈安太后的死因，一直有很多种说法。

一、官方的正式说法是："初九，慈躬偶尔违和，当进汤药调治，以为即可就安。不意初十病势陡重，痰涌气塞，遂至大渐，遽尔戌时仙驭升遐。"也就是说慈安太后一向身体安康，初九那天只是"偶尔违和"，即有点小毛病，但不料第二天却病情陡然加重，痰涌气塞，"遂至大渐"而崩。

二、秘闻野史中则多认为，慈禧太后对慈安太后有诸多不满，如诛杀慈禧的亲信太监安德海就很使她不满，于是便假意进献甜饼点心，慈安太后食后中毒而死。这种说法最为流行，甚至有人说慈安皇太后死后，嘴唇发黑，"类中毒者"，而且慈禧太后不等其他亲王、大臣们瞻仰慈安的遗容，就匆匆将慈安皇太后入殓，等等，言之凿凿，如同亲见。

三、慈安有病后，因太医用药不当，而致其死亡。但这也可能与慈禧有关，因为《清朝野史大观》中就说："或曰慈禧太后命太医院以不对症之药致死的。"

四、与慈禧太后因事相争，但因口拙，争辩不过慈禧，气愤和恼怒之下，一时想不开，竟然"吞鼻烟壶自尽"。

其实，正史记载皇后历来有昏厥的病症，也就是常有突然性昏倒，轻则一时会不省人事，重则一厥不醒乃至死亡。她实际可能就是因心血管病发作休克而死，这与她生前喜食鸦片而伤心血管有关。

为什么晚清会出现慈安皇太后（东宫）和慈禧皇太后（西宫）？

咸丰年间，慈禧在生下皇子载淳（即后来的同治皇帝）之前的受封是懿贵人，她在咸丰六年三月生下一位皇子，咸丰皇帝大喜，当天就封为懿妃，皇帝还在圆明园写了一首诗，前两句是："敬感天恩祖考人，佳音临至抱子麟。"咸丰七年正月她更被晋封为懿贵妃。当然，他当时还不知道，这是据有政权 268 年的大清皇朝，皇帝最后一次获得亲生儿子。当时，在清宫廷内，皇后之下为皇贵妃（一名），皇贵妃之下为贵妃（二名），所以懿贵妃去皇后还有两等，她此时在宫中地位虽然已经很高，但毕竟还不足以比拟皇后。更确切说，咸丰二年（1852 年），慈安（四月二十七日，首批之首）与慈禧（五月初九，第二批之首）等六名秀女先后被选秀入宫，但是慈安很快就被册立

慈安皇太后

为皇后，而慈禧仅仅是宫中位列第六等的贵人，虽然她后来生下了皇子载淳，母以子贵，地位一路攀升到贵妃等级，当时在宫中是仅次于皇后的人物，但在等级森严的后宫中，皇后与贵妃之间，还存在着不可逾越的鸿沟。妻妾嫡庶之间的本质差别，天然地决定了两者地位的天壤之别。因此，简单地说，在咸丰皇帝去世之前，慈安与慈禧根本不在一个级别层次上，不存在着什么身份、权力的竞争问题。慈安皇后母仪天下，总管六宫，天经地义，慈禧不可能有什么非分之想。

然而后来她何以被尊称为皇太后，而且与咸丰皇帝的皇后钮祜禄氏同时垂帘听政呢？这是因为承袭了明朝的一个先例。

在明朝创下这个先例之前，在中国的朝廷中，皇帝死了以后，皇后就由继位的嗣皇帝尊为皇太后。如果皇帝并非皇后所生，则因嫡庶有别，嗣皇帝的生母只能晋封为皇太妃，而不能与原皇后并被尊为皇太后。

但明朝著名改革家张居正主政时，1573年他为了拥立幼主（明神宗万历皇帝）并为博取皇帝生母的欢心，创下了"两宫并尊"的一个先例，即皇后被尊为"母后皇太后"，而皇帝生母则被尊为"圣母皇太后"。这就真正体现了"母以子贵"，从此以后，凡是诞育了后来嗣皇帝的妃嫔，都有可能与先皇后不分嫡庶，比肩并尊，同为皇太后。

清朝就因袭了这一先例，如清世祖顺治皇帝就同时有两个皇太后，即孝端皇太后与孝庄皇太后。咸丰死前知道懿贵妃今后一定会成为皇太后，而且警惕于肃顺曾劝他效法钩弋夫人故事，有虑今后懿贵妃可能恣意专权，因此他死前，咸丰十一年三月五日，给钮祜禄皇后留下一封遗诏："朕忧劳国事，致痼痼疾，知大限将至，不得不弃天下孚民。幸而有子，皇祚不绝。虽冲龄即位，自有忠荩顾命大臣，尽必辅佐，朕实无忧。所不能释然者，西宫援母以子贵之义，不得不并尊为太后。然其人绝非可倚信者。即不有事，汝亦当专决。彼果安分无过，当始终曲全恩礼。若其失行彰著，汝克召集廷臣，将朕此旨宣示，立即赐死，以杜后患。"

然而钮祜禄皇后（慈安太后）却是一个性格温和的人，没有捕杀慈禧，由于她性情宽厚，而且处世才干也远不及慈禧，两人由原来的推诚合作，逐渐演变成慈安的凡事退让，而慈禧则遇事包揽，因此，渐到后来的情形是，慈禧在政治上的权力和影响与日俱增，慈安则反而日见退缩，终于与慈禧共同垂帘听政 20 年以后，慈安就不明不白死了。

胡思敬在《国闻备乘》中有这样的记载："先是，文宗北狩得疾，知不起，察孝钦（即慈禧）悍鸷，异时抱子临朝，恐不可制，欲效西汉钩弋故事，未忍发，以遗诏密授孝贞（即慈安），令谨防之，即有过宣诏赐死，毋游移。同治初，诛锄八大臣，赖孝钦刚断以济。孝贞仁贤，遇事咸推让之。后闻其不谨，甚忧惧。一日，东宫传旨召西佛（宫人称孝贞为东佛，孝钦为西佛），西佛嘻嘻而往。入门，见孝贞盛服珠裆，宫人佩刀森然侍立左右，大骇。孝贞指御案遗诏示之，默诵一过，伏地痛哭请死。孝贞仁而寡断，略责让数中，下席与之同坐，勉以好语，随取案上遗旨引火焚之，示毋他意。孝钦回至宫中，五日夜不寐。李莲英进密谋，越数日，孝贞暴崩。廷臣入临者，见十指俱紫黑，不敢言。李莲英自此擅权，宠之终身。"

假如确实是如此，那只能说明慈安太后的见识太简单了，或者说是太蠢了。

前面已经说到，咸丰在生前，传授密旨一道，给她临机处置任何人（尤其是慈禧）的最高权力。随后，他又交给慈安一枚"御赏"印，八位顾命大臣发布的任何政令，都要盖上"御赏"印才能有效。由此可见，在咸丰皇帝心里，慈安占据着多么重要的地位。咸丰皇帝驾崩后，原本没有政治野心的慈安，被推到了风口浪尖上，她不得不面对自己不感兴趣的国家政务。然而，朝臣们很快就发现，慈安太后的政治头脑和韬略，同样不容小觑。

年幼的同治皇帝即位后，慈安和慈禧开始了两宫太后垂帘听政的政治生涯。一段时间后，大臣们逐渐发现，慈安确实优于德，她贤明宽厚，有着巨大威望和无与伦比的凝聚力，然而她的文化水平比较低，而且口齿也不好；而慈禧则优于才，她机智敏锐，大小政务都能从容处置。两宫太后各有所长，相得益彰，配合默契，在共同垂帘听政的那段时期，政策还是比较英明的。史料记载，听政时，慈安提出的问题，往往能抓住核心，切中要害，而且都是关乎国家未来的大问题。薛福成在《庸庵笔记》一书中写道："天下称东宫优于德，而大诛赏大举措实主之；西宫优于才，而判阅奏章，裁决庶务，及召对时谘访利弊，悉中要领。东宫见大臣，呐呐如无语者。每有奏牍，必西宫为诵而讲之，或竟月不决一事……西宫太后性警敏，锐于任事，太后悉以权让之，颓然若无所与者。后西宫亦感其意，凡事必谘而后行。"

更重要的是，慈安深谋远虑，从一开始就考虑到两宫太后的内部团结，是垂帘听政的基石。为此，她体现出一个政治家的博大胸怀，例如，在同治皇帝的抚养问题上，她就做出了周密的安排。按照清朝的规矩，妃嫔的儿子被选为皇太子，必须过继给皇后，交由皇后抚养。照这个规矩，年幼的同治帝应该由慈安来抚养照顾，而他的生母慈禧则无权抚养，甚至随便看一眼都不行。然而，慈安考虑到当时情况特殊，如果再照以前的老规矩办，难免会产生弊端。聪明的慈安，于是安排慈禧和自己同居养心殿，共同抚养6岁的同治皇帝。慈安的做法，固然破坏了宫中的规矩，而且暗存危机，很可能将来被慈禧和同治这对亲生母子排斥或驾空。就连慈禧也在意外和惊喜之余，疑惑地问慈安为什么要这样安排。慈安微微一笑，解释道："现在是非常时期，我们两个寡妇抚养一个孩子，如果不幸被奸人造谣离间、搬弄是非，国家大事就付之东流了。现在我们两宫太后同居一处，朝夕相处，坦诚相待，谗言自然也就杜绝了。"听了慈安一席话，慈禧感动的同时，非常佩服慈安的胸怀气度和大局意识。此后，两宫太后同心同德，很快稳定了政局。她们倚重朝中的贤臣，启用曾国藩、左宗棠、李鸿章等一批优秀汉臣，使得同治年间出现了"中兴之象"。

与政治人物慈禧比起来，慈安虽然对权力不感兴趣，但她的政治才华毫不逊色。慈禧有才干，又有强烈的政治欲望，虽然起初并不十分在行，但很快就进入了角色。慈安比较超脱，不喜欢政务，日常事务就放手让慈禧去做，她乐得轻松自在。不过，这并不意味着慈禧可以任意而为。在朝政大事上，还得是慈安说了算。因为虽然都是太后，但慈安为嫡，慈禧为庶，在"嫡庶之分"的礼制束缚下，慈禧不敢逾越，凡是遇到朝政大事，她都要征询慈安的意见，绝不敢擅自主张。

据史料记载，诛杀临阵逃脱的两江总督何桂清（太平军第二次攻破江南大营以后，他弃苏州而逃）、赐死骄奢贪淫的胜保（苏完瓜尔佳氏，满洲镶白旗人，清末重要将领。曾以内阁学士会办军务，参加围攻太平天国北伐军，后建江北大营，因屡遭败绩，被称为"败保"。英法联军之役时在通州八里桥抵抗英法联军失败。1862年收降苗沛霖，杀害太平天国英王陈玉成。后赴陕西镇压回民暴动，因"讳败为胜"被责令自杀）、赏给曾国藩、左宗棠等人爵位，都出自慈安的意思。对于东宫太后慈安的德行与行事风格，老百姓多有赞同，当时的民间，甚至出现了"东宫偶行一事，天下莫不额手称颂"的说法。

两宫垂帘，从名义上看，依然是慈安高于慈禧，但是温柔贤德的慈安并没有压慈禧一头的任何想法和做法。慈禧虽年长慈安两岁，但因嫡庶之分，仍称慈安为姐姐。当时，姐妹共理朝政，各自发挥自己的长处。如前面所说，东宫慈安"优于德"，因此大赏罚、大举措大多由她决定；西宫慈禧"优于才"，因此批阅奏章，及时处理日常朝政，多由她负责。此时的慈禧对慈安，还始终保持着一种尊重和敬畏，应当说这也是很不容易的。

例如在前面所说诛杀慈禧的心腹太监安德海一事上，慈安就显露出非凡的决断力。安德海倚仗慈禧的宠信，胡作非为，肆无忌惮。朝中大臣，甚至连同治帝都惧他三分。一时间，安德海志得意满、势焰熏天，他一个太监，竟然张灯结彩，大摆酒宴，正式迎娶徽班美人马赛花为妻。对于安德海的所作所为，慈安从来都是睁一只眼、闭一只眼，没有表示过半点不满。她忍而不发，耐心地等待着安德海自寻死路。清朝祖训规定：太监不得出宫，犯者杀无赦。得意忘形的安德海，将这条铁律忘得一干二净。1869 年 8 月（同治八年七月），安德海请求慈禧派他到江南置办龙衣，获得许可后，他一路招摇，途经山东境内时，被山东巡抚丁宝桢拿获。丁宝桢迅速将此事上奏朝廷，虽然慈禧有意祖护，然而早已忍耐多时的慈安"立命诛之"，慈禧也不敢有所发作。慈安太后下令杀掉安德海后，朝野上下无不拍手称快，对慈安的决断力深表佩服。小事不在乎，原则绝不让，这就是慈安。

慈安的存在，对慈禧有着相当的震慑作用。然而，天不假年，1881 年春天（光绪七年三月），慈安皇太后突然崩逝于钟粹宫，终年 45 岁。

从历史来看，慈安皇太后的真正死因并不重要，只是在她死后，朝廷上最高朝政决策大权就完全落在慈禧手中了，真正开始了慈禧太后独裁专制的时代了，而这正是大清皇朝晚期最致命的悲剧。正是：

> 东宫太后气度宏，纵怀圣旨不动容；
>
> 可怜他日深宫院，却报慈安昨夜崩。

5—6. 王气森森：贬兄长、讨好太后的老醇亲王

道光皇帝生有九子，前三个都早亡，后面几个是皇四子奕䜣（后即位为清文宗咸丰皇帝）、皇五子奕誴、皇六子奕䜣、皇七子奕譞、皇八子奕詥、九皇子奕譓。不过在道光二十六年初已经将皇五子奕誴过继给道光皇帝的三弟惇亲王绵恺。

醇亲王奕譞

道光皇帝死后，由皇四子奕泞即位，他就是文宗咸丰皇帝，他即位后随即封他的弟弟皇六子奕䜣为恭亲王。

道光皇帝在遗诏中特别明确地指明要求奕泞即位后一定要封奕䜣为亲王，这是对奕䜣的一种政治补偿，因为实际上他最喜欢奕䜣，这也是一方面防止新皇帝不封自己的这个弟弟为亲王，而且也是告诉朝中诸大臣，奕䜣将在新的一朝中具有特殊重要的地位，警告他人不得侵犯他。

咸丰皇帝同时封七弟奕譞为醇郡王、八弟奕詥为钟郡王、九弟奕譓为孚郡王，可见六弟奕䜣当时被封为恭亲王确比其他几个弟弟高一个等级。

尤以醇郡王奕譞值得一提，这是因为同治皇帝去世以后，大清皇朝最后两位皇帝，即光绪皇帝与宣统皇帝，以及宣统皇帝在位时的摄政王，都是出自醇亲王府，所以在晚清时期，醇亲王府真是王气森森。

在咸丰执政期间，当时还是醇郡王的奕譞并没有什么特别的事迹。英法联军时咸丰皇帝逃往热河，奕譞随行。当咸丰皇帝去世后，八位顾命大臣把持政务，孝贞皇后和孝钦皇后都受到他们的轻视与不尊重，奕譞帮两位皇后做了一些事情。

王闿运在《祺祥故事》一书中有这样一段记述：两位皇后受到八大臣的轻侮以后，"孝贞对醇王福晋而泣。醇王福晋，孝钦妹也，孝贞亦妹之。故相亲善，诉其事曰：'欺我至此，我家独无人在乎？'福晋言：'七爷在此。'孝贞喜，曰：'可令明晨入见。'及明，醇王入直庐，肃顺旋问何为？对曰召见。肃顺哂曰：'焉有此？'斥令退。王退立外阶。俄宫监来窥直房，旋去。而军机至晏竟不叫起。叫起者，召见分班，一见为一起，军机则皆同入，为头起。此日不召头起，先召醇王。宫监来窥者三，终不见醇王。至三至，乃自语曰：'七爷何不来？'醇王在外闻之，即应曰：'待久矣。'来监亦曰：'待久矣。'遂引王入。肃顺在内坐，不能阻。既时，孝贞诉如前。醇王言：'此非恭王不办。'后即令召恭王。醇王受命，弛还京，三日，与恭王至……"

这里记载的是醇郡王奕譞受孝贞皇后（慈安）密令赴北京搬来恭亲王，

这才有两宫皇后与恭亲王密定除八大臣之谋。虽然有学者对王闿运这段记述有质疑，因为时间上不合（另有史料说两宫太后是派太监安德海去北京搬请恭亲王），但是在当时的情况下，醇郡王奕譞是站在皇室一边，帮助两宫皇太后是确切无疑的，当时他才 21 岁。

后来，当消灭八大臣的计划已经完全制定，并准备当两宫皇太后与新皇帝返回到北京时立即执行。于是，慈禧太后（孝钦）先以新皇帝的口气写了一道上谕，但是慈禧太后文化水平不高，因此写好后就要醇郡王奕譞修改并誊写以后，交给孝贞慈安皇太后藏在内衣中，到北京后拿出对大臣们宣读。慈禧太后所写的上谕原文是：

八月十一日，朕召见载垣等。虽董元醇奏陈管见一折，一请皇太后暂时权理朝正（政），数年后朕能亲裁庶务，在（再）行归正（政）；又在亲王中简派一二人，令其辅弼；又在大臣中简派一二人充当朕师傅之任。以上三端，正合朕议（意）。虽我朝向无太后垂帘之仪，朕受皇考大行皇帝付托之重，何敢违祖宗旧制，此所为是（谓是）贵从权，面谕载垣等，著照所请传旨。该王大臣阳奉阴违，自行改写，敬（竟）敢抵赖，是成（诚）何心？该大臣看朕年幼，皇太后确明国是，所至（致）该王大臣如此胆大！又上年圣驾巡幸热河之议，据（俱）是载垣、端华、肃顺等三人之议。朕仰体圣心左右为难，所至（致）在山庄升遐。该王大臣诓驾垒垒（累累），抗旨之数不可近（尽）数。

另一行则明确写着"求七兄弟改写"。慈禧太后写的原稿错别字很多，因为她文化水平低，但由于她曾经帮咸丰皇帝整理和批阅过奏折，因此对于上谕的程式语言还是很熟悉的。

醇郡王奕譞在铲除八大臣过程中所做的第三件室就是亲自捕捉肃顺。

咸丰十一年九月二十三日，咸丰皇帝灵柩从承德启程返回北京，两宫皇太后与新皇帝也同时回銮北京。由于由醇郡王奕譞和肃顺护送的咸丰皇帝灵柩的队伍走得慢，因此两宫皇太后和新皇帝就先到北京，并随即在北京城内解决了八大臣中的七名。

此时只剩下肃顺一个人了，他当时还在护送咸丰灵柩来京的路上，对京城内已经发生的事情一无所知。于是皇太后先给与肃顺同行的醇郡王奕譞发出一道谕旨，要他立刻到北京来，这样他就得以离开肃顺的大队，然后在路上他又接到第二道谕旨，要他回去将肃顺即行拿问，并押解到京，交宗人府听候议罪。

于是醇郡王又返回去，并于当天深夜将宿于密云行宫的肃顺顺利抓捕，捆绑之后，押上囚车，直回北京。醇郡王在热河时已经知道两宫皇太后与恭亲王将联手解决八大臣，所以他并不感到意外，不过没有想到进行得这样快和顺利。这时离咸丰皇帝去世才72天。

事后，醇郡王奕𫍽晋升为醇亲王。

一晃十几年就过去了，醇亲王并无大事发生。同治十三年十二月初五皇帝驾崩，两宫皇太后随即召开御前会议，与王公大臣商议择立嗣君的问题。

《清史稿》中的《德宗本记》中说："同治十三年十二月癸酉，穆宗崩，无嗣，慈安太后、慈禧太后召惇亲王奕誴、恭亲王奕䜣、醇亲王奕𫍽、孚亲王奕譓、惠郡王奕祥、贝勒载澄、镇国公奕谟暨御前大臣、军机大臣、内务府大臣、弘德殿、南书房等诸臣定议，传懿旨，以上继文宗为子，入承大统，为嗣皇帝。俟嗣皇帝有子，即继承大行皇帝。"

费行简在《近代名人小传》中记录此事时说："比闻懿旨，则以其子载湉嗣文宗，入承大统也，惊惧失措，纵声哭。后令退，弗能起，（奕）䜣乃挥阉掖之出。归即具疏，谓突值大行皇帝之丧，复闻新命，悲悸不知所为，触发旧疾，步履几废，乞罢诸职守，苟尽余生，为宣宗留一顽钝无才之子云云，词颇悲楚。得旨，准开各差使，以亲王世袭罔替。然奕𫍽夫妇皆知后惨刻，天性凉薄，己子称帝非福，自是亘年余闭门不接宾客，亦可痛矣。"

也就是奕𫍽夫妇根据他们自己对慈禧太后为人的了解，知道让自己的幼儿到皇宫去当皇帝，这绝不是天大的喜讯，而是此儿今后一生都会让这个为人"惨刻，天性凉薄"的女人凌辱，得不到好结果，但是作为此儿的父母他们对此却毫无办法。

尤其是，由于自己的儿子即将做皇帝，因此奕𫍽就成了事实上的皇帝本生父。本生父虽然与太上皇有所不同，但假如皇帝真握有相当的权力，而又希望将自己的本生父变为太上皇的话，未尝没有实现的可能。然而，这就会使奕𫍽处于一种十分困难而且危险的地位，即与慈禧太后处于一种位逼势均的敌对地位，而这是他所绝对不敢的。正因为如此，就决定了以后在慈禧太后面前，奕𫍽永远要保持一种但供驱使的谨慎小心的态度。

假如奕𫍽确实是真想从此远离政治，那他后来也就不会成为供慈禧太后驱使的人物，问题是虽然奕𫍽本人实际上是一个比较平庸的人，但他却有政治野心。

恭亲王由于本身才干超群，又在辛酉政变中立有大功，因此由他主持朝政是无人可议的，从而只要是恭亲王的地位不能动摇，奕𫍽就没有表现的机会。

光绪七年三月初十日（1881 年 4 月 8 日），年仅 45 岁的慈安皇太后突然逝世。恭亲王因此就失去了最有力的支持者，而慈禧太后又一再表示对恭亲王的不满，这时候奕譞就开始不甘寂寞，他以为他可以出来干一番事业了。

吴相湘在《晚清宫廷实记》中是这样描述奕譞的："醇王奕譞，赋性保守固执，素不主张用汉人，又少与外国人接触，对外知识有限，实不过一耿耿愚忠人物也。"

从他所主张的几件事情中可以看出他的素养：

同治年间，京师北堂在旧址上修建了一座洋楼，他反对，说型同炮台，威胁皇家安全。

同治六年，总理各国事务衙门向各地疆臣询问对洋人传教的看法，当时驻天津的三口通商大臣崇厚回报说，天主教也就和我们的佛教一样，奕譞就痛骂他"没齿鄙之"，因为他是极力反对外国人在中国传播洋教的。

同治九年五月发生的天津教案，实际上就是由于奕譞在暗中支持，使得当时的直隶官员组织了有计划的排外运动，事情越演越烈，直隶总督先后换成曾国藩与李鸿章，结果以惩办道府、杀祸首、派特使到法国道歉才了结。而奕譞也因此又表示不满而要辞去一切差使，慈禧太后只好加以劝说，次年正月才销假上朝。

天津教案以后，排外之风日盛，他接着就向慈禧太后上密折，说什么现在向着洋人的人就是"秉政的人"，矛头已经直接指向恭亲王了。

于是朝廷中的排外守旧派就立即奏请停办一切恭亲王批准创设的、模仿西法的制造局、造船厂等自强新政措施，使得恭亲王在施政中十分为难。

《晚清宫廷实记》一书中又说："同治九年天津教案后，此风益炽，以至实心任事之人时恐难以自存，足见顽固守旧力量之强大，足以淹没一切亟谋迎头赶上西洋各国，以自强立国之亲贵重臣也。抑恭王之心灰气沮，不敢主持大计者，不能承欢太后意志，及朝论庞杂而外，手足参商，醇王之无情打击，亦其主要原因。"

到了光绪十年，中法因越南问题发生外交纠纷，法国已经兵犯越南，而越南当时是中国的一个藩属国，其实在同治年间法国就已经逐步占领了越南南部，到同治十一年法国势力就扩展到越南北部了，并于同治十三年强迫当时的越南政府与它签订了政治条约，实际上否定了它是中国藩属国的地位，使法国成了越南的保护国。所以当法军继续北上并击败中国驻越南北方的边防军时，深知自己实力的恭亲王与李鸿章都认为，中国实际上已经无力维持对越南的宗主国地位，所以不主张对法国宣战。

而此时朝廷中那些唱高调的所谓清流党人却一味主张对法国宣战，因此极力反对李鸿章的和议主张，也竭力攻击恭亲王之赞同议和为失策。

此时，慈禧太后因为受到醇亲王奕譞的怂恿，已经有意要罢免恭亲王而起用醇亲王奕譞，于是正好在对法战争问题上，御史盛昱上奏弹劾恭亲王等人，这就促使慈禧太后于光绪十年三月初八，突然宣布对恭亲王的军机处采取集体处分措施。

对奕䜣以下全班军机大臣的处分是：恭亲王奕䜣开去一切差使，家居养病；宝鋆原品退休；李鸿藻及景廉降二级使用，退出军机；翁同龢革职留任，退出军机。在清朝历史上，将全盘军机大臣都一次废黜是绝无仅有的事，所以这也称为"甲申之变"。

恭亲王和全体军机大臣都被罢黜与后，组成了以礼亲王世铎为首的军机处，军机大臣有额勒布和、张之万、阎敬铭、许庚身、孙毓汶等六人。

醇亲王奕譞因为自己是皇帝的本生父亲，不好自己出任首辅军机大臣，于是就推出一个昏庸无用的礼亲王出任军机，由军机大臣中的孙毓汶每日将重要文件送给奕譞，然后两人商量定策，"醇亲王以尊亲参机密，不常入值，疏牍日送邸阅，谓之过府。谕旨陈奏，皆毓汶代之传达，同列或不得预闻，故其权特重也。"所以，以礼亲王世铎为首的新军机处，名义上虽是礼亲王领枢，实际上却是醇亲王奕譞操其柄而孙毓汶操其权。

光绪十一年九月（1885 年 10 月），朝廷决定成立总理海军事务衙门，由醇亲王奕譞任海军总理大臣，庆郡王奕劻与李鸿章共为协办，谕旨的主要目当时说是要精练北洋水师。

但是，慈禧太后决定由醇亲王奕譞出任总理海军事务大臣的另一个目的，是要使奕譞能以更合适的身份参与朝政大事的决策，而无须再通过军机处，或者也是有意削减军机处的某些权力。例如，光绪十三年二月，醇亲王奕譞就修建天津至山海关的铁路上折称："总理海军事务衙门奏：铁路之议，历有年余，莫衷一是。臣奕譞向亦习闻陈言，常持偏论。自经前岁战争（中法），复亲历北洋海口，始悉局外空谈与局中实际判然两途。当与臣李鸿章、臣善庆巡阅之际，屡经讲求。臣奕劻管理各国事务衙门，见闻亲切，思补时艰。臣曾纪泽（曾国藩之子）出使八年，亲见西洋各国轮车铁路，于调兵、运饷、利商、便民诸大端为益甚多，而于边疆之防务、小民之生计，实无危险窒碍之处，近在总理海军事务衙门行走，于此更加留意，探询所闻相同。现在共同酌核，华洋规制自古不同，铁路利益虽多，若如外洋之遍地皆设，纵横如织，不唯经费难筹，抑亦成何景象？今调兵运械，贵在便捷，自当择要而图，未可执一而论……"然后具体就要求延伸开平煤矿内的运煤铁路，使它向北延伸到山海关向南则延伸到天津，这样无论是对拱卫京师或便利商贾，都是有利的。

这道奏折的内容当然毫无问题，只是可以看出：

醇亲王的思想已经有很大转变了，不再是原来那样十分守旧顽固，表现出已经愿意接受一些西洋的新事物，不再像以前攻击恭亲王推行的自强维新运动了。

本来奏请修建铁路的事并不归海军事务衙门管辖，现在由作为总管海军事务衙门的醇亲王提出，所以说明醇亲王此时已经有了直接过问一些朝政大事的权力了，不必再像过去需要通过军机大臣孙毓汶之手来过问军机之事，这意味着慈禧太后实际有意提升了他的地位，这也是慈禧太后报答他拨款修建颐和园的一种回报吧。

海军事务衙门是 1885 年建立的，在此之前，李鸿章已经开始向国外购买军舰筹组北洋水师，但大规模组建北洋水师是在海军事务衙门成立以后的几年间，到 1888 年已经拥有大小舰船 25 艘，于是宣布北洋水师正式成立。

应当说，在建立北洋水师的过程中，作为总理海军事务大臣的醇亲王奕譞是有贡献的，因为他保证了对海军建设的拨款，当时李鸿章只是海军事务的协办大臣。

但是一旦北洋水师正式成军以后，醇亲王奕譞就干了一件自后使他永挨骂名的事——将朝廷准备继续扩建与维护北洋水师的经费，挪用去给慈禧太后修建颐和园，使得十年内北洋水师没有新增一艘战舰，没有更新炮械，甚至连买弹药的钱都没有，也没有钱进行战备演习，因此造成在 1894 年的甲午海战中，北洋水师遭到全军覆没的悲惨结局。

醇亲王一共挪用了 2600 万两海军经费为慈禧太后修建颐和园。

那么，为什么醇亲王奕譞要挪用海军经费给慈禧太后修颐和园呢？

要修园林供自己享受娱乐的想法，慈禧早就有之，不过当恭亲王主政时，他对于慈禧太后想重修圆明园和维修中南海三海的要求都一律拒绝，理由就是这不是必办不可的当务之急，而且国家也没有钱，当时慈安太后也还健在，她也比较通情达理，所以这件事一直未办。

关键是他必须讨好慈禧太后，因为慈禧太后于光绪十五年二月（1889年3月）撤帘归政，光绪皇帝终于能自己亲政了，所以为了不使慈禧太后再来干预自己的儿子光绪行使皇权，就必须给慈禧太后修建一处豪华的园林，让她得以颐养天年，因此就挪用海军军费修颐和园。

醇亲王本是一个平庸的人物，但为了要想在政治上出人头地，不惜讨好慈禧太后并为她所用，得以清除了恭亲王，然而，他是不是因此就能为大清朝廷做出一番事业而名垂青史呢？

历史没有看到，只是看到他因为挪用海军款为慈禧太后修建颐和园而落得千古骂名。但是，关于这件事，现在也有不同的看法。

同治年间，以李鸿章为代表的一批臣工，被鸦片战争的炮声惊醒，痛感中国处于亘古未有的变局之中，决心学习西方，变法自强。但是当时保守势力很大，李鸿章要修铁路、建工厂、买军舰、办轮船招商局、办电报、办银行，所得只有一个回复：反对！

保守派反对修建铁路，理由无奇不有，有说铁路会割断地脉，破坏风水；有说会使车船失业，引起暴动；甚至说铁路一开，"冠裳化为鳞介，礼义必至消亡"，总之，礼崩乐坏、亡国灭种，都是因为有了铁路。但慈禧不顾反对的声音，让李鸿章在西苑修一条铁路，从紫光阁到镜清斋全长三华里，意思摆明了：说铁路破坏风水？我偏把它修到皇家禁苑里来。西苑铁路建成后，慈禧受不了车头冒的黑烟和噪音，干脆不要车头，让太监拉着火车走。这成了历史学家拿来嘲笑取乐的题材，但是看起来这是多愚昧无知！但在西苑建铁路本身，已产生巨大示范作用，为在全国兴建铁路扫清了障碍。不管慈禧是用人拉车也罢，用毛驴也罢，甚至车厢光摆在那儿不开也罢，她已经为铁路在中国的建设历史向前推进了一大步。

5—7. 假造奏折：不能让醇亲王成为实际太上皇

光绪七年慈安皇太后去世后，慈禧太后便一人独揽大权，而且醇亲王本身又是一个柔弱无能的人，他没有胆量敢拒绝慈禧太后的意愿。更重要的是，他还必须要考虑两点，一是慈禧太后撤帘归政是必然的事，他希望让慈禧太后归政后真有一个舒服的颐养天年的地方，不要再回宫中去干扰光绪，从而让自己的儿子光绪皇帝能安安心当皇帝；二是由于他自己现在已经拥有皇帝本生父亲的地位，因此在慈禧太后面前尤其需要谨慎，万一因为自己的不慎

而得罪了慈禧太后，慈禧太后将恼怒发泄在
皇帝身上，那还得了。因此醇亲王一切都得
按太后的要求去做，而且要想一切办法讨好
慈禧太后。

例如，光绪十二年三月记载："钦奉慈
禧端佑康颐昭豫庄诚皇太后懿旨：醇亲王奕
譞、醇亲王福晋赏坐杏黄轿。"本来，自唐
宋以来，金黄、明黄和杏黄等项色泽，便被
规定为皇帝所专用，除了帝后以外，任何人
不得僭用。慈禧太后特赐醇亲王夫妇乘坐杏
黄轿，表面上看起来是一种特有的恩典，实
际上另有深意。假如醇亲王夫妇真以为这是

慈禧在颐和园

太后恩典，果然乘坐起来，那就一定会引起太后的猜疑，以为醇亲王是以太
上皇自居，与太后并列。对于这一点醇亲王奕譞是明白的，所以他接到懿旨
以后，立刻恳请皇太后收回成命，万不敢受。虽然太后还是降旨："王其谨
受恩命，毋庸固辞。"然而他始终不敢用，因为他还是有自知之明，知道暗
含的危险所在。光绪十五年二月（1889 年 3 月），慈禧太后在光绪皇帝达到
本应亲政之年后又"训政"两年之后，不得不表示了自己已经倦于政事，要
退到新近完工的颐和园中去颐养天年了。

光绪皇帝名义上算是真正亲政了，但是朝中的一切重要章疏，都还要送
到颐和园去让慈禧太后亲阅，朝中二品以上大员的进退，也都要听后慈禧太
后的最后决定，也就是慈禧皇太后并未完全让出对朝政的实际控制权。

此时，醇亲王奕譞也还没有解除海军衙门总理大臣及幕后控制军机之职，
当时最使人感到难以容忍的是，醇王奕譞当政以后朝廷上的正气日消而小人
道长的情形日益明显，这就使得国家政治愈加腐败。"醇党多小人，通贿赂，
政事日微"，而且以李莲英为代表的一帮宦官也开始弄权贿赂，醇王奕譞对
此却毫无处置，也不知道是不是他对此懵然无知，还是他不敢过问，虽然醇
王奕譞本人在这方面还是颇守操节，并不贪婪揽贿，因此对他本人倒无可指
责。在这种情况下，唯一有效的办法就是将醇王奕譞从实际政治事务中请开，
使得那批凭借醇王奕譞的地位弄权纳贿的宵小之徒失去靠山，才能有望澄清
吏治。

那么，怎样才能将醇王奕譞请出政治事务呢？既然说不出他本人有什么

醇亲王奕譞

错误可以参劾，那就把他抬起来和供起来。于是在光绪十五年正月，东河河道总督吴大澄就上了一道折子，建议朝廷廷臣会议考虑给醇王奕譞上尊号的问题。

吴大澄所上折子的中心思想是：醇亲王在皇太后前则尽臣下之礼，对皇帝则有父子之亲。"我朝以孝治天下，当以正名定分为先。凡在臣子，为人后者例得以本身封典貤封本生父母，此朝廷锡类之恩，所以遂臣子之孝思，至深且厚。况贵为天子，而于天子所生之父母，必有尊崇之典礼。"他在奏折中指出，皇帝给自己的生身父母加尊号，在宋朝和明朝（明世宗嘉靖皇帝继明武宗即位后就曾给他的亲生父亲兴献王加皇帝号为献皇帝，入太庙，并排在明武宗之前）就都有过，而本朝乾隆皇帝也曾特别指出，这种做法并无不恰当之处。于是吴大澄奏折说："自制礼之圣人出，而天下后世有所遵依，本生父母之名不可更易，即加以尊号，自无过当之嫌。""恭逢皇太后归政之期，拟请懿旨饬下廷臣会议醇亲王称号礼节，详细奏明，出自皇太后特旨，宣示天下，以遂我皇上孝敬之怀，以塞薄海臣民之望。"吴大澄这一道折子搬出了乾隆皇帝的圣训做依据，因此使慈禧太后颇感为难。

慈禧太后一看到此折，立刻想到的是若给醇亲王奕譞加尊号，就等于捧出了一个真正的太上皇，那将直接威胁自己的皇太后的地位与权力，因为那些以为给醇亲王奕譞加尊号就会使他退出实际政治事务的想法实际上并不现实，实际情况会使更多人去钻营他的门路，醇亲王奕譞的势力会进一步做大。

问题是如何才能驳回吴大澄的折子呢？此时的醇亲王奕譞自是战战兢兢，不敢乱说一句话，当然不敢说赞成的话，也不敢说反对的话。若是说吴大澄是"奸佞小人，滥发谬论"的话。那就等于否定乾隆皇帝的"圣意"，所以他也是不敢说，只好一切听慈禧太后决定。

左思右想，慈禧太后与那些拥戴她的大臣们想出了一个办法：用倒填日期的办法伪造出一份奏折，说这份奏折就是醇亲王奕譞自己呈上的，但是日期是十五年前光绪皇帝刚登基时，在这份名为《豫杜金壬妄论》（豫杜指预先就杜绝，金壬指巧言谄媚、行为卑鄙的小人）的折子中，醇亲王奕譞当时就请太后现在就明谕皇帝，在皇帝登基以后，若有任何给醇亲王奕譞加尊号的做法，都是不能允许的，以免朝廷多事。也就是醇亲王奕譞在十五年前就预见到今后一定会有这样的事情发生，所以早早就表明了自己的态度，而人们都知道，醇亲王奕譞这个人，以他个人的修养，是绝不可能有这种见识的，造假非常清楚。

这份奏折，说是十五年前醇亲王奕譞自己呈上的，所以现在朝廷无须再议此事了，也就平息了此事。但是由于伪造醇亲王奕譞十五年前的奏折（醇亲王奕譞本人是绝不敢对此说什么的），朝廷到底有所心虚（因为只公布了奏折的抄件，谁也没有见到该奏折的原件，可见是临时造假），所以也就没有追究吴大澄。当时的上谕是：

若不将醇亲王原奏及时宣示，则此后邪说竞进，妄希议礼梯荣，其患何其设想！用特明白晓谕，将醇亲王原奏抄发，俾中外臣民知之。

可见，为了政治斗争的需要，什么虚伪与卑鄙的手段都可以采用。

在此以后，皇太后就经常以"尔太上皇矣，何顾我为？"之类的话来敲击醇亲王奕譞，更使得他总在恐惧中过日子。终于，醇亲王奕譞得病了并且不治，后来有传闻，说醇亲王奕譞之死是由于慈禧太后的有意安排，这就是说，从他有病到死都是慈禧太后一手设计的。

首先是关于醇亲王奕譞的病因。胡思敬在《国闻备乘》中的《宫闱疑案》中有一条关于醇亲王奕譞起病的记述："奕譞之死，皆云遭疟疾。先是，孝钦从勾栏中物色一娼妇入宫，旋以赐奕譞。秽而善淫，奕譞嬖之，遂得疾不起。奕譞素善趋承，何以见忌于孝钦？"

就是因为吴大澄的奏章引起了慈禧太后的不安和警觉。再看醇亲王奕譞得病以后的治疗情形。在同一书中的记述是："奕譞病亟，直督李鸿章荐医往视。奕譞弗与诊脉，诏医曰：'君归言少荃（指李鸿章），予病弗起矣。太后顾念予，日请御医诊视数次，药饵医单，悉内廷颁出，予无延医权，而病日深。'奕譞病，后往视，必携德宗，暮必携德宗偕返。德宗归，必怒杖内监，击宫中什具几罄。人多讥德宗失狂，不知实有以致之。"

显然，醇亲王奕譞的病是由慈禧太后故意给他引上身的，而他得病以后，又不让他自己延医治疗，而指定由宫中派来的医生治疗，而且只能服用这些医生从宫中带来的药，结果是"而病日深"，连光绪皇帝都看出了。这是太后在逐步置奕譞于死地，所以回宫以后皇帝就大发脾气摔东西，但也无可奈何。吴大澄奏折事件发生以后，虽然慈禧太后用假造奕譞十五年前的奏折把这件事压了下去，但还是十分担心奕譞的声望与地位会随着光绪皇帝年龄的增长而增强，因此一定要多方面设法让他早点死去，以消除她心中的隐患。

所以说，醇亲王奕譞的死，一是他不该有一个当皇帝的儿子；二是由于他遇到了慈禧这样阴险毒辣的女人。吴大澂的奏折本意是想通过给醇亲王奕譞加尊号以将他请出当时朝廷的政治舞台，但是没有想到倒成了醇亲王奕譞的催命符。

光绪十六年十一月，醇亲王奕譞病逝。死后被谥为醇贤亲王。他是一个悲剧人物。

醇亲王奕譞自光绪十年三月开始出掌朝政，到光绪十六年十一月病死，当政时间凡六年零八个月。在这段时间内，他最大的成绩是与李鸿章合作，建立了北洋水师；但他最大的败笔，也是将朝廷继续发展和强化北洋水师的钱，挪用去为慈禧太后修建颐和园，这不但严重影响了北洋水师由于得不到后续建设与维护经费而形不成战斗力，导致1894年在甲午海战中的全师覆没，而且也开始了清廷政治贪污腐败走向不可救药的毁灭道路。

也就是不要孤立地看为慈禧太后修建颐和园的事，为此我们可以回顾一下历史：

光绪十二年（1886年）：开始修建颐和园，于光绪十四年（1888年）建成；

光绪十五年（1889年）：慈禧撤帘归政后入住颐和园；

光绪二十年（1894年）：中日两国因朝鲜问题开战，中国北洋水师全军覆没；

光绪二十一年（1895年）：签订《马关条约》，割让台湾与澎湖给日本；

光绪二十三年（1897年）：因干涉日本还辽有功，德国强行租借胶州湾，引起各国瓜分中国的危机：俄国租旅顺大连，英国租威海和九龙新界，法国租北部湾等；

光绪二十四年（1898年）：甲午战败后力图自强，爆发百日维新与戊戌政变，结果光绪皇帝被幽禁在瀛台，慈禧太后再度训政；

光绪二十五年（1899年）：立溥儁为大阿哥，欲废光绪皇帝；

光绪二十六年（1900年）：义和团之乱爆发，八国联军进北京，清政府被迫签订《辛丑条约》；

光绪三十年（1904年）：日俄战争，两国在中国的土地上交战。

这都是由于甲午战败引起的严重后果，所以，对于当年醇亲王奕譞将建设和维护海军的经费挪用于为慈禧太后修建颐和园一事，其历史后果是极其严重的。

第六章
帝师愚昧、皇帝软弱导致严重后果

6—1. 浅薄愚昧：甲午战争翁同龢糊涂办事一再误国

同治光绪年间最重要的大臣当然是李鸿章，但与李鸿章同时代在朝中还有一位极为重要的大臣，那就是翁同龢。

翁同龢，江苏苏州府常熟县人，生于清宣宗道光十年。科举一路畅通，咸丰六年，二十七岁的翁同龢得中状元。他的父亲翁心存，则是清文宗咸丰皇帝和穆宗同治皇帝的老师，曾任体仁阁大学士、户部尚书兼军机大臣，也就是清朝时期所称的宰相。他有一个哥哥，名叫翁同书，咸丰八年六月，受命为安徽巡抚。

当时与翁心存同为户部尚书的是满臣肃顺，我们在前面曾讲到，肃顺曾策划了两个大案，其中一个就是针对翁心存的户部官钱局案，结果导致翁心存不得不告休去职。

但这并未影响翁同龢的仕途。同治四年，翁同龢继承他父亲所受的皇恩，在翁心存去世以后，也被皇太后任命为皇帝的老师，同治十年，他已成为从二品的内阁学士，几乎相当于侍郎，离内阁大臣只一步之路了。不久，同治皇帝患风流病而死，新皇帝光绪即位，又是一个年仅四岁的小皇帝，于是慈禧太后又任命翁同龢为光绪皇帝的老师，所以翁同龢是两朝帝师。在同治时期，那时候有四位帝师，其他三位的地位都比翁同龢高，所以他算不上是最重要的帝师，而现在，翁同龢已经是二品大员，另一位帝师则是与翁同龢的同科进士、兵部右侍郎。所以，现在翁同龢是光绪皇帝最主要的老师了。

尤其不同的是，光绪皇帝与同治皇帝是两个性格截然不同的人，同治桀骜不驯，不爱学习也就不听老师的话，因此这些帝师们对他产生不了什么影响，即位后由于荒淫无度很快就走上了不归路；而光绪性格温和，十分愿意学习，与老师感情深厚，因而就更容易受帝师的影响，这就决定了在光绪一朝中翁同龢总是受到重用。

光绪元年八月，翁同龢受命署理刑部右侍郎。次年，升户部右侍郎，再升都察院左都御史，又先后任刑部与工部尚书，终于在光绪八年以工部尚书兼军机大臣。但此时他还不是内阁大学士，所以还不能称"宰相"。清朝不设宰相，只有内阁大学士又兼军机大臣的人才被称为"拜相"，因为内阁大学士地位高但无权，而军机处则是国家大政所出之地，军机大臣有权，但官职不一定很高，如侍郎也可以任军机大臣，因此若内阁大学士兼军机大臣，不但地位高而且权力大，因此就被称为拜相了。

但是他在军机处只待了两年，到光绪十年，遇到慈禧太后废黜恭亲王，连同军机处全班人员都一起撤换，于是翁同龢连同恭亲王、李鸿藻、宝鋆、景廉等人一起退出军机处，不过当时他的工部尚书本职并未解除。

十年后，即光绪二十年十月，他与恭亲王和李鸿藻等再入军机处，不过此时他本职已是户部尚书。到了光绪二十三年七月，身为内阁协办大学士的李鸿藻病逝，于是翁同龢就得以顶补为协办大学士，因此他就真正拜相了，从而被称为状元宰相。要知道，同时取得这两个头衔（状元和宰相）的人是少而又少。但是，这样的日子也没有延续多长时间，光绪二十四年四月，恭亲王病逝，紧接着，在百日维新开始后，翁同龢就遭到圣旨的严厉斥责，并被免去一切官职，开缺回家，被赶回常熟老家居住。

那么，翁同龢在朝廷中做了一些什么事呢？

一、恃宠而傲

翁同龢是两朝帝师，尤其是现在的光绪皇帝的老师，无论是两宫皇太后或皇帝都非常器重他，也就是圣眷甚浓。光绪十三年（1887年）皇帝大婚亲政后，慈禧太后将垂帘听政改为训政两年，将一些政治权力稍让予光绪，这样，翁同龢就能以帝师之尊，借毓庆宫讲读时与皇帝"独对"之便，在皇帝面前提供一些朝廷政治方面的情况并提出一些看法与意见，当时其他朝臣都不能有此权利，因此都要对他尊敬三分，而翁同龢也因此就恃宠而傲了。

所以，金梁在《四朝佚闻》中这样说翁同龢："翁文恭公以帝师而兼枢密，预闻军国，实稳操大权。而周旋帝后，同见宠信，亦颇不易也。光初朝局，系翁一言。同僚议事偶有不合，必伸己意，众已侧目……"

二、公报私怨

翁同龢有一个哥哥名叫翁同书，当年在任安徽巡抚时因丢失定远城被曾国藩所参劾，奏折是李鸿章所写的，写得义正词严，掷地有声，使得那些想为翁同书讲情的大臣们都无法张口，结果翁同书被判流放新疆，并且后来就死在那里。这件事情使翁同龢一直耿耿于怀，于是在他担任户部尚书并主管全国财政拨款大权以后，他就借公权报复李鸿章了。

报复的手段就是：在北洋海军成军以后，就处处限制北洋海军的经费支出，停止向北洋水师拨款，使它难以形成有效的战力，这是晚清官僚腐败政治的典型写照。

迟仲祐在他所撰的《海军大事记》光绪十七年记事中说："四月，户部奏酌拟筹饷办法一折，议以南北购买外洋枪炮船只机器暂停两年，即将所省价银解部充饷。海军右翼总兵刘步蟾屡向提督丁汝昌力陈，我国海军战斗力远逊日本，添船换炮不容稍缓，丁汝昌据以上呈。秋间，李鸿章奏称：'北洋畿辅，环带大洋，近年创海军，防务尤重。北洋现有新旧大小船只共二十五艘，奏定海军章程声明，俟库款稍充，仍当续购多只，方能成队，而限于饷力，大愿未偿。本年五月钦奉上谕，方蒙激励之恩，忽有汰除之令，惧非所以慎重海防，作兴士气之至意也。'等语。然以饷力极绌，仍遵旨照议暂停。"可见李鸿章对此也无可奈何。

三、贻误海军

翁同龢不仅以部款支绌为理由，奏请海军停购船械二年，就是在弹药的补充方面，亦多方予以限制。据当时担任北洋海军顾问的英国海军军官泰乐尔后来在他自己的回忆录中说，当时还有一名德国工程师，名叫汉钠根，也是北洋海军顾问，在甲午战争前两年，就建议李鸿章多买德国克虏伯厂所生产的大开花弹，以供战斗舰上的大炮之用。李鸿章已经签发了购买的命令，但最后却未能执行，其原因就是当时主持军需事务的大人物反对耗费巨款购买炮弹储藏，指为无用浪费云云。到了甲午海战爆发，北洋最大的两艘铁甲舰是定远和镇远，但定远舰的十英寸巨炮只有一枚炮弹，镇远舰也只有二枚，其他较小口径的炮弹也奇缺。等到中日宣战，李鸿章急忙向英德各国商购炮弹，各国皆以严守中立之故，拒绝出售。所以使得海战发生以后，北洋战舰威力最强大的火炮不能发挥任何作用，这是黄海海战失败的一个极大原因。所以，北洋海军自己知道自己的实力，未战时就已经心怯。因此，慈禧太后挪用海军款修建颐和园当然是最重要的原因，但翁同龢停止向海军拨款也是一个重要的原因，主要就是因为要报私怨而报复李鸿章，而且也是怕李鸿章因拥有北洋水师而势力做大。

甲午战争是中国在陆上先败，日本首先在朝鲜取得胜利，进而兵进中国东北，京师告急。胡思敬在《国闻备乘》中曾记录说："既而屡战不胜，敌逼榆关，孝钦（慈禧太后）大恐，召同龢切责，令即日赴天津诣鸿章问策。同龢见鸿章，即询北洋兵舰。鸿章怒目相视，半晌无一语。徐掉头曰：'师傅总理度支，平时请款辄驳诘，临事而问兵舰，兵舰果可恃乎？'同龢曰：'计臣以搏节为尽职。事诚急，何不复请？'鸿章曰：'政府疑我跋扈，台谏参我贪婪，我再哓哓不已，今日尚有李鸿章乎？'同龢语塞，乃不敢再言战。"

面对李鸿章的指责和北洋水师目前的情况，翁同龢自知有愧，也就无话可说了。

四、鼓动开战

甲午之年中日之间的关系首先在朝鲜开始紧张时，李鸿章是不主张对日开战的，但是当时的光绪皇帝却有心一战，因为此时虽然光绪已经亲政，但还是在很多方面受慈禧太后的牵掣，所以想与日本打一仗，若打赢了，当然就在慈禧太后面前可以显示自己的胆略和能力了。然而与日本开战毕竟是一件大事，于是难以下定决心。

翁同龢作为一个清流派的人物，喜欢高谈阔论说大话，他与他的那几个文人朋友，如张謇、文廷式都慷慨激昂地主张对日本开战，为了说动光绪，他们甚至把工作做到光绪的爱妃珍妃那里去了。胡思敬在《国闻备乘》中也这样说："甲午之战，由翁同龢一人主之。同龢旧傅德宗，德宗亲政后，以军机大臣兼毓庆宫行走，常蒙独对，不同值诸大臣不尽闻其谋。南通张謇、瑞安黄绍箕、萍乡文庭式等，皆文士，梯缘出其门下，日夜磨砺以须，思以功名自见。乃东事发（指朝鲜局势紧张），咸起言兵。是时，鸿章为北洋大臣，海陆兵权尽在其手，自以海军弱，器械单，不敢开边衅。孝钦以旧勋倚之，謇等仅恃同龢之力，不能敌。于是廷式等结志锐密通宫闱，使珍妃进言于上。妃日夜怂恿，上为所动，兵祸遂开。"

也就是他们通过珍妃使光绪皇帝最后被他们说动了，同意与日本开战。

五、误信虚言

那么翁同龢为什么要鼓动光绪皇帝同意对日本宣战呢？

首先他认为一定能打败日本，至少在陆地上（当时主要战场在朝鲜），日本人不堪一击。

早在光绪八年（1882年），朝鲜发生内乱，禁军犯王宫，杀大臣，王妃失踪，烧日本使馆，日本国早就有侵略朝鲜的图谋，于是便借机出动七艘兵舰，分兵屯汉城南门外，要朝鲜政府交出乱兵首领并索赔偿，其势甚张。朝鲜国王乃向清廷求援。光绪八年六月，清廷派驻在登州的淮军吴长庆部东渡朝鲜以援，大军在汉城旁登陆后，吴长庆命所部据险为营，自率大队人马进入汉城，捉拿叛乱军首领并押解回中国，很快就击散乱党，迎回王妃，在这个过程中，日本兵也未敢有何动作。吴长庆迅速平定叛乱以后，就责令日本退兵。日本军队撤走以后，除吴长庆带六个营的兵力留驻朝鲜以外，大部分中国军队也撤回了本国。

当时，张謇也随军到了朝鲜，这次军事行动使他得到一个结论：日本军队，至少是日本陆军，不堪一击。但作为一个状元书生，他竟然没有想到那是十年前的事，此一时也，彼一时也，经过十年的励精图治，日本的国力已经远不是十年前可比了。可叹的是，一个状元书生张謇没有看到这个问题，而另一个状元宰相翁同龢居然也会相信这样的话。

在陆地上，翁同龢相信可以战胜日本，那么在海上的战争，翁同龢是什么想法呢？

翁同龢认为李鸿章练北洋水师已经这么多年了，正要看看他的真本事，即令打赢了，李鸿章也要大伤实力，今后要恢复就少不了要求他这个专管财权的户部尚书之助；而若是打输了，他李鸿章在朝廷上就无说话的地位了，所以现在就是要逼李鸿章把北洋水师拉出去和日本人打一仗，无论是胜或是败，对翁同龢都有利，至于是否对国家有利，翁同龢是不考虑的，也就是要借此机会"整顿"李鸿章。

所以，在甲午战争中，翁同龢是朝廷中最积极的主战派，不是为国，却是为私。

六、拒遣良将

但是，吴长庆于光绪八年平定朝鲜内乱以后，朝鲜的局势并未完全稳定。光绪十年三月，因中法战争爆发，吴长庆奉命回国镇守金州（回国不久就死了），于是他在朝鲜留下了三个营，袁世凯就被留在驻朝鲜的军中任会办，也就是副手。

1894年，朝鲜又爆发了东学党叛乱的事，朝鲜王室又向袁世凯求援。这时，日本公使就要诱使中国先出兵朝鲜，给日本出兵一个借口，于是便怂恿袁世凯采取积极行动镇压叛乱者，并称日本的唯一目的是保卫贸易，无意采取任何军事干涉。驻东京的中国公使也报告说，此时的日本政府不大可能发动一场战争。使得李鸿章也受此蒙蔽，认为日本不会进行战争。

于是清廷派直隶提督叶志超领兵进入朝鲜并扑灭东学党叛乱，但八千名日本兵马上就出现在朝鲜的领土上，因为日本早已有准备，而且此时日本以中国破坏《天津协定》为理由，在国内议论全面出兵与中国争夺朝鲜。李鸿章听说以后，立即想谋求外交解决，不想卷入战争，于是他就向其他几个列强呼吁他们进行调解，但遭到拒绝或遭到日本方面的拒绝，日本保证在战争中将不危及其他国家在中国的利益。在这样的情况下，战争就不可避免了，但由于李鸿章的犹豫，中国方面也延误了军事准备工作。直到外交解决的所有可能都破灭以后，他才答应袁世凯的紧急请求向朝鲜派兵。

1894年7月25日，清廷租用三艘英国轮船，在三艘战舰的护航下向朝鲜运送援兵，到达牙山口外丰岛海面时，日本实施了海盗行为，不宣而战。北洋三艘舰船一艘受重创，一艘被俘，一艘在战斗中临阵脱逃，日本随即进攻汉城方面的清军，清军聂士成部苦战不敌，但清军主将叶志超却不战而逃至平壤。

在陆上战斗展开后。1894年8月1日，中日双方正式宣战。

当时，清军的前敌总指挥是近八十岁了的淮军老将宋毅，宋毅虽然英勇善战，但毕竟年岁已高，为保证战局顺利进行，有人已经联系好并推荐很善于领兵的原安徽布政使张学醇任宋毅的助手，但是由于张学醇当年劝说苗沛霖反正一事后来导致翁同龢的哥哥、当时的安徽巡抚翁同书被参劾并被终生流放新疆，因此记恨在心的翁同龢坚决不同意，他甚至放出狠话："若用张学醇者，吾必拂袖让之。"谁敢惹他这位宰相大人，当然就不能用张学醇；另一方面清军主帅叶志超又是一个毫无战斗经验与胆小如鼠的人，只知道逃跑，因此人们就建议请淮军赫赫有名的战将刘铭传出来领兵，本来刘铭传任台湾巡抚时就已经是加太子少保兵部尚书衔，请他出来领兵当然要由皇帝发上谕，但身为军机大臣翁同龢有意要侮辱李鸿章的淮军，竟然要李鸿章以直隶总督传唤一个偏将的方式召刘铭传，他当然不会来。

可见，由于翁同龢对李鸿章的私怨，他甚至完全不考虑国家大局。

须知，此时在军机处，实际上翁同龢的实权已经超过了复出的军机大臣恭亲王，因为经过十年的被废的生活，再出以后的恭亲王已经没有以前的那种锐气了，所以对于圣眷很浓、趾高气扬的翁同龢总是让他做主。

翁同龢

七、阻碍谈判

甲午战争最后以清廷在陆、海两方面的惨败结束，然后两国就进行结束战争的谈判，日本方面作为战胜者，在谈判中横蛮地提出了中方要割地赔款的要求。

但是，对于与日谈判，翁同龢只同意可以赔款，但绝不同意割地。他坚持这个主张就使得光绪皇帝也不同意割地。

这就使作为清廷首席谈判代表的李鸿章十分为难，因为不同意割地则日本就不同意进行谈判，战争就会继续，就可能会像三十五前的英法联军那样，连京师都会丢掉，那时候就不好办了，李鸿章清楚地知道，现在的日本人可不像那个时候的英法联军。

在没有办法的情况下，李鸿章只好拿出最后的办法：请你翁同龢与我一起去与日本人谈判，看看你有多大本事，你到底有什么高招能让日本放弃要中国割地的要求。

只会说大话并且也没有任何办外交经验的翁同龢当然不敢和李鸿章一起去日本谈判。

但是，由于翁同龢坚持自己的主张，使得光绪皇帝与慈禧太后之间产生了一定的隔阂，因为太后是同意割地赔款以求早日结束战争的。最后，翁同龢也不得不接受了慈禧太后最后的可以接受割地赔款的裁决，李鸿章才得以签订《马关条约》从而结束甲午战争。

八、终遭罢黜

有意思的是，作为帝师的翁同龢，原本是十分支持康有为实施变法的。首先是他积极在光绪皇帝面前推荐康有为，力劝皇帝并安排皇帝亲自接见康有为，并对皇帝说康有为的才干百倍于自己，这样才使光绪皇帝逐步开始信任康有为并准备实施变法。

但在正要开始变法时，翁同龢突然对光绪皇帝说他不支持康有为了，并说他以前与康素不往来，并说康有为其人"居心叵测"，然而此时康有为已经深得皇帝的信任，因此他不会允许翁同龢在行将实施的变法运动中起阻碍作用，于是在光绪二十四年四月二十三日光绪皇帝颁布"定国事"的诏书后的第四天。皇帝又发出另一道诏书，宣布撤销翁同龢的一切职务，并将他驱逐回江苏常熟县居住。圣旨说："协办大学士翁同龢，近来办事多不允协，屡经有人参奏。且每于召对时咨询事件，任意可否，喜怒见于辞色，渐露揽权狂悖情状，断难胜枢机之任。本应查明究办，予以重惩，姑念其毓庆宫行走多年，不忍遽加严谴。翁同龢着即开缺回籍，以资保全。"翁同龢也因此结束了他的政治生命。

光绪二十四年五月初九的上海《申报》刊出了《圣怒有由》一文，其中说："此次恭忠亲王抱疾之时，皇上亲临省视，询以朝中人物，谁可大用者？恭忠亲王奏称，除合肥相国积毁销骨外（指李鸿章政治上已经完了），京中唯荣协揆禄（荣禄），京外唯张制军之洞（张之洞）及裕军帅禄（裕禄），可任艰危。皇上问：户部尚书翁同龢如何？奏称：'是所谓聚九州之铁不能铸此大错者'。"皇上保全晚节，遂令解职归田。

又有文称："光绪初朝局，系翁一言。同僚议事偶有不合，翁辄怫然，常入报帝，必伸己意，众已侧目。而恭（亲王）久受挫，积憾尤深。病驾临视，太后问以遗言，泣奏翁心叵测，并及怙权，遂骤下罢斥之谕。"这就是说，朝中大臣，以临死的恭亲王为代表，认为坚决主战从而导致发生甲午战争的翁同龢"是所谓聚九州之铁不能铸此大错者"，其罪行是罄竹难书，所以一片参劾之声。此时若不让他退出朝纲，其未来的命运将难以保证。所以说皇帝让他退休归田，实际上还是保他一命。

但是由于要清算翁同龢的呼声不断，因此到了光绪二十四年（1898年）十月二十一日。皇帝又发出一道上谕，加重了原来对翁同龢的处分。上谕说："翁同龢授读以来，辅导无方，从未将经史大义剀切敷陈，但以怡情适性之书画古玩等物不时陈说，往往巧借事端，刺探朕意。自甲午年中东之役，主战拒和，甚至议及迁避，信口侈陈，任意怂恿，办理诸务，种种乖谬，以至不可收拾。今春力陈变法，密保康有为谓其才胜伊百倍，意在举国以听。朕以时局艰难，亟图自强，于变法一事，不殚屈己以从。乃康有为乘变法之际阴行其悖逆之谋，是翁同龢滥报匪人，已属罪无可逭。其余重大陈奏事件，朕间有驳诘，翁同龢辄怫然不悦，恫吓要挟，无所不至，辞色甚为狂悖。其任性跋扈情形，事后追维，殊堪痛恨。前令开缺回籍，实不足以蔽辜。翁同龢着即行革职，永不叙用，交地方官员严加管束，不准滋生事端，以为大臣居心险诈之戒。"这道上谕是百日维新失败后慈禧太后重新训政以后发出的，实际上就代表了慈禧太后最后对他的处置。

这样一位曾为两朝帝师、官居协办大学士兼军机大臣、户部尚书、总理各国事务大臣，位至一品的状元宰相，晚年却落得被革去所有官职，不但被赶回家，而且还要"交地方官员严加管束，不准滋生事端"。自后，他就只能往来于本地城乡之间，不敢离开常熟半步。

而且，百日维新失败以后，当时的军机大臣、满人刚毅曾经要求将翁同龢充军到新疆去。幸得当时任大学士的王文韶力保，才得以被免戍边。《茹经堂文集》中记载说："翁文恭公之被诬也，满员刚毅与之有宿怨，持之急，必欲置公于死地，朝议将以公戍边。当是时，人人阿刚意旨，无敢言者。浙江王文勤公夔石，时为大学士，争之曰：'我朝待大臣自有体制，列圣向从宽典。翁某罪在莫须有之间，今若此，则我辈皆自危矣。'事乃得解。人皆为文恭公庆，而传述文勤公之言，以为深知大体也。"六年后，光绪三十年（1904 年）五月二十日，翁同龢在常熟家中病逝，终年 74 岁，谥文恭。正是：

昏庸之首翁同龢，身为帝师傲僚阁；未谙国力尚请谈，甲午力主动干戈；

为难海军为难将，又阻谈判又阻和；举尽中华九州铁，难铸人间此大错。

6—2. 瓜分危机：翁同龢处理胶湾事件后的严重形势

翁同龢其人刚愎自用，目光短浅，缺乏政治家的魄力与远见，自私自利，作为举足轻重的朝廷大臣却无视国家大局，失败是咎由自取，所以历史上少有对他的正面评价。

甲午战争中翁同龢表现出在外交事务上与人的不合作，使得恭亲王和李鸿章都感到很头痛，但因为翁同龢地位高，又受皇帝恩宠，所以拿他没有办法。后来终于想出了一个好办法，既然他对别人办外交总是多方挑毛病，不予配合，那就让翁同龢自己来办外交。

于是，尽管他本人并不愿意，没有办过外交的翁同龢却于光绪二十一年六月间（1895 年 7 月间，此时，甲午战争已经结束，《马关条约》也已经于该年 4 月 17 日签订）被调入总理各国事务衙门。

清廷以前一直没有设立外交官衔，也没有专职办理外交的机构。这是因为清廷从来就不是在平等、外交的级别上承认其他国家，死死抱着天朝至上的思想，只是在藩务（封贡事务）和商务的基础上对待他国，因此朝廷排斥设置外交机构的需要。这些藩务和商务则是通过政务机构来处理。在鸦片战争前，藩务由礼部执掌，因为它们在本质上是一种礼仪事务。对俄国和边境事务由理藩院管辖，而与西洋海国的贸易则委派驻节广州的两广总督办理。事实上在两次鸦片战争期间，即从 1842 年到 1856 年间，两广总督和两江总督是当时主要代表中国处理外交事务的大臣。1860 年《北京条约》签订以后，西方各国取得了在北京派驻长期和常设的外交代表和外交机构的权利。因此中国就必须设立一个正式的官方外交机构来处理与各国间的外交事务，如接纳外国使节、安排使馆区、支付赔款、开放新口岸以及其他与条约规定的相关的必须执行的义务问题，都必须予以关注和解决。

于是，经恭亲王奏请，在英法联军事件发生后，于 1861 年 3 月 11 日在北京设立了总理各国事务衙门。它不是一个正规的政府部门，而是军机处下的一个下属机构。

总理各国事务衙门不能说是外务部或外交部，是因为他们是有差别的。外务部是国家正式机构，尚书、侍郎是它的主官，下面再设各类办事机构与办事人员，而总理各国事务衙门，或简称总理衙门，则也像军机处一样，只是为了办理对外交涉的需要而设立的临时机构而已。临时机构当然没有正式编制，办事人员由各其他各衙门中调来，称为"章京"，满汉各八名，在总理衙门中也没有主官，所有负责的都是奉派到这个衙门"行走"的王公大臣（军机大臣、大学士、协办大学士、各部尚书和侍郎），其性质就像是某位王公大臣被任命为军机大臣时就是说命他在军机处"行走"。恭亲王是总理衙门首任的、也是长期负责的大臣，军机大臣兼户部侍郎的文祥则是该衙门的主要大臣，他一直任职到 1876 年他逝世时。在总理衙门内设有五个股：俄国股、英国股、法国股、美国股和海防股，另有两个附属机构：海关总税务司和同文馆。

在此之前，翁同龢素来自负为遵守传统道德与尊重传统文化的元老大臣，他很看不起当时那些靠"洋务"起家的新派人物，甚至不愿接近一切与洋务有关的事务。

翁同龢被请到总理各国事务衙门来，就是他在恭亲王和李鸿章于办理对日外交时处处作梗所带来的后果，当时恭亲王坚持要把他拉来办外交，就是让他自己尝尝办外交的难处。虽然翁同龢一再推辞，但是最后还是被拉进了总理衙门。他在自己的日记中写道："六月十六日，臣与李鸿藻均在总理各国事务衙门行走。此前固尝一辞再辞，语已罄竭，无可说也。"

日后，也就是到总理事务衙门工作以后，他记录自己的工作是经常是"日伍犬羊，殆非人境"，"犬豕为徒，人生不幸"，可见他在与外国人的实际打交道过程中，才知道当时中国作为一个实力虚弱的国家（远不是他所想象的天朝大国）在与西方列强进行外交交涉时，处境是多么被动与无奈。在他亲手处理与德国的胶州湾事件交涉过程中，他完全领悟到了。

1895 年 4 月 24 日，即《马关条约》签订后仅六天，俄、法、德三国就联合照会日本，提出警告说，日本通过《马关条约》占有中国辽东半岛将威胁北京的安全，使朝鲜的独立成为欺人之谈，并且还威胁到整个远东的和平。三国干涉的始作俑者是俄国，因为沙俄对日本在亚洲大陆取得立足点，感受到威胁。其实，沙俄自己也早就觊觎辽东半岛南部的两个不冻港旅顺和大连。俄国的财政大臣维特伯爵就公开说："当务之急是制止日本渗入中国心脏和在辽东半岛取得立足点。"在 1895 年 3 月 30 日召开的御前会议上，由于当时日本陆军已经兵进辽东半岛，俄国人决定努力使辽东半岛保持"战前原状"，并建议日本停止攫取该地；若日本对此警告置若罔闻，俄国将从国家利益角度出发，采取任何必要行动，包括袭击日本的港口，逼其就范。此外，俄国宣称对中国无任何领土野心，当时法国作为俄法同盟的一员，由于有条约义务，也就支持俄国的行动，而德国一心想使俄国卷入到亚洲事务，以减少它对欧洲的压力，于是也参加干涉。面对三国干涉，日本不得不决定将辽东半岛归还中国，代价是中国须再支付 5000 万两白银的"赎辽费"，后来也是在三国干预下，减少为 3000 万两。1895 年 11 月 4 日，李鸿章与日本驻华公使签订了正式的赎辽协定。

胶州湾事件的发生，是在光绪二十三年（1897 年）十月间。在此以前，德国因为与俄国和法国一起，共同压迫日本向中国归还辽东半岛，以为自己有大惠于中国，亟盼能在中国沿海得到一个港口，以为自己发展东方势力的基地。当时德国的驻华公使巴兰德，曾一再向总理衙门提出交涉，总理衙门诸大臣以为此事万不能许，因为一旦同意了德国的要求，那么其他国家就会以有例可循为理由，向中国提出自己也要获得一个港口的要求，也就是后患无穷。因此一方面拒绝德国的要求，另一方面指示驻德国公使说明中国政府的立场。但是德国外交部答复中国公使说，俄、英、法等国在东方均已经有自己的海港，不会再有另外要求，因此一定要在中国租用一港口。此后双方几经商量，都没有得到结果，于是德国就有要通过武力压迫中国接受其要求的意图，当时德国选中的目标是山东半岛上的胶州湾。

光绪二十二年，德国新任驻华公使海靖来华之前就得到德国政府的指示，务必要达到租借胶州湾的目的。于是他到任后不久，就于光绪二十二年十二月向清廷总理衙门正式提出租借胶州湾，租期五十年，而其所据的理由，就是德国有干涉还辽的功劳，而中国未有回报。一方面德国坚持要租借，而另一方面中国则没有允诺的意思，显然，问题就陷入难办的局面。

光绪二十三年正月，海靖又向总理衙门提出租借胶州湾的要求，仍被拒绝。海靖将此结果报告德国政府，德皇威廉二世欲以武力解决，但是当时一方面由于俄国反对，另一方面由于此时中德两国之间并无其他纷争，因此德国兵出无名，所以德国也只好暂时作罢。

到了光绪二十三年的十月间，德国已经从俄国方面得到了它欲占据胶州湾的谅解，另一方面山东曹州府巨野县恰好发生德国传教士二人被中国人所杀的事件，德国皇帝认为出兵的时间已到，就命令德国军舰驶向胶州湾，十月十四日，德军登岸，并向驻在当地的清军提督章高元提出最后通牒，限他将所属防军在三个小时内撤出胶州湾，四十八小时内撤尽。山东巡抚李秉衡与直隶总督王文韶（接任李鸿章之职）即刻将德国的这种抢占行为报告清政府。当时光绪皇帝与军机大臣们做出的决定是：不与德国军队交战，但也命令守将章高元不得听德方的恫吓而任意撤退。这是荒谬的决定，自己的军队既不抵抗又不退，那不就是等着被俘，而胶州湾也就任其占领。而且，若德国已经完成了对胶州湾的占领，它还会与清廷谈什么？

既然皇帝与军机大臣们决定采取不抵抗而要和平解决的政策，这对德交涉的责任，就落到总理事务衙门头上了。由于翁同龢是新进来的总理大臣，而且又是皇帝的老师，恭亲王就说让你露露脸吧，于是恭亲王请旨派翁同龢和侍郎张荫桓同办此交涉事宜。

德国方面强占胶州湾是它既定的国策而且也是已成的事实，当然已经没有与它谈判的余地，它所要求的就是清廷政府必须答应它此时的要求（要求租借 99 年，而不是原来要求的 50 年），因此翁同龢无论怎样想就事而事与德国公使谈判，都无济于事。德国人一再敷衍他，如他在日记中曾写道："德今日所允，后日即翻，此非口舌所能了也……遣人往告海靖，余等即往。伊推却云：'有要事，不能候。'然则变卦显然矣。"

翁同龢以为，胶州湾的事、德国教士被杀的事以及后来德国提出要获得特权在山东修建铁路的问题，都可以与德国人分别来谈，谋求逐一解决。因为此时他还以为，俄国可能会在山东问题上帮助中国，向德国施压。

原来清政府以为中国既然在一年前就与俄国签订了中俄密约，规定两国有互相援助的义务，那么，根据条约的精神，俄国应于此时在山东问题上出面相助中国，压迫德国退出胶州湾。这是李鸿章及联俄一派的主张，慈禧太后也表示赞同，而俄国方面开始时也有所表示，如派出了军舰监视德舰的动向等。

但是德国人对付俄国人的办法却很高明。德国只想占据胶州湾并在山东取得特权，至少在当时这就是它的目的，它没有打算要在中国东北和朝鲜发展自己的势力，但它知道俄国人却想把那片地区划为自己的势力范围，然而却担心得不到其他列强的同意，因此迫切需要得到大国的支持。德国人看到了这一点，于是向俄国提出条件：如果俄国支持德国对山东的要求，则德国承认中国东北和朝鲜为俄国的势力范围。

当然，这都只能心照不宣，不能形成文字。于是俄国采取了一个试验行动：俄国将派其舰队到旅顺港过冬，并将此事通知德、英、日等国，德国首先表示同意，这就表明，德、俄两国已经就山东问题达成默契了。

既然俄德两国有了默契，俄国可以借德国的支持，甚至不顾日本的不满意，可以在中国的东北自由行动，而俄国也不反对德国占据胶州湾，这样德国对中国的态度就更加强硬了，不仅不肯再谈撤出胶州湾的事，而且还要求取得从青岛到济南的胶济铁路的筑路权，后来更是要求将铁路延伸到山东南部，也就是要取得山东全境的筑路权。

谈判到十二月时，翁同龢对德国人说，山东筑路权的问题应当缓议，以免其他干涉还辽国，如俄国，也会因此而提出其他要求。此时，海靖冷冷地回答说："俄国人已经得到了旅顺，何至再有别的要求？"

翁同龢这才恍然大悟，原来俄国兵舰在上个月借口借旅顺港过冬之事，早就定下了来了就不走了的计划，所以俄国人与德国人互相勾结以图中国的事就真相大白了。

其实，当时朝廷，包括恭亲王、李鸿章和翁同龢都未能看出德俄两国的这一阴谋。还痴心以为俄国会帮助中国，但当时翁同龢的谈判助手，侍郎张荫桓却敏锐地看出俄国是靠不住的，因此当俄国提出要从波罗的海调舰队来中国遏制德国时，张荫桓就向翁同龢一再建议不要俄国人派舰队来，请神容易送神难，果然，俄国舰队来到胶州湾外时已是冬天，于是借口过冬问题就进入了它多少年来梦寐以求的太平洋岸的不冻港——旅顺口，从此就不走了。后来 1905 年日俄战争中，日本人又从俄国人手中夺去了旅顺港，1945 年苏联对日宣战以后，它又重回旅顺港，直到 1955 年中国才收回旅顺港。

翁同龢觉得自己再无力应付这场谈判了，于是只好将谈判交给了李鸿章。

李鸿章最后与德国签订条约，同意德国租借胶州湾 99 年，并在山东境内享有筑路和采矿之权。

条约签订以后，俄国又借口德国获利太多，要求正式租借旅顺和大连 25 年以作补偿。同时获得权利从中东铁路的哈尔滨开始再修筑一条通往大连的南满铁路。

果然，德国租借了胶州湾和俄国租借旅顺和大连以后，接着就有一连串的连锁反应：

英国租借了威海卫，租期 25 年；

英国租借了拓展的九龙新界，租期 99 年；

英国还从清政府得到不将长江流域让给其他国家的保证；

日本得到了不将福建割让给其他国家的同样保证；

法国租借了广州湾，租期 99 年，并在云南和两广建立了它的势力范围。

这就使中国面临被瓜分的现实危险。

针对各国在中国都相继谋求获得自己的势力范围区，1899 年 3 月，美国首先提出各国应当在中国获得机会均等的商业机会，也就是"门户开放"政策，虽然这不是一项强制性的政策，美国也没有力量在中国强制推行它，但是，这项政策宣布以后，瓜分中国的势头得到了遏制，因为列强担心或者害怕它们互相之间会发生对抗与冲突，因此都谋求某种均势。

后来，当义和团在中国兴起，可能会促使某些国家借口保护自己的教士而变相攫取自己势力范围内的行政权力时，美国于 1900 年 7 月 3 日，发表了关于中国问题的第二份声明，宣称"门户开放"包括保护中国的领土和行政权力的完整。

由于各列强国家不得不在中国寻求均势，因此在"门户开放"的原则下，清皇朝才得以保持完整，避免了在 19 世纪末和 20 世纪初受外国列强瓜分的危险。

失去对朝鲜的控制，割让台湾和澎湖，被迫租借胶州湾、旅顺和大连、威海卫、九龙新界、广州湾，并同意西方列强在中国划定自己的势力范围等这些丧权辱国的记录，都是当时不计影响进行甲午战争所带来的严重后果。

面对国家如此凶恶的前景，于是革命党人在中国兴起了，并发出了感人肺腑的呼喊：

> 沉沉甜睡我中华，哪知爱国即爱家；
>
> 国民宜醒该当醒，莫待土分裂似瓜。

6—3. 戊戌变法：光绪皇帝亲政十年以维新失败告终

百日维新（1898 年 6 月 11 日—1898 年 9 月 20 日）是光绪皇帝亲政以后所实施的一项最重要的政治活动，在康有为、梁启超等维新派人物的启发、支持和推动下，意图要在维持皇家政权不变的前提下，对朝廷中已经延续了200 多年的治国理念、陈规旧法、行政结构、用人制度等进行大刀阔斧的改革，用新的治国思想、行政结构和规章制度来治理国家，所以称为维新运动。

当然在推行维新变法的过程中会遇到旧体制、旧官僚的强烈抵制，所以维新变法虽然是由光绪皇帝亲自倡导并主持实施，但自 6 月 11 日展开以来，收效甚微。

起初慈禧太后认为，只要没有威胁到大清皇朝的根本体制（也就是不废掉宗庙、不剪掉辫子）和不威胁她个人的地位与权威，她就不会对光绪皇帝推行新政进行实质的干预。百日维新期间，光绪帝曾 12 次前往颐和园听训。据苏继祖《清廷戊戌朝变记》记载："皇上自四月以来所有举办新政，莫不先赴太后前禀白，而后宣示，虽假事权，并未敢自专也。每有禀白之件，太后不语，未尝假以辞色；若事近西法，必曰：'汝但留祖宗神主不烧，辫发不剪，我便不管。'"所以慈禧与光绪的矛盾，不在变法与不变法，实际在权力的争斗。

但是，随着维新运动遇到的阻力越来越大，问题就越来越严重与尖锐了。

本来，8 月 2 日，光绪皇帝已经下谕旨要畅通官民言事渠道，各部院官员的上疏由各部堂官代奏，普通士民的上疏则由都察院代奏，不许"拘牵忌讳，稍有阻隔"，但是这道谕旨没有太多引起那些下面办事官员们的充分重视。8月间，礼部有一位官位不大的名叫王照（他是主张中国文字采用拼音的首倡者）的官员，上疏光绪皇帝，建议他出访日本及其他国家以考察各国政治，为我所用，还建议尊孔教为国教，设立教都和商部。但是礼部尚书怀塔布、许应骙、左侍郎堃岫、署左侍郎徐会沣、右侍郎溥颋、署右侍郎曾广汉（统称礼部六堂官，堂官就是在官署正堂办公的主事官员）不肯代奏。他们这样的态度惹恼了王照，再加上康有为等人的支持，王照于是坚持要他们代奏，称他所奏的事情，准还是不准应当由皇帝来定夺。可是怀塔布等还是不予代奏，王照便以此事为由，弹劾礼部堂官抗旨不遵。王照又具呈劾奏，责以阻遏新政；且声言如再不代奏，当径投都察院转呈。怀塔布不得已乃允其代奏，许应骙则又上折弹劾王照"咆哮署堂，借端挟制"；又谓日本多刺客，请皇上出游日本，是欲"置皇上于险地"，"居心叵测"。

　　这个问题的核心不在于王照的上疏内容是否可取，而在于礼部堂官竟然在维新的风口浪尖上公然抗旨，这是对皇上权威的极大挑战，这就使皇上非常愤怒，而堂官们的巧言相辩更让他不可忍耐，于是他又明令，此后各衙门如有上疏，原封递进，堂官不必拆看，"稍有阻格，即以违旨惩处"。9月4日，大学士徐桐等有意庇护怀塔布等人过关，光绪皇帝盛怒，当即指责礼部堂官故意阻挠上疏，还责问道："岂以朕之谕旨不足遵也。"表示对怀塔布等人"若不予以严惩，无以警戒将来"，遂下令将六名礼部堂官集体革职。对王照则以"不畏强御，勇猛可嘉"，赏给三品顶戴，以四品京堂候补。这是一件震惊朝野的大事，维新派当然极为兴奋，纷纷上疏言事；而保守派则纷纷跑到慈禧太后那里去告状，引起了太后的高度警觉。当时康有为建议皇帝推行的新政形势是：

　　改革行政体制的制度局不能成立；促使维新派以及品级比较低的官员们可以进言并能参与理政的懋勤殿不能重开；皇帝的谕旨下面不执行；守旧的官员们死抱着权力不放，开始维新以后发出了众多的诏令也遭到下面强烈的抵制，成效甚微；保守的官员们纷纷跑到慈禧太后那里去告状；7月，湖南邵阳举人曾廉上疏光绪皇帝，要求诛杀康有为与梁启超；8月已公布太后和皇帝10月将要到天津阅兵，而京城已有传闻说在阅兵时太后将废黜光绪皇帝。康有为和梁启超后来都说，旧党天津政变的阴谋是于百日新政开始后的第五天即1898年6月15日（戊戌四月二十七日）就已经确立的，不过很多人还认为，曾廉上疏使康梁看到了现实的危险。

　　形势看来是非常严峻的，问题出在哪里呢？军权！关键是皇帝没有掌握军权！

　　于是康有为迅速向皇帝提出建议，建议皇上仿照日本的军事体制，建立皇上拥有统帅权的参谋本部，选天下精壮忠勇之士从军效忠皇上。但是这种建议是难以在一时实现的，也就是远水解不了近渴，因此他又建议迁都，放弃旧势力的大本营北京，南迁以图新的局面。不过这也是难以实现的建议，光绪皇帝毕竟是一个满族皇朝的合法皇帝，他能抛弃祖宗基业和几个汉族人出走吗？

可见，当时康有为实际上对局势也是没有什么可以挽救的能力。

对于光绪皇帝来说，他已经感觉到现实的威胁了，不但维新没有什么实质性的成果，而且天津阅兵及将废黜他的流言，以及传来的太后对他罢免礼部六堂官的严重不满，他已经感到自己面临现实的威胁了。于是他下诏给杨锐，让杨锐与最近调进的几名支持维新的小军机（军机处章京）商议挽救危局之事，诏书中说："近来朕仰窥太后圣意，不愿将法尽变，并不欲将此辈老谬昏庸之大臣废黜，而用通达英勇之人，令其议政，以为恐失人心。虽经朕累次降旨整顿，并且有随时几谏之事，但圣意坚定，终恐无济于事。即如十九日之朱谕（指集体罢免礼部六堂官之事），皇太后已以为太重，故不得不徐图之，此近来之实在为难之情形也。朕岂不知中国积弱不振，至于陷危，皆由于此辈之所误？但必欲朕一旦痛切降旨，将旧法尽变，而尽黜此辈昏庸之人，则朕的权力实有未足。果使如此，则朕位且不能保，何况其他？今朕问汝，可有何良策，俾旧法可以全变，将老谬昏庸之大臣尽行罢黜，而登进通达英勇之人令其议政，使中国转危为安，化弱为强，而又不致有拂圣意？尔其与林旭、刘光第、谭嗣同及诸同志等妥速筹商，密缮封奏，由军机大臣代递，候朕熟思，再行办理。朕实不胜焦急翘盼之至。特谕。"

由这份谕旨中看得很清楚，光绪皇帝现在就是要想找到一个办法，既能实施比较彻底的变法，又能使慈禧太后感到没有违背她的意愿。而且，假如不考虑太后的意愿，作为皇帝一意孤行进行变法的话，则可能"朕位且不能保"。

应当说此时的光绪皇帝已经感觉到变法很难成功，但自己还没有到立即将陷入"位且不能保"的地步，所以这是一封求助的诏书，而不是求救命的诏书。

康有为和谭嗣同等见到此谕旨后都痛哭了，他们有什么办法可解皇帝之困呢？

此时，当然保护皇帝的安全是最重要的事，于是康有为等人不得不想到拉拢军人，必要时孤注一掷，即不惜对慈禧太后采取断然措施。

当时在清军诸将中，只有袁世凯曾经多年在朝鲜驻扎过，比较懂得中外形势，尤其很了解日本，主张变法，此时正受命练新军。在维新派以前在北京办强学会时，康有为曾经与他接触过，所以认为他是一个可以以事相托的军人。于是康有为通过谭嗣同奏请皇上对袁世凯加恩，希望袁世凯能够感恩，从而能在危急时候解救皇上，并在与旧党的斗争中争取主动权。应当说，这个想法和所采取的主动措施在当时的情况下应当是可以理解的，但前提条件是袁世凯必须是一个靠得住的且会感恩领情的人。

康有为以杜绝边患为由向光绪保荐袁世凯，并请皇帝召见他，"隆其位任，重其事权"，光绪接受了这个建议，立即电谕在天津的袁世凯来京陛见。

9月16日，皇帝接见了袁世凯，并授予他侍郎候补，第二天，袁世凯来谢恩时，皇帝又当面夸奖他在小站练兵有成绩，并且表示"此后可与荣禄各办其事"，也就是希望袁世凯直接向皇帝负责。康有为得知皇上破格重用袁世凯的消息后非常高兴，说："天子实在是圣明，这样的恩遇，比我们所期望的还要隆重，袁世凯一定会感戴皇恩浩荡而誓死图报。"

此时皇帝已认识到一旦形势发生变化，则康有为必将是第一个被打击的目标，因此就在接见袁世凯之后，光绪皇帝向康有为发出了让他立即离京去上海办报的上谕。皇帝在诏书中说："朕今命汝督办官报，实有不得已之苦衷，非笔墨所能罄也。汝可迅速出外，不可迟疑。汝一片忠爱热肠，朕所深悉。其爱惜身体，擅自调摄，将来更效驰驱，共建大业，朕有后望焉。特谕。"维新派感到已经快到生死关头了，在天津阅兵时要废黜皇帝甚至要杀皇帝的事已经不是空穴来风，可能已经是箭在弦上了，于是举兵勤王已是刻不容缓的事。

9月18日谭嗣同就去找袁世凯，将他们已经掌握天津阅兵时将要发生的废黜皇帝的阴谋告之袁世凯，袁世凯震惊之余，表示只要皇帝到天津后进入自己的营区，他就一定能保证皇帝的安全而且一定能杀掉荣禄。此外，谭嗣同还说，一旦解决了荣禄，北京的事就好办了，可以兵围颐和园，抓捕或软禁太后，那么，一切就都定了。但袁世凯并没有给予十分肯定支持的承诺。9月20日上午，光绪皇帝再一次召见袁世凯，并且答应袁世凯在完成任务后任命他为直隶总督，也就是接替荣禄的位置。袁世凯一方面向光绪说他已经命董福祥领兵入京，另一方面似乎又向皇帝透露了自己的一些想法，也就是劝皇帝办事切不可操之过急，而且还说变法的关键在于用人上，暗示维新派人物可能阅历太浅，办事可能有失偏颇，一旦有所闪失恐怕会连累皇上。或许他的劝告没有引起皇帝的注意，或者皇帝觉得大势已去，多说也没有用，因此也没有说什么。

然后，袁世凯立即返回天津，下午三时到达天津后，立即将在北京听到的维新派的计划全盘告诉了荣禄。荣禄随即乘下午五时的火车赶回北京，当天晚上，慈禧太后进宫。

谭嗣同

9月21日早晨，光绪皇帝失去了自由，随即被软禁在中南海的瀛台孤岛上。同日，以光绪皇帝的名义发布的谕旨称慈禧太后自同治年间以来，"两次垂帘听政，办理朝政，宏济时艰，无不尽美尽善"，所以皇上因自己有病在身"再三吁恳慈恩训政"，希望能"仰蒙俯如所请"，即宣布由太后重新训政。

这就是将朝中已发生的政变公布于众了，而从6月11日到9月20日的103天中所实施的"百日维新"也因此画上了句号。9月21日同时发布谕旨，命步军统领衙门逮捕康有为等，但康有为已于前一天清晨离开了京师，随后到了上海，后转日本，但他的弟弟康广仁被捕。梁启超也逃进了日本使馆，后来在日本人的帮助下流亡日本。

这里必须讲到另一位著名的维新派人物谭嗣同。

谭嗣同，字复生，号壮飞，湖南浏阳人，清末湖北巡抚谭继洵之子。少年就博览群书志向远大，不仅文章写得好而且是一身侠骨柔肠。当戊戌变法失败，朝廷开始捕捉维新派人物时，他关心的不是自己的安危，而是维新派的领袖与老师康有为的安危。当时康已获警报出逃，谭对尚未走的梁启超说："昔欲救皇上既无可救，今欲救先生（指康有为）亦无可救，吾已无事可办，唯待死期耳。虽然，天下事知其不可而为之。望足下试入日本使馆，谒伊藤氏，请致电上海而救先生焉。"他又说："不有行者，无以图将来；不有死者，无以酬圣主。"

被捕的最后时刻，他还在与民间侠士大刀王五等谋划营救光绪皇帝。在被捕的前一天，几位日本友人苦劝谭嗣同东渡日本以避难，甚至想强迫他走，但是谭嗣同说："各国变法，无不从流血而成。今中国未闻有因变法而流血者，此国之所以不昌也。有之，请自嗣同始！"也就是他要用自己的鲜血为国家富强开辟道路。关在狱中时他写了一首流芳千古的绝命诗：

望门投止思张俭，忍死须臾待杜根；

我自横刀向天笑，去留肝胆两昆仑。

戊戌六君子

9月24日，朝廷下令逮捕谭嗣同、杨深秀、杨锐、林旭、刘光第等人，并且于9月28日，与康广仁一起，在北京菜市口被处决，这就是戊戌政变中为实施维新而牺牲的"六君子。"在临刑的路上，谭嗣同还高呼："有心杀贼，无力回天，死得其所，快哉快哉！。"

百日维新所推行的变法运动终于以失败告终。康、梁等人后来当然总结了其失败的具体原因，大概有十几条。他们作为当事人，对具体失败原因的总结当然会更切合实际。但是，若不去讨论那些具体原因，从更宽阔的眼界来看，百日维新失败的原因主要是：

维新派的人物都很年轻，有理想但缺乏政治实践的经验。1898年时，康有为才40岁，其他的人都是他的弟子们，更年轻，而且都没有在政府任职的从政经验，他们对西方的了解也只是从书本上知道的。光绪皇帝更是一个没有真正经历过政治风暴的青年帝君。他们所设想的改革措施，如设立制度局、民政局以取代总理衙门、军机处和地方督抚等想法都是一些根本不可能实施的措施，而且也因此引起朝廷中现有官员的普遍惊慌，从而也自然遭到他们一致的反对。他们丝毫没有认识到，激进的变法实际上是对几千年儒家思想统治的国家和社会的一场挑战，必然会引起来自各方面的强烈反对，他们太低估了反对派的力量，那不仅是几个昏庸的老官僚而已，而是一股强大的朝廷官方力量和社会力量，凭维新派这几个小人物，是抵挡不了这股强大的反对力量的。

维新派太迷信光绪的皇帝地位与权威了，而完全忽视了大清朝廷的真正统治权实际上还是掌握在慈禧太后手中。一小帮缺乏政治经验的维新派人物根本动摇不了她的实际统治地位。军机处的大臣都是她任命的；军队掌握在她的亲信荣禄手中；宫中的太监监视着皇帝的一举一动；袁世凯也不敢背叛她，所以皇帝实际上没有权，依靠皇帝是成不了事的。其实，后来慈禧太后就说过："我并不反对变法，可他们为什么不来找我呀。"也就是完全漠视慈禧太后的存在而且后来居然想以暴力方式除掉她，那注定了其对手的完全失败。

百日维新虽然失败了，但其影响却极其深远：

　　首先，它表明了中国人民已经看到，在面临世界列强的侵略欺侮下，中国必须自强才能拯救国家，且首先是在民间强烈表露出这种认识，并化为一种要拯救国家的行动与力量，不过百日维新还仅仅将这种希望寄托在朝廷实现朝政改革上。

　　百日维新的失败表明在现有朝廷政权结构下，指望出现一个比较开明的皇帝，从而能实施自上而下的彻底改革，是绝对不可能的；而且一场关注国家命运的重大改革，没有广泛和坚实的政治、军事和群众的基础，只靠几个书生搬出几条措施，是不可能成功的。

　　因此，欲想救自己的国家，就必须推翻现在的大清皇朝统治，建立一个全新的共和国，从而以推翻大清皇朝为目标的革命派与革命运动随即出现了。

　　还有一种看法，即不一定要推翻现有的君主制度，但一定要废除现在的君主专制政体，而且不是简单在现有君主制下进行简单的改革，是要全面实施规范化的君主立宪政体，所以，随后立宪派与立宪运动也在中国全面兴起了。

　　由于百日维新的失败，使得慈禧太后得以第三次垂帘听政（实际上这一次称为训政，年龄已大，无须垂帘了，于是在金殿上皇位旁边再设一个座位，与皇帝平坐），大清皇朝的政治进一步向保守、腐败、官僚化和浑浊化发展，加速了大清皇朝从内部的毁灭。

　　由于光绪皇帝实施了百日维新，并且最后有拘捕或软禁慈禧太后的意图，因此加剧了慈禧太后与光绪皇帝之间的矛盾，随即就出现了要废除光绪和立大阿哥之事，但是这个举动又由于没有得到外国政府的支持，因此就使朝廷内排外的势头得到发展，结果造成义和团得到支持并被引进京城。

　　义和团进京以后朝廷就无法控制了，最后导致八国联军进北京的庚子之乱。

　　庚子之乱发生后，不但国力大衰，而且清皇朝对国家的控制能力快速衰落，革命派与立宪派的势力强烈兴起，满汉之间的矛盾与分裂继续扩大，猛烈冲击着清皇朝的统治。

　　在清廷内部，慈禧太后与光绪皇帝的矛盾继续发展，不顾皇室与国家的利益，慈禧太后坚持自己不能先死于光绪，因此临死前也必须将光绪皇帝害死，使得皇朝真正濒临死亡。

　　康有为曾兴奋地赞颂百日维新"扫两千年之积弊"，"顺四万万之人心"，"百日变政，万汇昭苏，举国更始以改观，外人色动而悚听"。

无论如何，戊戌变法是中国近代史上第一次思想潮流的大解放并在政治上付诸实施，对数千年的封建统治思想与行政系统进行了大胆的抨击与试图改革，因此可以说，它是中国近代思想启蒙运动的先驱，也为谋求变革的各种后继潮流的兴起开辟了道路。

十二年以后，辛亥革命发生，清皇朝在中国的统治随即覆亡。

不过，关于1898年9月20日下午，袁世凯自北京回到天津，是否立即就向荣禄告密，导致荣禄当天晚上就赶回北京，于是慈禧太后就于9月21日凌晨进宫，软禁光绪皇帝，对于此事目前史学界争论很多，关键是时间上不可能，本文对此不作评论。

第七章

欲废皇帝立大阿哥导致义和团庚子之乱

7—1. 太后再出：慈禧太后三训政，欲废光绪立大阿哥

1898 年的百日维新失败后，慈禧便对光绪产生了严重的不满，曾明确表示想废掉光绪。当时的情况是，甲午战败与签订《马关条约》以后，李鸿章在朝野上下都受到很多指责与压力，他不得不承担责任，因此被免去了所有官职，只保留了文华殿大学士的称号。

1896 年李鸿章被派出使俄国参加沙皇加冕典礼，并签订《中俄密约》。慈禧太后镇压百日维新后的 1898 年秋天，由于山东黄河发生了严重水灾，已经 75 岁的李鸿章又曾被派往山东勘查河工，但回京后还是没有受到重用。

慈禧软禁光绪以后，心中还是不放心，因为活着的光绪对她总是一个巨大的威胁，因此慈禧打算以对外宣布"帝病重"之名为谋害光绪打掩护，戊戌政变后的第四天，9 月 24 日。她就以光绪皇帝的名义广招天下名医，意在散布光绪病重的谣言，为废黜甚至谋杀光绪制造舆论。慈禧将编造的脉案与处方传示各衙门，于是京城各官衙都在猜测皇帝恐怕命将不保。

慈禧此举引起了各国舆论的注意，各国驻京公使对此当然心中都很明白，当时他们都支持光绪皇帝，他们立即发表声明要派医生到宫中查看皇帝究竟是否病重，这就是表明一致反对任何谋害现有光绪皇帝的图谋。于是英、法驻华公使当即决定派出法国医生为光绪皇帝看病，但却一再遭到拒绝。英、法使馆便不得不向总理各国事务衙门施压，称："荐医者非为治病吃药，缘贵国此番举动离奇，颇骇听闻，各国国家商定验看大皇帝病症，为释群疑，已奉国家之电，不能不看。"心怀鬼胎的慈禧却不敢得罪洋人，只好同意。

光绪二十九年九月初四（1998 年 10 月 18 日），也就是戊戌政变还不到

一个月，法国驻华公使馆派多德福大夫进宫为光绪皇帝看病。检查结果他认为光绪皇帝确实有病，但并非不治之症，他的检查结果是："体质衰弱，精神不振，面色苍白，食欲尚好，但消化缓慢，轻度腹泻。排泄物呈白色，且并未完全消化。频繁呕吐。气闷导致呼吸不均匀，发作时更显焦虑。肺部听诊未见异常。血液循环不好，常出现紊乱。脉弱而频，头痛，胸闷热，耳鸣，头晕，站立困难。除上述症状，腿、膝部明显发凉，手指触觉不明显，小腿痉挛，全身发痒，轻度耳聋，目光迟钝，腰痛。尿频最为关键。表面看，尿液白而透明，尿量不大；化验未见蛋白，尿浓度减淡。陛下尿频，量少，24 小时尿量低于正常尿量。陛下强调遗精，常发生在夜间，之后出现快感。这类梦遗，多由白日自由勃起功能减退所致。经认真分析这些不同症状，我确信此病系肾脏损伤引起，欧洲称'肾炎'或'慢性肾炎'。在服用药物治疗之外，需注意保养。"这就明确指出，光绪皇帝的病并非是致命的病，只是一个需要保养的病。

消息传到海外以后，各地华侨也纷纷致电支持光绪，甚至有数万人签名要求慈禧归政，确保光绪皇帝正常执政。

面对强大的压力，慈禧只得打消谋害光绪的主意，但她还是不甘心，于是打算借口光绪难以诞育子嗣为理由而"废黜"光绪，另立新帝，但是这种大事仍需试探各国的态度。可是慈禧手下的这群守旧派官员与洋人接触时，根本无法谈及此事，因此与李鸿章私交不错的，而且是慈禧当时最重用的首领军机大臣荣禄便走访李鸿章，请李去打探洋人对此事的态度。

熟谙官场进退的李鸿章一下子就认识到自己东山再起并重掌大权的机会来了，便不失时机地回答说，这是我们中国的内政，如果正式先询问外国人的态度则有失国体，但如果派我到外地去当总督（由于李鸿章的身份，只有这个官职能适合他），与我十分熟悉的这些外国使节们必来向我祝贺，这时便可顺便探问外国人的态度而又不失国体。

当时李鸿章除了想重掌大权以外，另一个想法就是远离京城，因为他本人实际上是不赞成废皇帝的，所以他要避开"废立"这一敏感的、甚至是可能有关身家性命的宫廷权力之争，李鸿章是何等熟悉朝廷事务的人物，深知"惹不起，躲得起"的策略。

荣禄觉得李鸿章说得有道理，于是几天后，1899 年底，李鸿章就被任命署理两广总督（原两广总督谭炳麟受岑春煊参劾而被免职）。

李鸿章再获重用任两广总督的消息传出以后，果然，外国使节们便纷纷前来祝贺。当李鸿章"无意之中"向他们谈及废光绪另立新帝的问题时，这些使节们虽然表示这是中国的内政，他们"理无干涉"，但又说，他们的国书都是呈递给光绪皇帝的，如果另立新君则是否继续承认尚需请示本国，以此间接的方式表示了反对废立之意。胡思敬《国闻备乘》亦有记述："及己亥谋废立，英公使私探其情于李鸿章。鸿章力辩其诬，因留之饮酒，徐试之曰：'顷所言，仆实毫无所闻。设不幸而中国果有此事，亦内政耳，岂有邻好而肯干人内政乎？'英使曰：'邻国固无干与之权，然遇有交涉，我英认定光绪二字，他非所知。'鸿章以告荣禄，为太后所知，益恨之刺骨。"

而恽毓鼎《崇陵传信录》也有记载："候选知府经元善在上海联合海外侨民，公电西朝，请保护圣躬。虽奉严旨命捕元善，而非常之谋竟寝。"当时，经元善闻知，预先避居澳门，得以幸免。

这样，荣禄和李鸿章等都认为"废立"之事不必操之过急，可先立储君性质的"大阿哥"，慢慢再图帝位，慈禧最后同意了此意见。

慈禧任命李鸿章为两广总督一方面是因为广东紧邻香港和海外，洋务活动多，中外交涉频繁，因此十分精通洋务的李鸿章是最佳人选；另一方面，康、梁本人就是广东人，而维新派也在海外华侨、华商中获得了广泛的支持，局势不稳，需要李鸿章这样官威显赫的人才能镇住。于是1900年1月7日，李鸿章离京南下，16日到达广州，17日接任两广总督。

慈禧太后曾想直接废黜光绪皇帝，另立新君之事，除了要打探洋人的态度以外，她还分别向三个最重要的封疆大吏：前直隶总督后两广总督李鸿章（当时赋闲在北京）、两江总督刘坤一和湖广总督张之洞征求意见。前面已经说到，李鸿章实际已经表明他是不赞成的。

张之洞是进士及第（探花）出身，不可能不知道这样一个著名历史典故：唐高宗李治欲立武昭仪为后，向大臣长孙无忌、褚遂良和徐世绩征询意见。长孙无忌和褚遂良都坚决反对，但徐世绩却很滑头，他说："此陛下家事，何必更问外人？"

张之洞就向徐世绩学习为官之道，他回复慈禧太后："此事权在太后，非疆臣所能干预。"这话在道理上没有什么大问题，或者说不无道理，但却明显表明张之洞不敢对这个问题表态。

然而，对同一问题李鸿章和刘坤一却都明确认为不可。其中，尤其是刘坤一，说了一句非常有名的话："君臣名分久定，中外之口难防。"刘坤一斩钉截铁地十二个字的回答，使慈禧太后不得不彻底放弃了废立的念头。所以舆论界都盛赞刘坤一"卓有操守，无愧大臣风节"，而张之洞则被人指责为人首鼠两端。

不过1900年初，慈禧还是决定立端郡王载漪之子溥儁为大阿哥，也就是实际上的立嗣君，明显有取代光绪之意。

《崇陵传信录》中记载说："一日朝罢，荣相（指首席军机大臣荣禄）请独对，问太后曰：'传闻将有废立事，信乎？'太后曰：'无有也，事果可行乎？'荣曰：'太后行之，谁敢谓其不可者？顾上罪不明，外国公使将起而干涉，此不可不慎也。'"于是慈禧就派荣禄去打听外国公使和几位大臣的意见，当得知他们都不赞成后，太后问："事且露，奈何？"

荣禄说："无妨也，上春秋已盛，无皇子，不如辄宗室近支子建为大阿哥，为上嗣，兼祧穆宗，育之宫中，徐篡大统，则此举有名矣。"

太后沉吟久之曰："汝言是也。"

于是在光绪二十五年十二月二十八日，慈禧召集近支王公、贝勒、御前大臣、内务府大臣、南上疏房翰林、部院尚书于仪鸾殿。上下惊传将废立，内官有人言道："今日换皇上矣！"迨诏下，乃立溥儁（御前大臣端郡王载漪之子）为大阿哥，溥儁当时15岁。

其实，溥儁的祖父惇亲王奕誴作为道光帝皇五子，与恭亲王、醇郡王（同治十一年晋封亲王），还是亲兄弟，在辛酉政变前夕，他与恭亲王、醇郡王不同，反对"太后垂帘"，对恪守祖宗家法的肃顺、载垣、端华等人很是同情。当惇亲王听到奕訢与慈禧密谋除掉肃顺等顾命八大臣后，在同肃顺等一起聚餐时，当着恭亲王、醇郡王的面，用手提着肃顺的辫子大声说："人家要杀你哪！"肃顺当时对即将临头的大祸并未察觉，以为不过是开玩笑，只是低着头连声说："请杀，请杀！"

肃顺等人被诛杀后，醇郡王向慈禧密奏惇亲王泄露机密一事，慈禧从此恨透了惇亲王，始终不让他参军国大事，使其老死于宗人府宗令任上。其子载濂按例应降袭郡王，慈禧含恨特命降袭贝勒。恭亲王看不过去，据理力争，慈禧才勉强给加上郡王衔，但仍命降袭贝勒。

对于立大阿哥一事，当然此时已被软禁在瀛台的光绪对此无可奈何，但是对这样一件清宫廷的大事，驻北京的外国使节居然都十分冷淡。对于溥儁被立为大阿哥，他们在礼仪上也都不到端郡王府致贺，明显表示不满和拒绝此大阿哥。

史书中记载："立嗣之诏既下，载漪谓其仆曰：'各国公使将于今日来贺溥儁为大阿哥，汝等宜准备茶点。'至夜寂然。
初二载漪又命仆备茶点，至夜又寂然。初三载漪
复命仆备茶点，至夜复寂然。自是载漪之痛恨外
人，几如不共戴天之势。凡有满汉官员之谒见载
漪者，载漪则谓之曰：'予见中国说部（即章回
小说）中，恒有剑仙侠客，何至今寂寂无闻？'
谒者叩之曰：'汝欲剑仙侠客何用？'答曰：'吾
欲用其力杀尽外国人。'谒者乃笑谓之曰：'世
无剑仙侠客久矣，汝将安所求？即求而获之，只
杀一二外人，安能将外人尽杀之耶？汝欲杀尽洋
人，不必求诸剑仙侠客，但求诸义和团可耳。'
于是义和团之祸，胎于此矣。"因为未获洋人支

大阿哥溥儁

持，预定要在光绪二十六年四月举行的光绪让位的典礼也被迫取消。

溥儁入宫后，宫中诸人心目中都认为溥儁必将是新的皇帝，而视现在的
光绪皇帝为一个"赘瘤"了。而且溥儁其人又生性骄傲，竟私下称皇上疯且傻，
常常出言不逊，但是光绪皇帝假装不知，也不予计较。

当时外国公使们都不买溥儁的账，慈禧非常恼怒，老年慈禧最担心的是
洋人支持光绪重新执政，对于割地赔款这种国家的耻辱她能容忍，但对于这
样一件洋人直接使她颜面扫地的家事却难以容忍，而同样是对洋人心怀恨意
的端郡王更是百般挑拨，于是他将所谓"刀枪不入"和"扶清灭洋"的义和
团极力推荐给慈禧，从而接着就发生了排外的八国联军庚子之乱。

乱后处理善后时，端郡王载漪被发配新疆，因而1901年底其子大阿哥溥
儁也被废，以后就一直没有再立嗣君。光绪虽然被软禁，但还是保留了皇位。

由此我们现在可以先来说一下，1900年义和团之乱总体是怎样引起来的。

本来光绪皇帝还小时，慈安与慈禧两宫垂帘听政，当时慈禧太后对外国
列强的态度还比较理智与客观，认识到中国虽受西方列强的侵略因而与西方
列强有仇，但不能靠杀几个洋人和烧几个教堂就可以报仇，报仇需要国家自
强起来。

但是在戊戌政变之后，西方列强各国都对光绪皇帝表示同情，不但关心
他的安危，而且十分明确反对慈禧废光绪，同时也反对另立溥儁为大阿哥以
代替光绪的企图。

此外，西方又将慈禧恨之入骨的康有为和梁启超等人给予政治庇护，拒

绝向清廷引渡。

这就使得慈禧太后在对待西方各国的态度上丧失了理性，因而义和团此时所鼓吹的仇教排外主张很快就得到了慈禧的赞同，在端郡王等人的怂恿下，她同意将义和团引进北京城，而义和团进了北京就无法驾驭了，结果造成在北京城内大肆屠杀洋人与基督教徒并且进攻使馆区，最终导致八国联军进北京，酿成了后果空前严重的"庚子之乱"。正是：

　　太后意废光绪皇，封疆大吏话凛然；君臣之名分已定，中外众口最难防。

　　无奈且拥大阿哥，欲在他日谋帝王；香茗盛点迎公使，不屑一顾遇冷场。

7—2. 巴结奉承：何以端郡王之子溥儁会立为大阿哥

所以后来人们分析慈禧这个人时，说她可以无视公仇而不能忍私愤，即她是一个从不考虑国家利益的人，而只图保持自己的权势。

然端郡王载漪何许人也，为什么会将他的儿子立为大阿哥？

中国古代贵族的爵位有公、侯、伯、子、男五个等级。

而在清代，按照他们在关外建立政权时留下的满族制度，其宗室的爵位在封赏时共有功封、恩封、袭封和考封四种形式十二等爵，其中辅国将军以上还分世袭罔替和世袭递降两类。一般情况下，因为功封王爵者多属世袭罔替，也就是俗话说的"铁帽子王"。而由恩封爵位者则多属世袭递降，但在递降到辅国将军这一爵位时便不再递降。也就是获得亲王、郡王、贝勒、贝子等爵位的宗室若不是世袭罔替，则后世继承爵位时每承继一次便递降一等。例如某位非世袭罔替亲王去世后，他的某一儿子继承他的爵位也只能成为郡王，而到孙子辈时就要降到贝勒，一直降到镇国公后就不再降袭，成为世袭罔替。

无爵位的宗室叫"闲散宗室"，恩准可以使用四品顶戴。

满族"铁帽子王"只有十二位，都因为其祖先功勋卓著被功封或被恩封，被赐世袭不降封典。这十二位承袭爵位无需降等的满族"铁帽子王"，其中八位是在清朝开国之初立下战功的皇亲宗室：即清初的"八大铁帽子王"，均属功封，也就是那一辈的这八位王爷都是在建立清皇朝的过程中立有赫赫战功因而获得王位的封赏，他们的封爵都可以世袭罔替，永不降袭。当初是何封爵，无论几代以后，仍是何等封爵，如同戴上了铁帽子一样，永远不替、不变。十二位铁帽子王中，清初钦定功封的"八大铁帽子王"是：礼亲王代善、睿亲王多尔衮、郑亲王济尔哈朗、豫亲王多铎、肃亲王豪阁、承泽亲王（后称庄亲王）硕塞、克勤郡王岳托、顺承郡王勤科德浑八家。八王的子孙，均可由一人永远承袭亲王或郡王的爵位。因为他们功勋卓绝，故获得世袭罔替的永久封爵，同时还享有配享太庙的殊荣。

另外四位属于恩封，他们是清代中后期在稳固江山中立功而受封的，即怡亲王允祥（在康熙晚年的皇位争夺战中，由于皇十三子允祥坚决支持后来承继帝位的雍正，所以雍正即位后被授予他怡亲王爵位，后来在乾隆三十九年，更特命怡亲王为世袭罔替）以及同治朝及以后的恭亲王奕䜣、醇亲王奕谭、庆亲王奕劻。

再具体说，在封爵中，粗分有亲王、郡王、贝勒、贝子、公五个等级，称为五显爵。

细分则有十四个等级，由高到低分别是亲王、郡王、贝勒、贝子、镇国公、辅国公、不入八分镇国公、不入八分辅国公、镇国将军、辅国将军、奉国将军、奉恩将军，另外还有奉特旨才加封的亲王世子和郡王长子。所谓"入八分"或"不入八分"，也是一种爵位区分。入八分的镇国公、辅国公，可享用朱轮（红车轮）、紫缰（乘马用紫色缰绳）、宝石顶（一品官员用珊瑚顶，宝石在珊瑚之上）、双燕华凌、牛角灯、茶搭子（盛热水的壶）、马坐褥和门钉（府门上的铜钉）等八样装饰品或用品。各级爵位的年俸，大致是每降一级，年俸就折半，即亲王年俸10000两、郡王5000两、贝勒2500两、贝子1300两、镇国公600两、辅国公300两等。可见，对于爵位较低的皇室成员，其年俸是很低的，他必须另找其他谋钱的渠道。

现在再来说端郡王载漪。

载漪本是道光皇帝第五子惇亲王奕誴之次子，所以就辈分来说，他是慈禧太后的侄子，是光绪皇帝的堂兄弟。奕誴有八个儿子，其中有五人封爵位：长子载濂，贝勒加郡王衔，庚子之乱后被革职，由四子载瀛袭贝勒，其他的三子载澜、五子载津俱封辅国公。

那么为什么其第二个儿子载漪倒成了端郡王呢？

因为载漪的爵位封号不是来自他父亲这一支。原来有一个瑞亲王绵忻，是清仁宗嘉庆皇帝的四子，是排行第二的宣宗道光皇帝的弟弟，早在嘉庆二十四年就因恩被封为瑞亲王。绵忻死于道光八年，只有一个儿子奕约，绵忻死时他才一岁。于是奕约长大以后承袭父亲的爵位成为瑞郡王，并改名为奕志。但是他很短命，死于道光三十年并且没有留下儿子。原来有封爵的皇

端郡王载漪

族因为没有儿子继承就会导致"国除"，这当然是很可惜的事情。于是在这一年即位的咸丰皇帝就要奕誴的第二个儿子载漪前去承继，袭爵为贝勒。这样，奕誴就有两个儿子得封为贝勒了，否则载漪就只能像他那两个弟弟一样只能受封为辅国公，比贝勒要低两等。当时他运气不错现在当上了一个贝勒，那后来又怎么成了端郡王呢？在《清史稿》瑞亲王绵忻传中是这样记载的："咸丰十年，命以惇亲王子载漪为奕志后，袭贝勒。光绪十九年，加郡王衔。十九年九月，授予御前大臣。二十年，进封端郡王。循故事，宜仍旧号，更名端者，述旨误，遂因之。"原来光绪十九年载漪获得郡王衔，光绪二十年正式晋封郡王，由于他现在已经归于瑞亲王这一支，因此他应当受封为"瑞郡王"，但是，当时军机处受命拟旨将载漪封为瑞郡王时，却误将"瑞"字写成"端"字，圣旨已经写成并宣示，不能更改，于是载漪就因此成了端郡王。当然，对于载漪来说，这并没有什么大关系。载漪本来是袭封贝勒，为什么在光绪当政时又被提升为郡王呢？

这与他善于奉承慈禧太后极有关系。光绪皇帝的皇后叶赫那拉氏，是慈禧太后的内侄女。她的父亲桂祥，就是慈禧太后的亲弟弟。桂祥有三个女儿，长女就是后来在宣统期间被尊称为隆裕皇太后的光绪皇帝的皇后，次女就是端郡王载漪的福晋，三女则是辅国公载泽的夫人。载漪娶桂祥的二女为妻，恐怕就是有心要巴结慈禧太后。

光绪十五年正月，光绪大婚；过后不久，载漪也完成了对桂祥二女儿的迎娶。

又不久，光绪十九年，贝勒载漪加郡王衔；再过一年，光绪二十年，载漪正式晋封端郡王，成为御前大臣。由此可见，由于联姻，载漪是很得慈禧太后的欢心。

等到戊戌政变发生以后，光绪皇帝失去了太后对他的信任，太后因此要考虑废除光绪而先立一位大阿哥，所以端郡王的儿子溥儁首先入选为大阿哥就不足为奇了。正是：

溥儁家出端郡王，太后娘家两亲房；

自当遵奉懿旨示，何敢逾越半步墙。

百日维新当然是晚清时节的一场政治改革运动。

在晚清那个政治昏庸、吏治腐朽、民生凋零、国势颓废的形势下，在朝廷中出现这样一场力求进行改革的维新运动，并不足为奇；

在不具有牢固的基础也没有强有力的支持下，且面对强大而顽固的反对势力，仅仅只依靠几个书生进行的这场改革活动，最后以失败告终，也不足为奇。

在这场改革运动失败以后，有几名改革的坚定支持者与发动者，最后被重新掌政的顽固保守派所捕杀，这也不足为奇。

改革失败以后，改革的鼓吹者与组织者康有为与梁启超被朝廷通缉并被迫流亡海外，这更是不足为奇。

令人不可理解的是，虽然这次百日维新运动是要对朝政进行一定的改革，但为什么一开始就在慈禧太后与光绪皇帝之间散布出血腥味，一个传言在天津阅兵要废黜皇帝，一个要动兵包围颐和园并捕捉慈禧太后，且不论这是否都是真的，但这确实表明了，在那个时候，一说要对朝政进行一些改革，就立刻要刀兵相见，大动杀机，这样的朝政还有希望吗？

尤其是，在粉碎百日维新之后，也不分析光绪皇帝在这场改革运动中到底起了多大的作用，是主谋还是被怂恿，更不顾皇家政权中皇帝的地位与影响，尤其是不顾母子之情，慈禧太后竟然从此就将光绪皇帝进行软禁，并再度临朝训政，使皇帝完全成了一个傀儡。她这样做，朝政不向前发展，居然又走回到慈禧太后的个人专政，晚清还会有希望吗？

不但如此，她竟然不计后果，还要正式废除皇帝，这就把皇家危机推到极点了。那后果会是怎样呢？

昏庸而愚昧的慈禧太后自己当然没有预料到，但历史却记录了晚清朝廷如何一步步走向灭亡路。

7—3. 义和团起：四任山东巡抚对义和团的不同态度

现在我们就来看义和团兴起与导致八国联军进北京的具体过程。

洋人反对慈禧太后废黜光绪并且也不支持她立大阿哥，这毫无疑问大大加深了她和端郡王、刚毅等清朝廷中的极端顽固分子对洋人的仇恨。

不但如此，由于屡次战败，几十年来受洋人的欺负使得中国老百姓，无论是士人、官吏、士绅和普通群众，都感到自己的民族自尊心受到了极大伤害。尤其是，那时在中国土地上趾高气扬的外国公使、领事、商人、传教士们，都肆意欺负中国人，甚至一些加入了基督教的中国教民也狐假虎威欺压邻里，使得在中国的下层，孕育着一股强烈的报复欲，正等待爆发。同治九年（1870年）天津教案的发生就是一种前奏。

由于几千年来，中国社会和中国人民所接受的精神教育都是来自儒家、道教与佛教，所以特别憎恨在炮舰保护下入侵中国的基督教。1858 年的《天津条约》允许基督教在中国内地自由传播，1860 年的《北京条约》又给予了外国传士在中国购买土地和兴建教堂的权利。但是，由于几千年的中国传统文化已经在人民的心中深深扎根，所以外国的基督教一时很难在中国找到皈依者，于是传教士们为了发展信徒，就转而向那些皈依的信徒们提供补助金，和为他们提供免受官方干扰或惩罚的保护，这就使得这一批人在乡里为所欲为，深为邻里们所厌恶，当然这种厌恶情绪更会发泄到传教士们身上。尤其是这些所谓基督教徒不向中国庙里的菩萨磕头，也不崇敬孔子和自己的祖宗，只信仰所谓的上帝，也不参加本地每年神圣的祭祀活动，这是对中国几千年的传统信仰的公然挑战，实事求是地说，这种"异端邪说"的基督教被允许在中国的传播，是当时引发中国人民强烈排外的一个基本原因和焦点。

鸦片战争以后，外国商品开始大量进入中国，对中国的民族经济也造成了巨大的冲击。1899 年中国的贸易赤字达到 6900 万两银子，为平衡赤字，政府就加重税收，而且要求各省向中央捐款，最后负担还是落在老百姓身上。老百姓生活困难加剧，当有太平天国作乱时，他们将这个原因归结于太平天国，而太平天国也是信奉洋教唆使而酿成的，所以最后一切仇恨还是集中在洋人身上。此外，洋铁路在中国的大量兴建，使得成千上万的船夫、车夫、客栈店主和商贩失业，昔日无比繁华的大运河日渐衰败，这一切由于外国人来了所造成的负面影响，也使中国人将敌意转向了外国人和外来的事务。

1898 年黄河决堤，淹没了山东境内几百座村庄，殃及一百多万人，而1900 年在华北，一场大旱灾又接踵而来。自然灾害的受害者很自然就将这种天灾的不幸归咎于外国人，认为是洋人宣传异端邪说和阻碍人们崇拜孔子和菩萨与祖先触犯了神灵，而且指责外国人在修铁路时毁坏了地理龙脉，在开矿时放走了镇山的宝气。而有知识但相信风水的士绅们也都认为洋人应对破坏土地的平静和扰乱风水的自然功能负责，因为这打破了几千年来这片土地上人与自然的和谐相处。所以中国人要能过安宁、美好的生活，就必须消灭洋人的这些恶劣影响。

但是人们也知道，洋人有洋枪和洋炮，经历了几次战争，中国人已不可能用军事手段赶走他们，于是就有一些人天真地相信，中国人可以利用某种超自然的力量来使枪炮不起作用。

这样，在国家经济一片萧条，人民极度贫困，对外国帝国主义的极度愤恨以及尤其憎恨外国传教士的氛围中，一场大规模的排外运动 1900 年就在中国爆发了，那就是义和团运动。

外国人称参加义和团的人为"拳民"，因为这个组织原来叫作义和拳，其成员都练习中国的传统武术——打拳。义和拳本是 1796—1804 年起事的白莲教中的八卦教的一个分支。官方文件中第一次提到义和拳是在 1808 年，也就是将近 100 年前了，那时主要是在山东与河南等地。然后各种不同名字的拳术继续发展，并于 1818 年进入到直隶境内。一直到 19 世纪 90 年代以后，这个组织就开始具有排外的性质了，它正式继承了以前的名字：义和拳，宣言要杀死洋人和他们在中国的帮凶。

此时保守的山东巡抚李秉衡没有禁止他们的活动，"光绪乙未（光绪二十一年），秉衡抚山东，仇视西人。有大刀会，主仇西教，秉衡恒奖许之。丁酉，大刀会杀二教士，德人请褫秉衡职，不许，转秉衡川督。"李秉衡因教案被调离山东以后，其继任者是张汝梅，这位巡抚不太支持拳民，但是当时拳民已经在山东渐成气候了。

后来张汝梅的继任者毓贤却与李秉衡一样，也很支持拳民，"有自称义和拳者，建'保清灭洋'旗，掠教民数十家。毓贤庇之。"而且 1899 年毓贤将其改名为义和团，并称他们为"正义与和谐的民兵"，既然说他们是民兵，这就意味着可以利用他们了。毓贤曾对人说："义和团魁首有二，其一为鉴帅，其一为我也。"这里所指"鉴帅"就是李秉衡。

此时，拳民们已经声称要杀尽在中国的"毛子"——外国洋人为"大毛子"，中国的天主教徒和从事洋务的人为"二毛子"，卖洋货和用洋货的是"三毛子"，可见此时其排外的势头已经是杀气腾腾了。

为吸引老百姓相信他们的力量与作为，他们宣称加入义和团以后并经历一百天的训练以后，就可以刀枪不入，即子弹不能伤害他们，而修炼四百天以后就能飞天。他们广泛利用神符、咒语和神圣的仪式来祈求获取超自然的力量。在战场上，他们通常一面念着据称能招来天兵天将的魔咒，一面焚烧

毓贤

纸人。而且，由于排外，他们都不用洋枪洋炮，而只用大刀和长矛。义和拳原来是不带政治色彩的，但由于演变成排外的组织以后，从十九世纪九十年代以后，他们的口号就变成"保清灭洋"，这就真正意味着他们可以成为清朝廷用来对付外国人的力量了。

回顾一下1897年11月，两名德国传教士在山东被杀，德国出兵占领胶州湾，在形势紧迫和德国人的压力下，朝廷被迫解除了李秉衡的职务，并任命张汝梅为山东巡抚，拳民发展有所压抑，但不久毓贤被任命为山东巡抚，他却十分支持已称义和拳的拳民，并将他们正式改名为义和团，而且也正式打出了"保清灭洋"的政治口号，同时这位巡抚还出钱设坛请义和团公开来训练清兵，这样的练兵坛设了三百多个，且大多设在受水灾最重的大运河以西，所以，更受老百姓的关注与支持，从而，义和团对外国传教士和中国皈依基督教的信徒们的攻击就逐步升级。

1899年12月，在外国的压力下朝廷不得不撤掉毓贤的职。毓贤回到北京以后向朝廷大力推荐义和团可用，并把任何压制义和团的行为都谴责为损害中国自身的利益。

在朝中，端郡王、庄亲王和军机大臣刚毅对他的陈述极为赞赏，并一致向已充满对洋人仇恨的慈禧太后建议利用义和团，觉得因立大阿哥一事受到了洋人侮辱的慈禧太后便欣然接受了这一主张，所以毓贤立即又被任命为山西巡抚，而工部右侍郎袁世凯于1899年底被任命署理山东巡抚，并指示袁世凯对义和团要安抚与劝说而不要镇压。但袁世凯是不相信义和团的，而且袁世凯在山东最成功的一着就是制止了义和团在山东的继续发展。

袁世凯山东上任之初，济南的西南部已经发生了义和团运动，并杀死了英国传教士布鲁克斯。袁世凯有远见地看到怂恿义和团的政策将导致严重后果，所以他便在山东全省打击义和团势力，保护守法的外国人的生命财产安全。他成功地做到了这点，但这明显的亲外政策却引起对义和团采取鼓励政策的顽固派们的不满，那些相信义和团"刀枪不入"骗术的人士也对他群起而攻之。愤怒的底层民众更咒骂他是"混世魔王"，声称要"替天行道"除掉他。

当时，山东义和团派出了一名代表去游说袁世凯。他告诉袁世凯，民间仇外情绪正在猛烈上升，巡抚大人应当"顺应民意"铲除洋毛子，让他的子民们从万恶的西化风中解脱出来。但是见多识广的袁世凯当然没有相信这个朴实的义和团代表的话，他明确地说，想把洋人赶出中国的时代已经过去。然而义和团代表却坚定地说，他们与洋人斗争的胜利是确定无疑的，因为义和团的弟兄们都有法术护身，洋人的子弹不能伤及他们分毫。

对此，袁世凯严厉地回答说，他的士兵们手上就有这些子弹，义和团不妨在此公开做个法术表演，但被这名代表拒绝了。袁世凯自然不会放过他们，于是热情地邀请义和团的头目们到巡抚府邸来赴宴，等他们到齐了，酒过三巡以后，袁世凯突然命令他们沿着院墙站成一排，一帮士兵举着洋枪对准了他们，义和团的首领们当然万般恐惧地求饶，但袁世凯毫不犹豫命令射击，枪声响过以后，义和团的首领们无一幸免。袁世凯就是用这样一场鸿门宴结束了义和团在山东的发展，也成功地阻止了义和团向中国南方的扩散。

袁世凯就任山东巡抚以后，奏请将原有山东勇队 15000 人改编成武卫右军先锋队，重新训练，换发新式毛瑟枪，以后又陆续将勇队改编成左翼防军、右翼防军和海防防军，部署在全省各地，有了这样的武装力量，他就能在全省各地对义和团进行全面的镇压。

袁世凯因此被义和团痛骂为汉奸和二毛子，街头巷尾都贴满了辱骂袁世凯的文字，但义和团毕竟在山东被肃清了。

然而袁世凯初到山东时，也就是在 1899 年底，朝廷并不希望他严厉镇压义和团，他刚到任署理山东巡抚，朝廷就发来一道电旨："拳民聚众滋事，自无宽纵酿祸之理。唯目前办法，总以弹压、解散为第一要义。如果寻击官兵，始终抗拒，不得已而示以兵威，亦应详查案情，分别办理，不可一意剿击，致令铤而走险，酿成大祸。着袁世凯相机设法，慎之又慎。倘办理不善，以致腹地骚动，唯袁世凯是问。"但是袁世凯还是坚持对义和团不能纵容的政策，他虽然没有大规模屠杀义和团，但却逼得义和团无法在山东存在。

经过他的幕僚张人骏的点拨以后，袁世凯就根本不相信装神弄鬼的义和团有什么法术，也就根本不相信他们能与洋人打仗，更不能将洋人赶跑，在他的眼中，义和团如同土匪，他们所谓的法术都是骗人的。他真正担心的是若义和团"势成燎原，不可向迩，国家又何以善其后？"所以他进而看到山东现实的危险：山东有英、德两列强的利益所在，倘因骚动过久且势头不能得到有力控制，洋人就会找到借口，出兵助剿，而且可以因此而深入内地，那就不仅是山东一省的事情了，所以他作为山东巡抚，不能让义和团在他的眼皮下得到蔓延，这一点袁世凯在山东是做对了。然而袁世凯仅是山东巡抚，他可以采取断然措施制止义和团在山东及其向南的发展，但他却管不了别的省，尤其是邻近的直隶省。

事实上，在端郡王载漪和军机大臣刚毅以及山西巡抚毓贤等朝廷重臣的支持下，义和团在直隶和山西等地得到了迅速的扩张，并于1900年6月最终酿成了"庚子之乱"，导致八国联军进北京，也就是其结果不但正如袁世凯所虑，而且要严重得多。

总的来说，山东义和团的发展在光绪二十一年到光绪二十三年间（1895—1898年），最初支持者为山东巡抚李秉衡，而毓贤任山东巡抚时得到最大的发展。1900年3月袁世凯任山东巡抚后，他们被逐出了山东而去了直隶和山西，在那里他们受到端郡王载漪和军机大臣刚毅和山西巡抚毓贤的大力支持与纵容，并得到慈禧太后的允许，最后被利用作为一种暴力的政治工具，1900年6月就导致了严重的庚子之乱，时间离袁世凯正式任山东巡抚（1900年3月14日）才三个月，可见当时义和团发展之快。

义和拳的兴起本来是出于中国民间对外国传教士在中国传教活动的不满而兴起的一个有群众广泛参与的活动，但由于普遍的无知、愚昧与迷信，竟然相信什么"刀枪不入"的欺骗，成了一个带有迷信信仰的有组织群体，然后再受到朝廷中一些有仇外情绪官员心怀政治目的的支持、利用与怂恿，导致最后发展成一支极端仇外和具有巨大破坏力的武装力量，终于在中国近代史中为国家酿成了大祸。

7—4. 酿成大祸：立大阿哥遭冷遇，端郡王怒引义和团

毓贤本来是通过端郡王载漪的提携才得以出任山东巡抚的，而且也深知端郡王载漪因洋人不支持朝廷立大阿哥的事，所以他对洋人深怀恨意。因此当毓贤就任山东巡抚以后，发现山东有自称刀枪不入、不畏洋枪洋炮的义和团，于是他立即派人报告端郡王：山东省的拳民，技术高明，不但刀枪可避，而且枪炮不入。这是皇天保佑大阿哥，特生此辈奇才，扶助真主。望王爷立即召集，令他们保卫宫禁，预备大阿哥为后用。

端郡王载漪接到此密报当然高兴得不得了，他认为慈禧太后现在之所以不能立即废光绪而立大阿哥为帝，主要是顾忌洋人利用坚船利炮强制进行干预。现在若能得到这种不畏洋枪洋炮的义和团拳民的保护和支持，那驱逐洋

人就没有任何问题了，自己的儿子大阿哥溥儁也就可以早日登基，自己也就成了太上皇了。那时，不但光绪，甚至已入暮年的慈禧，都将不得不让位与让权给他们父子。

所以他立即将这个密报转告慈禧太后，但慈禧却并不完全相信，并以东汉末年张角等人以妖言惑众，终于导致天下大乱、汉室覆没的历史来驳斥端王。于是端王建议先进行实际试验与考察，若拳民果有异术，再行征募。并选其中之特别忠勇强壮者，送到内廷效力，并负责传授侍卫与太监，以便将来消灭洋人，报仇雪恨。

慈禧太后觉得这倒可以一试，于是恩准端王命令直隶总督裕禄去试一试。因此，端郡王立即命令毓贤选派若干精干的义和团拳民到京城来进行测试。毓贤一看自己的建议被接受了，立刻通过百里挑一的选择，选派了一批身强力壮、拳术精明的拳民到北京来测试。

虽然最后没有进行接受洋枪洋炮实际射击的测验，但这批拳民的身体与意志都远强于一般的士兵，对于端郡王的心愿十分了解并想攀龙附凤的裕禄，当然建议可以将拳民编为团练。

据清廷统计，八国联军入侵之前，天主教、基督教、东正教等在华的外籍传教士已经有3200多人，入教的中国人约有80余万，教堂遍布全国城乡，在庚子事件发生之前的40年间，全国共发生攻打教堂、驱逐传教士和惩处不法教民的各类教案有800多起。

由于得到朝廷中掌控实权的大臣们的支持，于是义和团就堂而皇之大批进入直隶了。

《庚子西狩丛谈》一书中是如此记录义和团进到直隶以后的情形的："直隶拳匪，初发生于新城，而盛行于涞水，旬日之间，天津、河间、深、冀等州，遍地皆是。其时大阿哥已立，其父载漪颇自揽权势，正望国家有变，可以摈挤德宗，而令其子速正大位，闻之甚喜，极口嘉叹。诸亲贵因争极力阿附，冀邀新宠。大臣中亦尚有持异议者，谓：'究近邪术，恐不可倚恃。'然太后意已为动，顾犹持重不即决，乃派刚毅赵舒翘前赴保定察看。刚、赵皆为军机大臣，甚见向用。复命时，刚阿端王旨，盛称拳民有神术；赵又阿刚，不敢为异同。太后遂一意倾信之。于是派端郡王总率团务，端益跋扈恣肆，而顺、直拳匪同时并起矣。"

由此可见，义和团之所以能在直隶迅速发展，最重要的原因就在于端郡王载漪一方面希望国家乱以便推倒光绪皇帝，能让自己的儿子大阿哥溥儁早登帝位；另一方面则是因为，由于洋人不满太后立大阿哥溥儁以及庇护康有为与梁启超，因此无论慈禧太后或是端郡王心中都极恨洋人，所以要借助义和团的力量来反洋人；第三个原因就在于当时几位军机大臣中，尤其是当时权威很重的兵部尚书、协办大学士刚毅，为了讨好端郡王而极力推崇义和团，使得当时其他的五位军机大臣（礼亲王世铎、文渊阁大学士兼兵部尚书荣禄、协办大学士王文韶、礼部尚书启秀、刑部尚书赵舒翘）也不得不与他保持一致。后来有人说："拳匪之事，当刚赵查验时，是一祸福转折关键，如此时能将实情状判真切陈奏，使太后得有明白证据，认定主张，立时可以消弭。过此之后，乌合蚁附，群势已成，虽禁遏已不及，后来酿成如此大祸，赵刚二人，实不能不负其全责。太后谓其'死有余辜'，确系情真罪当。"

由于刚毅和赵舒翘的赞许和推荐，这样一来，义和团就受到朝廷的肯定，并进而要重用他们了，因为已指派端郡王总理他们的事。

1900 年 1 月 12 日，朝廷发布诏令，凡为自卫和保护村庄而组织练兵的，不应当视作为土匪。4 月 7 日，朝廷又宣布，安分守法的村民设团自卫符合古代"守望相助"之意，因此这类活动也不应当禁止。这样一来，义和团就几乎不必考虑什么了，拳民们热情高涨，他们便开始破坏象征外国奴役的铁路与电线，不久就开始攻城了。

《庚子国变记》上说："义和团自山东浸淫入畿辅，众亦渐盛，遂围涞水……太后使刑部尚书赵舒翘、大学士刚毅及顺天府尹何乃莹先后往，导之入京师。""四月二十九日，将京津铁路各车站焚毁，遂乘势占据涿州，声言涿州兵备空虚，洋兵将来，愿为代守。由是城墙上万头攒动，刀矛林立，如将有大敌者然。"

这时，义和团不但被刚毅等引进京来而且俨然是兵了，于是朝廷真考虑如何将义和团组建为军队，但遭到直隶总督裕禄和山东巡抚袁世凯的反对。但是，刚毅等人不断在太后面前说拳民都有神的保佑，并且刀枪不入，而中国要赶走外国人就一定要倚仗他们。他与端郡王联合向慈禧上疏说："义民可恃，其术甚神，可以报仇雪耻。"而且说："时不可失，敢阻扰者请斩之。"这时候，一些明白事理的大臣都知道义和团的谎言不可信，且知道其必亡，但是太后相信，他们怕太后罪己，因此也不敢多言。

5 月初，义和团已经进入北京，并且已经陆续发生了杀害洋人的事件，5 月 10 日，俄国公使向清廷提出警告，英法等国可能会采取措施了，但是当时的总理衙门未敢将俄国人的警告上报慈禧。从 5 月 17 日起，义和团开始在北京城内火烧教民居房和教堂，很多教民一家男女老少都被杀，城门皆关闭，京师已经大乱。20日，正阳门外四千余家被焚，那里住的并不是教民，而是北京城的富商，火烧三日不绝。外国使馆当然警觉起来了。5月28日，他们从天津港外的兵舰上调

义和团

来警卫兵以作防范，总理衙门开始并不同意，但后来也不得不同意了，但试图规定每个使馆的警卫人数不得超过三十人，6月1日到达北京的外国警卫部队包括俄国75人、英国75人、法国75人、美国50人、意大利40人和日本25人。义和团一看在北京所为并未受到反击，于是胆子越来越大，终于于6月3日切断了京津铁路线，问题就越来越严重了。

当时，朝廷已经命端郡王主持总理衙门。朝廷中关于义和团是否可以倚仗的争论还在继续，吏部侍郎许景澄指出："中国与外洋交已数十年矣，民教相仇之事，无岁无之，唯不过赔偿而已，唯欲攻杀使臣，中外皆无成案。今后东交民巷使馆，拳匪日窥伺之，几于朝不谋夕；倘不测，不知宗社生灵，置之何地？"

但是在朝廷中，由于有端王和刚毅等的坚持，还是利用义和团的一派占了上风。

到了5月22日，太后又召见大学士和六部九卿（除六部尚书外再加通政司长官通政使、大理寺长官大理寺卿、都察院长官左都御史）朝中大臣议事（第一次御前会议），此时，端郡王请攻使馆，太后许之，几位大臣如联元、王文韶、许景澄都苦谏不可，光绪皇帝握着许景澄的手说："朕一人死不足惜，如天下生灵何？"在这次会议上，虽然还没有决定与洋人正式开战，但太后已经决定这次对洋人决不妥协，端郡王与刚毅、赵舒翘等人当然极力支持太后。于是下诏宣布拳民为义民，拨银十万两奖励，因此义和团的气势更盛了。

此前，各国使馆认定朝廷已经决定要杀死所有在京师的外国人，迫使英国公使向在天津的西摩尔海军上将请求紧急援助，于是6月10日，一支2100人的各国联军乘火车离开天津去增援北京的使馆，但在廊坊遭到了义和团的阻击，双方发生了激战，联军被阻。同日，义和团烧毁了英国使馆在西

八国联军在大沽登陆

山的夏季寓所。京津之间电报已经中断，在京外国人生死未卜。

6月13日，朝廷宣布，由于使馆已经有已调进的警卫人员保卫，因此无须更多的外国部队来京。同一天，又有大批义和团成员涌入北京城，他们焚烧教堂和外国人寓所，同时也杀死或者活埋那些中国基督教徒，他们掘开那些早期到中国传教的著名传教士的坟墓，如利玛窦、汤若望、南怀仁的墓。6月14日，他们数次袭击使馆警卫，尤其是，6月20日，德国公使克林德到总理衙门交涉，被端郡王手下的虎神营击杀在路上。

而在天津，义和团也在焚烧教堂和那些出售外国商品和书籍的商店，杀死中国基督教徒，冲进监狱，释放囚犯，从政府的军火库中拿取武器。面临如此混乱的局势，港口外军舰上的外国军官就决定占领大沽炮台，并于6月16日开始猛攻该炮台，次日攻占，同时，无法向北京前进的西摩尔部队也杀回了天津。

6月17日，慈禧太后又召开第二次御前会议，太后命令通知外国使节，如果他们的国家准备开战，他们就得回国。6月18日，第三次御前会议召开了，不过还是没有做出决定。

第二天，一份来自裕禄的迟到的报告说，在大沽打了胜仗，外国人要求大沽要塞投降而且已经决定对中国宣战（这是假消息）。太后认为战争已经正式爆发，于是在同一天召开了第四次御前会议，清廷决定与各国断绝外交关系。许景澄受命去通知各外国使节，要他们在中国人的武装护卫下于24小时内离开北京。

各国公使一听到此通知自然大为不满，在当时这种混乱的情况下，撤离北京使馆区就等于是自投罗网，而且 24 小时根本无法收拾东西，于是各国公使就联合向总理衙门写信，述说了上述理由，要求延缓离京的最后期限，并要求在次日上午 9 点前答复。

本来，既然公使们的回函已经递出去，等待回函就可以了。但是一直主张对清朝廷和义和团采取强硬态度的德国公使克林德非常不满意，在各国公使开碰头会时，他就认为各国对中国太客气，光靠写信是不行的，而应当所有国家的公使都一起到总理衙门去谈判，向中国政府施加压力，但是其他国家的公使们并没有接受克林德的意见，他们认为目前形势对使馆区不利，最好保持低调。

结果第二天早上，克林德一个人带着一名翻译怒气冲冲地出门了，在路上遇见了巡逻的清军士官恩海，双方发生开火，克林德中枪身亡，这就使问题更严重了。

6 月 21 日，清廷正式对各国宣战。虽然当时极少说话的光绪皇帝破例说话要求不要对各国宣战，要慎重对待此事，但慈禧哪里会听他的话。

在北京，义和团与清朝的正规军开始联合进攻使馆区，但遭到使馆区内数百名警卫和数千名躲进来中国基督教徒们的坚决抵抗。当时，荣禄以大学士兼军机大臣节制北洋海陆军，所统之军称武卫军，共分五支，前军聂士成部驻芦台，后军董福祥部驻蓟州，左军宋庆部驻山海关，右军袁世凯部驻山东，他自己直接统帅的中军驻北京南苑。义和团起事后，董福祥部也调入京城。荣禄此时也扬言要"杀尽诸使臣"。其实，当时荣禄已经看出义和团实际上并无法术，所以过分为难外国人日后将会有后患，不如聪明一点，扬言进攻，实放空炮。

然而当时朝廷对各国宣战的命令却遭到两江总督刘坤一、湖广总督张之洞、两广总督李鸿章、闽浙总督许应骙及山东巡抚袁世凯的一致抵制，他们不承认这道命令的合法性，说这是未经皇室正当授权的命令，也就是他们将不参与这次朝廷对外国的战斗，而且与他们管辖地区的外国领事们达成了互不侵犯的约定，这就是东南自保。

各国一方面照会清政府应当对公使馆的外国人的生命安全负责；另一方面就是正式组织一支联军前来北京解围。7 月 14 日，这支八国联军（德、英、法、俄、美、日、奥、意）占领了天津并威胁要进攻北京。同一天，十三个东南各省的督抚集体敦促朝廷镇压拳民、保护外国人、赔偿他们的损失和就克林德之死向德国道歉。在督抚们的压力下，朝廷的态度有所缓和，为了外国使

李秉衡

节及其家属们的安全，朝廷允许总理衙门同意他们搬进衙门，以便将来安排他们安全回国。但充满疑虑的外国公使回答说，他们不明白为什么他们在衙门会比在公使馆更安全。7 月 19 日，总理衙门再次表示，愿意武装护卫使节们去天津，外国人还是起疑，他们问："如果中国政府不能保证保护在北京的外国使节，为什么他们确信在城外、在去天津的路上有能力这么做。"他们宁愿待在公使馆区等待救援。

7 月 20 日和 26 日，总理衙门分两次给公使馆送去了几车的蔬菜、西瓜、大米和面粉，在 7 月 14 日到 26 日这段短暂的时间内，清军暂时停止了对使馆区的进攻。然而，十分忠于朝廷的主战派人物、长江巡阅水师大臣李秉衡于 7 月 23 日（六月二十九日）领兵到达北京，他坚决主张继续进行战争，认为只有经过战斗才能进行议和，于是慈禧太后将天津前线的部队都交给他指挥（原指挥官聂士成已战死），战事再起。

此时，吏部侍郎许景澄、太常寺卿袁昶向太后苦谏不要再动兵，但李秉衡却向太后报告说，许、袁二人擅改太后发给各地要各地都杀洋人的谕旨为妥善保护洋人，慈禧因此大怒，结果 1900 年 7 月 28 日，许景澄和袁昶二人被杀于北京菜市口刑场。此外，兵部尚书徐用仪、户部尚书立山、内阁学士联元三人，因为同情许、袁二人的意见，反对端郡王戴漪等杀洋人攻使馆的主张，也于 8 月 11 日被杀。

这五位被处死的大臣，当时被人们称为"五忠"。这五位大臣都是官誉很好的官吏，尤其是许景澄，他进士出身，曾著有很多有关外交的著作。1883 年越南事起，他就上疏要严加防范，并提出了多条具体建议，得到了朝廷的嘉许和采纳。从 1884 年起，他先后出任驻德、法、意、荷、奥及俄国使臣多年，精通对外事务，而且在对外交涉中总是尽心竭力，据理力争，在外交公务上很有成绩，尤其在中俄边界之争中，他详细而广泛地进行调查，写出了《帕米尔图说》和《西北边界地名考证》两本重要著作，目的是为日后划定两国边界准备好翔实的材料。他是当时在朝廷中难得的一个精通外交事务与国际法规的人才。

在战事将起时，他曾与袁昶三次联名上奏不要轻易开战，更不能随意杀害在中国的外国人，虽然他们的意见很受光绪皇帝重视，但却不合乎慈禧太

八国联军进北京

后的本意，本来仅这几份反对开战的奏折还不至于被处死，因为这两人也是慈禧太后很器重的人，但李秉衡的诬告却使慈禧太后气昏了头，结果就不加考虑将这两位忠心大臣杀了。

7月底，联军的增援部队到达大沽，正式组成了八国联军，总兵力为18800多人，其中8000名日本人、4800名俄国人、3000名英国人、2100名美国人、800名法国人、58名奥地利人和53名意大利人，德国人很晚才到，不过联军统帅由德国将军德瓦西将军担任，8月4日，联军开始从天津向北京进攻。

8月5日（七月十一），清军兵败北仓，直隶总督裕禄败走杨村，十二日，杨村又陷，联军已达北京郊外，裕禄自杀身亡。十五日，李秉衡又兵败走通州。北京城已危在旦夕，十六日慈禧太后已经准备西行出逃，并通告荣禄和董福祥以兵保护她。

8月12日（七月十八日），李秉衡兵败自杀于通州，朝廷便速召宋庆部来京护卫。

8月14日（七月二十日），攻破通州的联军已经来到北京广渠门外，董福祥部迎战，大败。次日黎明，北京城破，联军入城，解救了被围困的公使馆。

由450名警卫、475名平民和2300名中国基督教徒所组成的使馆区防务部队，居然在50多天内挡住了比他们人数多得多的清兵和义和团的进攻，并不是创造了什么奇迹，主要是清兵统帅荣禄并没有打算真正要进攻，只是朝天放空炮。

七月二十一日天还未明时，慈禧太后带着光绪皇帝、隆裕皇后和大阿哥，身着平民便衣，仓促从北京城出西直门，当晚，到达昌平贯市，而且是饿了一天。在临走时，太后命令将光绪的爱妃珍妃推入一井中处死。同太后出走的还有端郡王、庄亲王、王文韶、载澜、载泽、刚毅、赵舒翘、英年以及内监李莲英等人。谁知刚刚离开京城不久，就遇到了据称是土匪的一帮人将他们截住了，而且声称要杀了他们。太后听说是义和团的人，就派端王出去和他们谈判，因为端王与义和团的关系密切，然而对方拒绝与他谈判。并且直接来到了慈禧等人的面前，当面对慈禧历数朝廷的种种罪行，慈禧当时面对这样一群人，哪里敢说话，只好唯唯诺诺听他们述说。幸好这帮人比较理智，没有很为难他们，最终让他们过去了。

到达怀来县时，又逢大雨，山洪下泄，河水暴涨，慈禧所坐的驴驮轿只得由人扶着涉水过河，激流几乎将轿子冲走，慈禧的鞋袜都被水冲湿，欲换不得。进到怀来县衙小憩时，县令吴永及时送来十几双做工精致的布袜子，慈禧大喜，当慈禧知道他还是曾国藩的孙女婿后，立刻提拔他为西行粮台，负责太后西行路上的粮食保证，并随即升知府。

到了南口，遇到甘肃布政使岑春煊带着 2000 兵从甘肃赶来勤王，他们才放心了。

一路上，经太原，过潼关，进陕西，于九月四日到达西安。

八月二十日到达太原时，接到了两广总督李鸿章、两江总督刘坤一、湖广总督张之洞、山东巡抚袁世凯联名奏劾载漪、载澜、载勋、刚毅、英年、赵舒翘等包庇拳匪的奏折。当接到此奏章以后，光绪皇帝也忍不住了，对他们几人进行了严厉斥责，慈禧太后面对这几位大臣的奏章，尽管心中有所不悦，也不得不让皇帝对这几个人进行申斥，但当时并未严惩他们。

在此期间，李鸿章奉谕从广州于八月十七日（1900 年 9 月 20 日）到达北京，开始与联军进行议和的谈判。在谈判中，联军当然首先提出要惩办引起这次战祸的罪魁祸首。

慈禧到西安后发布了对战祸罪魁祸首处理的结果是：庄亲王载勋被赐自尽、端郡王载漪终身发配新疆、刚毅已经在西行路上病死，褫夺其生前各种职衔、杀毓贤于兰州、赐英年和赵舒翘自尽，杀启秀、徐承煜，董福祥被免去官职回居甘肃、载漪之弟载澜也永远发配新疆。

至于被杀的"五忠"大臣，慈禧太后于 1901 年 2 月 13 日在西安临时行宫下令给"五忠"平反："诏复受冤陷诸臣立山、徐用仪、许景澄、联元、袁昶职。"也就是官复原职。

但是，按照清代的惯例，像"五忠"这样的朝廷大员，即使是正常的死亡，死后都要由朝廷加谥。所以，当宣统即位并由摄政王载沣当国时，他于1909年5月9日下诏：恢复五人的原官，追谥袁昶"忠节"，许景澄"文肃"，徐用仪"忠愍"，立山"忠贞"，联元"文直"，总算在历史上有了一个完整的交代。

7—5. 端王死党：引义和团入京成乱的军机大臣刚毅

刚毅在庚子之乱中是主战的，对造成八国联军进北京有不可推卸的直接责任。

刚毅本是满洲镶黄旗人，由翻译生员考取笔帖式（书记小官），初任刑部司员。曾经参与杨乃武与小白菜案和崇厚去俄国谈判收回伊犁案的审理工作，因此为慈禧太后所知，先升郎中，由郎中外放为广东的惠潮嘉道。迁江西按察使，再迁广东布政使，三迁至山西巡抚。自光绪六年到十一年，前后不过六年的时间，就由刑部一名直属司员外郎擢升到二品的巡抚，升迁之快，一时无两。

到了光绪二十年，更由广东巡抚内调为礼部侍郎，然后又被任命为军机大臣，就成了国家的重臣了。自此以后，他的官阶就越升越高，先升兵部尚书，接着又升协办大学士，几乎就要与慈禧的宠臣荣禄并驾齐驱了。

高树在所撰写的《金銮琐记》一书中有这样一段记载："荣仲华相国为堂官时，刚毅赴考，文尚未通。后官至协揆，同为枢臣，在直庐午酌，刚有不豫之色，以酒杯击案有声。荣相问何事？刚曰：'公与昆晓峰各占一正揆缺，我何时能补正揆？想及此，是以泱泱。'荣笑曰：'何不用毒药将我与晓峰毒毙？'二公从此水火。"

这段记载告诉我们，刚毅与荣禄本不是一个档次的人。荣禄当考官时，刚毅还只是他监试下的一名考生，而且考得还不好。一旦刚毅官做大了，其野心也越来越大。

上面说的"正揆"就是内阁大学士，"协揆"就是协办大学士。清代在文华殿、武英殿、文渊阁、体仁阁和东阁每一"阁"中，设内阁大学士四名，满汉各半，另设协办大学士二人，满汉各一。刚毅于光绪二十年以礼部侍郎入军机，二十二年升兵部尚书，二十四年再升协办大学士，始终兼军机大臣，此时他所在文渊阁汉人大学士是李鸿章与徐桐，而满人大学士就是昆刚（昆

刚毅

晓峰）与荣禄。昆刚是光绪二十二年由协办大学士升大学士，荣禄就补了昆刚的协办大学士；到了二十四年，另一个满人大学士麟书病死，荣禄又由协办大学士补为大学士，这才腾出另一个满人协办大学士的位置，由刚毅进补。

刚毅虽然当协办大学士的时间比荣禄晚，但是他入军机的时间却比荣禄早四年，所以他觉得自己是军机前辈，自己不应当总被荣禄压住。

但是此时荣禄是慈禧太后最宠眷的大臣，难以相比。另一方面，昆刚看来一时还死不了，补大学士一时无望，因此刚毅心中当然有所"怏怏"然，免不了吃饭时都有些不安心。

其实刚毅这个人，学问甚差，他原本不过是一个熟悉满文的翻译生员，在刑部工作时接触的也多是一些公文案牍，对中原古老文化甚至汉文都理解不深，所以常常闹出一些让人嘲弄的笑话，如他将"追奔逐北"读作"追奔逐比"；将"瘐毙"念作"瘦毙"；称孔子为孔中堂。如刘声木在《苌楚斋随笔》中曾记录有："满洲刚子良中堂毅，任广东臬司时，尝辑《洗冤录异证》四卷，《经验方歌诀》二卷刊之，似非胸无点墨者。乃北京传其一诗，甚觉风趣，云：'帝降为王尧舜惊，皋陶掩耳怕呼名。荐贤曾举黄天霸，远佞能驱翁叔平，一字难移惟瘦死，万民何苦不耶生？'因中堂平日喜称尧王舜王，皋陶呼为皋陶（应读作'皋遥'）。保举将才龙殿阳，面奏云：'此臣之黄天霸'。翁叔平中堂同龢出军机，中堂极喜，语人云：'此具可谓远佞人矣。'《洗冤录》中凡刊'瘐死'者，中堂谓乃'瘦死'之讹。'聊生'每误作'耶生'。此诗可谓谑而虐矣。"由此可见，这位当国大臣确是一个很缺乏文化素养的人。

但是，他为什么能得到慈禧太后的喜欢呢？仅就他个人来说，他不贪污，也不抽鸦片烟，这两点在当时的官场上是不多见的。而封建时代的统治者是很看重臣子个人操守的，他们以为，居官而不贪污的人，当国家面临危难时，就不至于因顾恋身家财产而不肯竭忠效力，这样的人必然是忠臣，是可以信任的。所以一方面鼓励清廉之臣，另一方面也大力提拔清廉之臣，刚毅就是因此很快就被提拔上来的。

问题是，清廉的臣和个人操守很好的臣，不一定是有学问和有见识的臣，从而真正面临一些国家大事时，他们由于知识所限，却未见得能提供正确的意见与从政措施，我们将看到。刚毅就是这样一个典型人物。

刚毅由于看到自己难以超越荣禄，于是他便投奔了端郡王载漪。

前面已经说到，光绪二十五年十二月二十八日，在荣禄的建议下，慈禧太后宣布立端郡王载漪之子溥儁为大阿哥。刚毅认为今后端郡王载漪必将执掌朝政，于是他就一步步向端郡王靠拢。他首先建议立即立溥儁为皇帝，并且登基仪式就在明年（光绪二十六年）元旦举行，但慈禧太后还是不敢，因此这个明显讨好端郡王的建议被拒绝了。

接着刚毅又建议委派端郡王为管理各国事务衙门大臣并兼管虎神营，这样端郡王不仅主管外交而且也有了兵权，这个建议被慈禧太后采纳了。

由于端郡王获得了这种拥有实权的职位，虽然还不能说其势头已经超过荣禄，但至少荣禄在太后面前的风光就开始有所减弱了。

这时，由于立大阿哥的事遭到各国公使的一致冷遇，所以慈禧太后与端郡王心中都十分恼怒，造成排外的心理越来越严重，而此时刚毅也就投其所好，鼓吹排外。

而且，当山东巡抚毓贤上奏义和团具有刀枪不入的本事，不惧洋枪洋炮时，作为一名军机大臣的刚毅，他的缺乏知识的弱点就明显表现出来了——他竟然相信这是真的。也许是他真相信义和团是刀枪不入，但更多的原因恐怕是他要讨好端郡王，因为不管义和团是不是能刀枪不入，端郡王是一定要将义和团引进北京来对洋人宣战的。

于是，慈禧太后决定派军机大臣兼管顺天府事的刑部尚书赵舒翘和府尹何乃莹去涿州实际了解义和团的情况，刚毅怕他们得出"义和团不可用"的结论，于是请求自己一起去调查。吴永在《庚子西狩丛谈》中写道："拳匪之事，当刚赵查验时，是一祸福转捩关键。如此时能将真实情况剀切陈奏，使太后得有明白证据，认定主张，一纸严诏，立时可以消弭。过此之后，乌合蚁附，群势已成，虽禁遏亦已不及。后来酿成如此大祸，赵刚二人实不能不负全责。太后谓其'死有余辜'，确系情真罪当。刚之为人，愚陋而刚愎，或真信拳匪之可恃，亦未可定。"还有记载，如"大学士刚毅及乃莹先后往，导之入京师。""刚既至，力言拳民可恃，反复讨论，坚持己意。""载漪刚毅遂合疏言：'义民可恃，其术甚神，可以报仇雪耻。'"

这些记录，都说明了一个事实：慈禧太后之所以决定用义和团来驱逐洋人，刚毅的招引和端郡王载漪等人的大力支持与赞助，是发生庚子之乱的举足轻重的关键因素。

直接引起慈禧太后决定与八国宣战，是因为荣禄密奏英国决定派兵到北京强迫慈禧太后将政权交还给光绪，这使慈禧太后怒不可遏，于是断然决定对八国宣战，而这也是一条假消息，所以引起八国联军进北京这件事情，荣禄也有不可推卸的直接责任，但事后没有追究荣禄的责任，而刚毅则被列为罪魁祸首之一。

光绪二十六年七月二十一日，刚毅随慈禧太后一行逃出北京，向西逃去。八月十八日，刚毅以病留山西闻喜，三日后而死。

史书中记录："刚毅从驾西奔，适患痢疾。念祸由己肇，惧不免死，方秋暑酷热，瓜正熟，刚日坐在舆中食西瓜不绝口、座下置一马子（马桶），身踞其上，痢下注亦不绝。由此以迄于殁，卒稽大戮。此为当时侍从某学使言，信可证也。"

也就是说，刚毅知道以自己的罪必遭重刑，因此自己放纵痢疾而死。

最后，在处理庚子之乱的罪魁祸首时，由于刚毅已死，褫夺生前所有官职。

正是：

军机大臣名刚毅，仇汉恨洋独钟旗；引来拳民京城入，庚子之乱因他起。

仓皇西逃知罪孽，一朝事定菜市弃；且坐马子醉瓜饮，为免刀斩死痢疾。

7—6. 西幸长安：庚子蒙乱京师陷落，太后、皇帝忙西逃

曾国藩和左宗棠的成功给近代中国历史最大的启示就是：得天下、保国家、稳政权都必须有强大且可靠的武装力量，否则就会立见悲剧：在 1894 年的甲午战争中，清皇朝的海军（北洋水师）和在朝鲜半岛的陆军（淮军）都遭到惨败，因此被迫于 1895 年签订《马关条约》，割地赔款。这就导致从 1898 年 6 月 11 日开始，维新派拥戴已亲政的光绪皇帝在朝廷内部发动变法改革，但只经历 103 天，因慈禧太后重新临朝"训政"（戊戌年八月初六，1898 年 9 月 21 日）而告失败，史称"百日维新"。

慈禧太后

尤其是，重新执掌政权的慈禧太后又盲目排外并相信和支持义和团的行动，于1900年6月21日对八国宣战因此导致八国联军进攻北京。

回顾其过程就是：光绪二十六年五月十五日（1900年6月11日），以解救被围困在东交民巷的各国公使为由，在英国将军西摩尔中将的率领下，八国组成了约两万人的联军开始了进攻。首先进攻天津的八里台，天津守军由裕禄、宋庆、马玉昆率领，虽进行了一定的抵抗，但联军还是迅速占领了天津，清军被迫退守北仓，义和团联合马玉昆部在北仓进行了阻击，打死打伤日本军人400多人和英军120人，但北仓还是失守了。五月二十五日（6月21日），清朝廷正式对八国宣战，同一天联军攻陷天津大沽炮台。六月十五日（7月11日），联军自天津出发沿运河两岸向北京推进。巡阅长江水师大臣李秉衡临危受命，统帅勤王之师1.5万人和数百名义和团员出京御敌，然联军步步紧逼，李秉衡退到北京城外通州的张家湾，兵败自尽殉国。六月二十二日（7月18日），联军攻入通州，北洋大臣裕禄自杀，其副手宋庆出逃，北京形势危急。此时，清军中董福祥的甘军号称是最能作战的军队，他以迎战为名率部出城，但却向西边撤走了，得知此事以后，荣禄所统率的武卫军和载漪统率的八旗神机营、虎神营等旗兵，便一哄而散，而荣禄本人则带着尚存的几营兵经西直门逃出北京。

虽然在五月二十五日（6月21日）清政府下达了对八国的宣战书，但是在联军步步进逼的过程中，清政府就不断通过各种途径向列强各国表示朝廷本意并不是要作战，请求各国"谅解"。例如，六月初七日（7月3日）至二十一日（7月17日）之间，清政府就以皇帝名义向俄、日、英、法、德、美分别发出国书。国书的基本内容都是要求各国"设法维持""挽救时局"，所用的书面语言大体上都是解释说："近因民教相仇，乱民乘机肆扰，各国致疑朝廷袒民嫉教……致有攻占大沽炮台之事，于是兵连祸结，时局益形纷扰。"很明显，这是乞怜求和的意思，同时还给被围困在东交民巷的使馆区送去粮食、蔬菜与水果，以表善意和慰问。

七月十三日（8月7日），慈禧太后又想起了很善于收拾残局的、已出任两广总督的李鸿章，于是马上任命李鸿章为议和全权大臣，令其迅速北上，并致电各国外交部，希望停战议和，但是联军并未停止攻势。

8月14日，联军攻进北京，第二天，仓皇中慈禧太后带着光绪、隆裕皇后和大阿哥溥儁等也逃出北京。

离开北京才四天，还没有到山西，慈禧太后就又向李鸿章发出一道求和

光绪皇帝

的谕旨："此次衅起，民教互斗，朝廷处理为难情形，已历次具备国书，详告各国。彼方以代民除乱为词，谓于国家并无他意，而似此举动（指攻进北京），殊属不顾邦交，未符原议。"但她也只能有所埋怨，却无可奈何。

这时，光绪皇帝倒比较冷静，他认为不必出逃，他可以自己亲身去与八国联军谈判。王照在他的《方家园杂咏纪事诗》一书中写道：太后之将奔也，皇上求之曰："无须出走，外人皆友邦，其兵来讨拳匪，对我国家非有恶意。臣请自往东交民巷向各国使臣面谈，必无事矣。"太后不许。皇帝乃还宫，着朝服，欲自赴使馆。小阉奔告太后，太后自来，命褫去朝服，仅留给一洋布衫，严禁出户，旋即牵之出狩矣。銮舆出德胜门，暮驻贯市李家。明日至昌平，遇岑春煊以甘肃马队来迎。皇帝求春煊分护太后西巡，他自回京议和。岑春煊仰体太后之意，佯不敢任。于是西狩之局遂定，而中外之交涉扩大矣。

于是王照感慨地以诗韵曰：

胡骑原来识代宗，共仰华夏有真龙；

早教拨雾青天见，单骑何劳郭令公。

出逃时是相当狼狈的，当时慈禧和光绪都换上了普通的汉人装，慈禧打扮成一个老村妇的模样，也来不及准备什么给养，乘着夜色，这支仓皇出逃的队伍就乘坐几辆破旧马车，混入逃跑的人群中逃出了北京城。出北京城后也不敢打出太后、皇帝出巡的旗号，唯恐队伍庞大，引来联军的追赶。这些皇室贵族，在路上要车没车，要吃没吃，究竟往哪里走事先也没有盘算好，最初十多天是在直隶省内度过的，经过昌平、延庆、怀来、宣化、怀安等地。到达贯市时，当地一个镖局送了几具驴驮轿，使慈禧万分感激。当晚到达一个名叫岔道的地方，"当晚两宫宿岔道，一条板凳两条龙"，也就是说，当时连休息的床铺都没有，慈禧和光绪只好在一条板凳上背靠背坐了一夜。当时正值盛暑，慈禧等人汗流浃背，"胸背黏腻，蚊虫群集，手自挥斥。"可见何等狼狈。

当她在榆林堡驿站遇到怀来知县吴永（曾国藩的孙女婿）的接驾时，慈禧向他哭诉："连日奔走，又不得饮食，既冷且饿，途中口渴，命太监取水，虽有井而无汲器，或井内浮有人头。不得已，采秫秸秆，与皇帝共嚼，略得浆汁，即以解渴。昨夜我与皇帝仅得一板凳，相与贴背共坐，仰望达旦。晓间寒气凛冽，森森入毛发，殊不可耐。尔看我完全成一乡姥姥了。"最后她说："不料竟至于此，诚可愧痛。"

慈禧等人逃出北京时并没有确定要逃到哪里去，当时混出北京城时也根本顾不上考虑往哪里去，到了怀来遇到吴永的护驾，当地政府给她准备了饭食、衣服和住宿条件以后，疲劳已极的慈禧一行人得以获得较安全的休息了，慈禧这才可以考虑下一步应当到哪里避难了。有大臣提议继续往北到内蒙古去，但是慈禧认为内蒙古离俄国太近，并不安全；有人提议去热河承德避暑山庄暂避，但是慈禧认为承德离北京太近，八国联军可能追过来，要逃还是远一点好，估计联军不会追到内陆省份，于是决定进山西去太原。

为了顾全清皇室的体面，在直隶怀来县，慈禧便以光绪的名义冠冕堂皇地发出"巡幸"太原，明确表明要到太原去，上谕称："恭奉慈舆，暂行巡幸太原。"同时命令荣禄、徐桐、崇琦留京办事，命董福祥率所部赴行在（皇帝的行宫），担任警卫。

八月十七日（9月10日），当皇室西行来到太原后，在这里停留了21天。

在太原期间又发出上谕："朕恭奉慈舆，驻跸太原，将近两旬。该省适值荒歉，千乘万骑，供伺艰难，食用皆昂，民生兹累。每一念及，亟然难安，且省城电报不通，京外往来要件，辗转每多延误，不得已谨择于闰八月初八起跸，西幸长安。"

也就是最后决定进关中，到西安避难去了，看来那里离北京远，更安全一些。

光绪皇帝还是坚持要求让自己回去与八国联军谈判。王照写道：驻跸太原多日，上仍求独归议和，太后及诸臣皆坚持不放。其实是时早归，赔款之数可少，而外人所索保险之各种条件，皆可因依赖圣明而无须提出，公论昭然。徽、钦之祸，万万不容拟议，其理至显。而诸人因识见腐陋，不知此者十之九，明知而佯为不知者十之一。此十之一，则为太后、荣（禄）、王（文韶）、岑（春煊）诸人也。时岑幕中有张鸣岐者，年少锐敏，力劝奉皇上回京，收此大功。岑词穷而不语。盖岑春煊奸人之雄，不论是非，专论多助者而助之，而素以夤缘太监得慈眷，至是因力主幸陕，得升陕抚，与袁世凯宠遇不相上下。

所以王照又感慨地以诗曰：

招乱人知是牝鸡，落毛凤凰无处栖；

将军手把黄金印，不许回銮却向西。

在太原又定下向西，光绪十分愤怒。到潼关后，光绪说，我们能到，敌军难道不能到吗？就是跑到四川蜀地又有何用？太后春秋已高，适合在西安住下，我还是打算自己回去谈判，否则兵乱不解，大祸难免。对于他的话，所有人都无以对答，只是第二天天还没有亮，光绪又被挟裹西行了。

可见，八国联军进北京后，光绪作为中国的皇帝，当时表现出很勇敢的态度要承担自己的责任，即一再坚持要以国家元首之尊去与入侵者谈判，只是因为受慈禧太后的阻止，无法实现自己的意愿。而慈禧太后不愿意让光绪亲自去与联军议和，绝不是担心皇帝的安全（即徽、钦之祸），而是生怕光绪因此脱出其掌握后即无法再控制。届时，如果各国之公使尊之为中国真正的元首，事事只要求与光绪直接交涉，则慈禧太后凭借以号令天下的本钱便告完全落空了，那就真是落毛凤凰不如鸡了，而这正是她最担心和害怕的事情，如何能容忍其出现呢？因此，她与她所亲信的荣禄等人，明知若光绪亲自出面与联军议和，必可减轻联军的要挟勒索，减轻国家和人民所受的祸害（巨额赔偿），但因只考虑个人的利害得失，不允许光绪亲自去与对方谈判。

所以，庚子乱后李鸿章又奉命与各国商定和约时，各国以中国政府的仇外态度无丝毫转变为理由，百端要索，多方勒逼，使中国要支付天文数字的赔偿费，国家与人民所遭受的损害，今后数十年都难以翻身（1900年八国联军之役，中国战败并签订《辛丑条约》，赔款四亿五千万两白银，分三十九年支付，年息四厘，本息总计九亿八千多万两银子）。当得知联军只是提出一个巨额赔款的要求时，流亡中的慈禧太后迅速做出反应。冠冕堂皇地诏告天下："今兹议约，不侵我主权，不割我土地，念列邦之见谅，疾愚暴之无知。"也就是只要不危及她的统治地位，其他都是无所谓的，这就是她所提出"量中华之物力，结与国之欢心"的卖国政策的真实写照。

正是：德宗皇帝明大义，欲返御驾会洋夷；当以国君担责任，莫让国辱民受欺。

太后心中响惊雷，举国必将赞皇帝；自家权势高一切，且挟帝君再向西。

假如当年能让光绪亲自出面与联军议和，各国态度绝不会如此恶劣，因此当然可以大为减轻国家的损失。由此可知，由于慈禧太后个人的权力欲望使她丝毫不肯放弃对光绪的控制，因为她不肯放弃对光绪的控制而使国家人民所遭受的损失就因此而大为增加，虽然她当时对此毫无顾忌，但如此造成国家国力从此一蹶不振，国内则民怨沸腾，随后掀起一片革命的呼声与行动，大清皇朝不亡那才是怪事。

所以从清朝廷来说，慈禧太后贪恋权位和当政过久是造成清皇朝覆没的重要原因。

另一方面，中国再次蒙受庚子战败，且又被迫签订了最丧权辱国的《辛丑条约》。国外强兵入境，国内民心丧尽，于是图变的呼声在全国范围内普遍高起，使清皇朝也真正感受到已经面临空前的危机，不改革不行了。

对于 1900 年 8 月 14 日因她支持义和团排外而发生的八国联军进北京，慈禧并未因国事悔恨，而是说："没想到我会变成皇帝的笑柄。"不过她知道，她必须要表现出某种后悔的样子和制订一些改革措施，否则她难以再得到外国人的谅解和本国人的服从。所以 1900 年 8 月 20 日，还在向西逃亡的路上，她就颁发了罪己诏书，到西安后更表示以后一定要改革。正是：

举目山河碎人心，山川萧条失凤情；可叹夷歌满京阙，却非赞我西山月。
御沟漾漾血满湖，烽火青青焚白骨；金城玉阙一旦倾，珠帘翠帐无人声。
銮舆仓皇西南走，无心览景愁帝心；本当回驾入京城，千钧万错自担承。
万般无奈入陇境，关中父老来相迎；舆前悠悠立双旌；龙飞凤舞似相近。
母子相顾复何言，玉管银箫置一边；君王忧心国事日，阿哥醉生梦死时。
京城内外京城泣，八国兵马八国旗；花团锦簇今何在，残垣断壁落尘埃。
身在长安夜唏嘘，梦里回銮出陇地；但有一日归丹墀，当施新政传圣谕。
诏令一封传南粤，大臣顾命全心竭；七旬老臣来议和，一生签约骂声多。
丧权赔款何所惜，但说太后无战意；忽报京城和议成；祸首不究心何喜。
可叹一段神拳恋，皆因愚昧不听谏；民族蒙羞失尊严，千秋万载以为鉴。

1900 年 6 月，八国联军进攻北京时，当时东南各省的总督们也都搞不清楚，这场风波或者劫难过去以后，朝廷将由谁主政？是慈禧太后继续掌权还是光绪皇帝再行亲政，所以都在观察，这实际上是一次政治押宝，绝不能失误。

而且，此时维新派的保皇党还跃跃欲试打算在帝后到达西安后将皇帝救出来。最典型的是保皇党唐才常等人在湖北、湖南、安徽的一些地方秘密组织了"自立军"，规模已达数万人，准备武装起事并要到西安去救皇帝。自立军的一些活动当时已为湖广总督张之洞所掌握，但是他并没有立即对它采取行动。表面上，张之洞大张旗鼓宣传拥护慈禧太后，可另一方面对打算要救光绪的自立军又采取了静观局势的发展，见机行事的策略，因为若八国联军进北京以后对排外的慈禧太后紧追不舍，那光绪皇帝就可能重新上台掌权，因此标榜救主的自立军就可能成功。

但是 1900 年 8 月 14 日八国联军攻入北京以后，并未对西逃的慈禧太后进行追击（这就使惹祸的慈禧放心了），因而在西行途中慈禧就还不断发布谕旨，张之洞立即明白，清皇朝的大权仍将掌握在慈禧太后手中，于是他赶在自立军发动起事之前，立即将唐才常等二十多名领袖人物一网打尽，并在抓捕的当晚不加审讯就都加以斩杀，以此表明他对太后的忠诚。

不但如此，1900 年八国联军侵犯北京之时，还出现了另外一个极其危险的情况，即在上海的英国军舰，以保护长江沿岸的英国商民为借口，企图驶入长江并占领沿江各埠口，这势必引起战火在江南蔓延。假如中国在北南两方都战败，那国家的后果就不堪设想了。此时甚具远见的盛宣怀站出来呼吁江南各省实施"东南互保"，宣布东南各省不介入北京政府此次与西方列强之战，与在东南各省的外国领事签订"互不侵犯"的互保协定。他的建议立即获得两江总督刘坤一与湖广总督张之洞的赞同，并随即与两广和闽浙共同实现了东南互保，使中国东南在这次战争中得以保存完整，对国家功莫大焉。

所以慈禧太后于 1902 年 1 月 7 日回銮北京后，特意荣褒了三个人——保全了山东的袁世凯，扈从有功的岑春煊和倡议东南互保的盛宣怀，一律赐予太子少保的荣衔。自从光绪二十六年七月二十一日（1900 年 8 月 15 日）慈禧和光绪一行离开北京西逃，到光绪二十七年十一月二十八日（1902 年 1 月 7 日）回到北京，流亡在外的时间长达 16 个月，总计 485 天。

慈禧太后在西逃的途中，9 月 7 日她发诏曰："此案初起，义和团实为肇祸之首。今欲拔本塞源，非痛加划除不可。直隶地方，义和团蔓延尤甚……严行查办，务净根除。倘仍有结党横行，目无官长，甚至抗拒官兵者，即责成带兵官实力剿灭，以清乱源而安氓庶。"又怪罪主战派大臣："诸王大臣纵容拳匪，启衅友邦"，将自己的责任推得一干二净。于是各地遵照她的旨意，又反过头来杀义和团。

当时她已经到了山西，而山西是义和团的重灾区，所以作为太后与皇帝的安身之地，稳定山西局势，安抚地方百姓，平息洋人的愤怒，就是慈禧当务之急。因此她指示山西，必须"痛加剿灭，以清乱源，而靖地方。"

署理山西巡抚李廷萧立即就呈送奏折说："遵旨解散晋省拳民，并剿抚归化等属教匪，一律完竣报闻。"所以当时山西就掀起了镇压义和团的高潮。官员们叫嚷："庚子七月京师之变，洋夷谋寇三晋之祸，均肇端于义和拳。"

随着八国联军向清政府尤其是向"祸首"慈禧太后施加的压力越来越大，

慈禧在太原就不断发布旨令，要求各地加大对义和团的惩处力度。她在留驻太原的二十一天里，发布有关解散和剿杀义和团的旨令就有六道，内容大致相同，如光绪二十六年八月二十一日的诏令说："此次祸端肇自拳匪，叠经降旨痛加划除……拳匪胆敢杀害良民，抢劫财物，藐法以极，非从严剿办不足以惩顽凶。姑念该拳民等多为拳匪迫胁，自应分别办理。著直隶各统兵大员，凡有拳民聚集处所，勒令呈缴军械，克日解散，倘敢抗违，著痛加剿灭以清乱源而靖地方也。"

也就是命令驻直隶、山西的各路军队，凡有拳民聚集的地方，一律勒令缴械，立即遣散，如有违抗命令者，就毫不留情严加镇压。

于是，面对外有八国联军的痛击，内有清廷军队的剿灭，直隶和山西两省的义和团终于被镇压下去了。仅在山西，岑春煊任巡抚后，被捕公开被处死的义和团首领就达120多人，而所有百姓，一经被指控与义和团有所牵连，"杖责监禁，备极残酷，囹圄盈满，至莫能容。至瘐死狱中者，不可枚举；毙于杖下者，无邑无之。"也就是对义和团的镇压是十分残酷的。可怜的义和团，几个月前还是朝廷吹捧的义民，几个月后就成为了朝廷残酷镇压的对象。

前面曾经说到，造成慈禧太后最终决定向八国宣战的原因是荣禄那天给他传达的一份情报，这份情报使他怒不可遏。这是一份什么情报呢？

这份情报是1900年6月19日荣禄的手下、江苏粮道罗嘉杰给他送来了一份密报，内称：已经向北京进军的八国将向清政府发出照会，内容是：一、皇太后归政；二、撤出瀛台以后，指明一地点让皇帝居住，重新执政；三、代收各省钱粮；四、代掌天下兵权。

据说荣禄收到此密报以后，大惊失色，"绕屋行，彷徨终夜，黎明遽进御。"慈禧阅后，"悲且愤，遂开战端"。当时慈禧看到照会的第一项要她归政，就使她下定了要与八国开战的决心。所以，当天在召开的第四次御前会议上，有诸王大臣及六部九卿共一百多人参加，征询诸大臣的意见实际上也只是形式而已。在第四次御前会议上，在宣读八国将发出的照会时，只读了后面三条，对最重要的要她归政的第一条却秘而不宣，避而不谈，然后慈禧冠冕堂皇地说："我为江山社稷，不得已而宣战。顾事未可知，有如战以后，江山社稷仍不保，诸公今日在此。当知我苦心，勿归咎予一人，谓皇太后送掉祖宗三百年天下。"

大臣们有什么可说，谁敢反对。而6月21日发布的向八国宣战的诏书也很特殊，只是说："朕今涕泣以告先庙，慷慨以誓玉师，与其苟且图存，贻羞万古，孰若大张挞伐，一决雌雄。连日召见大小臣工，询谋金同。京畿及山东等省义民兵，同日不期而集者不下数十万人，下至五尺童子，亦能执干戈以卫社稷。"

但这份宣战书确实看起来很奇怪，从上面看不出是向谁宣战，准确地说，看不出是向哪一国或哪几国宣战，因为诏书上没有点出任何要与之作战的国家的名字，也未以任何方式送交任何政府，就像是一个朝廷的内部指示。它宣战了而又不指示如何战，宣战了又不知道是对谁宣战，因此将士们都不清楚，于是提出"此次中外开衅，究系何国失和，希望朝廷明示，也好相机应敌。"而东南各省对它更是概不承认，认为这是伪造的上谕，因而就宣布不参与这场所谓与外国联军的战斗而实现东南互保。

慈禧太后不计后果对八国宣战的结果当然是一败涂地，仓皇从北京出逃，然后是签订十分苛刻的丧权辱国的条约，而最终结果则是彻底动摇了皇朝的统治基础，真是咎由自取。

而且，后来八国都否认有向清朝廷发出照会之事，也就是无论荣禄或是慈禧太后，当时都没有冷静分析，或者与总理衙门讨论一下，就盲目相信了这份假情报，结果铸成大错。

总而言之：因镇压百日维新而激发的慈禧太后与光绪皇帝之间的矛盾，因慈禧太后心胸狭隘而记恨在心，她即令已经再度夺回了政权，但是对光绪皇帝不但充满了敌意而且也心怀不安，怕支持光绪皇帝的政治力量卷土重来，因此这个朝廷内部矛盾的发展就使她产生了废黜光绪的想法与意图，只是因为大臣的反对未能实施，于是就进而立大阿哥，而这个举动也遭到庇护康、梁的西洋列强的反对，因此就使她更加猜疑会有外国力量支持光绪，从而排外的念头在她心中就越来越强。此时端郡王等为了自己的私利，又不断向她鼓吹义和团势力可以用来排外，自私而又愚昧的慈禧太后竟然相信了他们的话，引义和团进北京并导致八国联军庚子之乱。这就是：

朝廷内部皇权之争——引发立大阿哥——朝廷引义和团入北京——导致八国联军之乱。

也就是朝廷内部危机引发了巨大的外部危机，两者又叠加在一起，造成京城再陷，皇家朝廷被迫再次西逃的局面，而朝廷皇室再也无力化解这次大劫难的后果，前景十分可危了。

7—7. 无人勤王：不承认朝廷上谕，东南各省实施互保

1900 年在北京发生了义和团排外的事件并随即引起八国联军对北京的进攻，当京津地区已燃战火以后，南方的局势也开始紧张了。

1900 年，晚清洋务派的著名人物、李鸿章的亲信盛宣怀已任正三品太常寺少卿、大理寺少卿，掌管电报总局。盛宣怀反对朝廷支持义和团的做法，命令各地电报局将清廷召集拳民的诏旨扣压，只给各地总督和巡抚看。

这是指，当义和团在北京开始闹事以后，上海电报局突然接到北京发来的一封诏书，要南方沿江和沿海各省也招募义和团以对付洋人。盛宣怀对西方当然已有很现实的了解，他本来就认为朝廷不应当相信更不应当使用义和团，所以当他见到这份电报以后，立刻就将它压下了，说这是假的，并且立刻打电报各省分局，若他们也收到此类电报，只能密报督抚，不许张扬。同时他也给各省督抚发电报，要他们切莫轻信北京来的这种"上谕"，因此，不管北京来的上谕是真或是假，南方各省都没有采取行动。

光绪二十六年五月二十九日，在广州的两广总督李鸿章收到了盛宣怀的来电，并同时转发给两江总督刘坤一。盛宣怀的电报中说："千万秘密。（五月）廿三署文，勒限各使出京，至今无信，各国咸来问讯。以一敌众，理屈势穷。俄已踞榆关，日本万余人已出广岛，英法德亦必发兵。瓦解即在目前，已无挽救之法。初十以后，朝政皆为拳匪把持，文告恐有非两宫所出自者，将来必如咸丰十一年故事，乃能了事。今为疆臣计，各省集义团御侮，必同归于尽。欲全东南以保宗社，诸大帅须以权宜应之，以定各国之心，仍不背（五月）廿四旨，各督抚联络一气，以保疆土。乞裁示，速定办法。"

在给各总督的通电中，盛宣怀一面报告了北京近来形势及上海各国领事的动态，另一面说义和团及主战派已经控制了中央政府，为保全宗社，以免同归于尽，各省切不可召集拳民仇外，并应联络一气，以保疆土。但是当时盛宣怀不过只是一个主管全国电信的电报局总办，没有资格要求各省的督抚赞同他的建议，所以需要一两位有地位和威望的总督出来倡导，当然他首先想到的是李鸿章和刘坤一。李鸿章得到他的电报以后，除了立即转发给刘坤一以外（这实际就是表明李鸿章支持这个意见），他同时给盛宣怀回电："堪电悉。俄踞榆关不确，吾方与俄廷密商了事方法，必俄不踞地，各国乃不生心。顷美兵官来商，愿以铁舰护送赴沽。俟电旨即行。廿五矫诏，粤断乃不奉，希将此电密致岘、香二帅。"

这里说的"岘""香"二帅就是指两江总督刘坤一与湖广总督张之洞。"廿五矫诏"就是指该年五月二十五日清廷所颁的宣战上谕而言，此上谕以一国而与世界列国为仇，就是盛宣怀电报中所说的"以一敌众，理屈势穷"，"瓦解已在目前，已无挽救之法"。李鸿章断然拒绝了该上谕，并称之为"廿五矫诏"，也就是认为这是假的，所以我可以不接受。由于李鸿章的鲜明表态，刘坤一与张之洞也都相继如此表态，并进而考虑对策。

而且，在这个过程中，另一江南名士赵凤昌和盛宣怀还胆大包天捏造了一个假电报，说他们截获了一道洋人的电报，这封电报说，慈禧太后撤出北京城时，给各地督抚们下了一道谕旨，就是要他们把自己管辖的地方管好。张之洞等人一看是洋人内部的通报，也就信以为真了，因此就决定实施东南互保。不但如此，此时在上海黄浦江面上已经聚集了很多外国军舰，其中的英国海军司令扬言要驶进长江，借口保护侨民要把兵舰驶到长江沿线各口岸去，这样一来，冲突就很难避免，兵灾大祸也就会来到江南，若江南再陷战火，则国家完矣。

在此极端危急的关头，张謇、赵凤昌等设计了一个方案：东南各省与在本地的外国军民互保，不介入朝廷与八国联军在北方的战事。具体设想就是：与洋人协商，"各国兵舰勿入长江内地，在各省各埠之侨商教士，由各省督抚联合立约，负责保护。上海租界保护，外人任之；华界保护，华官任之，总之以租界内无一华兵，租界外无一外兵，力杜冲突，虽各担责任而仍互相保护，东南各省一律合订中外互保之约。"

他们拿这个想法与盛宣怀谈，并希望他出面与外国人洽商，因为督抚们不能出面，没有一定地位的人不能出面，与外国人没有打过交道并熟悉外国人的人也不能出面，因此只有担任中国电报总局总办的盛宣怀最宜于出面与洋人交涉。

当他们将这个设想与盛宣怀谈时，盛宣怀同意了，他们随即拟就了几项与洋人谈判时可能承诺的条款，然后利用盛宣怀是电报局总办的优越条件，迅速将此建议发电报给两江总督（刘坤一）、湖广总督（张之洞）以及两广总督（李鸿章）和闽浙总督（许应骙）。他们都迅速同意了这个意见。

盛宣怀在与各国驻沪领事接触以后，各国领事也都同意，但声明必须与各省负责官员签约。于是各省都派了一个道员作代表来到上海。签约时，中国以上海道为首席，外国领事以美国驻沪领事为首席，盛宣怀以太常寺卿作为绅士出席。在签约前，中方就商量好，有不好回答的问题就由盛宣怀来回答。

果然，在签约中，美国总领事问道："今日各督抚派员与各国订互保之约，倘贵国大皇帝又有旨来杀洋人，遵办否？"这就是一个难回答的问题，说遵办则此约就不需签，不遵办就等于在外国人面前说我们是违抗皇命，而盛宣怀则巧妙地回答："今日订约是奏明办理。"意思就是说签订此约定已经得到皇帝的同意了。

于是东南互保的约定（共十条）就得以签订，也就避免战火进入江南，而中国也避免了一次全国陷入糜烂之灾。

由于有了东南互保，为国家保存了不少元气，而慈禧太后更觉得，多亏有东南互保，否则更不知将增加多少条她怂恿义和团排外的罪孽。

但通过这个事件，也可以看出当时一些汉人总督实际上已经不听朝廷摆布了，也就是清皇朝的政权实际上已经不完全归皇家宗室所有了。由马新贻遇刺案到杨乃武与小白菜案，再到东南互保，这个趋势已经是越来越明显了。

从此中国地方行政体系就开始逐步与中央的命令脱离。

这就是军阀时代的开始，可以说盛宣怀在其中起了举足轻重的作用。

盛宣怀当时主张与列强议和，李鸿章入京进行和谈时请他同行，北京也宣他入京，但他觉得北京的政治太不可靠，因此推脱不肯奉诏入京。

盛宣怀所管理的许多事业如电报、矿业、海关、铁路等是北京清朝廷的主要收入，因此北京对他奈何不得，反而褒奖他保护了长江流域的和平，加他为太子少保。

1894年的甲午战争，日本人说是"与李鸿章一个人的战争"。

1900年与八国联军的战争，没有一个省出兵勤王，而东南各省更是公然宣布实施自保，所以八国联军也是与慈禧太后一个人的战争。

在这种朝廷的圣旨谕令的权威都出不了京城的情况下，这个皇朝岂有不亡之理！

7—8. 严重后果：庚子战败李鸿章签订《辛丑条约》

八国联军于1900年8月14日进入北京，第二天清晨慈禧太后就带着皇室主要成员和军机处的大臣们从混乱中逃出京城。

1900年7月3日，当时已任两广总督的李鸿章就已经接到上谕，要他北上回京师准备与八国联军媾和，7月6日再次催他北上，并且于7月8日重新任命他为直隶总督兼北洋大臣，所以这次李鸿章任两广总督前后也只有八个月（1899 年 11 月至 1900 年 7 月）。

为什么要李鸿章去北京与联军谈判议和呢？原来朝廷是要派当时的直隶总督兼军机大臣荣禄为谈判代表，但八国联军认为荣禄是清军和义和团进攻北京使馆区的总指挥官，因此拒绝与他谈判而要求与李鸿章谈判。7 月 17 日，李鸿章乘招商局"安平"号轮船离开广州，当时送行的南海知县裴景福问他如何看待目前的形势。

李鸿章慢慢地说："百足之虫，死而不僵。当今虽然京师蒙难，但袁世凯支撑山东，湖广张之洞、两江刘坤一都是有主见的封疆大吏，已经稳定了江南半壁江山，因此国家形势还不至于一蹶不振。"这就是实施了东南互保所赢得的成果。

然后他估计京师当在七八月间失陷敌手。北京果然于 8 月 14 日被八国联军攻陷。

裴景福接着问："万一京师不守，公进京后打算如何办？"

李鸿章叹口气说："三个问题：首先是剿灭拳匪以示威并向洋人赔罪；二是惩治祸首以泄各国之恨；第三个，恐怕也就是最难的事了，那就是谈赔款的事，现在我对此心中确实无底，恐怕是难谈啦！"他估计得完全不错。

但李鸿章并不急于北上，7 月 21 日到达上海，并接受英国政府的劝告在上海等待。

李鸿章不愿意立即北上的原因有二：一方面他担心此时北京城还在义和团控制之下，他去北京安全没有保证；另一方面朝廷现在也没有任何认错的表示和采取处理应承当责任的大臣的措施，也就是没有取得联军的任何谅解，所以当时各国也还没有停战的迹象，尤其是公使被杀的德国，继续进行战争的意图尤为明显，在这种情况下，在联军面前他也是危险的，因此这种情况下他无法进行谈判。8 月 7 日，已被任命为直隶总督兼北洋大臣的李鸿章，被正式任命为全权代表与八国联军谈判，但是他还是没有北上的意思。

后来在俄国人表示愿意提供保护的情况下，李鸿章于 9 月 18 日抵达天津。当时朝廷对他能答应出任谈判代表寄予了厚望，在给他的上谕中说："该大学士此行，不特安危系之，抑且存亡系之。旋转乾坤，匪夷人任，勉为其难，所厚望焉。"当时，联军代表拒绝在清廷"回銮"之前开始和谈，他们意在实现中国还政于不愿意与列强作对的皇帝，而这是慈禧太后绝对不能接受的条件，因此她就拒绝返回北京，因为她担心回到北京后会受到她不能接受的待遇，所以她坚持必须先签订和约并且联军退出北京城后才能回京。

签订《辛丑条约》的谈判

　　此时东南各省大员们就设法将联军的注意力放在惩处应负实际责任的官员身上。山东巡抚袁世凯尤其主张这一点，因为他当然害怕若真是还政给光绪皇帝，那皇帝一定会清算百日维新时他向荣禄告密而导致皇帝从此被囚之事。

　　当慈禧太后在西逃的途中，9月7日她就发诏曰："此案初起，义和团实为肇祸之首"，又怪罪主战派大臣："诸王大臣纵容拳匪，启衅友邦"，将自己的责任推得一干二净。于是各地遵照她的旨意，又反过头来杀义和团。

　　经过一年的艰苦谈判，最后于1901年9月17日，由李鸿章与庆亲王奕劻代表清廷政府与十一国代表（八国之外再加比利时、西班牙、荷兰）签订了《辛丑条约》，主要条款是：

　　赔款四亿五千万两白银，分三十九年支付，年息四厘，本息总计九亿八千多万两银子（由于这个赔款额太不合理，1908年5月，美国众、参两院通过"退款法案"，自1909年1月开始向中国退还部分庚子赔款，第一次世界大战后，其他各国，不含日本，也开始效法美国的做法，一直延续到1923年，最后各国总计退还金额为一亿零五百八十九点三万美元，其中很多是放弃）；惩办罪犯：庄亲王载勋被赐自尽、端郡王载漪终身发配新疆、刚毅已经在西行的路上病死，褫夺其生前的各种职衔、杀毓贤于兰州、赐英年和赵舒翘自尽、杀启秀、徐承煜，董福祥被免去官职回居甘肃、载勋之弟载澜也永远发配新疆。各省有119名官员受到不同处分。

　　但是，真正的祸首慈禧太后却没有受到任何牵连，其实，谈判刚开始时，联军是要求慈禧让权于光绪，但李鸿章说："你们要你们的。"将此要求顶了回去。于是她指示李鸿章在谈判中只要不涉及她本人，什么条件都可以接受。也就是什么国家和民族的利益都可以不顾，只需要保持住自己的统治权。经历了这样一场大灾难，而罪魁祸首竟然免于被责。

7—9. 消除后患：回銮京师废大阿哥及他的悲惨下场

1901年9月17日，李鸿章代表清政府与联军签订了《辛丑条约》，从而结束了这场战事，由于洋人没有追究庚子之乱中慈禧作为祸首的责任并迫使她还权与光绪，所以联军于1901年9月17日开始退出北京之后，慈禧得以放心回銮北京。

和约签订后，光绪二十七年（1901年）八月二十四日，慈禧太后带着光绪等人，离开西安，回銮北京。一路上走得很慢，十月五日到达开封。由于十月初八是光绪的生日，而十月初十则是太后的寿辰，因此决定在开封驻跸半个月。

但在这里他们接到了直隶总督兼北洋大臣李鸿章去世（1901年11月7日）的消息。对于这位大臣的逝世慈禧当然感到很伤心，于是传旨在北京他生前住过的地方立祠纪念。

在开封时就有几位随行御前大臣觉得这场大祸是端郡王载漪惹起的，现在载漪虽然被流放新疆，但他的儿子溥儁还是大阿哥，现在他已经年满17岁，这一次所发生的一切他都经历了而且也明白了，若有朝一日他君临天下，他难道不会对那些主张惩罚他父亲的大臣们进行报复，所以应当在回京之前先解决他的问题，免得回京后受到各方面的干扰。

于是，在渡过黄河不久，大臣们就奏请废黜大阿哥以免后患，慈禧乃召开御前会议，决定废黜大阿哥溥儁，驱逐出宫，但不予处分。

溥儁被改封的新爵位乃公爵中之最末一等不入八分辅国公，回京后，溥儁及端郡王一系居然无家可归，原来，慈禧挟持光绪西逃当天，即8月15日下午，一直被拳民和清兵围困在西什库教堂的洋人和教民一起冲了出来，直奔护国寺，涌进了宝禅寺街，冲进西面的端郡王府，先抢后砸，最后一把火，把端郡王府烧个精光，大火直延烧至深夜。

慈禧见状，遂又下诏让端王一系"认祖归宗"，重归惇亲王府本支，溥儁便迁回了位于东四北小街的惇亲王府。当时惇亲王奕誴已病故，而其长子载濂、次子载漪、三子载澜均以庚子之变革爵，慈禧便让其四子载瀛降袭贝勒承继了惇亲王府，占有了府内八大殿堂及绝大部分地产。

溥儁迁回后，载瀛未按端王一系平均分给他财产，只拨了王府东跨院二三十间房屋让他居住，而且未给办理契税手续。王府的地租收入每年也只给他几百两银子，比其他兄弟要少几十倍。载瀛对亲友说，大阿哥"最懒于攻读"，大阿哥的师傅

慈禧太后西行回銮北京

崇绮向他说过，溥儁每日总是与小太监们玩耍，常用泥捏成小人儿，起名李鸿章、庆亲王奕劻等，再命太监用绳子绑起泥人，再砍去头颅。

大阿哥在惇亲王府住了一段时间，忽然接到父亲载漪从内蒙古阿拉善旗罗王府差人送来的信，说经慈禧默许，自己已投亲住进妹夫罗王府，生活很安定，希望大阿哥来看看自己。溥儁因在惇亲王府生活得并不愉快，便带上两个家人到罗王府省亲。

大阿哥到了罗王府，端王、罗王都非常高兴，大摆筵席，为他洗尘。席间，大阿哥见到了罗王的女儿，人长得十分漂亮，穿着也与北京王府的格格完全一样，顿生好感。

端王知道后，便托来罗王府做客的甘军统领董福祥向罗王夫妇提亲。罗王的福晋与女儿因见大阿哥相貌平常，都不十分满意，但罗王与端王一向感情很好，便一口应承了下来，并很快给他们完了婚。

端王对溥儁一直非常关心，被立为大阿哥后更是百般呵护。端王不仅不准家里人再以家中名分对待他，就是自己提到他也总称呼大阿哥，且态度庄重，俨然有君臣之分。端王在西北听说溥儁被废，已迁居惇亲王府，便决定自己一系回去所分财产全由大阿哥使用，不让其长孙继承，自己也分文不取。

大阿哥完婚后，端王很想让他在罗王府长住，但大阿哥不习惯草原的苍凉寂寞，又考虑回惇亲王府可分得相当一部分祖产，日子会过得很安逸，便不顾端王、罗王的一再劝阻，决意携妻回京。端王、罗王见他主意已定，不再勉强，临行前，便分别给了他一大笔钱，并派专人送其回京。溥儁夫妇返京后，先住在三座桥的罗王府，受到隆重接待，几个月后，又搬回了惇亲王府。

辛亥革命后，逊帝宣统退位，溥儁以自己曾为大阿哥的身份，当上了总统府参议，虽为挂名，但每月可领到500大洋的薪俸，这当然不是一个小数目，

比当时北大文科学长陈独秀的月薪整整高出 200 元，按当时的购买力计算，约合现在 5 万元人民币。如果再加上他从惇亲王府分到的地租，以及从内蒙古带回的款项，生活变得相当富裕。

然而，遗憾的是，大阿哥夫妇婚后感情并不好，因琐事经常吵架，也许由于这个原因，大阿哥在社会上结识了一些不三不四的酒肉朋友，常到后门桥附近的戏园、酒楼鬼混，后来又捧上了几个唱大鼓的女艺人，常常不惜一掷千金。载瀛说，自从大阿当上总统府参议，更是任意吃唱玩乐，挥霍无度。他还定制了一辆相当漂亮的洋包车，每天吃完晚饭，便坐上车到前门外看戏、听大鼓。后来，又抽上了鸦片，甚至雇了一个绰号叫"小媳妇"的女人，专门伺候他抽大烟。

近亲婚姻给大阿哥带来始料未及的灾难性后果，他育有二子，长子毓兰峰生性愚钝，系先天弱智，二子虽然自幼聪慧，为他所万分疼爱，却因免疫机能低下，五岁时突患暴病死去。这突如其来的打击，给他以极大刺激，他守在亡儿身旁，不吃不喝，整整哭了三四天。

1921 年，政局动荡，大阿哥的总统府参议被取消，每月收入锐减。1924年，得到苏联暗中支持的冯玉祥，在"北京政变"中将逊帝宣统赶出紫禁城，同时也把清室王公的土地以"缴价升课"方式"变旗地为民地"，也就是由佃农按较低地价分期偿付后，该地即属佃农所有，几年下来，各王府之地租来源便告断绝。这是大阿哥遭遇的第二个财务困境，从此，他坐吃山空，逐渐达至破产境地。

1927 年，端郡王载漪在其后定居的宁夏去世，不久，他的长孙毓运交卸甘肃省景泰税务局局长职务，回北京看望母亲，见到四叔载瀛和大阿哥。载瀛因端王和毓运之父相继去世，便将分给端王一系的惇亲王府东跨院那部分房产交给了毓运，并正式办理了契税手续。毓运见大阿哥已穷困得不成样子，随即将房契交给了他。当时，大阿哥很激动，一定要留毓运在家吃饭。叔侄俩边吃边谈，毓运问他何以出宫，他只简单说，自端王被发配新疆后，李鸿章、奕劻等极力在西太后面前反对他为皇子，说"罪人之子怎能继承大统"？不久，西太后就下诏把他废黜了。当然，大阿哥可能至死也不明白，当他这枚"政治棋子"已丧失利用价值，甚至成了某种障碍时，被慈禧抛弃那只是早晚的事。

几个月后，大阿哥忽然来到毓运家，说是生活上很困难，想和他商量卖房产一事。毓运同意他的意见，把那部分房产卖了几千块大洋，绝大部分都给了他。谁知，大阿哥钱一到手不知节俭度日，依然大吃大喝吸鸦片，很快便又挥霍一空。

端王去世后，他的七侧福晋带着端王留下的十几箱古董来到北京，打算卖掉后置些产业安度晚年。她找到大阿哥商量办法，正值大阿哥穷极无路，便吵闹着要和她平分。七侧福晋见此非常不安，拿出其中一小部分给了大阿哥，其余的也没卖，便又带回了宁夏。

丧失经济来源的大阿哥无力谋生，后来只得让妻子向罗王的儿子塔王求借。塔王塔旺布里贾拉当时正担任蒙藏院总裁，见大阿哥和妹妹生活窘困，立即派人按月送钱接济，后来还把夫妇俩接进塔王府居住。其后不久，塔王因病去世，大阿哥夫妇失去了最后的依靠。

塔王的侧福晋对大阿哥平时就看不上眼，对这位姑奶奶也不满意，暗中吩咐手下的人，对大阿哥夫妇不要以亲戚相待，还找了个借口，把他们搬到马号附近的几间小房子去住。大阿哥遭此冷遇，郁闷不舒，情绪沮丧，可又没有能力搬出府自谋生活，只能勉强赖在府里不走。

后来，1942年北平陷入日军之手后，在北平某报纸上曾经登出一篇《大阿哥近状访问记》，记述了原大阿哥溥儁的生活潦倒的情况："大阿哥于回北京后，即住于瀛贝勒府中，尚有仆人六十。二十五岁时（1910年），大阿哥告假六月，回阿那善旗省亲，亦于是年结婚。民元返京，即住地安门外三座桥边夹道之塔王府现址矣。是时生活已渐见不裕……固定进项已丝毫皆无，更惨之命运遂迫目前，只有典当度日矣……大阿哥今年五十八岁，他的夫人小他一岁。膝前一子，任警界，收入颇甚鲜，儿媳一，孙子一。人口虽然不算繁多，可是说出来也许不会令人相信。他老人家的每日三餐，几乎每日都不能获得一饱了……在生活高压下，他日夕都为衣食问题所困，终于在去年四月间左目失明……九月，右眼又失明……现在，大阿哥已经是一个与世隔绝的人了。坐在那不知是龙床抑是凤床之上，大阿哥以枯槁极端的手臂扶住了床栏，用沉郁的语气，吐出了如下沉痛令人酸鼻的话来：'现在我是一个房子地亩都没有的人了，寄居在亲戚家，可说是分文也没有收入，她（指其妻）每月从娘家拿回来的饽饽钱二十几块，也只好充作家用了。可是，这二十几块怎么够用？……我现在每日三餐的粗粮都不能够饱了的。咳！一转眼四十余年，宫中生活，俨如昨日事，也许是当年享受太过所致！'语声哽涩，令闻之者有一段同情怜悯而且荒凉的感情充塞在意识里。"

真是：人世几回伤往事，山河依旧枕寒流。由此也可知这个人一生都没有出息，只知道怀念往日的宫中生活，不知自拔。其实他被废时也只不过

珍妃

十七岁，以后假如好好读书，成为一个能有所为的人，何至于最后落到如此悲惨境遇，这就是典型的八旗子弟，实不足怜。

所以大阿哥溥儁的晚年甚是凄惨，后来住到了马号里，郁积成疾，于1942年死在了塔王府。他在嘉兴寺殡仪馆举行了简单的殡葬仪式，被埋葬在该寺后院的空地里。大阿哥傅儁就这样结束了他人生的悲、喜剧，从此淡出了人们的视线。

回过来说慈禧太后带着皇室回京以后，同时为珍妃恢复名誉，并晋升为皇贵妃，后来葬于崇陵。

《清稗类钞》记述，慈禧西逃归来，在皇宫内部，做了一次非正式谈话。其中谈到西逃细节，说：我知道有许多人说，朝廷和义和团是串通的，其实并不是。我们一知道乱事发生，马上就派兵镇压，可是已经来不及了。我那时候决心不离开皇宫。我已经是一个老妇人了，死活早不放在心上，但是端王和澜公劝我马上走。他们还要叫我假扮了别人出去，我大怒，坚决拒绝了他们。后来，我回到宫里，有人告诉我，外面传说我出走的时候，穿了宫中一个老仆的衣服，坐了一辆破骡车，而那老仆却穿了我的衣服，坐在我的轿子里。我不知道这些故事是谁编出来的。自然人家一听就会相信，并且很快就会传到外国去的。

再说到义和团举事的时候，我是多么苦啊，宫里的人没有一个愿意跟我走。有些在我还没有决定走的时候，就逃得无影无踪了，有的虽然不走，却不做事情，站在旁边冷眼看着。我下了决心，问问有多少人愿意跟我走，我说：你们愿意同去的就跟我去，不愿意同去的就离开我好了。出乎我意料，来听我说话的人极少，只有十七个太监、两个老妈子和一个宫女，那就是小珠。只有这些人说，不管怎样他们总跟着我。我一共有三千个太监，可是他们都跑了，我要查点都来不及。有些还要当面对我无礼，把我贵重的花瓶跌在石板上打碎了。

他们知道我没有时间去责罚他们，因为情况非常紧急，我们马上就要动身了。我大骂，祷告祖宗在天之灵保佑我。每个人都和我一同跪下祷告，和我同走的唯一的亲属就是皇后。

有一个近亲平时我待她极好，她要求什么，我总答应她，这次居然也不愿意和我一同出走。

我知道她为什么不肯同去，她想一定会有外国兵进来把我们一起捉住杀掉。

皇帝和皇后都乘骡车。我一路上祷告，求祖宗保佑，皇帝却口都不开。有一天，忽然下起大雨来，几个轿夫逃了，有几匹骡子死了。五个小太监还不识趣，去和县官闹着要这样那样的。县官跪在地上向他们恳求，说一切都照办。我听到了大怒，我们在这种情形之下，自该知足，怎么可以苛求。于是我责罚了那几个太监，他们竟跑了。大约费了一个多月光景，我们到了西安。我不能形容那时候的苦楚，一面还担忧着，所以我一连病了三个月。这是我一生中永远不会忘记的。光绪二十八年初，我们回到北京，当我看到宫中这一番景况，又是一番伤心。一切都变了！许多名贵的器皿不是被偷了，便是被毁了。西苑里的宝物完全被一扫而空。我那天天礼拜用的白玉观音，也不知被谁砍断了手指。有些外国兵还坐在我宝座上照了相。想起这些，我的觉都睡不着。

慈禧这番话是真是假，且听之。

7—10. 自我标榜：慈禧太后竟全然推卸自己应负责任

对处理庚子之乱的各罪臣的正式上谕是："谕京师自五月以来，拳匪铸乱。现经奕劻、李鸿章与各国使臣在京议和，大纲草约均已画押。追思肇祸之始，实由诸王大臣等昏愦无知，嚣张跋扈，深信邪术，挟制朝廷。于剿办拳匪之谕，抗不遵行。反纵信拳匪，妄行攻占，以致邪焰大张，聚数万匪于肘腋之下，势不可遏。复主令鲁莽将卒，围攻使馆。竟到数月之间，酿成奇祸。社稷临危，陵庙震惊，地方蹂躏，生灵涂炭。朕与皇太后危险情形，不堪言状，至今痛心疾首，悲愤交深。是诸王大臣等信邪纵匪，上危宗社，下祸黎元，自问当得何罪？前经两降谕旨，尚觉法轻情重不足蔽辜。应再分就等差，加以惩处。已革庄亲王载勋，纵容拳匪，围攻使馆，擅书违约告示，又轻信匪言，枉杀多命，实属愚暴冥顽，著赐自尽，派署左都御史葛宝体前往监视。已革端郡王载漪，倡卒诸王贝勒，轻信拳匪，妄言主战，致肇衅端，罪实难辞。又辅国公载澜，随同载勋妄书违约告示，咎亦应得，著革去爵职，唯念俱属懿亲，特予加恩，均著发往新疆，永远监禁，随行派员看管。已革巡抚毓贤，前在山东巡抚任内，妄信拳匪邪术，至直为之揄扬，以致诸王大臣受其煽惑，及在山西巡抚任，复戕害教士教民多命，尤属错谬凶残，罪魁祸首，前已遣发新疆，计行抵甘肃，著传旨即行正法，并派按察使何福堃监视行刑。前协办大学士、吏部尚书刚毅，袒庇拳匪，酿成巨祸，并会书违约告示，本应置之唐典，唯现以属故，著追夺原官，并行革职。革职留任甘肃提督董福祥，统兵入卫，纪律不严，又不谙交涉，率意鲁莽，虽围攻使馆，系由该革王等指使，究难辞咎，本应重惩，姑念在甘肃素著劳绩，回汉悦服，格外从宽，着即行革职。又都察院左都御史英年，于载勋擅出违约告示，曾经阻止，情有可原，唯未能力争，究难辞咎，着加恩定为斩监候罪名。革职留任刑部尚书赵舒翘，平日尚无嫉视外交之意，前查办拳匪，虽无庇纵之辞，唯究属草率贻误，著恩定为斩监候罪名。英年、赵舒翘两人，均著施刑在陕西。大学士徐桐、前四川总督李秉衡，均已殉难事故，唯贻人口实，均着革职，并将恤典撤销。经此降旨以后，凡我友邦当共谅拳匪肇祸，实由祸首激迫而行，绝非朝廷本意。朕惩办祸首诸人，并无轻纵，即天下臣民亦晓然于此案之关系重大也。"

但后来英年和赵舒翘都改判为赐自尽。军机大臣启秀和那个背叛父亲而逃的刑部侍郎徐承煜于和议签订以后，被处死在北京菜市口。

这一届首席军机大臣礼亲王世铎是一位在政治上毫无主见的人，且体弱多病多次请辞未准，他对这次事变说不上有什么功过，也没有去西安，因此只是在 1901 年免职，自 1885 年到 1901 年，他担任了 17 年的首席军机大臣，于 1914 年去世。

仅就庚子之乱这件事本身来说：

义和团本身具有朴素的反对外国人的意识（不能说他们在本质上已经认清了帝国主义侵略中国的本性），但没有任何法律观念，迷信所谓法术护身可以不畏枪炮，终究被清朝廷所利用作为杀害外国人的工具，对国家酿成大祸。

毓贤（堪称清朝时期酷臣首位，信用乱世治世用重刑。在他任职山东曹州知府时杀了 1500 多人，其中很多是无辜群众。所以此人任职山东巡抚时期，由于纵容义和团攻杀外国人，被革职。但是没过多久就被慈禧太后任命为山西巡抚，一到任就和义和团首领称兄道弟，又纵容他们屠杀山西教民和外国人士。他把全山西的外国人都引诱到太原之城堡内，共 190 多人被杀。他本人还亲自杀害一人）不断向朝廷推荐义和团可以保清灭洋。

刚毅将义和团引进北京；载勋、载漪和载澜等支持、组织和怂恿义和团在北京闹事；裕禄和荣禄组织军队对抗联军并谎报军情导致清廷决定正式对八国宣战；李秉衡和裕禄等竭力主战；杀害朝中坚决反战的五大忠臣。

这一切都是得到慈禧太后同意和支持，并作出最后决定的，因此造成庚子之乱的真正罪魁祸首实际上就是慈禧太后。

但是，造成庚子之乱的这位真正的祸首慈禧太后在战乱后却没有受到任何牵连。

慈禧太后自己是怎样看待义和团和八国联军一事呢？《清稗类钞》一书记录了她的一段自述："予最恨人言庚子事。予乃最聪明之人。尝闻人言英女王维多利亚事，彼于世界关系，殆不及予之半。予事业尚未告成，亦无有能逆料者，或尚有可使外人震惊之事，或尚有廻异于前之事，均未可知。英为世界最强国，然亦非维多利亚一人之力。英多贤才，各事皆由巴力门（国会）议定，彼唯画诺而已。我国大事，皆予独裁，虽有军机大臣，亦为赞襄于平时，皇帝更何知？庚子之前，予之名誉甚佳，海内晏然，不料有拳匪之乱，为梦想所不及。综计生平谬误，即此一举。予本可随时谕禁拳匪，而端（端郡王载漪）澜（载澜）力言拳匪可信，为天所使驱逐洋人者，盖即指教士而言。予固最恨耶教，当时闻言默然。后亦知端、澜所行太过。一日，端王率领拳匪头目至颐和园，召集太监，在殿前查验顶际有无十字。既而端王谓：有二监信教，当如何办理？予怒斥之曰：'未发诏旨，何故擅领彼等入宫？'端王谓其权力甚大，可以杀尽洋人，有诸神保护，不畏枪炮，曾经试验，枪打并无伤痕。因擅将二监交与拳匪头目办理，予亦允之。旋闻二监被杀于园。次日，端澜又带拳匪头目入宫，令太监烧香，为非教徒之证。自此遂逐日进宫，授太监法术，谓京城人民大半已习拳矣。第三日，宫监皆作拳装，砍肩包巾皆红色，裤独黄，予之左右皆然，心甚不悦。时军机大臣荣禄方请一月病假，一日，忽报病愈，明日即须入宫，知其必有要事言也。及荣禄至，则谓拳民煽惑百姓杀洋人，恐国家受害。予问应如何办理？荣禄谓：须与端王商量。次日，端王入宫，谓昨日与荣禄大争，今京城已成义和拳之世界矣，若与反对，彼必杀尽居民，大内亦难幸免。董福祥已允助攻使馆。余至是大惧，知大势已去。立召荣禄，并留端王在侧。荣禄至，颜色憔悴，告以端言，大惊，请立发一谕，声明拳会为秘密会党，百姓不可信从，饬步军都统领悉逐其在京者。端大怒，谓此谕果下，拳必入宫大肆诛戮。余不得已而从端言。端去，

义和团

荣禄言拳必为祸，端丧心病狂，必助其围攻使馆。拳民未曾读书，以为只有在华之些许洋人，杀之即为无事，不知各国如何强大，若将在华者杀之无遗，必将报仇。洋兵即杀一百拳民，毫不费事，请余饬聂士成防守使馆。余即允之，又命荣禄就商于端、澜。一日，端、澜进宫，请饬拳民先杀使馆洋人，再杀其他。余却其请。端谓事急不能再延，拳已备明日攻使馆。余怒，令监逐出。端临行，言我当代发谕旨，不问尔之愿否。既出，乃矫诏行事，于是遂死无数生灵。及后，端见拳不可恃，洋兵将至，始劝余等出京。余之名誉，遂毁于一旦。此事由于前无主意，铸此大错，误信端王，皆为彼一人所害也。"

从慈禧太后的自述中可以看出，这都是端郡王载漪之错，她自己是没有责任的。但是，要与八国宣战的主要责任人当然是她，因为她曾经竟然一怒之下斩杀了五位劝她不要对八国宣战以启战端的大臣：太常寺卿袁昶、吏部侍郎许景澄、兵部尚书徐用仪、户部尚书立山、内阁学士联元。这些都是地位十分显赫的朝廷大臣，能说她自己与战事之起没有责任吗？

由李鸿章代表中国与八国于 1901 年 9 月 17 日签订了《辛丑条约》，此时离联军进北京解使馆区之围已经一年多，签约后联军就开始撤出北京。1902 年 1 月 7 日，清皇室由西安回到北京并重建政权。

第八章
庚子之乱后朝廷被迫宣布实行新政

8—1. 影响深远：庚子之乱《辛丑条约》签订后果严重

　　义和团运动在中国惹出了一场大祸，本身以彻底失败告终，也没有留下什么正面的形象。然而，义和团事件及其解决的办法却给后来中国的发展产生了巨大的影响，主要是：

　　一、《辛丑条约》签订并且八国联军退出北京城以后，事情还没有完。因为 1900 年 7 月，俄国以借口恢复秩序和镇压暴民为由，派了 20 万大军进入中国东北，经过 3 个月的军事行动，实际上取得了对整个满洲的控制权。然后强迫清朝的盛京将军与它签订一项九款的临时条约，规定这位中国的盛京将军同意解除中国满洲军队的武装并予以解散、交出军火库中的全部军火、拆除所有要塞与防御、同意俄国人在沈阳派驻一名常驻官员等。当然，对于这样一项使自己极度蒙羞的条约，愤怒的清政府是不同意签订的。

　　俄国人随即改变了策略，1901 年 2 月 16 日，俄国人建议中国除了当时在北京与八国谈判签订和约以外，再与俄国单独签订一个满洲条约，在这个条约中，名义上俄国将它已占领的满洲归还给中国，但实际上通过将俄国占领军改名为"铁路驻军"，使其占领满洲合法化。条约同时禁止中国未经俄国同意向满洲派兵，或给予其他国家筑路和开矿的特权。但是，最大的耻辱是规定中国还必须向它支付占领费、支付铁路和中东铁路公司的损失，还要授权俄国修筑一条从中东铁路朝着北京方向的通往长城的铁路。

　　俄国对中国的无理要求立即引起了其他列强的强烈反对，日本警告中国说：任何对俄国占领满洲的让步都会引发列强对中国的瓜分，如英国将接管长江流域、德国将占领山东，而日本别无选择而将自由行动。此时英国和德国也提出警告，反对中国在与联军签订《北京总条约》之前与俄国签订任何单独的领土与财政条约。美国、奥地利、意大利都强烈建议中国不要与俄国签订条约。而且日本公使还对中国政府说，俄国不敢面对各国团结一致在这个问题上的立场。于是清政府最后还是拒绝与俄国签订该条约。

尤其是 1902 年 1 月 30 日，英日同盟条约签订以后，俄国被迫于 1902 年 4 月 4 日与中国签订一份承诺，承诺分三个阶段，每隔六个月为一个阶段，撤出满洲。但俄国只执行了第一阶段的撤军，后来就没有撤军，并继续占领沈阳等城市，这终于为 1905 年发生在中国东北地区的日俄战争埋下了伏笔。

所以义和团事件的第一个严重后果影响就是加剧了列强想瓜分中国的野心与企图，甚至都安排了计划。在这种情况下，美国于 1900 年 7 月 3 日再一次宣布了它对中国主张的"门户开放"政策，也就是在保持中华帝国领土完整的前提下，在中华帝国全境实现各国贸易利益均沾的原则，同时英德两国也于 1900 年 10 月 16 日签订了一项协议（要求其他强国也遵守），规定签约国不得在中国谋求领土。

所以，义和团事件所引发了八国联军进北京以后，中国的国家命运当时受到了极其严重的威胁，只是由于各强国之间的利益冲突，才使得中国没有被瓜分和崩溃，但中国已经在国际上谈不上有任何国际地位了，这就是人们所称的已经沦为半殖民地的地位。

二、《辛丑条约》严重地侵犯了中国的主权，如禁止中国进口武器、拆除大沽炮台和其他炮台、规定外国部队可以在公使馆区域内驻军、列强可以在北京到秦皇岛铁路的十二个车站驻军、规定在许多地方停办科举五年。这严重损害了中国的主权，并为后来带来严重的后果，如后来 1937 年卢沟桥事变的发生就是由于日本人在京津一带获得了驻军权而引起的。

三、赔款四亿五千万两白银，年息四厘，分三十九年还清，总数达九亿八千二百多万两，而且规定赔款必须用外币偿还，因此列强可以在国际市场上有意压低白银的价格，使中国蒙受更多的汇率损失。这样大规模的资金外流，而且中国又被迫在极为苛刻的条件下对外举债，大大影响了中国后来的经济发展。

四、北京的外国公使从此组成了一个强有力的外交使团，成为了清政府的"太上皇"，使清皇朝在世界舞台上再无任何国际威望。

五、这次八国联军在中国的强权和残暴的胜利，造成了一种不可战胜和至高无上的形象，被杀死的德国人克林德的牌坊高高耸立在北京的街道上，义和团被捕杀，中国人的自豪与自尊被击得粉碎，在民族自尊心受到极大损伤的情况下，民族自卑感就因此产生，中国人对外国人的态度由蔑视和敌对转变成畏惧与奉承。

六、当然，一方面这也迫使清政府要开始进行一些改革，同时也大大激发了大批有志的中国人走向了谋求推翻腐朽的清皇朝和建立全新共和国的革命大道，并最终在十一年之后就推翻了这个统治中国达 268 年的大清皇朝。这就是大清皇室自己引发的这场危机的后果。正是：

> 惊天大难起庚子，罪魁祸首当有指；
>
> 纵拥皇权护太后，却无丹青改历史。

8—2. 下诏变法：万般无奈被迫实行新政

光绪二十六年七月二十六日（1900 年 8 月 20 日），也就是在慈禧和光绪离京西逃的第五天，到达怀来县的鸡鸣驿时，慈禧太后就以光绪皇帝的名义颁布了"罪己诏"，承认"负罪实甚"，向国人，更是向西方列强表明了态度："近日衅起，团练不和，变生仓猝，竟敢震惊九庙。慈舆播迁，自顾藐躬，负罪实甚。""罪己诏"虽然是以皇帝的名义发表的，但明眼人都可以看出，这实际上是慈禧太后的"悔过书"。无论如何，她开始认识到她顽固推行保守并拒绝改革同时又与世界为敌的政策是完全错误的了。

只有一个"罪己诏"并不能说明问题，真正的是社会要看到朝廷下一步如何办。

于是七月二十八日（8 月 22 日），到达直隶宣化以后，又再次下一道谕旨，这次表示要采取实质性的行政措施了。一方面要求官员们直言推举人才，表达朝廷求贤若渴的意图，"为政首在得人，现在时局阽危，需才尤亟，各封疆大吏均有以人事君之责，务各激发天良……迅速保荐，以备录用。"如果有人还像以前那样"瞻徇情面，汲引私人"，"辄至贻误，定将原保大臣一并严惩，决不姑容。"另一方面，"自今以往，凡有奏事之责者，于朕躬之过误，政事之阙失，民生之休戚，务当随时献替，直陈勿隐。"然后又命将此谕刊之于《京报》，公之于世。当时慈禧太后下达这道谕旨，当然一方面是表示今后要更新政事，另一方面也是要向全国各地表明，此时她还牢牢地掌握着政权，朝廷还在她掌控下继续正常运作。

当八月十七日（9 月 10 日）銮驾到达太原以后，驻跸 21 天，在此期间再次发表了一道关于议和及今后施政方针的谕旨，其要旨如下："现正议和，一切政事，尤须切实整顿，以期渐图富强。懿训以为取外国之长，乃可补中国之短，惩前事之失，乃可作后事之师……

查中国之弊，在于习气太深，文法太密。庸俗之吏，豪杰之士，少文法者，庸人借以藏身之固，而胥吏依为牟利之符。公事以文牍相往来，毫无实际；人才以下格相限制，而日见消磨。误国家者，在一私字；祸天下者，在一例字。至近之学西法者，语言、文字，制造机器而已，此西艺之皮毛，而非西政之本源也。居上宽，临下简，言必信，行必果。我往圣之遗训，即西人富强之始基。中国不此之务，徒学其一言、一语、一技、一能，而佐以瞻徇情面，自利身家之积习。舍其本源而不学，学其皮毛而又不精，天下安得富强乎？总之法令不更，痼习不破，欲求振作，当议更张。着军机大臣、大学士、六部、九卿、出使各国大臣各省督抚，各就现在情形，参酌中西政要，举凡朝章国政、吏治民生、学校科举、军政财政，当因当革，当省当并，或取诸人，或求诸己，如何而国势始兴，如何而人才始出，如何而度支始裕，如何而武备始修，各举所知，各抒己见，通限两个月详悉条议以闻……"并且要求大臣们的条陈不得空洞无物，而且不能仅是从报刊抄袭，而是要经过实际调查与深思熟虑。

光绪二十六年十二月初十日（1901年1月29日），慈禧与光绪还在西安时，清皇朝就宣布准备实施新政，为此慈禧以光绪皇帝名义再次颁布上谕。谕旨首先对刚发生的义和团事件及由此导致的列强干涉表示深刻的反省，认为这是最近数十年来各种积弊循环相因、上上下下粉饰太平的结果；再次表示要彻底改变排外的立场，取各国之长来补中国之短，以此实施新政，命督抚以上的大臣就朝章国政、吏治民生、学校科举、军制财政等详细议奏。这两道诏书被称为《预约变法诏书》。

《预约变法诏书》中重点指出：

"世有万古不易之常经，无一成不变之治法。

法令不更，痼习不破；欲求振作，当议更张。

参酌中西要政，举凡朝章国政，吏治民生，学校科举，军政财政，当因当革，当省当并，或取诸人，或求诸己，如何因国势始兴，如何因人才始出，如何而度支始裕，如何而武备始修。误国家者在一私字，困天下者为一例字……"

就是要求朝中大臣和地方督抚就这些方面广泛发表自己的意见并提出建议。

　　光绪二十七年三月初三日（1901 年 4 月 21 日），又成立了以庆亲王奕劻为首的"督办政务处"，作为筹划新政的专门机构。张之洞、袁世凯等为督办政务大臣，总揽一切"新政"事宜。尽管为时已晚，但中国还是以变法图新的姿态跨进了二十世纪，这也是一个垂死的皇朝看到了自己要求生的最后的希望。

　　尽管这是在形势所迫的形势下，为能使皇家政权继续维持下去，不得不宣布向臣民承诺将施行新政，但无论如何，在中国政治体制发展演变的过程中，一条新的道路正逐步展现在眼前了。实施新政就是要"更法令、破痼习、求振作、议更张"。

　　所以，清末实施新政，就是要在政治、经济和文化教育等方面开始有目标的改革，其所涉及深度和广度实际上已超过 1898 年维新派所推崇的戊戌变法，但皇朝的基本政治体制，即皇权至上的基本体制不能变。

　　具有讽刺意义的是，两年多前还把戊戌变法淹没在血泊中的慈禧太后，如今却成了戊戌变法的政治遗嘱执行人，下诏变法。

　　于是以湖广总督张之洞和两江总督刘坤一为代表的地方督抚们为改革提出了很多很具体的建议（即有名的《江楚三折》），综合他们的意见，在 1901—1905 年颁布了一系列实施"新政"的上谕。"新政"主要内容有：

一、改革军制，组训新军

　　1901 年 8 月 29 日，朝廷下令停止全国武科科举考试，并决定各地都可仿效北洋和两江，筹办自己的武备学堂。

　　裁汰旧军并开始实施编练新军的计划，并于 1903 年 12 月 4 日设立练兵处。1904 年 9 月确定在全国编练新军 36 镇（师），1906 年 11 月，改兵部为陆军部。36 镇的计划是在五年内，除京畿 4 镇，四川 3 镇以外，其他各省各编练 1 到 2 镇。但直到清朝灭亡，只练成 14 镇和 18 个混成协（旅）又 4 标（团）及禁卫军 1 镇，共约 16 万人，但北方的新军基本上都属于袁世凯的北洋军体系。

二、振兴商务，奖励实业

　　1903 年 9 月 7 日，请政府设立商部，开始推行自由经济政策，倡导民办与官商合办实业的发展，颁布了《钦定大清商法》《商会章程》《简明铁路章程》《奖励华商公司章程》《公司注册章程》《试办银行章程》等一系列鼓励民营经济发展的政策性法规，也就是鼓励自由发展实业，奖励发展工商企业，允许组织商会团体等，使近代工商企业得以在中国兴起。

三、废除科举，育才兴学

1901 年 9 月 4 日，朝廷命令将各省的书院都改成大学堂，各府及直隶州改设中学堂，各县改设小学堂。1901 年 12 月 5 日，又颁布学堂科举奖励办法，规定各级学堂毕业生考试后可得进士、举人、贡生等出身；1902 年 2 月 13 日，又公布推广学堂办法，8 月 15 日，颁布《钦订学堂章程》，详细规定了各级学堂的章程及管理体制，接着又于 1904 年 1 月 13 日颁布《重订学堂规程》，以法令形式要求在全国推行。

当然最重要的是，1905 年 9 月 2 日，直隶总督袁世凯再次领衔，与湖广总督张之洞、盛京将军赵尔巽、两江总督周馥、两广总督岑春煊、湖南巡抚端方，六人联名上奏，指出目前"危迫情形，更甚曩日，实同一日千金，"就算"科举立停，学校遍及，亦必数十年后，人才始盛"，故"请立停科举，推广学校"。同时也提出了若干停办科举后的善后措施。

这份奏折理由充分，分析得当，考虑周全，加之联名上奏的都是南北举足轻重的封疆大吏（直隶、东北、华东、华中、华南），因此奏折的分量很重，奏折送到了军机处。此时的军机处人员已发生了变动，原来极力维护科举制的军机大臣王文韶，由于已经年满七十五岁，在两个月前退出军机处了，所以，该奏折在军机处一路无阻地送到了慈禧太后手中。慈禧太后立即批准了六大臣的奏折，于是 1905 年 9 月 2 日，颁布上谕：从 1906 年丙辰科开始，所有乡试、会试一律停止，各省的岁试、科试，也同时停止，"立停科举以广学校"。

这样，在中国历史上延续了 1300 年的科举举仕制度，就此寿终正寝。

1905 年 12 月 6 日，朝廷决定成立学部，专管全国学堂事务，并且在"改学堂、废科举"的同时，开始向外国派遣留学生。

四、改革官制，整顿吏治

改革官制是清政府"新政"的一项重要内容，其中包括"裁冗衙""裁吏役""停捐纳"等内容。首先在 1901 年 7 月 24 日，将总理各国事务衙门正式改为外务部，且位列吏、户、礼、兵、刑、工六部之前。

1902 年 2 月 24 日，朝廷决定撤裁河东河道总督，其事务改由河南巡抚兼管，3 月 6 日，撤裁詹事府与通司，1903 年 9 月 7 日，设商部，1904 年 12 月 12 日，撤裁云南、湖北两省巡抚，由云贵总督和湖广总督兼管，1905 年 9

月 4 日，裁奉天府尹，由巡抚兼管，裁奉天府丞，改为东三省学政，10 月 8 日，设巡警部，12 月 6 日，设学部并撤裁国子监。

1901 年 9 月 19 日，朝廷宣布停止报捐买官，1905 年 7 月 18 日，又宣布停止捐纳武职。

五、规范行止，重视法律

在与列强签订的各项不平等条约中，无一例外都包含"治外法权"条款，即外国人在华犯罪以后只接受洋人的审理而不接受中国的审判，其中一个重要原因就是当时中国的法律体系完全不与国际接轨，因此要立即修订《大清刑律》，废除凌迟、斩首、腰斩等封建甚至是奴隶时代的酷刑。

从实施新政到接着的仿行宪政的十年，是清朝 268 年统治史上最具活力的十年。但改革当然就会有冲击，因为朝廷决定实施改革的基本前提是皇室对国家的统治权不能动摇，但是改革的浪潮与所释放出来的活力难道就不会冲击朝廷对国家的统治权吗？

事实是，清皇朝那已经腐朽的躯壳已经无法承受由此释放出来的活力，在此期间（尤其是庚子之乱和 1905 年日俄战争中君主专制大国沙俄的失败）君主立宪的大潮不但动摇了清皇朝的君主专制体制，更可怕的是，要推翻君主制的共和革命思想与行动也由此蓬勃兴起。

此时的清皇朝，不改革就是等死；改革可能是死里求生，也可能是找死。正如法国政治思想家托克维尔所说，对于一个坏政府来说，最危险的时刻通常就是它开始改革的时候。

从 1905 年开始，"新政"就进入更加艰巨复杂的议论在中国能否实现君主立宪以及如何实现君主立宪的"改革官制"与"仿行宪政"时期。

8—3. 时代车轮：君主立宪主张兴起又构成皇权威胁

正在实施新政的过程中，却又发生了一件惊天大事。

光绪三十一年（1905 年）发生在中国辽东半岛和附近海域中的日俄战争以日本获得完全胜利而结束，这场战争的结果立即轰动了全世界。

从 1894 年中日甲午战争以后，不到十年，一个小小的、但实现了君主立宪的日本，居然连续打败了世界上两个最大的君主专政的帝国。于是"立宪必胜、专制必败"的呼声就在国内外普遍呼起。这时，在朝廷中，"新政"

已经实施了五年，日俄战争的结果使人们都认识到，在原有政治体制下进行一些无关紧要的"新政"改革，对国家的富强起不了大作用，对于那些并不想推翻清皇室的改革派更是认识到，要想国家能真正富强就必须实施君主立宪。

《清鉴纲目》一书中记录光绪三十一年七月的事说："自日俄战争后，日本以区区三岛，战胜强俄，一时公论多归功于立宪。而专制不如立宪之说，遂腾布于万国。甚者谓，是役也，匪直日俄胜负所由分，实专制国与立宪国优劣之所由判。于是俄国国民有实行立宪之要求，俄皇不得已，于1906年下宣布立宪之诏。于是中国人民亦纷纷并起，向政府要求立宪。时孝钦太后（即慈禧太后）当国，以专制暴戾闻于世，对于立宪问题本至凿枘。顾自庚子以来，信用载漪，纵容拳匪，开衅列强，既冒天下之大不韪；而辛丑回京，大阿哥被黜，废立之谋未遂，恐帝他日一旦亲政，攘夺君权，不得已思采用立宪制，一以粉饰臣民之要求，一以他日限制攘夺君权之地步。至本年（光绪三十一年，1905年）六月，因袁世凯正式奏请立宪，随宣谕允之，而先派亲贵分赴各国考察政治，以为改革之预备。是年六月，特简载泽、载鸿慈、徐世昌、端方等四人为出洋考察政务大臣，分赴东西洋考察一切。七月，续派绍英为考察政治大臣，与载泽等共五大臣，出洋考察政治。"

1905年10月24日，是五大臣出国考察宪政的日子，但是火车刚从北京正阳门车站开动，就遭到革命党人吴樾的炸弹袭击，"爆裂同拼歼贼臣，男儿爱国已忘身"，吴樾当场牺牲，而绍英受了伤，徐世昌因处理案件留下了，最后出国考察的是载泽、载鸿慈、尚其亨、端方、李盛铎五人，出发日期是1905年12月7日。

可见这里说慈禧太后之所以同意实行君主立宪，并不是她自己已经认识到只有实行君主立宪才能够挽救大清帝国，其目的一是敷衍国民的普遍要求，二是怕因她酿成庚子之乱而会在国内形成相当的政治力量让光绪皇帝得以重新亲政。

而袁世凯为什么这个时候会提出赞成君主立宪呢？是因为他认识到君主立宪有助于国家强盛吗？

完全不是。他考虑的是，此时皇太后已经是七十岁的人了，身体越来越差，在这种情况下，光绪皇帝当然会有重新亲政之日，那时候他一定会清算戊戌政变的老账，所以袁世凯当时实际上是很焦虑的。于是他接过社会舆论的要求，也呼吁应当实行君主立宪，因为一旦实行君主立宪，则大权不再归皇帝，而权在内阁和总理，而对于自己可以出面组织内阁并担任总理，袁世凯是很有谋划的，所以，要未雨绸缪趁皇太后还没有死，先将君主立宪敲定下来，就不怕以后光绪再亲政时能对他可能造成报复和伤害了。

1905 年 7 月 12 日，袁世凯拟了一道要求考虑实施君主立宪的奏折，让载振代为呈上，大意就是：救亡非立宪不可，立宪一定要效法邻邦。

当时慈禧太后还没有看透袁世凯的真正意图，而且也由于形势所迫，于是就同意了派五人出国（镇国公载泽、户部侍郎戴鸿慈、山东布政使尚其亨、湖南巡抚端方、驻比利时公使李盛铎）考察君主立宪。光绪三十二年六月，五大臣历经近八个月，考察了日本、美国、德国、丹麦、瑞典、挪威、奥地利、俄国、荷兰、瑞士、比利时、意大利、法国等国后回国。

在外面走了一圈，大开眼界，认识大有提高，首先弄清楚了为什么最近几十年中国一败再败。端方感慨地说：各国土地之广，人民之众，无一能与我比。他们有的土地小我数十倍，人口也少我数十倍。但其兵之强、国之富，反有过于我数十倍甚至数百倍，是何原因呢？通过"悉心观察"，我明白了，其国所以富强，不当看其外交之敏捷，而要看其内政之整理。今天这个世界上，没有哪个国家政治不修而能国富民强，也没有内政不修而能外交制胜。说到内政修不修，道理非常简单，就是看它是否采用立宪政体。

五大臣比较各国政体之高下优劣，得出的一致结论是：专制政体不改，立宪政体不成，则富强之效永无所望。五大臣认真分析了各国政治的格局，承认美、英、法、俄等大国各有其优长之处，可惜均不切合中国国情，唯有德国和日本式的君主立宪，最适合中国仿效。

日本是中国的近邻，而且与中国有上千年的历史联系。

日本本身是一个岛国，在航海不发达的古代，海洋就像一道天然屏障，保卫日本从未遭受邻国侵略，例如中国元朝时，曾经三次发大军征日本，但都因难以渡海而告失败。

日本国土面积只有 37.8 万平方公里，只相当于清朝版图的 3.38%，比两江和湖广总督的辖地都小，但海岸线的长度达 3.4 万公里，优良港口也比中国多，所以它的海运、捕鱼技术都比中国发达。日本人口在明治初期达到了 3500 万，相当于中国人口的十二分之一，但在东亚已成为人口大国。人口密度之大和耕地的匮乏，使得日本已达到其自然条件所能养活人口的最大限度，粮食缺口只能通过海洋捕鱼来弥补，而煤、铁等矿物资源的稀缺，更使得十九世纪工业化来临时，较之中国处于更不利的地位。

所以，特殊的地理位置，使得日本在近代之前的历史上，长期处于与世隔绝的状态，除了接受过中国文化，从未接受过其他文化体系的影响。

但是日本虽自唐代起就引进中国文化，但并未全盘中国化，尤其在社会组织和政治制度上，一直保持着自己的特色。中国早在秦汉时期就已经在郡县基础上建立起大一统的中央集权帝国，明、清又在元朝的行省制基础上，建立了高度集权的帝制，但日本却一直保留封建的诸侯割据状态。

一直到了 17 世纪，诸侯中的最强者德川幕府开始实施中央统一行政权，这时名义上也有天皇，住在京都，表面上受诸侯拥戴，但既无财权、军权又无治权。

17 世纪 40 年代，德川幕府强制推行锁国令，从 1638 年到 1853 年的二百余年间，日本除了与中国、朝鲜和荷兰有少量的贸易，几乎断绝了与世界的关系，也就是那时候它还是一个比中国还封闭落后的国家。

但是，这种对外封闭的状态终于在 1868 年被明治维新所打破，那一年德川幕府被推翻，取得了全国统治权的明治天皇即位，日本实现了全国统治权的统一。

事实上，19 世纪中叶，中、日两国几乎都有同样的经历，都曾在外国炮舰威逼下签订过不平等条约，都曾从闭关锁国到被迫向欧美各国开放通商口岸，都曾在"攘夷"与"开国"的抉择中有过激烈的抗拒与论争，都曾在固守传统文化与引入西洋文明之间忧虑彷徨。

但中国犹豫不断，而日本通过明治维新迅速接受了西方文明，就与中国分道扬镳了。

结果是，27 年以后的 1895 年，日本战胜中国而成为亚洲最强大的国家，但中国仍然是内政腐败、外侮不断、民穷财尽，已经面临亡国的边缘。

因此出国访问当然十分注意考察日本的变化，而日本也非常看重清政府派高级官员考察团来日本访问，给予了很高规格的接待。

早在考察团成行之前，日本报界就开始鼓吹"日清同化"，建议日本政府应该"导引中国"，推动中国按照日本模式进行政治体制改革。对于大清国派团出国考察宪政，日本舆论普遍表示欣赏。《每日新闻》认为，考政大臣都是"在要津之人"，"在本官而游历各国，乃属破格之特例。"

的确，中国立宪运动的勃兴，本身就是受刺激于日俄战争中日本的胜利。在很多人眼中，中国立宪的最好样板就是日本。驻日公使杨枢就指出："中国与日本地属同洲，整体民情，最为接近，若议变法之大纲，似宜仿效日本。

盖法、美等国，皆以共和民主为整体，中国断不能仿效。"

以载泽为首的中国宪政考察团在日本访问总共28天，行程安排十分丰富，除了参观工厂、学校、银行以外，考察团另一个极为重要的任务就是聆听日本宪政专家的讲课。

第一课由日本法学博士穗积八束讲授，重点介绍日本宪法体系中的皇权主体地位，他说："日本国体，数千年相传为君主之国，人民爱戴甚深，所以宪法第一条就规定了皇权主体。"在皇权的主体下，"三权分立"就有了独特的日本特色："第一立法权，第二大权，第三司法权。如君主行立法权，则国会参与之；君主行大权，则国务大臣、枢密顾问辅弼之；君主行司法权，则有裁判所之审判。"诚然一切权力都归源到君主那里，而所谓的君主"大权"，并非简单的"行政权"，"大权者，君主所独裁"，也就是君主有召集议会、解散议会、统帅海陆军的权力，而非实际行政的权力。至于立法和司法之权，则必须经过议会裁判。

第二课就是由大名鼎鼎的名相伊藤博文亲自讲解，他的中心思想是，中国必须要改革，但不能乱，也就是政改不能太快。载泽与他详尽地讨论了有关国家生死存亡的政体问题。

载泽问："敝国派某等出来考察政治，锐意图强，请问当以何者为纲领？"

伊藤博文答："贵国欲变法图强，必以立宪为先务。"

载泽问："中国立宪当以哪个国家为榜样？"

伊藤博文答："各国宪政有两种，一种为君主立宪，另一种为民主立宪。贵国数千年来为君主之国，主权在君而不在民，实与日本相同，所以应当参用日本政体。"

载泽不放心地问："立宪之后，于君主国之君王有无窒碍？"

伊藤博文解释：并无窒碍。贵国为君主国，主权必集于君王，不可旁落于臣民。日本宪法规定，天皇神圣不可侵犯，天皇为国家元首，总揽治权，可以任命政府和召集与解散议会，名义上是海陆军最高统帅，但并非任何具体事情的裁决都由他一个人说了算，而且他也不能过问正常的政府具体行政事务与军队的正常军务活动，君主立宪就是这个意思。他解释说，立宪与专制最大的区别，只在于法律需经议会"协修"，而非以君主一人之意见而定。

走马观花在国外游览了一圈，无论对君主立宪有多少真正的理解，可是回国后总得交一个报告以作交代，因此颇为此事发愁。

这时候袁世凯来了，告诉他们无须为此发愁，并向他们介绍了一位奇才人物——深通西方立宪理论与实践的青年思想家杨度。深谙君主立宪的杨度很快为五大臣写就了《中国宪政大纲应吸收东西各国之所长》和《实行宪政程序》等报告，其实这两份报告在五大臣尚在国外考察时，袁世凯就已经让杨度写好了草稿，回来略作修改就可正式拿出。

其中由端方呈上去的折子叫《请定国是折》，由载泽呈上去的折子叫《奏请立宪密折》，其中心思想是说明君主立宪有三大好处：一是"皇位永固"，二是"外患渐轻"，三是"内乱可弭"，同时叙述实施立宪需要一个过程，而现阶段首先要改革官制，当然很多是顺着袁世凯的意思写的。

胡思敬在《大盗窃国记》中写道："五大臣归之天津，世凯劳以酒，曰：'此行劳苦，将何以报命？'众皆愕然莫会其意。世凯出疏稿示之，曰：'我筹之久矣，此宜可用。'遂上之。孝钦自西巡之后不敢坚持国事，见五大臣疏，踌躇莫决，急召世凯入商。世凯即日入京，奏言变法须先组织内阁，组织内阁须先从官制入手。孝钦许之。尚书张百熙新与世凯联姻，即具疏密保奕劻为总理，世凯为副总理。"

1906 年 8 月 25 日，五大臣向朝廷提出了五年后开始立宪的考察报告和建议，于是朝廷谕令醇亲王载沣以及军机大臣、内阁政务大臣、大学士和北洋大臣共同商议立宪大计。

8 月 26 日，慈禧太后在两天内四次接见袁世凯，而袁世凯也一再向慈禧太后提出过变法须先组织内阁，组织内阁须先从官制入手。袁世凯对慈禧太后表示支持改革的决心时说："官可不做，法不可不改。"

经历过大臣们激烈的争论以后，1906 年 8 月 29 日，慈禧太后召开御前会议，就实行预备立宪作出最后决定。除了军机大臣鹿传霖和大学士王文韶不表态以外，与会者都表示应该进行预备立宪。

问题不仅如此，不但朝廷大臣们纷纷赞成仿行宪政，而且在民间，在中国现代史中具有重要地位并发挥了巨大作用的君主立宪派也随之出现了，并且很快发展壮大。

他们当然力主在中国实现君主立宪，所以强烈要求朝廷早下决心，尽快确定召开国会的日期，当然是要求尽早召开，以便早日制定出"宪法"，按"宪法"程序使国家能早日并顺利地进入到君主立宪，为此他们不断发动大规模的请愿活动。

但是由于朝廷对立宪问题实际是采取拖延的政策，实际上就是掌权的慈禧太后不愿放弃自己手中的权力，使得这批本不想推翻君主制的、但是已经在中国拥有巨大政治影响与实力的君主立宪派感到被欺骗和绝望，于是对朝廷失去了期望，并不再支持朝廷，然后他们就与革命派一起，经过启迪民智、发动请愿、鼓动新军、举行起义，最后于 1912 年推翻了大清皇朝在中国实施了 268 年的统治，并创立了共和国体的中华民国。

第九章
执掌政权近半个世纪的慈禧时代结束

9—1. 扑朔迷离：死因蹊跷，帝、后两天均死亡

自从百日维新失败以后，慈禧太后重新开始训政，此时光绪皇帝在朝廷上完全成了一个摆设。慈禧太后也不再是垂帘听政，而是在皇位旁边再设一个座位与皇帝并坐面对群臣，而议论朝政时皇帝几乎是一言不发，完全由太后做主，光绪真正成了一个已成年的傀儡皇帝，这就称训政。

退朝以后皇帝则被幽禁在中南海中的瀛台孤岛上，与岸相通的活动板桥随即被撤，真是与坐水牢无异，一直到光绪三十四年十月二十一日死在该处。

正是：

> 朝罢归来撤御桥，湖边老屋静悄悄。
>
> 神龙或挟风云遁，权用瀛台作水牢。

关于光绪究竟是怎样死的，一百多年来在历史界都是悬案，有很多种说法，主要是：病死，被慈禧太后毒死，被袁世凯或李莲英毒死，病饿交加而死。

而且其具体死亡的日期现在也不能确定，有说是慈禧太后驾崩的前一天，即 1908 年 11 月 14 日（光绪三十四年十月二十一日），但也有人说实际上在此前两天就已经死亡。

我们不是历史学家，不必卷入对此案的争论，但是对于光绪皇帝之死，有几点是肯定的：多年被幽禁造成精神忧郁，因而使得体质下降而易染病；实际上由于已经失去权力，或更进一步受到慈禧太后的授意，他的饮食实际上是很差的；在《清朝野史大观》中，有一篇《寇太监述闻》，记述了光绪皇帝的生活：

> 奏事处太监寇连材，侍西后久，颇得力，太后深倚之，因派令侍候皇上，实则使之监督行止，侦探近事也。讵寇有意烈气，见皇上之无权

也，愤甚。一日，长跪太后前，极言皇上英明，请太后勿掣其肘。又言国力空虚，民生凋零，请太后节省费用。西后大怒，立杖杀之。据寇云：中国四百兆人，境遇最苦者莫如皇上。自五岁起，无人亲爱，虽醇邸福晋，亦不许见面。每日必至西后前请安，不命起，不敢起。少不如意，罚令长跪。一见即疾言厉色。积威既久，皇上胆为之破，如对狮虎，战战兢兢。日三膳，菜列十余，然离御座远者半臭腐，近御座之菜，即不臭腐，亦久熟干冷，不堪下箸，以故皇上每食恒不饱。有时欲令膳房易一适口品，管膳者必面奏西后，西后辄以俭德为责。至那拉后穷奢极欲，挥金如土。颐和园工程一年不停，陆则铁路，水则火轮舟。每夕数百盏电灯照耀达旦，远望如琉璃世界。即电灯一项，每夕需六百金。膳品，北洋大臣时晋海味，南方鲜果，西后身边使女反得染指，皇上不能。其伶仃孤苦，醇邸福晋言及，辄暗中流泪。

寇连材被仗毙死后，光绪皇帝身边的太监就换了另外一批人，他们秉承慈禧的旨意，对光绪就更加苛刻了，自戊戌政变发生之后，慈禧已视光绪如同仇敌，因此对他实施禁闭与虐待是不足为奇的。

慈禧要致光绪于死地的意图，光绪当然是心知肚明，但是为什么在这种处心积虑的凌虐迫害下，光绪还能假痴假呆地又维持了十年呢？这主要是两个原因：

一是光绪这个人天性软弱，而且深受传统的伦理道德观念的束缚，敬父母，尽孝行，父母即令失德，子女亦不可抗逆，所以只能逆来顺受。

二是他当然知道慈禧已经年事很高，七十多岁的老太婆了，稍有不慎就会出问题，而自己只有三十多岁，只要他能够忍辱偷生到慈禧死去，那时他当然可以顺理成章收回皇帝大权，可以真正控制皇权施展自己的抱负了。

但是光绪内心的这种想法，也躲不开慈禧太后的观察，所以，当光绪三十四年十月，慈禧患痢疾而严重腹泻时，有人在慈禧太后面前进谗说，皇帝知道太后病重，面有喜色。慈禧听了大怒，就有前面所提到的恨恨地说："我不能先尔而死。"

于是就有了在慈禧死前一天，光绪突然先死的发生，以及随之种种推想的发生，疑问就集中在于：是否是慈禧太后毒死了光绪？

有一位曾为光绪皇帝看病的西医医生屈桂庭，曾在其回忆文章《诊治光绪皇帝秘记》中说："余诊视一月有余，药力有效，见其腰痛减少，遗泄亦减少。迨至十月十八日，余复进三海，在瀛台看光绪皇帝病。是日，帝忽患肚痛，

瀛台

在床上乱滚，向我大叫：'肚子痛得了不得！'时中医俱去，左右只余内侍一二人，盖太后亦患重病，宫廷无主，乱如散沙，帝所居地更为孤寂，无人管事。余见帝此时病状，夜不能睡，便结，心急跳，面黑，舌黄黑，最可异者则频呼肚痛，此系与前病绝无关系者。余格于情势，又不能详细检验，只可进言用暖水敷熨腹部而已。此为余进宫视帝病最后一次，以后宫中情况及光绪病状，余便毫无所知。唯闻庆王被召入宫，酌商择嗣继位问题，未几即闻皇帝驾崩矣。"

由此可知：光绪起病以前一个月经诊治并非绝症，且已经有所好转，此时的病情不过是面色苍白，身体虚弱，遗精，腰痛，食欲不振等；十月十八日，突患剧烈肚痛，且是频频发作，此症状过去绝无仅有，也就是与其过去的病情毫无关联，最后并因此而死。

这位医生没有明说，实际上是告诉人们：光绪皇帝是十月十八日被毒死的。

若干年后有人记录另一位中医医生周景焘后来向人说光绪皇帝驾崩时的情形："太后以帝疾，召医诊视……在宫侍帝疾时，共有六人。先死其二，其余诸医，日仅得一食，因饿失血者又凡三人，请假亦不得出。当皇帝宾天之日晨，内监召太医入。周君与陈君二人膝行而进。帝在东床卧，以手招周医而前，瞠目指口者四。盖此时内监只有一人，而宫中器物，皆被宫人偷窃殆尽，只余一玉鼎。周知帝欲得饮食，且周君已两日未食，吐血皆纳入袖中，彷徨无以为计。旋见帝转侧，吐血盈床，跪近视之，无少声息。近午，醇亲王到，问帝状。周医以'当是驾崩'对。醇亲王以怀镜接近帝嘴，见无嘘气，即匆匆离去。旋报皇后到，两医匿于阶下，闻哭声。旋有内监十余人到，人声渐杂，周君及陈君始得出宫。迨出宫外，见街市卖食物者，即就地而食，曰：'此是天堂也'。而街市贸易如常，并未有人谈及帝崩消息，始知其事尚在秘密中。"由这位亲历其境的医生所说，则知光绪皇帝是饿死的。

现在我们再来看，为什么传说光绪是被李莲英和袁世凯共同毒死的。

慈禧太后与光绪皇帝同时染病以后，当时还不能确定两人都是不治之症，毕竟光绪皇帝年轻，因此他存活的可能性就更高一些，所以当时袁世凯与李莲英都很着急，因为戊戌政变是袁世凯告密而导致光绪皇帝被囚的，而光绪皇帝被困瀛台又是李莲英强拉过来的，所以一旦光绪不死而太后死了，这两个人准不得好。

刘成禺在《世载堂杂忆》一书中有这样的记载："西太后疾大渐，袁世凯忧之，谓光绪复政，彼必有大祸，是当未雨绸缪，杏城（杨士琦）乃以奇策干袁，故使西太后垂危，而光绪则告先宾天矣。原来杏城以重金向西人购得无色无味入口即死的药水，劝袁说李莲英共谋之。杏城曰'一日太后宾天，皇上御政，大叔与中堂皆大不利，险不可言。不如在太后宾天前，了此公案，再作后图。'莲英曰：'此子命运甚长，宜作万全计。'（意指光绪曾吃玻璃粉而未死之事。曾小侯曾在西湖会馆语众人说：'皇上安置瀛台，钦派大功臣后裔四人为辅弼大臣，予与左侯孝同皆入侍，一日，太后赐粥，皇上食而泣。予四人侍立，亦含泪，知有变。然皇上肠胃，只小痛耳，盖毒未重也。予四人乃惕惧防护。'）世凯、士琦以药水授莲英，西太后病革，而光绪死矣。"

事实是，慈禧太后立溥仪为皇位继承人以后，庆亲王奉太后命将这个决定告诉了光绪，而光绪觉得立年长者为君更好。李莲英就以光绪帝不满意太后的决定向慈禧进谗说，光绪皇帝对太后身体抱病十分高兴，而且还面露喜色。听此话后太后就恨恨地说："我不能死在他前头！"于是命令李莲英去毒死光绪。

这天中午，李莲英到了瀛台，他身边只有两个六十多岁的老太监，一看主管太监李莲英来了，就退了出去，李莲英趁势将毒药水混在光绪的药中，让光绪服了下去，然后就离开了。出来后，正好看见隆裕皇后在瀛台外面徘徊，李莲英灵机一动，满脸谦卑地问安，并称皇帝大限已到，让她进去见上一面。皇后正苦于没有太后的懿旨不敢进去，李莲英说一切由他负责，让皇后尽管进去。这时候李莲英知道皇帝必死无疑，而太后也活不长了，新立的溥仪又是个小皇帝，即位以后必定是现在的皇后也就是未来的皇太后听政，所以现在必须向她示好。

下午3点左右，慈禧太后听到皇帝身边的太监传报皇帝正大渐，也就是快不行了，太后立即带皇后与瑾妃来到瀛台，亲眼看见光绪皇帝咽气。

闻知皇帝驾崩以后，庆亲王立即赶往宫中，面见太后，要求新皇入嗣，承继穆宗（同治），但表示大行皇帝亦不能无后，因此应由嗣皇帝兼祧。为了讨好皇后，李莲英也一再劝太后接受庆亲王的奏请。此时病得很重的慈禧太后已经没有精力争论这些事了，于是同意了庆亲王的意见，这样光绪皇帝就有了继承人，他的皇后就顺理成章就成为了皇太后，今后就可以掌政了，所以光绪的隆裕皇后十分感谢庆亲王和李莲英。

1908 年 11 月 14 日傍晚 5 点多，光绪帝崩逝于瀛台涵元殿。慈禧于次日下午 2 点多病逝，比光绪帝晚死 20 个小时。11 月 29 日，法国报纸 Le Petit Journal 的画报增刊封面人物是"并排躺在棺木中的慈禧太后与光绪帝"，文中明确指出是慈禧毒死了光绪帝。也就是，国外也认为，虽然光绪帝不是慈禧的亲生儿子，但他们在一起生活三十多年，多多少少存有母子之情。74 岁高龄的慈禧知道自己死期将至，竟提前将年仅 38 岁的光绪帝毒死，心肠可谓狠毒。国外媒体的报道，让慈禧顿时成为具有国际知名度的"天下第一毒妇"。或许正是临终前的这场阴谋，将她彻底推向供世人大肆妖魔化的境地。

类似的记述文字还很多，我们在这里并不打算去探索光绪皇帝死亡的真相，那留给历史家们去完成，不过有一点可以确定，那就是光绪皇帝确实死得蹊跷。因为慈禧太后确实说过："我不能先尔死"的话。

当时的军机处首席章京许宝蘅十月二十一日没有值班，第二天到军机房上班时才知道光绪皇帝的死讯，但不久又得到慈禧太后也去世的消息。于是他在十月二十二日的日记中写道：

十月二十二日。 四时半起。五时半到东华门，始知大行皇帝于昨日酉刻龙驭上宾……

昨夕颁发遗诏，立醇王之子为嗣皇帝，奉懿旨命摄政王监国，嗣皇帝颁发哀诏。少顷……拟进尊皇太后为太皇太后、皇后为皇太后谕旨，又拟进御名改避谕旨，又拟进懿旨饬阁部院议摄政王礼节，又拟进谕旨停止各直省将军以下来京，并拟各奏片命内监进述，奉太皇太后谕依议。至十一时闻太皇太后危笃，又拟进懿旨命摄政王裁定军国政事，有重要事件由摄政王面请皇太后旨行。旋检查孝贞显皇后旧典。二时闻太皇太后换衣，摄政王与庆邸、各堂入宝光门敬视太皇太后升遐，即拟进太皇太后遗诰及哀诏。呜呼！十一时中两遭大丧，亘古所未有。可谓奇变，余缮写各旨时心震手颤，莫知所主。大行皇帝于巳时奉移入乾清宫，大行太皇太后于酉时移入皇极殿，皇太后率嗣皇帝立时还宫，余等于五时散出，归已六时矣。

可见，这一天这位军机章京有多忙，而且十分感慨地说，他遇到的是"十一时中两遭大丧，亘古未有"，"可谓奇变"。总之：

在前后十几个小时内，皇帝和皇太后相继死亡，这到底是巧合或是有谋害阴谋在内，这个问题至今也是一个没有解开的疑案。

光绪皇帝病重已大肆宣扬，而对于慈禧太后的病情，却一直是秘而不宣。

宫中早有传言，即皇帝必先死于皇太后；或者说，都猜到，皇太后驾崩之日就是皇帝祸起之时，因为皇太后囚禁皇帝这么多年，宫里宫外都有大批依附太后而迫害皇帝的人，他们为了自己的安全，必然要在皇太后去世的前后时刻，将光绪皇帝弄死，所以不管光绪皇帝是不是真是在那天病死了，反正他必定会在那一两天死，这是确定无疑的。

太后与皇帝存在矛盾甚至怨恨，这不足为奇，但万没有想到的是，太后为泄私愤，竟置朝廷命运和江山社稷于不顾，临死也要先毒死了皇帝！这就直接加速了大清朝廷的覆亡！

性情软弱的光绪皇帝虽然在位三十四年，但作为一位皇帝只是徒有虚名，除了百日维新那短暂的一百天，历史上确实是无所作为，政权始终牢牢掌控在慈禧太后手中。

9—2.　历史遗憾：假如历史真能让光绪皇帝掌握政权

但是也应当承认，光绪并不是一个不想做出帝王业绩的皇帝。百日维新就说明了这一点，所以那些流亡到海外的维新党人，一直以极为崇敬的心情称赞他为圣明的皇帝。

假如历史真让光绪在慈禧太后死后亲自掌政，他能不能成为有为的君王呢？

这也是值得探讨的。我们来看他曾经做过的几件事：

当然首先是他大胆实施了百日维新；他断然反对对八国宣战。

八国联军进北京以后，他不顾个人生死，坚持要回北京去与洋人谈判。

在西逃过程中，纵然他已经无权，但是他还是痛斥造成庚子之乱的祸首载漪和刚毅。

当庚子之乱皇室在西逃西安的路上，慈禧太后也故意命溥儁与隆裕皇后同居一室，以为光绪皇帝性刚烈，可能自杀而死，光绪皇帝懂得其中的意思，假装呆呆傻傻，不予计较。

他当年亲政以后，有一个从事木材生意的商人玉铭捐了一笔钱修颐和园，结果买到一个四川盐茶道的官位。召见之日，光绪见他举止粗鄙，不通文墨，当即罢斥。

　　袁世凯在光绪末年，借勾结庆亲王以结好慈禧太后，来逐步发展自己的势力，例如除已经控制北洋军以外，还计划发展其势力于满洲八旗兵。于是通过庆亲王，让其一个心腹得力将领王士珍，谋得八旗军的一个副都统之职；而且袁世凯本人又借口议定宪法为名留居北京，以便交结朝官，扩张势力。光绪皇帝冷眼旁观，已经清楚看出袁世凯居心叵测，于是冷冷地对袁世凯说："你的心思，我全知道。"吓得袁世凯不敢说话，也知道了这位皇帝十分英明，绝非其他满人那样愚昧可欺。

　　费行简所撰的《慈禧传信录》中记载："锡良移川督，凡四召见，后则语多寒暄，不及大计，帝相向无言。及请训，后方言：'峡江险，尔以议铁路，须自鄂入川，水道宜自小心。'帝忽曰：'近英俄皆窥藏，藏依川为后援，庆善、安成等皆庸才，藏事尔幸留意。'良后入川，考善、成等治藏状，果如帝言。尝为予言'帝有知人之明'云。"

　　据德龄公主回忆，当年光绪帝经常向她请教英文单词，两眼奕奕有神，时而大笑，甚至会开玩笑，但一见到慈禧就变得严肃、忧郁，甚至有些呆气。他跟德龄说："我没有机会宣布我自己的主义或有所作为，所以外间都不知道。我知道现在我所处的地位，与傀儡无异，要是再有外国人问起我，你就告诉他们我现在所处的地位。我有许多关于复兴中国的计划，但是我不能实行，因为我做不了主。我不信太后有什么力量能改变中国的现状，就是有，她也不愿意，我害怕现在离真正革新的时候还远得很哩。"

　　慈禧从未打算治好光绪帝的病，御医一切遵照她的旨意行事。有位御医一不留神说了句"舒肝顺气"，她顿时沉下脸说："谁叫皇帝的肝不舒了？气儿又怎么不顺了？"御医吓得连连叩首认罪。她说："皇帝日理万机，宵宿勤劳，哪能动不动就得'舒肝顺气'？那样小心眼儿怎么办国事？偶尔小有违和，也不过是'调、和、理、益'。"后来御医们开的处方总是"和肝调气""理肺益元"，甚至把"肝"的事硬挪为"肺"。无论是御医还是外省保荐的医士，凡干不长久的，多半是违背了慈禧的心意。世人所见到的那些脉案和处方，真实性自不待言。从慈禧临终前一系列动作来看，光绪帝注定厄运难逃。清宫史官恽毓鼎在《崇陵传信录》中记载："戊申秋，突传圣躬不豫，征京外名医杂治之。请脉时，上以双手仰置御案，默不出一言，别纸书病状，陈案间。或有所问，太后辄大怒。或指为虚损，则尤怒。入诊者金云六脉平和无病也。"

　　由这些事例可以看出，光绪皇帝绝不是一个昏庸的帝君，而是一个很想有所作为和能够有所作为的帝君，只是慈禧太后不能让他活着，所以，不论是毒死或是饿死，反正光绪皇帝是死在慈禧太后手中。因此，原工部主事王照说：慈禧太后实为民国革命得以成功的元勋。正是：

> 德宗皇帝究可悲，瀛台水榭泣无泪；
>
> 可叹君王难瞑目，千古奇案罪归谁？

历史不能假设。但假如光绪真能韬光养晦躲过慈禧太后的迫害，没有死在太后的前头，而且还能保持有一个相对正常的身板的话，那么当慈禧太后死后，他当然就会顺理成章收回皇权，以他当年从事维新变法的雄心壮志，一定会实行君主立宪，重新收拾局面，整顿政局。

要真是那样，那么，后来醇亲王载沣摄政三年中的亲贵揽权情势就不可能出现，而汉人中的那些知识分子，也必定因为觉得时有可为而不愿轻言革命。须知，就是因为亲贵揽权使得清朝最后几年政治变得十分浊乱且不可收拾，汉人中的有识之士也因此更加相信清朝已无可救药必将灭亡，从而促使革命形势急转直下。因此，若光绪亲自当政，这种情形就不大可能出现，那么清皇朝也就不会在短短三年以后就覆亡了。

同治在位 13 年，光绪在位 34 年，前后合计共 47 年。在这 47 年中，虽然名义上有两个皇帝当朝，但大部分时间却是慈禧太后实际执政。幼主临朝而太后掌政，这在任何一朝的历史上都很难出现清明的治世，此一时期当然也不能例外。而慈禧太后在临死之前还要毒死光绪，再安排一个幼主临朝和皇太后干政的局面，清朝焉得不亡？

所以，光绪之死与清朝覆亡有十分密切的关系，此事虽然完全是慈禧一手造成，但都是由于道光皇帝错选了咸丰，以及在恭亲王等的协助下，实现了辛酉政变，从而使慈禧太后垂帘听政得以实现，这些事情的后果在若干年后终于显现。

9—3. 落日残阳：帝室凋零，慈禧时代结束与宣统登基

关于光绪之死我们还是回到正统所说。据正统历史所述，到了 1908 年 11 月中旬，慈禧太后 73 岁生日以后，慈禧与光绪同时染病，且日益严重。光绪自知不起，当然就请求慈禧为他立嗣。慈禧太后一生还是忠于爱新觉罗氏的，不考虑她本家叶赫拉那氏篡接帝位。虽然此时光绪仅存的亲五弟弟醇亲王载沣很受慈禧喜欢，但由于同治与光绪已经是兄弟相承，再立载沣便又

是兄弟相继，太不合乎皇朝体制，那么她将立何人为未来的皇位继承人呢？

当时慈禧太后本人也已经病重，于是召军机大臣世续、张之洞和那桐入宫，那天另一位军机大臣庆亲王奕劻去东陵验收慈禧地宫未回，也有人说是慈禧有意将他支开。大臣们入宫后，太后向大臣们询问近支王子入宫读书事，大臣们当然知道这是在探讨要选哪位王子为皇位继承人的事，世续试探着说："太后拟选储，为社稷万世计，此周文武之用心，甚盛，甚盛！唯今内忧外患，交乘涛至，窃以为宜选长者。""国有长君，社稷之福，不如径立载沣。"

闻此言，依靠在床上的太后拍床怒骂他说："此何等重事，尔何敢妄言！"其实，此时慈禧太后已经心中有所决定了，岂能真正听大臣们的意见。而世续所言又完全有悖于她的想法，所以当然遭到痛斥。见状张之洞赶紧圆场说："世续承太后垂询，据所愚虑，约略言之。立储自宜宸断。"就是说，这件事不要听他瞎说，当然只能由太后自己做主决断。

于是慈禧沉默了一会儿，然后慢慢地说："载沣子溥仪尚可，但年稚耳，须教之。"

张之洞接着说："载沣懿亲贤智，使摄政，当无误。"他还引用顺治初睿亲王多尔衮摄政之事说明事情可行。太后就说："得之矣，可拟诏。"第二天，军机大臣、庆亲王奕劻从东陵回来，他也是主张立长的人，但当他看到草诏已拟就，也就"屏息未敢言"，诏遂公布。

十月二十日，慈禧太后懿旨下："醇亲王之子溥仪著在宫内教养，并在上疏房读书，钦此。"这实际上就是立溥仪为皇位继承人，另一方面又下懿旨："醇亲王载沣，授为摄政王。"

因此，载沣在光绪三十四年十月二十日的日记中写道："……叩辞至再，未邀俞允，即命携之入宫。万分无法，不敢再辞，钦遵于申刻携溥仪入宫。"（申刻是下午3点到5点）

所以载沣之长子、小一辈的溥仪就被选为皇帝继承人，这样光绪的隆裕皇后虽然自己没有生育，但也就成了皇太后，新皇帝即位以后，她对朝政就可过问了。

11月13日（十月二十日），年仅三岁的溥仪被宣进宫并实际上被立为嗣君，此时慈禧懿旨也封溥仪之父醇亲王载沣为摄政王。当天，清朝最后一位被封为世袭罔替的庆亲王奕劻将此事禀告光绪。当时光绪头脑还清晰，虽觉得溥仪太小，说："找一个年岁大些的岂不更好吗？不过是，这是太后的意旨，谁敢违背呢？"但当知道自己的亲弟弟载沣将摄政监国时，他也就放心了。

溥仪后来回忆，第二天上午，载沣由于已具有摄政王的资格，所以得以到瀛台最后见了光绪一面，光绪向他痛说了十年被囚之苦，留遗诏要载沣一定杀戊戌告密的袁世凯为他报仇。

宣统皇帝溥仪

　　当天下午5时，即1908年11月14日下午5时（光绪三十四年十月二十一日），清德宗光绪皇帝驾崩。他确实死在慈禧之前。

　　因为光绪皇帝死了，所以那天慈禧太后又降懿旨："摄政王载沣之子溥仪，着入承大统，为嗣皇帝。"又传懿旨："前因穆宗皇帝（指同治皇帝）未有储贰，曾于同治十三年十二月初五降旨，大行皇帝生有皇子，即承穆宗毅皇帝为嗣。现在大行皇帝龙驭上宾，亦未有储贰，不得已以摄政王载沣之子溥仪继承穆宗皇帝为嗣，并兼承大行皇帝之祧。"又懿旨："现值时事多艰，嗣皇帝尚在冲龄，正宜专心典学，著摄政王为监国，所有军国政事，悉秉承予之训示，裁度施行。当嗣皇帝年岁渐长，学业有成，再由嗣皇帝亲裁政事。"也就是说，当时慈禧还没有料到自己就要死了，所以虽然授命载沣摄政监国，但军国大事，摄政王还必须秉承慈禧的意旨办理，但是第二天一早，1908年11月15日（光绪三十四年十月二十二日），她自感不久于人世，下旨说以后军国政事均由摄政王裁定，但遇有重大事件，必须请示光绪皇后。也就是临终前，她又将一个叶赫那拉氏女子推上政治舞台，三年后正是这个隆裕皇后亲手埋葬了大清皇朝。

　　当载沣接到懿旨时，他不愿意让溥仪进宫当皇帝，这不是假话。载沣本人是一个没有政治野心的人，又亲眼看到同治和光绪（他自己的亲哥哥）两个皇帝一生的悲剧命运，他怎么会愿意将自己才三岁的儿子再往火坑里推。他当时还不敢设想，过两天慈禧太后就会死，所以他接到要自己的儿子进宫去当未来的皇帝的懿旨时，他设想的是溥仪又将在慈禧太后的威严下过日子的生活，完全当一个小傀儡，而自己也将陷入困境，前景凶多吉少。但他不敢违抗慈禧的懿旨，这天傍晚，载沣和军机大臣、内监一起，带着慈禧要溥仪进宫的懿旨回府，溥仪连哭带打地不让内监来抱他，最后还是乳母来给溥仪喂奶，哄住了他。军机大臣和摄政王见状，便让乳母抱溥仪进宫。此时，醇亲王府是哭声一片，溥仪的奶奶，大骂慈禧先害了她家的一个儿子，现在

宣统、太后与摄政王

又来害她家的一个孙子。

溥仪进了宫以后，由内监抱着去见慈禧。那时慈禧已经病得快要死了，不过神志还清楚。但是她那一张凶恶的脸再加上病容，脸上毫无血色，使溥仪这个才三岁的孩子见了就害怕。长大以后，溥仪在他的回忆录中记述了那段虽然已经模糊但十分难忘的情景："我记得自己忽然处在许多陌生人中间，在我面前有一个阴森森的帏帐，里面露出一张丑得要命的瘦脸——这就是慈禧。"他立即被吓得号啕大哭，浑身发抖，慈禧命人拿冰糖葫芦给他，被他扔到地上。慈禧很是不悦，说："这孩子真别扭，抱到哪儿玩去吧。"

摄政王载沣在他二十日与二十一日的日记中记述了这个过程："上疾大渐……钦奉懿旨：醇亲王载沣著授为摄政王，钦此。又面承懿旨：醇亲王之子溥仪著在宫内教养，并在上疏房读书，钦此。叩辞至再，未邀俞允，即命携之入宫。万分无法，不敢再辞，钦遵于申刻由府携溥仪入宫。又蒙召见，告兹已将溥仪交在隆裕皇后宫中教养，钦此……二十一日，癸酉酉科，小臣载沣跪闻皇上崩于瀛台……面承懿旨：摄政王载沣之子溥仪著入承大统为嗣皇帝，钦此。"可见，十月二十日下懿旨召载沣的儿子溥仪进宫，载沣再三请辞，但未获允许；然后，封载沣为摄政王；当天（二十日），溥仪被领进宫，直接交隆裕皇后宫中教养；

由于皇太后与皇上此时均已病危，因此也就没有举行任何正式的仪式立溥仪为储君。

二十一日下午，光绪皇帝驾崩；慈禧太后得到消息后，立即颁发懿旨，由溥仪继承大统为嗣皇帝，并且同时正式委命摄政王载沣监国。

匆匆完成这两天的安排与交代以后，慈禧太后就于十月（下午5点到7点）二十二日去世了。即光绪三十四年十月二十一日（1908年11月14日）太阳即将落山的酉时（下午5点到7点），光绪皇帝崩逝于中南海瀛台之涵元殿，终年38岁；十多个小时之后，十月二十二日未时（下午2时左右），慈禧太后逝世于中南海仪鸾殿，终年74岁。24小时之内，皇太后和皇帝相继去世，朝野轰动，天下震惊。

临终前，慈禧太后郑重地说："此后，女人不可与闻国政。此与本朝家法相违，必须严加限制。尤须严防，不得令太监擅权。明末之事，可为殷鉴！"慈禧的临终遗言，正好印证了咸丰皇帝的判断：女人是不可信的，容易失去理智的女人在政治上绝对是不可信的，女人在治理一个幅员广大的庞大帝国、并让这个帝国能获得空前发展方面更是不可信的。

溥仪进宫的过程前后就三天。1908 年 12 月 2 日，他在太和殿上正式登基，即位为宣统皇帝。坐过太和殿上金銮宝座的有明清两朝 24 个皇帝，最后坐上此龙椅的就是这位清朝末代皇帝溥仪，即宣统，他登基时才三岁，年龄太小不敢坐这把大椅子，因此在登基大典上，一坐上去就大哭，他父亲摄政王载沣连忙塞给他一个布老虎对他说："别哭，别哭，快完了，快完了。"溥仪倒是不哭了，但清皇朝却真的很快就完了，且他一生都是傀儡。若把相当于帝君的摄政王也算在内，醇亲王府出了三位帝君，王气真盛。但皇嗣凋零（同治即位后紫禁城中 50 年未闻婴儿啼哭），选不出成熟的继位帝君，诚为大清皇朝晚期莫大的悲剧。

9—4. 一代新星：年轻的摄政王载沣政坛风云直上

前已述及，慈禧太后临终前指定醇亲王载沣之子溥仪为嗣君，并加封载沣为摄政王。

载沣于光绪九年正月初五（1883 年 2 月 12 日）降生在北京醇亲王府。

他的父亲就是醇贤亲王奕譞。由于奕譞在辛酉政变中为两宫太后扫除八大臣立有功勋，所以后来很受恩宠。他先后被授予满洲都统、御前大臣、领侍卫大臣、管理神机营事务。他本是郡王，随即晋亲王衔，命在弘德殿行走，稽查皇帝的学习课程。后来又要他筹办京师防务。光绪十年恭亲王去职后，他就成为实际上主政朝纲的亲王，这都在前面已经讲到了。

奕譞的嫡福晋叶赫那拉氏婉贞是慈禧太后的亲妹妹，她生过四个儿子，但长大的只有第二个儿子载湉，他就是后来的光绪皇帝。

后来，慈禧又从宫中选秀时的"秀女"中，选出一个颜李氏，特赐给奕譞为侧福晋，这当然使奕譞感恩不尽，但这个侧福晋入府两年就病死了，没有生育。

载沣的生母就是奕譞的第二侧福晋刘佳氏，她生载沣时才 17 岁。

所以光绪皇帝与载沣是同父异母兄弟，光绪比载沣大 13 岁。

载沣出生后的第二年，也就是 1884 年，这年农历十月初十是慈禧太后的五十大寿，在这样喜庆的日子里照例要进行封赏，于是不满两岁的载沣就被封为"不入八分辅国公"，也就是有了爵位。

1889 年，载沣还不满七岁，他又被晋封为奉恩镇国公。

不久，1890 年 12 月，醇贤亲王奕𫍯刚满五十岁，正当大有作为时却因病去世。此时载沣唯一的哥哥既然已经当了皇帝，自然此时尚不满八岁的载沣就承袭了醇亲王的爵位，因为醇亲王已经是世袭罔替了。

由于皇帝的出生地是不能由其他人居住的，所以 1888 年，当时的老醇亲王奕𫍯就上奏，太平湖醇王府是当今皇帝的出生地，应当按照当年雍正皇帝将出生地改为雍和宫的先例办理，请求另赐府第。经慈禧太后批准，拨款 16 万两修建了什刹后海的醇亲王府（其北府的王家花园就是今日的宋庆龄故居）。

载沣从小学习很认真，因此在国学上打下了良好的基础。尤其是，他不但汉文学得好，而且满文也学得好，后来成为清朝廷亲贵中精通满文的极少数人之一。

载沣出生时，光绪已即位九年了，但当时光绪还未亲政。为了让光绪能早日亲政，他的父亲可谓颇具盘算，例如利用自己的权力挪用海军建设费用 2600 万两白银为慈禧太后修建颐和园。

光绪亲政才一年（光绪十六年十一月），奕𫍯就去世了，此后光绪与慈禧太后之间就开始长达二十年的恩恩怨怨的争斗。载沣自幼深深同情身在内宫的哥哥，并且当然以哥哥为皇帝而自豪，他也希望自己的一生应以辅佐哥哥复兴大清为己任。

但是，按照清代的规定，青年贵族虽然可以拥有爵位，但不到 18 岁成年，是不能有官职的。所以，在戊戌变法、义和团事件、八国联军这些惊天动地的大事中，载沣并未参与。但这些事件又都是光绪与慈禧之间发生激烈冲突的事件，幸好载沣由于未成年没有参与，所以他也没有成为"帝党"的一员，从而他没有与慈禧太后发生过冲突，这毫无疑问对他的前途发展是十分有利的。

这就使得晚清历史中出现了一个奇特的现象：皇家的核心都是出自醇亲王府，哥哥光绪皇帝是慈禧太后恨之入骨的人物，但弟弟醇亲王载沣却又是慈禧太后最器重的皇亲。

然而随着年龄的增长，载沣心中却因此对朝廷的形势和慈禧太后的专横跋扈很有感触了，他认为大清形势实际上已经岌岌可危，这就使他产生了某种悲观情绪，表现在他对政治事务实际上并不关心。

1900 年他开始被慈禧太后启用，首先被任命为内廷行走，这只是一种并无实权的皇族荣誉。1901 年春被指定为阅兵大臣，这还是名誉差事。

同年，又被任命正蓝旗总族长，这就开始接触一点实事了。

但这都不引人注目，他所作出的第一件引人注目的事是 1901 年出使德国。

1900 年 6 月 20 日，端王载漪所掌控的虎神营满族士兵受到杀洋人有奖的刺激（当时清政府悬赏杀洋人，按被杀者是男、女或儿童，分别赏银五十两、四十两和三十两），在北京崇文门内枪杀了德国驻华公使克林德，这就成为八国联军进攻北京的直接借口，8 月 14 日，联军攻陷北京，8 月 15 日，慈禧太后带着光绪等皇室成员仓皇逃出北京。

清廷迫不得已，在联军攻占天津以后的 8 月 7 日，就任命当时任两广总督的李鸿章为全权大臣向各国乞和，后来又增派全权大臣奕劻，但联军并不同意议和，一直到占领北京后他们才开出和议大纲十二条。其中第一条就是："戕害德使一事，由中国派亲王专使代表皇帝致惭悔之意，并于被害处树立铭志之碑。"

原来，1900 年义和团进入北京以后，朝廷与西方列强的关系日益恶化，当年 6 月 19 日，总理衙门突然照会驻京各国公使馆，表示不再对公使馆进行保护，并限令一切外国人都必须在 24 小时内离京。各国公使得此消息后，都十分愕然。深夜，各国公使致函总理衙门，要求对离京时间进行宽限，并要求总理衙门在次日早晨 9 点进行答复。

6 月 20 日一大早，德国公使克林德更是气势汹汹地坐着轿子，打算到总理衙门质问为什么要求外国人撤离。当克林德一行行进到东单牌楼时，被虎神营章京恩海率领的巡逻队截拦，素以跋扈著称的克林德拔枪射击，双方发生交火，在激战中克林德被击毙，这就是当时著名的克林德事件，是八国联军侵华的重要借口。

面对德国的强硬要求，朝廷最初的意见是，为克林德立碑一事可以照办，但要派亲王专程外出谢罪，未免要求过分。拟派驻德使臣向克林德致祭，但德国方面坚决不同意，并指名要求派年仅 18 岁的醇亲王载沣为特使，因为作为光绪皇帝的弟弟、慈禧的亲外甥，他是当时地位最尊贵的亲王，更能表示清朝廷的"道歉诚意"。

迫于这样的形势，1901 年 6 月 4 日，最后由慈禧太后在西安亲自下诏，授载沣为大清朝廷"头等专使大臣"，在两名有经验的大臣张翼和荫昌陪同下，前往德国向德皇"呈谢罪国书"。这时载沣才18岁零5个月。他们于1901年7月12日离开北京到上海后，换乘德国商轮去欧洲。8月23日，载沣一行到达瑞士靠近德国的边境城市巴塞尔，然后就托病不走了，实际上是观察形势。

这是因为，德国方面认为，中国特使既然是去谢罪的，那么当觐见德意志帝国皇帝威廉二世时，就应该"德主坐见，醇王行三鞠躬礼"，"参赞入见者均叩首"。

这与以前德国亲王亨利到北京，光绪皇帝出立御座并赐坐的优礼大相径庭，对于这种极不对等而且几乎就是污辱的对待，中国方面当然不会同意，当时在西安的朝廷也电告载沣要力争。载沣此时在巴塞尔非常镇定，他召见中国驻德国公使吕海寰，而吕也不与德国外交部打招呼就离开了柏林。载沣明确通过使馆向德国方面表示："宁蹈西海而死，不甘向德皇跪拜。"明确表示了中国使臣的强硬态度。

事情僵持了旬日之久，经反复"剀切婉商"，德方在中外舆论的压力和责难下，终于答应免跪拜礼。"递书时只带荫昌（作为翻译）一人，俱行鞠躬礼，余均不见。"

于是，9月3日载沣抵达柏林，9月4日中午觐见德皇。9月17日《辛丑条约》正式签订，随后各国开始撤军。在觐见德皇时，载沣向德皇威廉二世行三鞠躬礼，递呈国书，宣读致辞。致辞的大意是：敝国去年乱事的酿成，责任在于误国之庸臣，并不在于我们大皇帝的过错。不过臣民有罪，皇帝也是负有责任的，所以深感抱歉。现在幸喜和约即将签订，笼罩在两国之间的云雾就要散去，而变得天朗气清了。祝愿我们两国永释前嫌，增进友好。

但是德皇态度是傲慢的，不仅是坐收国书，发表答词时也没有起立，其答词也相当强硬与严厉，其中有"断不能因贵亲王来道歉之忱，遂谓前愆尽释"。

道歉仪式结束后，载沣在德国进行了参观，德国并没有再有过分之举，对他也很客气，对他的接待完全合乎他的亲王身份。他在德国皇陵前献了花圈，德皇也向他授勋，他参观了德国的军事检阅，还会见了德国最强势的人物俾斯麦，他大大增长了见识，开阔了眼界。

一下子，载沣就成了中外知名的人物，中外舆论不但广为报道他欧洲之行，而且对他充满了赞誉之词。"自兹以往，王其深于阅历矣。见所未见，闻所未闻者未知凡几，比之处深宫之内不知外情之诸王、贝勒等，其相去又何止天渊哉！"

醇亲王载沣出使德国

当时，很多国家都邀请载沣去访问，他也想去美国和日本访问，但朝廷要他迅速回国。主要原因是慈禧太后怕因此又得罪德国，因为德国方面强调载沣是"专程"去德国进行道歉的，不应当再绕道和访问他国。当然，他成功出使回来以后，就大大受到朝廷的重视了。

1901年11月3日，载沣回到上海。15日回到北京，此时慈禧太后还在从西安返回北京的路上，于是载沣赶到开封，并于12月10日受到慈禧的接见，慈禧赐膳食表示慰问，12月12日再一次接见载沣，并随即随两宫（皇太后与皇帝）于12月14日离开封北上，1902年1月3日到达保定，驻跸四天，而就在太后在保定暂停的时候，向载沣宣布了指定他与慈禧的心腹荣禄的女儿、实际上是慈禧的养女瓜尔佳氏结婚的懿旨，目的是以后便于控制载沣。

虽然此前由自己的生母做主，载沣已经定下了一门婚事，并且女方都已经叫婆家妈妈了，然而尽管不愿意，但谁也不敢拒绝太后的指婚，所以载沣也只能口头谢恩，后来载沣原来的那位已订婚的未婚妻就服药自尽了。

1902年秋9月，19岁的载沣与比他小一岁的瓜尔佳氏举行了隆重、高规格的婚礼，而且很快就有了一个儿子溥仪出生，而这是慈禧太后十分期待的，因为光绪皇帝一直没有后代，而且看来也难得有后代了。

载沣出色地完成了出使的使命，又十分听话地服从了慈禧的指婚，这一切不但使慈禧太后更加喜欢载沣，而且为他进一步上升开辟了宽敞的大道。当时舆论赞他："从此一代擎天柱，要仗吾王手自擎。"果然，1903年春，载沣刚满20岁，就被任命为随扈大臣。1906年春被任命管理守卫京城负有重要责任的健锐营事务。

同年秋被任命正红旗满族都统，他作为一名亲王，其爵位是超品级的，而这时的官职实际上已经相当于一品大员了。

但这都只是武职，此时他还没有直接参与管理国家军国大事。

1907年6月19日，24岁的载沣受命在军机大臣上学习行走，因此他就

醇亲王回国途经上海遇盛大欢迎

成为了"掌军国大政以赞机务""军国大计莫不总揽"的最高枢密机关的领导成员之一，这与以前只是临时奉命出使或出差，或者只管某一具体部门的工作就完全不同了，因为这是进入朝廷军政核心部门了。

当然，"在军机处学习行走"是慈禧太后有意让他进入辅佐自己决策大计的军机处前的一个锻炼步骤。就在载沣24岁时的那一年秋天，慈禧又给了他穿嗉貂卦的恩遇，这本来是皇帝照顾老臣的身体而给予的尊崇待遇，现在却赏给了一个年轻的亲王，意味着他又要升迁了。果然，到了1908年2月2日，也就是光绪三十四年的元旦，在载沣要满25岁的时候，他被正式任命为军机大臣，而且是仅排在领班军机大臣庆亲王奕劻（载沣的远房伯父）之后。至此，在皇室中，他已经是地位最高的和硕亲王，在朝臣中，他已经是权位最高的军机大臣了。那么，作为一名并非皇帝的朝廷臣子来说，他的地位还能上升吗？

真还能！这就是我们在前面所说过的：26岁的载沣最后成了清皇朝的监国摄政王！

9—5. 翻云覆雨：慈禧太后手段高超，控制政权半世纪

从1862年同治即位两宫垂帘听政开始，到1908年慈禧太后去世，她控制晚清政权前后达47年。

英国著名作家布兰德与白克浩斯在其合著的《政治强人慈禧》一书中，将慈禧听政年代分为三期，第一期（1861—1873年）是其"实验性的统治期，其间她尝到了权力的甜头，而避免锋芒毕露"。听政之初的低调，一来在于她意识到自古女性统治者在中国常常不得人心，二来在于她对诸多执政常规与程序尚缺乏了解，只能依赖恭王辅佐，避免陷入迷宫般的政务当中。故"她宁愿让铁拳藏在天鹅绒手套里，除非受到公开的挑战"。也正因垂帘初期的

谨慎与小心，慈禧一度赢得官民之赞誉。

慈禧为什么能控制政权近五十年呢？

第一，她先后控制了同治和光绪两朝皇帝，开始以他们年幼为名，名正言顺地进行垂帘听政，而在其成年以后就以其为政无方，再进行训政，无论从皇家本身或从朝政实施来说，都具有无可反对的绝对权威。

慈禧太后

慈安皇太后突然死去以后，慈禧皇太后便独自垂帘听政。按照清朝的先例，皇帝都是年满十四岁以后亲政，但在光绪朝，慈禧太后却不愿放弃权力，所以迟迟不让光绪皇帝亲政。1884 年，即光绪十年，此时光绪已经年满十四岁了，当时借口皇帝年幼，慈禧没有让皇帝亲政，朝臣们何敢反对，到了光绪年满十七岁以后，皇帝亲政的事已经不能再拖了。

此时为了还能让慈禧实际掌控政权，醇亲王奕譞就想出了一个请皇太后"训政"的主意，于是，醇亲王奕譞和礼亲王世铎合奏，"恳请太后训政数年"。

《清史稿·奕譞传》中记载："皇帝甫逾志学，诸王大臣，吁恳训政。乞体念时艰，俯允所请。俟及二旬，亲理庶务。至列圣宫廷规制，远迈前代。将来大婚后，一切典礼，咸赖训教。臣愚以为，诸事当先请懿旨，再于皇帝前奏闻。俾皇帝专心大政，承圣母之欢颜，免宫闱之剧务，此则非如臣生深宫者不敢知，亦不敢言也。"

慈禧太后当然欣然同意了他们的所请，于是就在皇帝 17 岁亲政后，再训政数年，一直到光绪十五年（1889 年）正月，光绪 19 岁大婚，同年二月，举行光绪皇帝亲政典礼，这比他的先祖顺治皇帝和康熙皇帝举行亲政典礼的年龄，整整晚了五年。

其实，无论是慈禧太后听政或是她训政，光绪皇帝都只是一个傀儡。

奕譞恳请慈禧训政的原因是：皇帝年纪还小，应当致力于学习，而且时世艰难，皇帝年轻实际难以应付；他恳请慈禧太后训政到光绪年满 20 岁时，而且即令完成了训政，皇帝亲政以后慈禧太后还要对皇帝实施"训教"。也就是皇帝亲政以后的实际皇权还是控制在慈禧太后手中，"诸事当先请懿旨，再于皇帝前奏闻"。

所以，在慈禧太后当政期间，她对大清的皇权实施进行了三次重大的改革：

第一次是皇帝冲龄（还未到读书的年龄）即位时，由皇太后垂帘听政。

第二次是决定可以由非皇子来继承大行皇帝为父的皇位。

第三次是即令皇帝已经亲政，而皇太后还是可以通过训政和训教来掌握皇权。

慈禧太后通过这三个大改革就做到了：

（一）皇位继承可以根据自己利益的需要在非皇子系列中选择。

（二）这样就可以挑选幼儿来继承皇位，然后将皇权牢牢控制在皇太后手中。

（三）再利用自己亲信的亲王辅政，但是不专门立辅政大臣，完全排斥异姓贵族，且也排斥普通的宗室贵族，也就是将皇权牢牢控制易在于掌控并无野心的帝胄贵族手中，如恭亲王、父子醇亲王、庆亲王等。亲王炳政好处在皇权无虞，但结果却也是亲贵揽权造成浑浊的政治，大清王朝最终覆亡与这一点就有很大关系。连《清史稿》也承认这个后果："嘉庆初，以亲王为军机大臣，以非祖制罢。穆宗践祚，辍赞襄之命，而设议政王，寻仍改直枢廷。自是相沿，爰及季年，亲贵用事，以摄政始，以摄政终。论者谓有天焉，诚一代得失之林也。"

第二，由于清朝是满族政权，因此朝廷内上层对皇权构成威胁的主要是满族权贵，故慈禧对他们非常严厉，她强迫他们都必须严格遵守朝规祖训，毫不留情地将违反者或者杀头，或者免职、贬职，或者送入宗人府惩罚，毫不手软。

1864年（同治三年）4月14日，恭亲王奕䜣在慈禧太后和慈安太后面前"双膝跪地，痛哭谢罪"——原来他自恃功高，没有把嫂子放在眼内，于是借翰林院编修蔡寿祺的奏折，太后严厉处置了奕䜣，剥夺了他的议政王称号，停双俸，但惩治之余还给他保留了军机大臣的职位，所以她对恭亲王的处置起到了"杀鸡给猴看"的效果，像恭亲王这样的朝臣中的第一把手她都敢断然处置，谁敢不服！而到了光绪十年（1884年），慈禧太后又操纵了大清历史上有史以来最高权力机构最大的变动，即所谓"甲申易枢"，以奕䜣为首的五名军机大臣（文祥、宝鋆、景廉、翁同龢）同时被免职，奕䜣这次被彻底扳倒，然后慈禧再组建完全听命于自己的军机处，满朝的满族权贵和汉族大臣此时更是无人敢不服；

满臣铁良是慈禧太后十分器重的一位军机大臣，在他担任户部尚书时，慈禧太后命他兼任税务督办，铁良竟想拒绝，他向太后说："才力不及，事难兼顾，请收回成命。"慈禧大怒，随后就令奕劻拟旨，要罢免铁良的一切职务。当时，铁良吓得面无人色，一口一个"奴才糊涂，奴才糊涂"，叩头不已，直到慈禧消气为止，也就是满族权贵也不能违她的意志。

而且，她绝对忠于爱新觉罗氏，没有启用任何她本家叶赫那拉氏的人物，所以皇室任何成员也不能不服。

第三，对于汉族官员，在重用他们同时，强调儒家"君为臣纲"正统观念和以孝为本的为人宗旨，汉族官员们看到两个皇帝都在自己母后面前恭恭敬敬，当然无话可说，只有服从，但有不服则厄运降临。当义和团运动风起云涌之时，在决定对八国是和是战的关键时刻（慈禧是支持义和团并决定要对洋人宣战的），不识相的总理各国事务衙门大臣徐用仪、袁昶、许景澄，户部尚书立山，内阁学士联元等大臣上疏直言，反对向各国宣战。慈禧太后一看他们竟敢反对自己，不顾后果立即将这几位朝中大臣统统处死，造成一桩奇冤大案。

第四，对大臣是如此，对挑战皇权的小人物也同样是严厉镇压。光绪三十二年，宫中有一位太监，名叫寇连材，为人很有点思想，于是向慈禧太后上了一道谈论时政的折子，就因为这个太监违反了"太监不得干政"的祖训，就被慈禧太后命令斩首示众，以儆效尤。

第五，更有甚者，1898 年 9 月 21 日，也就是戊戌年八月初六，慈禧太后亲自指挥镇压了百日维新，盛怒之下杖毙了光绪皇帝身边的两个亲信太监，并且把奕劻等亲王大臣召集到大殿，令光绪皇帝跪于案旁，并置一竹杖于案前，真是杀气腾腾。慈禧对跪在面前的皇帝厉声斥骂，而至高无上的天子，瞬间就沦落为亡国败家的祸首，光绪一句话都不敢说。

这就是慈禧太后的权威，上至皇帝、亲王、大臣，下至平民、太监，任何行为和言语都不能反对她，也就是她已经树立了在清皇朝的绝对统治权威。

第六，大张旗鼓进行意识形态领域的重建，提倡程朱理学。因为两宫知道，先天执政能力的不足，使她们注定无法在洋务与改革方面占据领导地位，故唯有开拓理论阵地，笼络儒学名臣，方能与恭亲王等一争高下。正是秉此方针，精研与宣传理学成为官员升迁的终南捷径，几年内倭仁、吴廷栋、李棠阶、李鸿藻、翁同龢、徐桐、张之洞、潘祖荫等一批理学官僚纷纷进入中枢，充当两宫与恭亲王对峙的阵前先锋。所以《剑桥晚清中国史》著者认为"宋代的理学继续得到慈禧太后的支持，原因之一是把它作为抗衡实用主义的恭亲王力量的手段，另一个原因是用它来延续国家与文化的实质，这种实质正是清朝统治阶级领导成就的标志"。

抛开理学官僚积极参与两宫同恭王政治博弈的方面不谈，他们凭借自身在士林的号召力，集聚当时全国抵制洋务新政的舆论力量，如同磐石一般阻碍着改革的前行。新政每向前推进一步，总有相反的声音出来搅局。由于改革派一直没有制订长远的顶层设计，且疏于改革理论的建构与宣传，因而常处于被动挨骂、疲于招架的守势。可以说，改革之所以步履维艰，理论建设方面的欠缺是原因之一。贯穿洋务新政期间的一个奇特景象便是但凡中央有新的举措公布，马上枢廷之内便会有相异甚至相左的意见涌现，改革力量必须花费大量精力与成本和保守势力展开辩论甚至是桌子底下的妥协与交易，方能将改革推进下去。理念探讨裹挟着利益纠葛，新旧之争隐藏有派系冲突，意识形态领域长期存在"左右互搏"式的暗战，此或许也是改革必须经历的阵痛。

慈禧太后当然知道只有君主专制的政权下，她才有这样的权威，而在君主立宪的政权下，如当时的英国维多利亚女皇，就绝对没有这种权威。维多利亚女皇的所作所为，都必须接受宪法和法律的约束，而不是由女皇自己一人说了算。例如，1842年英国就通过了一项法令，规定任何试图伤害女王的行为都定为轻罪，判处流放七年或监禁，同时服三年以下的苦役劳动。这在大清皇朝中，是不可理解的。与慈禧太后同时的英国女王维多利亚在位四十年间曾经七次遇刺，但每次行刺的凶手都只获轻刑，对于这样的结果，女王当然非常生气，但法官则解释说："对不起，女王陛下，我不能那样做，因为大英帝国的法律原则不允许我滥施刑罚。"

所以，当时的慈禧太后实际上定下了五条原则：

一、实际朝政与地方治理当然交给朝臣与封疆大吏们（大多是汉臣）处理，只要他们的所作所为不影响她现在的权威与地位，也就是不要出大乱子，则那些施政结果的好坏是无关紧要的（其后果呈现多是以后的事），而且再差也差不过她自己惹来的庚子之乱的结果。

二、对她现在的权威与地位构成最大威胁的实际上还是光绪皇帝，因此一定要将光绪软禁在瀛台孤岛上，绝不能让他重新执政，并且自己绝不能死在他前头。

三、对于威胁皇权存在的革命派要坚决镇压，而对于要求实施君主立宪，也就是进行制度性的改革，但不威胁皇室地位的主张，其处理原则就是：拖！

虽然以后它可能被允许实施，但不能让所谓君主立宪影响她自己现在的权势。

四、对于外国战败了就割地赔款，尽量满足他们的要求，不使外国对她掌权产生不满，更不能让洋人支持光绪复出。当然八国联军庚子之役以后她也知道再不能与外国人打仗了。

五、控制京畿附近的军事大权一定要掌握在自己满人手中，如荣禄，而当荣禄去世以后，就立即削减袁世凯的兵权，将袁世凯手中的北洋军收归军部铁良控制。

晚清名臣梁鼎芬

但是在统治策略上，她知道，仅靠高压却也是不行的，因为当时清朝的行政实际大权，尤其是地方治理大权，都已经掌握在汉人大臣手中。从现实看，慈禧太后从总体上看到了满族官员的无能，因此就重用曾国藩、李鸿章、左宗棠、张之洞、刘坤一这类汉族官员，赋予重要职权，这当然就引起了满族权贵的不满，于是一方面她在身边使用荣禄这样的满人大臣，另一方面她又鼓励满族权贵给汉人权官设置麻烦，不断参劾他们，又使这些汉人掌权官员战战兢兢，行事不敢过分，因此她就用这种在满汉朝臣间制造矛盾和互相制约的关系得以顺利推行她的权威统治。

如庆亲王与袁世凯的互相勾结，在光绪三十二年他们的势力达到最鼎盛时，武昌知府梁鼎芬（一生忠于朝廷的晚清名臣，官虽不大，但却曾以八罪弹劾首辅大臣李鸿章误国并请杀之，慈禧大怒，欲予重罪，幸经户部尚书阎敬铭从中圆场，说他不过"书生之见"，从而被贬五级挂冠而去，但却名扬天下，后成为张之洞的密友与得力助手，张又保奏他为武昌知府）又再次不顾生死，大胆向皇帝和太后奏疏弹劾重臣袁世凯，写了一份著名的奏章，说得非常耿直在理：

"直隶总督袁世凯，少不读书，专好驰马试剑，雄才大志，瞻瞩不凡。其人权谋迈众，城府阻深，极能陷人，又能用人，卒皆为其所卖。初投拜荣禄门下，荣禄殁后，庆亲王奕劻主政府，三谒不得见，甚恐。得杨士骧引荐，或云，以重金数万，又投拜奕劻门下，不知果有此事否？然自见奕劻后，交情日密，言无不从，袁世凯之权力，遂为我朝二百余年来满汉疆臣所未有，奕劻本老实无用之人，袁世凯遂利用之。老实无能则诲之以智术，日用浩繁则济之以金钱，于是前任山东学政荣庆，北洋练兵委员徐世昌，袁世凯皆以私交荐为军机大臣矣。贪庸谬劣，衣冠败类之周馥；奢侈无度，声名至劣之唐绍仪；市井小人，胆大无耻之杨士琦；卑下昏庸之吴重熹，使之为总督、为巡抚、为侍郎，而袁世凯言之，奕劻行之。尤可骇者，徐世昌无资望，无功绩，忽为东三省总督，其权于各省总督数倍；朱家宝一直隶知县耳，不数年，署吉林巡抚；皆袁世凯为之也。袁世凯自握北洋大臣直隶总督重权，又使其党在奉天，吉林皆有兵权财权，皇太后皇帝试思，自直隶而奉天，而吉林，皆袁世凯兵力所可到之地，能不寒心乎？幸段芝贵不到黑龙江耳！袁世凯挥金如土，交结朝官过客与出洋学生，有直隶赈款数百万两，铁路余款数百万两，供其挥霍，故人人称之。臣尝读史，见汉晋已事，往往流涕。如汉末曹操，一世之雄，当其为汉臣时，有大功于天下，不知篡汉者操也。晋末刘裕，才与操同，当其北伐时，亦有大功于天下，不知篡晋者裕也。前者微臣来京赐对之时，亲闻皇太后皇帝屡称《资治通鉴》，其书甚好，时时阅看。今就此两朝往事，治乱兴亡之故，骇然具陈，开卷可得也。袁世凯之雄，不及操裕，而就今日疆臣而论，其办事之才，恐无出其上者。如此之人，乃令狼列朝纲，虎步京师，臣实忧之……"

梁鼎芬将袁世凯类比曹操、司马懿和刘裕，因为从来人们评说曹操时都说他是"治世之能臣，乱世之奸雄"，这确实恰如其分；除他以外，曹魏中之司马懿与东晋中之刘裕也都是属于同样的人物。他们都具有卓越的才识与能力，当国家面临危难时，凭借他们的才能与胆略能建立显赫的功业，奠安社稷，功在国家，这也是人所共睹的事实，但他们不像诸葛亮、郭子仪，也不像曾国藩，一生谨守臣节，终身不改，所以不需多久他们就从旧皇朝的大功臣成为了新皇朝的创业之主。袁世凯就是此类人物，梁鼎芬比喻得很准。奏折凛然大义，将袁世凯揭露得淋漓尽致，而且向朝廷忠告大清皇朝可能会亡于袁世凯之手。对于这样的直言推论，慈禧太后竟然没有认真对待，反而又下诏问责，说："当此时局目棘，乃不察时势之危迫，不谅解任事者之艰难，总是有意沽名钓誉，撮拾宣言，肆意弹劾，尤属非是，着传旨申饬。"为什么慈禧太后要申饬梁鼎芬呢？她并不是不知道袁世凯势力做大以后可能会对清皇朝构成威胁，但是现在不会对她的权威与地位构成威胁，而她现在却需要此人，所以她现在不能处置袁世凯。这样就使庆袁勾结势力越加做大，后来宣统即位，袁世凯被醇亲王赶回彰德洹上村钓鱼以后，庆亲王还对他念念不忘。武昌起义爆发后，又是庆亲王力主将袁世凯请回，并将一切军政大权都交给了他，最后应验了梁鼎芬的预言——重演前朝故事，灭于权臣。正是：

汉运终曹裕亡晋，往事凄怆史中吟；鹰视狼顾道司马，虎步京师话慰廷。

奸雄自古意相同，戏耍君王一掌中；可叹多少兴亡事，行权纵威在股肱。

不过慈禧太后满足于自己没有看到上面的结果。

诚然，在历史家的眼中看来，从 1840 年开始后中国近代史中所表现出的中国的衰败与失落，并不能完全归结于是某一个清皇朝统治者的责任，更多的是当时中国社会与政治制度的落后与失败，也与中华民族特性的保守与封闭有很大关系，但慈禧太后作为一个掌权近五十年的统治者，在她的统治下，清末朝政越来越腐败，国势越来越衰弱，因此她对清皇朝覆没不能不承担一定的个人责任。

慈禧本人的文化素质不高，十七岁进宫后也没有受过什么教育，而从生下太子以后，权力欲就成为她后来一生中最热心追求也是最担心受到威胁与失掉的人生目标，为此，她可以对任何亲情都不顾，而且也可以以失去国家和民族利益来维持自己的权力，也就是她从来也没有也不可能站在民族和国家利益的高度上看待国家问题（准确地说，那时候还没有现代国家的概念，皇家心中只有"天下"），更不会也不懂得要从全世界的观点上来看待中国问题。

而这正是晚清时节中国已经与世界开始接触后，一个中国国家领导人所必须具有思维高度与眼界视野，只有这样才能看到振兴国家和挽救民族的历史使命。但是在当时的历史背景下，慈禧太后既然自己都不知道自己是一位对国家要承担现实和历史责任的"国家领导人"，当然就不可能更不会有意识去承担这样的历史使命。由此必然也就会走向反面，于是人们看到在她的统治时期发生了：不顾国家利益挪用军费满足私欲修颐和园，间接造成中国在甲午战争中的失败、镇压维新运动阻止对国家政务进行改革、囚禁皇帝后大权独揽阻塞言路、不顾后果与劝阻盲目排外引发八国联军进北京、对割地赔款丧权辱国之事表现得几乎无所谓、为延续自己的权力而极力拖延实施宪政、容忍庆亲王与袁世凯相互勾结形成的腐败吏治等等这些触目惊心的事实就使得历史将晚清时节的衰败原因很大一部分都归结到她的身上。

所以王照说得好："慈禧实是民国得以建立的元勋。"

毕竟，虽然她掌握了皇权，但是她是一个女人，这就规定了她必然是而且只知道是把维持自己的统治地位不被威胁当作第一要务，加之女人谨慎小心的本能，使她总是求稳怕变，所以总是不会主动去推动社会激烈的向前发展，也就是拒绝进行根本的、制度上的、全面的改革。这也是我们必须面对她所看到的现实。

纵观慈禧太后掌政，不能说她一点国家民族意识也没有，但是在掂量国家民族与统治集团利益的时候，她绝对把统治集团放在第一位；在掂量统治集团中一般成员与皇族利益的时候，她绝对把皇族放在第一位；在掂量皇族成员与她自己利益的时候，她绝对将个人放在第一位。而这些利益，还多是眼前而非长远的东西。正是因为这样极端的自私、狭隘和僵化，使得她对中国进步的消极作用千万倍地大于积极作用，所以说她在中国近代史上乏善可陈。

而柏杨先生在《中国人史纲》中尖锐地指出："历史已显示一个定律，处在巨变的时代，有能力彻底改变的国家强，改变而不彻底的国家乱，拒绝改变的国家则继续没落，直到灭亡。"而这里所指的改革就是前面所说的进行根本上的、制度上的、全面的改革。慈禧太后在晚清时代近五十年的统治及其后果就是这条历史定律的演证。

那么什么是最根本上的改革呢？清朝时代一直坚持"尊华攘夷"的信念，也就是都是坚定的民族主义者，他们坚信中国文化优于西方文明，当国家主权受到侵犯、民族尊严受到羞辱、经济利益受到损害时，他们会挺身而出与夷人奋战，但是即令战败，可以割地，可以赔款，可以签订耻辱的不平等条约，也可以承认自己技不如人，但绝不认为中华文明劣于西洋文明，也就是儒家思想的精神支柱是绝对不能动摇的，因此，虽然承认要进行一定的改革，但也只能是"中体西用"，也就是绝不从尊奉儒家思想的基本思想体系上进行改革。

19世纪末，日本著名的思想家福泽渝吉在1900年就指出了："不管满清政府出现多少伟大的人才，或是出现一百个李鸿章，都无法进入文明开化之国。要使人心焕然一新，将中国导向文明之国，唯有推翻满清政府，此外别无他途。"因为日本在明治维新以后之所以能获得成功，就是由于彻底摆脱了长期受中国儒家思想的影响，并接受了西方文明为主导。

具体说，慈禧太后生于道光十五年十月初十日（1835年11月29日）。

按中国传统的虚岁纪年法，1874年是她的40岁整寿，但是在这一年不但发生了日本侵略台湾的战争，而且慈禧太后过完40岁生日刚三个月，自己的亲生儿子同治皇帝就死了。

1884年，是慈禧太后的50寿辰，但是却是在中法战争的炮火中度过的，也未能很好地庆祝一番。

　　1894年是慈禧太后的60大寿，这是干支纪年六十年一个轮回的甲子之年，中国人是十分注重六十大寿的庆贺的，然而也就是在这一年发生了甲午战争，虽然慈禧太后举行了隆重的祝寿典礼，但面对疆土被割和巨额的赔款，却也无人能高兴起来。

　　到了1904年，慈禧太后的70寿辰，却又遇到日本与俄国在中国的东北交战。

　　所以，章太炎先生（有人说是林白水）为慈禧太后写了一副刻画得入木三分的对联：

　　今日到南苑，明日到北海，何日再到古长安？叹黎民膏血全枯，只为一人歌庆有；

　　五十割琉球，六十割台湾，而今又割东三省！痛赤县邦圻益蹙，每逢万寿祝疆无。

第十章
实施新政过程中各种势力间的斗争

10—1. 荣禄死后：庆亲王由于处理义和团冷静而受宠

光绪二十九年三月，荣禄病逝，接替荣禄任首辅军机大臣的是庆亲王奕劻。

庆亲王奕劻于道光十八年二月二十九日（1838 年 3 月 24 日）出生。

奕劻的亲父亲与后来过继后的父亲在清皇室中都是有罪的宗室，其生父被放斥到盛京，其过继后的继父也曾被革爵。他这位继父原来是仪郡王。

奕劻于道光三十年（1850 年）袭辅国将军。

咸丰二年（1852 年）正月，封贝子。

咸丰十年（1860 年）正月，皇帝三十寿辰，进贝勒。

同治十一年（1872 年）九月，同治帝大婚，加郡王衔，授御前大臣。

光绪十年（1884 年）三月，接任总理各国事务衙门大臣，主持外交。

光绪十年十月，进庆郡王。十一年九月，会同醇亲王办理海军事务。

光绪十二年二月，命在内廷行走。

光绪十五年（1889 年）正月，授右宗正。光绪大婚，赐四团正龙补服，其子载振头品顶戴。二十年（1894 年），太后六十万寿，懿旨封庆亲王。

光绪二十四年四月十日（1898 年 5 月 29 日），恭亲王奕䜣去世，随后实际由荣禄主政，但此时朝中已无秉政亲王（军机大臣礼亲王 1901 年罢职），就给他提供了极大的发展空间。

光绪二十六年（1900 年）七月庚子事变中，留京会同李鸿章与各国议和。

光绪二十七年六月，改总理各国事务衙门为外务部，奕劻仍总理部事。八月，与李鸿章一起代表清政府签订《辛丑条约》。

十二月，加其子载振贝子衔。

光绪二十九年（1903年）三月，原首席军机大臣荣禄病故，授奕劻首席军机大臣，仍总理外务部如故。寻命总理财政处、练兵处，解御前大臣以授载振。

光绪三十四年（1908年）以亲王世袭罔替。

宣统三年（1911年）出任首任总理大臣，组成庆亲王皇族内阁。武昌起义后，邀请袁世凯出任内阁总理大臣，自任弼德院总裁。后配合袁世凯劝隆裕太后同意清帝逊位。民国后，与其子载振携巨资迁居天津英租界，后来又迁回北京西城区定阜街3号庆王府。

1917年1月28日病死府中（一说青岛），清末帝溥仪追谥庆密亲王。民国大总统黎元洪颁令，允许其子载振世袭庆亲王爵衔。

庆亲王奕劻原来他家境颇为清寒，但他好学，文字绘画都不错，而且家住在方家园，也就是与慈禧太后的娘家为邻。由于文笔好，就常常为慈禧的弟弟桂祥代笔写信问候慈禧的起居，所以慈禧就渐渐知道了奕劻这个人，并了解到他颇通文墨。

而且当时他努力接近恭亲王奕䜣，受到恭亲王的青睐，就开始逐步进入朝政了。后来，他又与慈禧的弟弟桂祥结为儿女亲家，与慈禧的关系就拉得更近了。

同治十一年，奕劻加郡王衔，授御前大臣。光绪十年，命管理总理各国事务衙门，接替那时因甲申朝变恭亲王出局后所空出的职位，并正式受封为庆郡王。

庆亲王是晚清时节最大的贪王，他是造成晚清腐败的吏治的罪魁祸首，人们对于他的后半生几乎都是负面评价。但由于他在主政军机处之前，在恭亲王的提携下，多年在总理事务衙门行走，主要从事外交事务，与外国人接触较多，因此对于如何处理对外关系，有较理智的认识，因此在处理义和团问题上，他还是比较清醒的，也正是由于这一次他能保持政治清醒，就使得他后来得以扶摇直上，可惜的是，以后他就再没有清醒过。

当义和团尚处于萌芽时期，奕劻就是该运动的直接关系者。由于民教冲突日益增多，1896年，总理衙门拟定了教案处分章程。1897年，山东巨野教案发生，当时负责总理衙门的奕劻就是与德国公使海靖进行交涉的主要人物。1899年12月，英国牧师卜克斯被杀死，英国公使窦纳乐会见总理衙门大臣，要求清政府迅速"采取行动"，他在给首相的函中称："我会见了总理衙门大臣们，并且用最严重警告的词句同他们谈话……我反复向大臣们指出：在中国处理此类案件中的高级官员们采取断然措施之前，这些暴行是不会停止的。"

但此时，清廷却在上谕中指示各省办理教案，应"化大为小，化有为无"，地方官不应"误听谣言"，将"习技艺以自卫身家，或联村众以互保闾里"的"安分良民"，"概目为会匪，株连滥杀。"也就是不严惩教案中的中国涉案人员。

政府的上述态度，令各国公使十分不满。1900年1月27日，英、美、法、德等国驻华公使同时照会总理衙门，认为上谕的措辞给人的印象是"中国政府对义和团和大刀会这样的结社抱有好感"，要求清政府"下令指名对义和拳和大刀会进行全面镇压和取缔"。

有着多年对外交涉经验的奕劻，认识到了形势的严峻性。2月19日，奕劻领衔会奏，请严行查禁直隶、山东一带的义和拳会。奏折请求朝廷："申明旧禁，明降谕旨，饬下直隶总督、山东巡抚，各就地方情形，剀切晓谕，解散胁从，并严拿为首之人，从重惩办。"

清廷根据奕劻等人的奏请，发布上谕，明确声明"私立会名，皆属违禁犯法，务宜革除恶习，勉为良民。"上谕发出后，山东、直隶的地方官开始贯彻上谕，发布禁止义和团告示，劝谕义和团解散，筹拨兵勇，以防范弹压。但义和团发展的势头并没有被遏制住，3月2日，英、美、德、法、意五国驻华公使，前往总署要挟。三天后五国公使又威胁说，如果他们的要求得不到满足，将采取"必要手段"。实际上，他们已经分别建议本国政府，派海军来中国北方海面示威。以后，总理衙门仍不断受到外国的压力，要求迅速采取措施，镇压义和团。

面对强大的外交压力和恫吓，5月22日，奕劻再次领衔上奏，请求拿办义和拳。奏折称："京城使馆林立，时有洋人教士往来出入，亟应设法保护使馆教堂，弹压地面，并访拿匪徒传授或奉令匿名揭贴之人，获案究办，以免别生衅端。"

由于奕劻处于清朝廷外交第一线，感受到的外交压力也特别重，多次的军事恫吓，对他的影响是显而易见的。这就决定了他的态度：必须采取有力措施，保护教堂，访拿"匪徒"。

1900年6月10日，内阁明发上谕："端郡王载漪，著管理总理各国事务衙门，礼部尚书启秀、工部右侍郎溥兴、内阁学士兼侍郎衔那桐，均著在总理各国事务衙门大臣上行走。"《庸扰录》在评论新入署的四个人时说："四人皆系不明外事，专祖义和团匪者。识者忧之。"这样，朝廷的外交事务就由端郡王负责了。

英国公使向本国报告说："6月10日，官报宣布任命大阿哥的父亲端王和三位满族官员在总理衙门任职，所有情报都表明端王是宫廷设立义和拳神坛的主要支持者……"

早在6月6日，慈禧已经召集各大臣密议对付义和团的策略，经过激烈争论，主"抚"派逐渐占了上风。《拳乱纪闻》中，有一则"北京访事来电"："皇太后昨晚在宫内召集各大臣密议团匪乱事，为时极久。旋即议定，决计不将义和团匪剿除。因该团实皆忠心于国之人……以之抵御洋人，颇为有用。"这则消息大致反映了主"抚"派占据上风的事实。

英国公使说，在御前会议的当天（6月6日），"总理衙门的译员联芳前来看我，他常常作为庆亲王的使者进行活动。我利用这个机会对他谈起想要觐见的想法，说觐见的目的是为了支持庆亲王和总理衙门大臣们对镇压义和团的愿望"。在会议的前一天，6月5日，奕劻和英国公使窦纳乐举行了一次会晤。窦纳乐记下了当时的情况："庆亲王和我会晤时，迅速作了例行的遗憾的表示，而在前一天的会晤时是明显的没有这个表示的。但是，当他处理镇压义和拳问题的时候，他回答我的责难所用的语气，据我看来，意味着他心中同意我所说的话，而且他曾在高级官员中极力陈述同样的看法，但毫无效果。庆亲王在谈到义和拳的时候所用的毫无希望和无能为力的语气，给我的印象如此深刻，所以我回到使馆之后，便致电舰队司令，询问他是否能够再拨给七十五名士兵。我的会晤的另一结果，就是使我确信长期以来我所怀疑的事情：总理衙门即使有庆亲王作为它的发言人，已不再有效地代表中国统治势力；同时我感到，他作为推动中国政府的一个杠杆，正在彻底瓦解。"

6月6日，慈禧已经打定了招抚义和团的主意，奕劻知道不能直接和慈禧冲突，但又不能不提醒慈禧。于是，他采取了折中的办法，把俄国公使格尔思的函件，以奏折附件的形式呈给慈禧，曲折地表达了自己的意思。格尔思函中称："如果贵国政府或偏庇义和团，抑或无力弹压"，"欧洲各邦必当设以绝计，以救其民……为救中国，必须片刻不缓，极切极严，谕令净绝义和团毫无意识之不法所为。"奕劻呈送的这个函件警告慈禧的目的十分明显，慈禧不会不明白。但结果是以载漪取代奕劻为总理衙门大臣，这个人事变动，反映了奕劻与慈禧关系的变化。此时的奕劻，虽未给予处分，实际上已被搁置到了一边。

载漪、刚毅等也把奕劻看成了阻挠他们"抚团剿洋"的主要障碍之一。

英国驻天津领事贾礼士在发给英国政府的一封信中也说："在北京的主要政治家之间，庆亲王和大学士荣禄似乎已成为对端王或董福祥提督起牵制作用的仅有的人物。"

当时曾有载漪欲杀奕劻之说。连对奕劻向来宠信的慈禧，都威胁要杀他。李希圣的《庚子国变记》中记载：荣禄曾劝阻杀徐用仪等人，说："祖宗时不轻杀大臣，今诛之太骤，罪不明。臣亦见奕劻，奕劻亦言不可。"太后曰："奕劻喜与他人事耶？为我谢奕劻，行将及若矣！"可见当时慈禧已和奕劻拉开了距离。

普通的义和团成员都把奕劻当成了汉奸，所以出现了很多有关奕劻的揭贴（贴在大街上的大字报），其中光绪二十六年六月十九日（7月15日）张贴的"告示"名为"庆王爷于四月初九日夜间子时连得三梦"，"玉皇大帝点化他，改天主归大清正道，你既吃了中国俸禄，反与外洋助力，此如不改，悔之晚矣……"就在张贴传单的当天，京师义和团杀死了清军副都统神机营翼长庆恒。李希圣《庚子国变记》中说："然拳匪专杀自如，载勋、刚毅不敢问。都统庆恒一家十三口皆死。"可见，清政府虽多次强调要"统率""钤束"义和团，但义和团却并不那么俯首听命，在这种气氛下，奕劻看到揭贴后的心情可想而知。

从6月10日上谕令载漪主管总理衙门之后，奕劻只得暂时把自己的主张收敛起来。6月16日，慈禧召集御前会议，会上就对义和团的剿、抚及对列强和战问题，展开了激烈争论，而奕劻却不发一言。当天散值后，袁昶又找到奕劻、载漪和荣禄，陈述"招抚拳会"政策之不可行，声称"即使洗剿东交民巷，战胜外兵，然开衅十一国，众怒难犯，恐坏全局"。

载漪听后"甚怒"，而奕劻"神色沮丧，无所言"。

胡思敬在《驴背集》中评论当时关于和战剿抚之争时，说奕劻、荣禄、王文韶是"恶匪党而不敢直言"。面对载漪咄咄逼人的气势，奕劻沉默了。6月17日，慈禧再次召开御前会议，讨论和战事宜，奕劻又没有表态。

6月18日，慈禧召开第三次御前会议，"筹议和战"。会上，慈禧批准载漪请攻使馆之议。连平时不怎么发表意见的王文韶，都以"一旦开衅，何以善其后"之言出来反对，奕劻仍没有表态。当天，清廷决定派大学士徐桐、户部尚书崇绮，会同奕劻、载漪及军机大臣会商有关"京师军务"一切事宜。6月19日，慈禧召开第四次御前会议，决定对列强宣战。

尽管奕劻"剿团和洋"的主张是一贯的，但在清朝统治集团决策过程中，奕劻并没有作为主剿派的领袖站出来。这除了对载漪和义和团的恐惧之外，与奕劻本人的性格也有很大的关系，他圆滑、巧诈，城府很深。他绝不会像徐用仪、许景澄、袁昶等人那样，冒着杀身之祸，去拼命直谏，特别是看到慈禧战意已决，已经听不进"剿团和洋"的意见，在他看来，一味蛮干，于事无补。他更不想去据理力争，而是保持暂时的沉默，等待时机。

庆亲王

但在私下奕劻仍然坚持他的"剿团和洋"主张，并做了一些牵制顽固派的事。当然，只要稍有压力，他就知难而退，又回到了沉默之中。

6月15日，袁昶上疏奕劻，指出义和团"实属罪大恶极"，应"高悬赏格"，"格杀勿论"。奕劻当然是同意袁昶的观点的。当慈禧决定处死袁昶、许景澄以及立山、联元、徐用仪等五大臣时，奕劻无疑也是反对的，然而，他并没有采取积极措施去营救。《高枬日记》称：7月25日处决袁昶、许景澄前，荣禄求情没有获准，就去找奕劻一同再去。奕劻说："我与你等耳，你求不行，我安能行者？如欲获准，非徐（桐）、崇（绮）一言不可。"奕劻明哲保身圆滑处世的性格暴露无遗。

在没有正式宣战这一段时间内，奕劻主要是和使馆区内公使们进行书信往来，要求各国外交人员到天津"暂避"，回答公使们提出的关于安全问题的疑问，向公使们介绍中国计划采取的保护措施，保证"万无一失"，等等。除此之外他没有其他的作为，也难有其他作为。

1900年8月4日，八国联军分两路自天津进犯北京。8月15日清晨，慈禧带着光绪及大阿哥溥儁等仓皇出逃。留京办事大臣昆岗等见"各公使寻觅庆邸甚急，意在出而议款，甚至至邸宅探寻多"，奏请"饬令庆邸回京议约，便宜行事，与各国公使接洽。"

8月23日，昆岗等又上了一个奏折，转达总税务司英国人赫德的话："各国素与庆亲王奕劻办事多年，最为信服……必须三日内请庆王迅速会晤，以安宗社而救百姓。"

昆岗解释，这是因为"庆王爷在总署办事多年，谨慎和平，为各国所钦佩，是以各国均愿与亲王爷早日商议和局大事。"8月25日，奉旨主持对外谈判的李鸿章未到天津前就上了一个奏折，声称"庆亲王、荣禄尤为各国所重，如已随扈西行，应请饬令星夜回京。"

8月27日，赫德又致函总理衙门，要求奏请皇上速行简派庆亲王来京议和，就在当天，上谕命"病滞怀来行馆"的奕劻"即日驰回京城，便宜行事，毋庸再赴行在"。

1900年9月3日，奕劻在英、日军队护送下回到北京。与李鸿章一起开始与联军谈判，经过反复的谈判，1901年9月17日，《辛丑条约》正式签字，为时正好一年。

从和议开始到1901年2月底，奕劻等人主要与各国使节纠缠于所谓惩治"祸首"的问题，历时六个月之久。李鸿章和奕劻等终于争得不清算慈禧太后的责任，不将她列为导致此次八国联军与中国开战的罪魁祸首。

在"剿抚"政策上，奕劻曾和载漪等人尖锐对立，要不是处世圆滑，有可能弄到与被杀五大臣同样的地步。现在，作为全权代表，奕劻有清算顽固派的机会了。

史料记载，奕劻回到北京的第二天，召集留京官员开会。会上，昆相（昆岗）起而言曰："徐中堂桐以身殉国，从容就义，拟请附奏请恤。"庆亲王勃然变色曰："徐相已死，可惜太晚了，倘早死数日，何至有徐小云尚书论斩之事。"

在奕劻看来，五位忠心大臣之命，实断送于此人之手。因此拒绝代递徐桐遗折。

另一个主"抚"派人物礼部尚书启秀，在联军入城后被日军拘捕，因母丧被放假十日，"唯恐其逃逸，仍以绳系其一手，使人牵之偕行。启治丧已，往见庆王，庆王讽以微词，启不省，仍退而就禁。"启秀虽然"素有劝助团匪之事"，但实际上只是跟在载漪、刚毅之后的附和者，本希望奕劻能帮他开脱，没想到却被冷嘲热讽，他只有死路一条了。

但是，对"祸首"董福祥，奕劻却是另一种态度。虽然奕劻、李鸿章在奏折中如实报告了各公使认为董福祥"实为罪魁"，实际上，奕劻并没有把董福祥和载漪、刚毅等人同等看待。他在给荣禄的信中说："弟极知星五公素抱忠义，深得秦陇民心，如此良将，雅宜加意护惜，奈各使成见胶执，难以理喻。"可见，即使同是"祸首"，奕劻对政敌和非政敌的态度也是不同的。

在朝廷看来，和谈中奕劻最大的成绩就是将慈禧太后与拳乱摆脱了关系，由于参与了议和与洋人关系一直较好，又是当时唯一秉政的亲王，这是他后来受到重用的最主要原因。

10—2. 皇族内阁：皇室权贵揽权激化与立宪派的矛盾

宣统登基三年后武昌起义爆发时宣统皇帝才6岁，一切均由其年不满30岁的父亲醇亲王载沣摄政监国，这位摄政王虽然到德国考察过，但远没有当年大清皇朝开国摄政王多尔衮那样的雄才大略和威武果断，而是十分优柔寡断。他的确不是顽固守旧派，但为人性格软弱且太年轻，没有主张与政见，因此与王公政要们议事时常相对无语，对军机大事不能立断。

他的胞弟载涛曾这样评价他："做一个承平时代的王爵尚可，若依仗他来主持国政，应付事变，则绝难胜任。"在载沣摄政监国之时，酿就了严重的亲贵揽权，使得政治更加腐败，失尽人心，后来宣统在位不到三年就被迫退位，造成大清皇朝覆没。

1900年八国联军进北京，清廷被迫签订《辛丑条约》之后，载沣作为特使被派往德国，就德国驻华公使克林德在战乱中被杀害一事进行道歉。在德国期间，载沣亲眼看到德国皇室的权势很盛，于是他就向德国亲王威廉亨利请教。亨利告诉他，欲强皇室就一定要掌握兵权，欲强国家，就必须先修武备。载沣牢牢记住了他的话，奉为金科玉律。当慈禧太后还在时，载沣还不敢涉及兵权的事，以免受到猜疑。现在他当上了监国的摄政王，政权在握了，所以他首先想到的就是集中兵权，于是他就采取了一系列的措施，如：

编组禁卫军，作为直属摄政王的亲军；撤裁近畿各省的新军督练公所，近畿各省新军均归陆军部统辖；成立军咨府以执掌军事政务；成立海军部以建设海军。

由于采取了这些措施，就足以使新建陆军和未来的海军都归政于中央掌控之下，而军咨府则相当于现在的参谋部，所以军权集中就不成问题了。

要掌控军权还有一个大问题，那就是领军的人物必须是自己的亲信，因为集中兵权的目的既然是要加强与巩固皇室的地位，所以掌握兵权的负责大员，就当然必须由皇室人员担任。

载沣有两个弟弟，即京城中有名的洵贝勒载洵与涛贝勒载涛。当海军部还在筹备成立时，载沣命海军名将萨镇冰和载洵同为筹备海军的筹办大臣，一旦海军部成立，他就要萨镇冰去实际统帅海军舰队，而让载洵担任海军部长；设立军咨府以后，就任命载涛为军咨府大臣。这样，载沣就逐步实现了其皇室掌控军权的设想。但是，载沣有两个问题却没有考虑到：

一是现在已经成军的清政府主要武装力量是北洋军，它已经不像当年的

摄政王载沣

八旗军或绿营军，是皇家的武装；现在的北洋军，就像曾国藩训练出的湘军，是"兵归将有，兵随将转"的军队，都只尽忠于统帅，而不尽忠于朝廷，所以，载沣以为可以另换一个自己的亲信人物去统帅这些军队，实际上是行不通的，也就是派去的人指挥不了。

二是他这两位弟弟并不完全事事都听载沣的摆布，他们两个人也都是有政治野心的人，因此就拉帮结派，揽权营私，严重恶化了整个的朝廷吏治，使得载沣无法控制。

胡思敬在《国闻备乘》中记录当时的政局说："孝钦当政时，权尽萃于奕劻，凡内外希图恩泽者，非夤缘奕劻之门不得入。奕劻虽贪，一人欲壑易盈。至宣统初年，奕劻权力稍杀，而局势亦渐变矣。其时亲贵尽出专政，收蓄猖狂少年，造谋生事，内外声气大通。于是，洵贝勒总持海军，兼办陵工，与毓朗合为一党。涛贝勒统军咨府，侵夺陆军部权，收用良弼等为一党。肃亲王好接纳，勾结报馆，据民政部，领天下警政为一党。溥伦为宣宗（道光）长曾孙，同治初本有青宫之望，阴结议员为一党。隆裕以母后之尊，宠用太监张德为一党。（载）泽公与隆裕为姻亲（载泽之妻乃隆裕太后之妹），又曾经出洋，握财政全权，创设监理财政官盐务处为一党。监国福晋雅有才能，颇通贿赂，联络母族为一党。以上七党，皆专予夺之权，使得无耻之徒，趋之若鹜。而庆邸则别树一帜，又在七党之外。"

也就是在摄政王载沣自己的家中，他的母亲、福晋以及兄弟们，都要利用自己的家庭地位，揽权牟利，使得载沣连自己的家都管不好。由此可见，在载沣监国期间，由于皇室成员把持朝政，拉帮结派，互争权利，贪污贿赂，吏治已经混浊不堪，这样的摄政王还能治理好皇朝？而且权贵们为争夺权力，事实已经直接影响到清朝廷的政权安危了。正是：

> 三岁皇帝新登场，帝家王室分权忙；
>
> 七狼八虎闹幽州，京师冠盖又换装。

此时要求早日实施宪政的呼声已经响遍全国，在社会强大的压力下，宣统三年四月，1911年5月8日，宪政编制馆推出《内阁官制》。当天，未经资政院同意，朝廷就突然推出被称为"皇族内阁"的所谓责任内阁，立即遭到立宪派与舆论界的强烈反对，因为人们看到了朝廷所公布的内阁名单：

内阁总理大臣奕劻（皇族，庆亲王）

内阁协理大臣那桐、徐世昌（满汉各一）

外务大臣梁敦彦（汉人）

民政大臣善耆（皇族，肃亲王）

度支大臣载泽（皇族，辅国公）

学务大臣唐景崇（汉人）

陆军大臣荫昌（满人）

海军大臣载洵（皇族，贝勒）

司法大臣绍昌（满人）

农工商大臣溥伦（皇族，贝勒）

邮传大臣盛宣怀（汉人）

理藩大臣寿耆（蒙古人）

由这个内阁名单可以看出，十三人中满人有八人，其中皇族又有五人。故被人称为"皇族内阁"。之所以会出现这样的局面，皇族内阁就是因为这几个人都是前面所说的皇族八党中的重要首领人物，都各自拥有强大的势力，所以载沣不得不平衡他们，也说明此时的摄政王实际上在朝廷内部都没有真正的驾驭能力。在朝廷外部，这个"皇室内阁"的名单公布以后，立即在社会上引起了巨大的抗议浪潮，原本支持君主制度的立宪派人也看清楚了朝廷并无真正实现立宪的意图，于是他们也就逐步转向革命党，终于在几个月后的武昌起义爆发后，全国各地的立宪派都支持革命派推翻清皇朝的武装起义。

皇族内阁

　　而在武昌起义爆发并且革命军已经取得一定成功，然后在双方相持的局面下，摄政王载沣又拿不出任何断然的措施以挽回局面，只是选择了在皇朝最危机的时刻（1911年10月30日，即发生滦州兵谏的次日）自己以皇帝名义发布"罪己诏"以后，于12月6日宣布自摄政王位上退位，对挽救清王朝的覆灭实际上没有作出任何实际的最后努力，诚为可悲。

　　载沣退位后过着"有书真富贵，无事小神仙"的平静日子，一直活到新中国成立后，于1951年2月3日逝世。

　　朝廷覆巢之下，一些皇室亲王们便自寻出路。清皇室重臣肃亲王善耆（他有一个女儿十四格格，过继给了日本人川岛浪速，并改名为川岛芳子，她成为了后来中国抗日战争中，日本派到中国来的最著名的间谍；而且1910年4月，善耆当时作为民政部大臣，他表现出少有的宽容，竟然没有处死因图谋暗杀摄政王载沣而被捕的汪精卫，从此汪精卫便一举成名。真是："向使当初身便死，一生真伪复谁知？"）很不甘心，他是想谋求清皇朝能再复辟的，于是乘日本轮船回大连以谋求日本人支持，在路上，他凄凄地咏道：

　　　　幽燕非故国，长啸返辽东；

　　　　回马看烽火，中原落照红。

　　而对于更多的怀着凄惨心情通过榆关返回关外的满族遗老们来说，正是：

　　　　山一程，水一程，身向榆关那边行，夜深怯无灯；

　　　　风一更，雪一更，破碎乡心梦难成，故园已无声。

　　史家回顾大清覆亡过程常有感叹，从朝廷本身来看，晚清朝廷纵有良臣但无明君确是导致覆没的重要原因：

　　道光立咸丰为继承人是最根本的错误；

　　咸丰皇帝是个没有出息的人，不知以国事为重，欢娱酒色，造成了他的短命早死，只得立未成年的同治为帝，这就给慈禧后来得以趁机出头创造了机会。

　　而咸丰在位时又疏远奕䜣，使得慈禧意图以垂帘之名窃夺政权时，得以利用奕䜣打击其政敌顾命八大臣，初步达到了她专恣弄权的目的。

　　虽然后来同治亲政，但同治却又是一个更荒淫的纨绔君王，寻花问柳得了一身梅毒而早死，没有留下儿子，这样就使慈禧得以再立幼年的光绪为帝而自己继续可以垂帘听政。

　　慈禧天生是一个权力欲极强的女人，为巩固自己独揽朝廷大权的目的，她先后消除了东宫孝贞皇太后与实际主政的恭亲王奕䜣，从而在政治上她就消灭了一切可以与她抗衡的同辈对手；但是她却是一个知识短缺，对世界事务无知，只知权力而不知如何强国的统治者。

慈禧太后与后妃们

接着，由于亲政十年的光绪皇帝又是一个性格十分软弱的人，她果断粉碎百日维新以后又迅速夺回政权，而且与皇帝形成深仇大恨，尤其仇恨改革，无法实现真正共同励精图治。

废奕䜣后二十四年中，因慈禧太后的独裁专制与浑浊的吏治以及盲目排外导致庚子之乱，对外丧权辱国，国势衰败加剧。再加上在日俄战争中，君主专制的泱泱大国俄国竟然败给君主立宪的小国日本，这个结果在中国国内引发了强烈而震撼的影响，使国人明确认识到专制腐朽的清皇朝已无可救药，从而国内革命派与改革派便强烈崛起，国内矛盾已不可调和，同时袁世凯与各省新军势力又不断做大，朝廷已完全丧失控制力，结果导致慈禧死后三年清皇朝就覆没。皇室危机是逐步积累与发展的，在这个过程中，可能会受到一时的压抑或短时化解，但其最终的严重后果必然会在某一天突然爆发，并不可收拾，晚清的历史就是如此。

10—3. 狼狈为奸：庆亲王与袁世凯相互勾结吏治腐败

李鸿章于 1901 年 11 月 7 日去世，袁世凯随即就任直隶总督兼北洋大臣，这意味着他已经接近清朝廷的权力中枢了。

清朝是满族人建立的政权，为了维护满人政权的安全，历来的政策是重满而轻汉，虽然也不时彪炳在朝中满汉大臣各一半的政策，然而主要权力还是掌握在满人手中。但由于养尊处优，八旗后代越来越不争气，因此在清朝末年就不得不更多依赖汉臣了，但即令如此，兵权和实际的行政权还是不愿让给汉人。例如，胡林翼在湖北任巡抚大有作为，就是因为他捧了一个无能的满人官文作湖广总督，而曾国荃做不好湖北巡抚，也就是他与这个官文总督的矛盾闹得不可开交；曾国藩之所以能一举荡平太平天国，固然是湘军之功，但也因为此时在朝廷内的军机大臣肃顺、文祥以及恭亲王奕䜣等人对他

庆亲王奕劻

有充分的信任与支持；李鸿章也是因为先后获得了恭亲王和醇亲王的支持才能兴办洋务与建设北洋海军，这都是不争的事实。

同治、光绪以来，真正主持朝纲的都是朝廷所倚重的皇室亲王，如恭亲王、礼亲王、醇亲王及后来的庆亲王。荣禄虽然非亲王，但是他却是慈禧太后的亲戚，所以深得慈禧倚重，与皇室权贵无异。

袁世凯作为一名汉臣，他若要想能入参大政并掌握朝纲，就必须要攀附一位亲贵重臣不可，此人当时就是自己的老上级、军机大臣荣禄。

光绪二十六年，由于联军不接受荣禄为议和代表，于是奕劻与李鸿章奉旨同为议和全权代表，在谈判中他最大的功劳，就是使慈禧太后与荣禄两人没有被洋人列入要追究责任的罪魁祸首名单中，因此在《辛丑条约》签订以后，他深得慈禧太后的宠爱，世袭罔替，后接替荣禄。

庆亲王奕劻接替荣禄执掌朝政后，并没有作出什么突出的政绩，但他有一个最突出的特点，那就是嗜财如命，接受贿赂，贪婪无度。朝廷内外官员们很快就知道了他的特性，于是对他就以金钱百般逢迎，因而使得官场吏治就越来越腐败了。

1908年，庆亲王七十寿辰，庆王府门前门庭若市，各地进献者络绎不绝，庆亲王奕劻令属下做好四个册籍，将送礼者按多寡厚薄分为四级。一级记入福字册，记录的是礼金现金超过万两或送礼价值超过三万两；凡现金五千两以上，入二级禄字册；凡现金千两以上者，入三级寿字册；凡现金百两以上或礼物价值数百两者，入四级喜字册。凡送礼者来者不拒。据传这一次寿诞庆典，庆亲王奕劻共得现金超过五十万两白银，礼物价值更是百万以上。

具有讽刺意义的是，有林某官员外放，临出京前往庆府道别。指墙上"严禁门包"字样，问庆府门人。庆府门人呵呵笑道："王爷的话不能不这么说，你林大人的银子也不能不给。"

袁世凯是何等聪明的人物，他立刻抓住了这个机遇。

袁世凯曾经说过：天下无难事，唯有金钱自能达到目的耳。所以人们评论袁世凯时，也说："袁之一生，处政海潮流中，事事能着先鞭，固由于手段灵活，其大半亦依赖黄金势力也。""其横绝古今，为诸奸所不及者，即敢于用财，视黄金直如土块；且敢于用人，不念私仇，不限流品，不论资格而已。名利为天下人所趋，故小人皆乐为效力。"

所以袁世凯的一个很重要特点就是他从不吝惜花钱，其目的就是两个：用金钱来巴结权贵，用金钱来笼络部下。袁世凯练新军时，即令对于普通士兵，袁世凯都知道要用准时足额发军饷来笼络，更不用说官场上的交往了。

刘厚生在《张謇传记》中说到了袁世凯如何用金钱打开庆亲王的门道："在光绪二十九年癸卯以前，袁世凯所最注意的，仅仅是一个荣禄。其时庆王为外务部领袖，亦居重要地位，而袁世凯之所馈赠，并不能满庆王之欲。庆王曾对人发牢骚说：'袁慰亭只认得荣仲华，瞧不起咱们的。'但荣禄自辛丑回銮以后，体弱多病，时常请假，照病势推测，恐怕不能久于人世，于是庆王有入军机的消息，为袁世凯所闻，即派杨士琦以银十万两送庆王。庆王见了十万两银子一张银号的票子，初犹疑为眼花，仔细一看，可不是十万两吗？就对杨士琦说：'慰亭太费事了，我怎能收他的？'杨士琦回答得很妙，他说：'袁宫保知道王爷不久必入军机，在军机处办事的人，每天都得进宫侍候老佛爷，而老佛爷左右许多太监们，一定向王爷道喜讨赏，这一笔费用，也就可观。这些微数目，不过作为王爷到任零用而已，以后还得特别报效。'庆王听了，不再客气。不多几时，荣禄死了，庆王接任。入军机之后，杨士琦的说话，并不含糊，月有月规，节有节规，年有年规，遇有庆王及福晋的生日，唱戏请客及一切费用，甚至庆王的儿子成婚，格格出嫁，所需开支，都由袁世凯事先布置，不费王府一分钱。那就完全仿照外省的首府、首县侍候督抚的办法，而又过之。"

这样，庆亲王奕劻就因袁世凯的巨额贿赂而完全被收买，庆亲王虽居军机大臣之首，但一切事情都按袁世凯的意见办理，自己成了一个傀儡。

刘厚生在他的书中又说道："弄到后来，庆王遇有重要事件，及简放外省督抚藩臬，必先就商于袁世凯，表面上说是请他保举人才，实际上就是银子在那里说话而已。"

荣禄生前虽然也很器重袁世凯，而且也可能收受过袁世凯的馈赠，但荣禄并没有被袁世凯所完全收买，相反，他对袁世凯还是有一定警觉的。例如，他曾对他的另一名部下说："袁世凯虽告密，但其人雄鸷，未可信也。"而且，当袁世凯就任直隶总统以后，野心膨胀，曾向荣禄表示想再兼山东巡抚，荣禄将此事向他人咨询意见时，闻者莫不骇然，皆以为不可，荣禄叹曰："此人有大志，吾在尚可驾驭之，然异日终当出头地。"他准确地预言了袁世凯。

那么，袁世凯从哪里得到钱以作他广施笼络之用呢？主要是三个门路：

袁世凯

李鸿章任直隶总督留下的上千万两；袁世凯在天津练兵时所积累的巨大财富；他担任直隶总督以后又开创了新的进财之路，如军费、水利费、赈灾费，而且从盛宣怀手中收回了铁路与电报局，所以袁世凯有用之不竭的财路。

曾任直隶总督兼北洋大臣的陈夔龙在《梦蕉亭杂记》一书中说："直隶为各省领袖，屏蔽京师，自五口通商，特设北洋大臣，以直督兼任，形势较他省为要，体制以较他省为肃。李文忠（指李鸿章）历任廿余年。殁后存款，不下千余万，继任某制军，籍以为练兵之用，不下三年支销殆尽。复奏准由各省合筹练兵经费岁约数百万，竭天下之脂膏，供一己之挥霍，而宝藏竭矣。"这里所指的"某制军"就是袁世凯。宣统登基以后，袁世凯被放逐回洹上老家，他的亲信直隶总督兼北洋大臣杨士骧也被撤换，由陈夔龙接任此职。

胡思敬在《大盗窃国记》一书中说："是时创办新军，各省增派练兵经费凡千余万，皆汇归北洋，顺直善后余捐二百余万，又创办永平七属盐捐，又夺盛宣怀京汉铁路交唐绍仪，累岁无报销，天津财币山积，任意开支，司农（户部）不敢过问。奕劻初入政府，方愁乏不能自舒，袁世凯进贿动辄三四十万。又与其子载振结盟为兄弟，倾资以媚宫闱，名曰进奉。阉官宫妾，靡不各饱所欲，于是誉言日进。西后屡闻左右之言，亦深信不疑。"

真是"有钱能使鬼推磨"，赞誉袁世凯的美言美语通过各种渠道不断传到慈禧太后耳中，使她也相信袁世凯是个难得的贤臣了。

于是袁世凯就得以在朝廷内外广布他的亲信，形成了一个巨大的势力圈子。

当时袁世凯在朝中的势力大到什么程度呢？继任直隶总督兼北洋大臣是杨士骧，他与弟弟杨士琦同是袁世凯心腹，是北洋系官僚的重要人物，因此即令袁世凯已经交出了直隶总督，但直隶总督衙门仍可不断供给他巨额钱财，供他在京城打点权门和收买党羽之用。当时袁党势力遍布朝廷内外的形势是，除了北洋军以外，在朝中，军机大臣铁良、邮传部尚书陈璧、外务部左侍郎梁敦彦、民政部右侍郎赵秉钧、学部右侍郎严修、陆军部右侍郎荫昌、农工商部右侍郎杨士琦、东三省总督徐世昌、直隶总督杨士骧、两江总督端方、山东巡抚孙宝琦、奉天巡抚唐绍仪、吉林巡抚朱家宝、浙江巡抚冯汝骙等正二品以上的官员都是袁世凯的亲信，而三四品以下官员就更多了，可见在总理大臣庆亲王的庇护下，当时袁世凯的势力集团实际上已经控制朝廷的实权。此时的袁世凯可以说是他在朝廷中最鼎盛的时期。

袁世凯的北洋军

总之，当庆亲王奕劻执掌军机以后，由于袁世凯对他大肆进行金钱上的贿赂，嗜钱如命的奕劻就与袁世凯互相勾结，把持朝政。凡是袁世凯想要采用的人，都可以经由奕劻的荐举，得到慈禧太后的同意而擢升。

从 1884 年进入清朝廷总理事务衙门，到 1911 年武昌起义爆发，庆亲王奕劻入主朝政长达 28 年，除了在对待义和团问题还有所清醒，为官其他就是昏庸贪婪敛财，可以说是毫无建树，英国《泰晤士报》驻华记者莫里循披露，庆亲王的银行存款当时已高达 712.5 万英镑。对于他对国家的无所作为并因而误国，在 1911 年 6 月，即辛亥革命武昌首义爆发的前三个月，国内的政治形势已经非常紧张，湖北省咨议局议长汤化龙忍不住仰天长叹："锅里的水都烧开了，鱼竟然还没感觉到！"正是：

贪婪无厌庆亲王，慷慨项城手大方；

各有所求沆瀣气，狼狈为奸乱朝纲。

晚清吏治腐败是清廷致命的死因，早在 1886 年，在中国搞情报的日本情报之父福岛安正就说过："清国的一大致命弱点，就是公然行贿受贿，这是万恶之源。但清国人对此丝毫不反省，上至皇帝大臣，下到一兵一卒，无不如此，此为清国之不治之症，如此国家根本不是日本之对手。"

对外不断兵败，丧权辱国，国家面临被瓜分的危险；对内拖延改革且吏治腐败，这是当时中国民间对大清皇朝不满并执意要推翻它的根本原因，对此，庆亲王有不可推卸的责任。

第十一章
实施新政十年为何不能挽救清皇朝覆亡

11—1. 财力不支：全面改革必须有巨大财力支持

光绪二十六年十二月初十日（1901 年 1 月 29 日），慈禧太后在西安以光绪皇帝的名义发布上谕，宣布启动新政改革，以挽救清皇朝受到庚子之乱的沉重打击以后所面临的统治危机。随后就颁布了一系列的改革措施，这些在前面都已经讲到了。然而，到 1911 年辛亥革命爆发，清朝廷实施新政十年的后果并未能挽救皇朝的覆亡，其结果甚至可以说是加速了皇朝的覆亡过程，其原因何在呢？

首先，这场实施新政的改革，其真实目的是因为在经历八国联军进北京这场大劫难以后，人们的心中都知道导致这场大灾难发生的罪魁祸首就是慈禧太后。因此慈禧就急于想要通过宣布改革来挽救自己在国内外的形象与巩固自己的统治地位。可以说，要进行这场政治改革绝对不是为了改善民生，因此在实施过程中就无视民众的利益。在晚清后十年中，1905 年是一个很关键的年份。这一年由于在日俄战争中，小小的君主立宪国家日本，竟然又打败了世界上最大的君主专制国家沙俄，也就是十年之内，它接连打败了世界上两个最大的君主专制国家，这就大大地刺激了中国人，"立宪必胜，专制必败"的议论迅速传播。在这种形势下。朝廷派出了五大臣出国考察君主立宪。五大臣回国以后一致上奏请求实施君主立宪。同时在民间，立宪派蓬勃兴起，成为了一股重要的政治力量。

也就是从这一年起，实施新政的性质变了，原来的意思（1901 年的想法）是在保持现有皇朝体制下，进行一定程度的政治改革与社会改革，但从这一年起，却要求改革皇朝的根本体制，也就是从君主专制的政治体制改变成君主立宪的政治体制。

慈禧太后当然不是立刻就同意，但当她被告知君主立宪有三大好处：一是"皇位永固，世袭罔替"，二是"融入世界，外患渐轻"，三是"民望所归，内乱可弥"，而且真正实现君主立宪需一段时间，事实上在这段时间内不会削弱她的权力，而且会提高与恢复她因庚子之乱而严重受损的政治声誉，使社会认识她已经趋向开明，与时俱进，因此她也就同意了。

1906 年 9 月 1 日，朝廷发布上谕，要仿行宪制，指出需从改革官制入手，作为预备立宪的基础。上谕中说："时处今日，唯有及时详晰甄核，仿行宪政，大权统于朝廷，庶政公诸舆论，以立国家万年有道之基。但目前规制未备，民智未开，若操切从事，涂饰空文，何以对国民荫昭大信。故廓清积弊，明定责成，必从官制入手，亟应先将分别议定，次第更张，并将各国法律详慎厘定，而又广兴教育，清理财务，整饬武备，普设巡警，使绅民明悉国政，以为预备立宪基础……"改革官制完成之后，实际上当时定的预备立宪的时间，参照日本，定为九年，也就是从 1908 年开始正式进入"仿行宪政"，到 1916 年开始正式实施君主立宪。

第一件事，改革就需要钱，钱从哪里来？

在实施改革的各种方案中，慈禧太后最终选中了两江总督刘坤一和湖广总督张之洞所提出的《江楚会奏变法三折》提出的改革方案与主张。当时朝廷面临既要支付赔款又要筹措改革资金的双重负担。在《江楚三折》中并没有提出筹集资金的新思路，只是说该省的就省，该办的还得办，而要筹钱还是取自民间。

在这样的主导思想下，清政府每年的财政收入与支出以及财政赤字当然就随着新政的推行而直线上升。岁入由 1900 年的 8800 万两，升到 1903 年的 10492 万两，到 1911 年更增加到 29700 万两；支出由 1900 年的 1 亿两升至 1903 年的 13492 万两和 1911 年的 37400 万两；而财政赤字则由 1900 年的 1300 万两，上升到 1903 年的 3000 万两和 1911 年的 7800 万两。可见，在短短的十一年间，财政的年收入与支出均增加两倍多，而赤字则增加五倍多。举办新政，尤其是兴办各种洋务措施，需要大量的经费，为解决资金，清朝政府就不断向各省派款。如 1903 年 12 月 24 日的两个派款上谕，所派之款，全国每年就多达 960 万两。

其结果显然是加重了老百姓的负担，使老百姓的生活日益困难，因此在实施新政以后，全国各地捣毁学校、抗捐抗税、反户口调查、抗租和抢米等各种民变，频频发生。其中 1905 年为 103 次，1906 年为 199 次，1907 年为

188 次，1908 年为 112 次，1909 年为 149 次，而 1910 年则猛增至 266 次，而且其规模与社会影响都越来越大。也就是官民关系越来越恶化，直接威胁到朝廷的统治权威，因此一些地方官员也就向朝廷提出警告和建议，要求调整政策和适度放慢改革步伐，以平民怨。例如，直隶总督陈夔龙与河南巡抚宝棻在 1910 年的上奏折中，就指出："此时但当择其事之直接关系预备立宪者专精以赴"，以免"利未见而害丛生。"而御史赵炳麟在考察 1910 年长沙抢米风潮以后，给朝廷的奏折中就指出："夫民之所好，熟切于生；民之所恶，熟甚于死。无食则饥，无衣则寒。生死所关，正治民者所当加意也。"

所以，实施新政不是使社会广大基层老百姓受益，反而加重了他们的负担，使他们生活更加困难，这就当然会导致改革失败从而加速清皇朝的覆亡。

11—2. 官制难改：核心改革受到既得利益集团反对

1906 年 9 月 1 日，朝廷发布上谕，要仿行宪制，需从改革官制入手，作为预备立宪的基础。这就是一道改革的纲领，其要点是：

1. 立宪的原则是：大权统于朝廷，庶政公诸舆论，即中央政府控制立宪的内容和进程期限等。而立宪的目的是：以立国家君主制万年有道之基；

2. 立宪的步骤：从改革官制入手，兴教育，开民智，清理财务，建设立宪基础；

3. 根据基础建设开展的实际情况，再定立宪的具体时间。

仿行宪政从改革官制开始，首先就遇到难以调和的矛盾，举步艰难。

1906 年 9 月 2 日，朝廷宣布以载泽为首，由袁世凯等 14 名朝廷重臣参与，共同负责制定新的官制，也就是制定政治改革方案。9 月 4 日成立了编制馆。由杨士琦、孙宝琦领衔，金邦平、张一麟、汪宝荣、曹汝霖为新官制起草委员，后来，章宗祥和陆宗舆也加入进来，袁世凯亲自坐镇，由这些从国外回来的深通外国官制的年轻人起草改革方案。

不论怎样，君主专制的大清皇朝终于公开承诺要进入预备立宪的历史新阶段了，这总是值得全国上下庆贺的大喜事，因此在北京和全国各地都举行了庆祝仪式。当时的新闻媒体报道说："龙旗耀目，演说如雷"，"举国若狂，不可思议"。立宪派尤其高兴。

在袁世凯所议定的新官制案中，依据的是立法、司法、行政三权分立的原则。首先是要设立带有议会性质的资政院，掌立法职能；组建新的责任内阁，设十一个部，分管行政各事；司法之权属于立法部，由大理院专司审判之权。

实施新官制当然要裁减一些旧部门，议裁的部门有：军机处、吏部、礼部、翰林院、都察院、宗人府、将工、商二部并为农工商部，改户部为度支部，刑部为法部，分兵部为陆军与海军两个部，又增设资政院、审计院、交通部，旧有各部中唯一没有变动的就是学部。

袁世凯的官制改革方案立即引来一片反对声，因为它牵涉到朝廷中的权利再分配。

首先，由于新官制方案中要撤裁与合并一些原有机构，这当然就会牵涉到原有机构中人员的安排，他们将会面临怎样的命运？众所周知，任何改革的最大阻力都是来自原有体制下的既得利益集团，他们一定要极力保卫自己在现有机构中已经获得的既得利益。例如，吏部管辖着全国官员的任免大权和考核大权，在这里工作的官吏，无论大小，可以说都是财源滚滚；又例如翰林院，这里供养着数百名经过几十年寒窗苦读才得以中进士点翰林，然后在这里等着候缺出来做官的仕子们，现在要将翰林院撤了，他们今后出路何在？所以这批既得利益集团的人当然是持强烈反对意见的。

第二方面的反对声音是因为新官制要裁撤都察院所引起的。历来各朝中皇帝都重视都察院中御史们的作用。御史们是"言官"，其职责是对任职官员纠举不法，弹劾失职。御史们通常是不怕事和不怕死的，正是由于有他们的存在，所以很多行为不端的大官也不得不有所收敛，这对于整顿吏治是有重要作用的。袁世凯勾结奕劻把持朝政，在当时已经为很多人侧目而视，已经感觉到他有极大的野心。现在在新官制中他居然要撤裁都察院，明显意味着他今后掌握行政权以后，可以无所忌惮地行事，因为已经没有监督机构了，人们由此可以怀疑，袁世凯是否隐藏有不臣之心？

第三方面的反对意见则是来自当时实际主持朝政的官员，即军机大臣。清朝自从雍正时期设立军机处以来，内阁的行政权力实际上就逐渐转移到军机处。而皇帝建立军机处，是为了更好地行使权力。军机处建立后，也成为加强皇权的有力工具。原因就在于，军机处具有一些别的机构所没有的新特点：它只有军机大臣和军机章京。章京的任务是登载档册，缮写谕旨草稿，定员32名。军机大臣无定员，从三四人到七八人不等。他们每日寅时（约早晨5时前）进宫，卯时或不到卯时（相当早晨5时到7时）觐见皇帝，和皇帝讨论军国大政。皇帝的谕旨，由他们草拟；后来改由章京起草，大臣修改，经皇帝同意后以"寄信上谕"或通过兵部以"廷寄"的形式下达。军机处没有衙署和属员，只有一个值班房。皇帝随时都可与军机大臣商量、决策，十分方便、快捷、机密。由于军机大臣都由皇帝亲自任命，不好的可以随时撤换，皇帝用之得心应手，军机大臣们直接秉承皇帝的指示，拟写谕旨，也负责向皇帝汇报国内的大事，处理这些大事的意见和建议采取的措施，同时还负责举荐和调换、罢免重要官员，所以军机大臣们实际上就是前朝的宰相，不但地位高而且实权在身。所以，军机处被视为加强皇权的最好途径，是最不愿也不能废弃的。现在在袁世凯的新官制中，建议实行责任内阁，内阁设总理一名和协理二名。总理虽然对皇帝负责，但却有直接任免官员的权力，无须事事都要征得皇帝同意。其权力已经远远超越现有的军机大臣。而且内阁总理和协理总共只有三人，但现在的军机大臣却有六人，即使新的内阁总理和协理都由现在的军机大臣担任，也势必有三名军机大臣因此要交出自己的地位与权力。所以他们为了顾及自己的地位与权力，而且估计自己也进不了新的内阁，就必然会反对新官制的实行。当时充任军机大臣之一的瞿鸿禨就知道自己不是袁世凯圈子里的人，当然不可能进新内阁，所以他反对新官制就是必然的了。他对慈禧太后说：责任内阁制度本来是所有立宪国家的常规。但是，今天我们若真如袁世凯主张的那样，国家大政完全归于总理大臣，那么就根本不用考虑什么皇帝废立、太子继位之类的问题了，直接将国家大权交给总理大臣就完了。

他与另一位军机大臣王文韶知道，拟议中要成立的内阁当然是以奕劻为总理，而以袁世凯为协理，而且袁世凯也必将以协理大臣的名实操总理大臣的权柄，此时不但瞿鸿禨的军机大臣地位不保，而且将来的清朝政权，也必然落入袁世凯手中。前朝故事历历在目，曹操和司马懿生前加九锡，封爵为王，到了他们的儿孙手中，就有了篡汉篡魏的结果。袁世凯的势力一旦发展到此，那就无法控制了，因此必须事先加以抑制，所以瞿鸿禨一定要反对新官制。

当时朝廷反对袁世凯的官制改革的形势是：

御史刘汝翼说：总理大臣代替君王负责，是"率天下士大夫，内背朝廷"，也就是总理大臣带着百官集体叛变朝廷。

御史张瑞荫、吏部主事胡思敬说：内阁权重，"用人偶失，必出权臣"，君权将被代替，军机处万万不可撤。

内阁中书王宝田等说：改革官制是"用夷变夏，乱国法而害人心"，设立责任内阁"实阴以夺朝廷之权"。

内阁学士文海除了指责立宪是削夺君主之权，责任内阁是败坏国家，要求撤销编制馆，而且将矛头直接指向袁世凯，要求饬令袁世凯速回本任。

袁世凯

赵炳麟等五御史一致反对设立责任内阁，说那样会出现"大臣专政体制"，他甚至说："宁要君主专制，不要内阁专制"；御史陆宝忠则反对由袁世凯主持官制改革。

总之，他们认为袁世凯是借官制改革抓权力，扩充自己的势力范围，有违君权，于是更上纲上线地说，可以断定他是别具阴谋。指责似有据，阻挠改革则是实，这就是晚清的现实。

慈禧作为最高统治者，对统治集团中的这种互相争斗司空见惯，她甚至还喜欢这样，因为这种争斗对两方面都是一种消耗和遏制，只有这样，自己才能牢牢居于权力中心的地位。虽然她曾同意袁世凯的改革官制主张，但当废军机、立设责任内阁的方案拿出来时，她不是从改革需要来看，而是立刻有了警觉，关于权力的意识在心中浮起，不能让袁世凯这么干！

那怎么办？最好的办法是利用袁世凯的反对力量，于是军机大臣瞿鸿禨立即被召见。瞿鸿禨是一个老谋深算的人，在立宪问题上，他不反对立宪，但又反对立宪过于激进。

他的态度是可以只宣布"准备立宪"而不积极实施，也就是持中庸立场。1906年清廷预备立宪上谕就是他的手笔，其中"大权统于朝廷，庶政公诸舆论"一句可以说是他的匠心之作。他对袁世凯的张扬早就看在眼里，他既怕成立新内阁后他与军机大臣们会失去权力，也害怕袁世凯权力太大会危及清朝社稷。所以决意要站出来，不能让袁世凯的如意算盘得逞。也就是先把袁世凯这个人打掉再说，立宪的事下一步再考虑。

慈禧与瞿鸿禨的谈话是在十分秘密的情况下进行的。当慈禧太后以新官制方案征询瞿鸿禨意见时，刘厚生的《张謇传记》中记载说，瞿鸿禨指出"责任内阁成立后，一切用人行政的大权，都由总理大臣召集各部大臣开会决定，决定后再请谕旨宣布施行。此与军机处事前请旨的情形，完全不同。皇太后训政三十余年，中外协服，现在立宪尚未实行，而大权先已旁落，皇太后并无决定权，也就是皇太后的用人权从此旁落，即使太后放心，臣愚却不敢放心，臣以为此风必不可长，还请太后三思。切望皇太后为国家为人民，多多辛苦几年。"

瞿鸿禨老谋深算，他并不从新官制本身入手，而是抓住慈禧的心理，淡淡的几句话，却一下点到了问题的要害。慈禧太后所担心的不就正是如此吗？她可以容忍改革，但一切改革的最大限度是不危及自己的权力中心地位！正是瞿鸿禨这几句话，提醒了慈禧太后防范新内阁觊觎政权的警觉性，再加上前面几方面的反对意见，使慈禧太后觉得新官制不可行，使她马上明白下一步应该怎么做了。

胡思敬在《大盗窃国记》一书中继续写道："事浸播扬于外，朝论大哗，部院弹章蜂起。内阁学士文海直诋世凯指鹿为马。孝钦为群言所动，心亦弗喜，官制草案上，诏孙家鼐、瞿鸿禨为总核，召见世凯，尽以参折示之。世凯言：'筑室道谋，安能成事？请严惩一二人以息众嚣。'孝钦大怒，曰：'汝兵柄在手，何不执言者尽诛之？'世凯股栗不敢对，次日即请训出京，尽辞兼差，知天威犹在，人口难防，蓄势待时，不敢遽发。"

几天后，也就是 1906 年 11 月 6 日，一个经过总核大臣瞿鸿禨、孙家鼐最后修改核定的官制大纲颁布了，当然完全不同于袁世凯的官制改革版本。慈禧在公布官制改革的谕旨中说："军机处为行政总汇，雍正年间本由内阁分设，取其接近内庭，每日入值承旨，办事较为密速，相承至今，尚无流弊，自毋庸复改。内阁军机处一切规制，著照旧行。"

面对重重阻力，袁世凯只得让步，另订方案。九月二十日（11 月 6 日），上谕宣示新的官制：罢设内阁之议，保留军机处，设外务部、吏部、民政部、度支部、礼部、学部、陆海军部、法部、大理院、农工商部、邮传部、理藩部、都察院、资政院、审计院、军谘府。共十一部、四院、一府。慈禧太后指示，在改革中，有"五不议"，即有关军机处、内务府、八旗、翰林院、太监，均不在改革议论之列。

此前，1905 年（光绪三十一年），铁良就任户部尚书，随即着手从财务上对北洋军"钩稽精核"，使得北洋军粮饷捉襟见肘。同时，铁良开始在军中培养自己的势力，他依靠留日归来的多尔衮后代良弼联络仕官学生，与袁世凯嫡系倾轧。对此，袁世凯大为不满。不久铁良又入军机处，升任军机大臣，这位与袁世凯作对的军事实力人物权力更大了。

1906 年（光绪三十二年），官制改革开始实施，兵部、练兵处和太仆寺统一为陆军部，铁良离任军机，专任陆军部大臣。慈禧恐袁世凯尾大不掉，将北洋六镇中的一、三、五、六镇尽数划归铁良统领，造成铁良与袁世凯相抗的"均势"。袁世凯当然心有不甘，随后觐见慈禧，联合奕劻参了铁良一本："若不去铁，新政必有阻挠。"结果弄巧成拙，慈禧本来已经拟旨，不让铁良等"反对派"再参加御前会议，但袁世凯的表现，让她马上改变了主意，将此旨留中不发。于是被贴上"野心家"标签的袁世凯成了众臣攻击的对象。据说，在一次会议上，醇亲王载沣甚至掏出手枪直抵袁世凯胸前大声说："尔如此跋扈，我为主子除尔奸臣！"经奕劻劝解，方才作罢。1906 年11 月，清廷颁布上谕，设陆军部，一切军务均归其管辖，任命铁良为陆军部尚书。袁世凯见大势已去，只得主动交归北洋六镇中的四镇。次年，袁世凯免直隶总督兼北洋大臣，与张之洞一同调入中枢，被任命为军机大臣兼外务部尚书，明升暗降，失去了最后的军权。

袁、铁之争，铁良已占了上风。曾担任铁良幕僚的恽宝惠曾道，"铁良敢于这样做，仍由于宫廷之主持。慈禧太后之为人，阴鸷而多智谋，对满汉大臣能恩威并用，权不旁落，绝非一般妇女所能及。"首先进行的官制改革不是考虑朝廷面临形势的需要，成了争夺权力。

在另一本张一麟所写的《古红梅阁笔记》中也有关于此事的记载："光绪末年，清廷倡言立宪，实无诚意。袁世凯上奏请先改革官制，以为预备立宪之张本，朝中汹汹，几酿大变。袁世凯急急以钦派往阅彰德秋操（1906 年10 月 20 日开始）为名出京，操毕即回天津。及名义上之新内阁成立，袁又将所练北洋六镇奏请以四镇还诸练兵处，仅留二、四镇于北洋，以塞谗慝之口。其时之袁世凯，盖亦岌岌可危矣。"

1906 年 11 月 6 日，慈禧太后决定正式取消袁世凯拟定的官制改革方案，同时袁世凯请辞督办政务处大臣、会办练兵处大臣、办理京畿练兵大臣、督办电政大臣、督办山海关内外铁路大臣、督办津浦铁路大臣、督办京汉铁路大臣、会议商约大臣等，全部照准。这一次，袁世凯被迫交出四镇兵权并辞去八项兼职。

袁世凯在辞职的奏折中说："若重寄常加于臣身，则疑谤将腾于众口，使臣因此获贪权之名，臣心何以自明，使旁观者因此启猜嫌之渐，政界亦云非幸。昔曾国藩曾奏称：'臣一人权位太重，恐开斯世争权竞势之风'等语，臣区区之愚，窃亦虑此。此则非为臣一人计，兼为大局计。"袁世凯在这里玩弄的就是典型的"以退为进"的策略，也就是此时的慈禧太后还有充分的权力可以控制时局，袁世凯纵然当时兵权在握，自忖还不能与慈禧太后作对，因此一看慈禧太后发怒，就知趣而退。所以当时庆亲王与袁世凯勾结的势力还没有达到不可碰的地步，因此就继续有人要向他们挑战。

11—3. 尾大不掉：彰德秋操显实力，威胁皇权抑制项城

1905 年，袁世凯所练的北洋六镇新军成军后，为考察这支新军的实际作战能力，清政府练兵处在直隶河间举行了一次北洋军内部大会操。当时，袁世凯既是练兵处的会办练兵大臣，又是这次会操的阅兵大臣，所以对于这次自己北洋军的首次会操他是十分关注的。当时参加的北洋军主力有两个镇和四个混成协，共 45000 人。镇是北洋军的一级建制，相当师，建制顺序是：镇、协、标、营、队、排、棚；混成协是各种兵的临时组合。演习时分为南、北两军，搞了一个 5 天的大演习，前 4 天实行南攻北御，最后一天举行大规模的阅兵典礼。

这次演习非常成功，给来参观的各界官员以及私下邀请的来观摩的洋人们都留下了深刻的印象。慈禧太后也来观看了演习，看完后她对于十年来练新军的成绩心中有了一些底气了，也表示对新军和这次实际战力的演示很满意。

于是袁世凯随即提出一个建议："由于这次演习仅限于北洋军，所以来年可以再搞一个全国新式陆军大演习，一方面可以展示我们十年来陆军改革的成果，同时正式邀请外国武官们来观摩，我们借此炫耀武力，扫一扫八国联军侵略中国带来的晦气。"

慈禧太后很高兴地同意了他的建议。并任命袁世凯、铁良（满人，后任陆军部部长）为阅兵大臣，决定第二年在河南彰德（今河南安阳）举行全国大会操。

由于这次会操的目的很明确，是要显示自己的军事力量，因此清政府外事部门和会操举办方都早早就进行了准备，开始正式发函邀请外国武官和新闻记者们届时前来观摩，并要求各省也派员前来观摩，充当裁判并吸取练兵经验。

当时主要西方国家英、美、俄、法、德、意、奥、荷、比与日本，都表示一定要派武官（当然还有情报人员）前来观摩，而国内外的重要报纸更是对此表示出巨大的报道兴趣。

进入 1906 年夏季以后，即将举行秋操的彰德就开始热闹了，城市展开全面整理与装饰，从天津特意调来 400 名警察维持秩序。

参加这次大会操的部队有北洋新军、湖北新军和河南新军。北洋新军的兵力是一镇再加一个混成协，总计 16200 人，以段祺瑞为总指挥官；南方军

以湖北新军一个镇和河南新军一个混成协组成，共17800人，由湖北新军第8镇统制张彪为总指挥，实际上是黎元洪负责。另外，南北两军一共动用了战马2750匹，后勤车辆900辆，操演战线长达40余里。

彰德秋操

湖广总督张之洞十分重视这次大会操，因为这是检验他精心训练的湖北新军实际能力最好的机会，为了会操的成功，早在一个月前，他就将湖北新军派往河南与河南新军合练。袁世凯当然更是注意自己北洋军的成绩，就在此次会操的前几天，他的部队还在一面行军一面演习，丝毫不敢轻视。1906年10月19日，南、北两军按计划都已经到达指定地点完成集结，形成了南攻北御的对阵形势，三天后，秋操正式开始。

第一天的内容是双方骑兵的冲击战。早上8点，南军马队开始北上寻敌，10点时，前方马队发现前方出现了一拨人马，十分兴奋，于是立即实行包抄。然而走近时才发现是阅兵大臣的卫队，结果南军马队领队当然就遭到了严厉斥责。如此一折腾，11点时才发现以逸待劳的北军马队，毫无疑问，已经疲惫不堪的南方马队在第一天的骑兵对抗中输了。

第二天演习两军主力遭遇战，双方打得难解难分，不分胜负。

第三天演习攻防大战，双方出动了全部兵力，战斗也十分激烈，最后南方军队未能攻克北军全部阵地，显示北军略占优势。

演习完毕后，袁世凯和铁良在彰德府城外小张村举行了隆重的阅兵式，南、北两军都穿着整齐的军服，在军乐声中，雄赳赳地集聚在演兵场，队伍整齐，军容壮盛，受到到场的中外观摩者一致的称赞与好评。由于准备充分，彰德秋操确实达到了预定的目标。来观摩的外国武官们虽指出了演习中还存在一些问题，如步兵还不习惯卧倒射击、战斗队形有些散乱、骑兵过于注重砍杀，但总的来说他们认为是满意的，充分显示了中国陆军现在已经不可小觑了。

袁世凯当然更是获得众口交誉，声望也大大提高。国内舆论都希望朝廷要认真总结经验，继续加强军队建设，而不要满足于洋人的几句夸耀话。

慈禧太后确实也在总结经验，但是她看到的是，不但新军训练要加强，而更重要的是，不能让袁世凯过于掌握军权了，更不能让他控制军权，而现在已经有尾大不掉这种势头了。

与袁世凯一起去主持这次军演秋操的铁良，在演习中更是亲眼看到袁世凯在北洋新军中的巨大形象，北洋军俨然已成为他的私人武装，其后果显然是可怕的，因此在秋操以后，铁良就给慈禧太后上了一道密折，提出必须限制袁世凯已经日渐膨胀的权力，而这正合乎慈禧太后的想法。11月6日，官制改革方案正式公布，袁世凯原来的方案完全被否定，新公布的官制方案中设立陆军部（铁良任部长），指明是要统辖京畿附近的军队。袁世凯立刻明白这就是对他而来的，于是立即向朝廷提出，在自己练出来的六镇北洋军中，将其中的四镇完全交给陆军部，自己只留两镇，以保证天津安全及从山海关到山东的海防，同时除了直隶总督兼北洋大臣的职务以外，要求将自己所兼的其他八个所有军政职务通通免去。

11—4. 敷衍民意：不作实质改革造成权贵争权大失民意

慈禧太后同意了袁世凯的请求，袁世凯现在的想法已经不是再想多夺权，而是要避免过于张扬和树大招风而导致祸灾。

袁世凯是何等聪明的人物，他当然懂得善于在官场中见风使舵是为官的基本准则。

经过几个月的商讨与平衡各方面的利益要求，1906年11月6日，在宣布取消袁世凯拟定的官制改革方案的同时，朝廷终于发布了裁定中央官制的上谕。确定：由大学士们组成的内阁及军机处照旧；设立外务部、吏部、民政部、度支部、礼部、学部、陆军部、法部、农工商部、邮传部、理藩部共十一个部，另设大理院、都察院。奕劻、瞿鸿禨留任军机大臣，另外两名是世续和林绍年。各部大臣、尚书十三人（外务部总理大臣一人，会办大臣二人，其中一人兼尚书）中，满族七人，汉族五人，蒙古族一人。清廷虽然没有明说取消了"满汉各半"的规定，但朝廷中权力天平倾向满族贵族的心思昭然若揭，因为当时任命的各部长官大半为满人，还不如以前满、汉各一半的原则。

于是成立了内阁，但12个内阁成员中有9个是皇族大员。这叫什么？换汤不换药。立宪派不甘失败，组团赴京请愿、伏阙上疏，但是一点用也没有。请愿代表被"押解回籍"，继续抗争者发戍新疆。立宪派痛心疾首，发表《宣告全国书》，哀叹"新内阁如此，议员等一再呼号请命而不得，救亡之策穷矣！"

慈禧太后和光绪皇帝相继死去以后，三岁的宣统帝即位，由摄政王载沣主政，1909 年 1 月 2 日，摄政王发布上谕，彻底剥夺袁世凯的一切权力，以他患有"足疾"为由，将他开缺，令其"回籍修养"，这样，袁世凯就被挤出局了。所以，因为政治改革所引发的清廷内部的权力斗争，一方面导致清末预备立宪政治改革的严重走样，不但破坏了清末政治改革的名声与实际效果，同时削弱了新政的领导力量，在清末朝廷中出现了"朝中无人"的景象。

而且随着袁世凯被排挤出局，朝廷中满汉官僚政治同盟的关系就受到很大冲击，汉族官员们就对朝廷离心离德了，以致辛亥革命发生以后，很少有重要的汉族军政人员出来挽救大清朝，而是纷纷与革命党人联手倒清。

这就是实施新政后要转入"仿行宪政"过程中，由于实施改革官制发生的一个后果。

从实施新政到"仿行宪政"的过程与结果，却又变成了权贵揽权，终于失去民间立宪派的支持导致严重后果。从 1908 年开始"仿行宪政"原计划实施九年，也就是真正的君主立宪要到 1916 年实施。

摄政王载沣主政并将袁世凯逐出京城以后，由于当时中国已经进入仿行宪政的时期，从而要求清廷尽快实施立宪就成了当时政坛上最热门的议题与立宪派热烈追求的政治实践。

1907 年 10 月 19 日，朝廷下诏决定在各省设咨议局，并在中央筹建资政院。

1908 年 7 月 22 日，"仿行宪政"开始，朝廷颁布了《各省咨议局章程》和《咨议局议员选举章程》以及仿行宪政的进程路线图。随后，全国性的选举议员宣传工作便全面展开，各地士绅和地方团体纷纷推举善于演说的人到处演讲，告诉老百姓选举是一种权利，不是义务，选举出来的议员们是会帮助老百姓的，并且会保护老百姓的财产，当时必须用这种浅显的话语让老百姓参加选举。

1909 年 2 月（慈禧太后与光绪皇帝已于上年 11 月死去），摄政的醇亲王正式下令成立中央资政院及各省咨议局（先成立），经选举产生的各省咨议局成立以后，要求迅速召开国会的声势就随之高涨了。在著名立宪派人士、江苏省咨议局议长张謇的策动下，1910 年 1 月 26 日、6 月 22 日和 10 月 3 日，十六个省的咨议局正、副局长一年三次到北京请愿要求尽快召开国会，但朝廷就是不让步，扬言何时召开国会的权力在朝廷，各地咨议局毋庸置疑。

10 月，清廷在北京成立了资政院（所谓咨议局与资政院，实际上是在正式议会尚未成立之前，为社会提供的一个练习议政的场所，所以具有临时议会的性质），议员二百人，钦点和民选各半，此前，1908年8月27日，作为仿行宪政的一个预备措施，朝廷已经公布了《钦定宪法大纲》，其中规定了皇帝的权力"必须以宪法规定为限"，而且"总理大臣由国会选举，皇帝任命"，这可以说是中国最早的成文宪法，同时它也要求在1916年召开国会以正式制定宪法，而且同时还成立了宪政编制馆。

宣统即位以后，到了1910年11月4日，清廷迫于各方的强大压力，摄政王载沣下诏缩短国会召集时间，由1908年宣布的九年缩短到六年，也就是在1913年举行。外务部随即通知各国驻华使馆，于是各使馆便都升旗三天，表示祝贺，英、美、德、意等国政府还发来贺电。但是国内的反应却普遍冷淡，各省咨议局还是不满意，因为还要等三年，这使立宪派感到极大的失望，不过还是希望早日撤销军机处，成立责任内阁。

对于国内的冷淡反应，军机大臣们十分恼怒，于是就采取强制措施以制造喜庆气氛。他们要民政部、警察厅等权力机关，强令各地商号、学校、居民举行庆祝活动。各戏院也将票价打折以吸引观众。学部命令京师各学堂都停课三天，要师生们都唱《预备立宪歌》。

11月7日晚，京师380所各类学堂的21000名师生齐聚大清门外。9时整，一声令下，两万人一齐高呼："大清帝国万岁！""皇帝陛下万岁！""立宪政体万岁！""国会万岁！"然后就合唱《预备立宪歌》：

大清万岁！皇帝万岁！宣统二年明诏颁，宣统五年开议会。猗欤休哉，开设议会。君臣同心，上下一体。国势益光昌，皇祚益久长，尧舜禹汤古帝王，今日立宪共争光！

立宪万岁！帝国万岁！二十二省三雄藩，薄海同庆开议会，猗欤休哉，开设议会。百度维新，三权鼎立，政治日辉光，邦家日富强，欧美日本古帝王，今日立宪同争光！

但是，虽然唱得好听，老百姓全不买账，立宪派也极其失望。

在立宪派的舆论压力下，1911年5月8日，宪政编制馆公布了《内阁官制》。

《内阁官制》规定：成立内阁取消军机处。内阁由国务大臣组成，国务大臣具体负责各部门的行政事务，对皇帝负责。总理大臣为国务大臣之首，决定政治方针，统一行政权力。

与过去实行的由军机处负责处理国家日常事务的旧官制相比，新的内阁制度还是有明显进步的。过去的军机大臣实际上仅仅只是皇帝的秘书，起参谋的作用。什么事情到了他们手里，办好办坏都无所谓，因为最后决定权在皇帝手中，由皇帝负全部责任。现在明确了国务大臣对皇帝负责，那就不能将什么事情都往皇帝那里推，而且即使对于皇帝的指示，也要考虑是否合乎宪法的原则，不要造成皇帝违宪。也就是如果皇帝的指示有明显违宪的嫌疑，国务大臣必须明确提出质疑。如果皇帝强行压下来，国务大臣就可以用辞职的方式表示拒绝。如果国务大臣害怕皇帝滥使权力而屈从，他就要对违宪的失误而承担严重责任。另外，即令对于不违反宪法的事情是否一定能办得成，国务大臣在自己的职责范围内一定要认真考虑，若是因国务大臣因自身的错误而导致严重后果，他就必须担当失职的责任而受到处分。

虽然这个内阁的组成制度并不违反君主立宪原则，但是，1911 年 5 月 8 日，清皇朝的青年权贵们为了要抢先抢权，先接过立宪派主张成立责任内阁的要求，突然就在《内阁官制》公布的那一天，宣布裁撤军机处等机构，未通过资政院就推出了首任政府内阁。但却是一个不折不扣的"皇族内阁"，它的出台使立宪派几乎感到绝望了。这个内阁的组成是：

总理庆亲王奕劻（皇族，是与咸丰皇帝同辈的老朽人物）、协理那桐和徐世昌（满汉各一人）、民政部大臣善耆（皇族，42 岁）、度支部大臣载泽（皇族，40 岁）、海军部大臣载洵（皇族，22 岁）、农工商部大臣溥伦（皇族）、司法部大臣绍昌（满族）、陆军部大臣荫昌（蒙古族）、理藩部大臣寿耆（满族）、外务部大臣梁敦彦（汉族）、学务部大臣唐景崇（汉族）、邮传部大臣盛宣怀（汉族）。另外 21 岁的皇族载涛掌管禁卫军。

内阁成员共十三人，其中满人占八人，满人中皇族又占五人，而且都占据了要害部门。总理、副总理级别的三个人，都是过去的军机大臣，一个新人都没有。因此社会上一致指责为"皇族内阁"。这是满族皇室借立宪之名扩大自己权力的又一次集中表现。

11—5. 种豆得瓜：新政对皇朝专制体制就具有颠覆性质

立宪派对"皇族内阁"感到莫大愤慨，直隶咨议局代表各省咨议局奏呈了一份抗议意见书，要求撤销这个"不合乎君主立宪各国之公例"的皇族内阁，因为它违背了皇族成员不能入阁当国务大臣这个君主立宪国的基本原则，但立宪派的抗议没有任何效果，于是真要考虑何去何从了。"皇族内阁"一开张，就迫不及待地表示了要与全国老百姓作对的基本立场。

例如，5 月 9 日，内阁签署了全国铁路干线归国家所有的诏令；5 月 17 日，断然拒绝了资政院召开临时国会的请求；5月20日，与英、法、德、美四国银行团签订了湖广铁路的借款合同。这一方面使铁路矛盾严重激化了，终于酿成了四川的保路风潮并于几个月后就因此引发辛亥革命；另一方面就是彻底将立宪派推向了革命派的一方。

于是史家记述："请愿不成，立宪派已忍无可忍。高压政策，犹如火上浇油，密议相机反抗，遇有可发难之事，竭力响应援助，起义独立。"

所以，从实施新政进而到"仿行宪政"，由于政治进程被朝廷权贵所利用，反而又使朝廷失去了原本支持它的立宪派，将立宪派推到了革命派那边。

清末实施的新政未能挽救大清皇朝覆亡的命运，还因为新政本身就具有颠覆皇朝统治的内涵。清政府本身是一个封建专制政权，而新政的一些内容却具有近代资本主义的性质。由一个封建旧政权推行具有资本主义性质的改革，必然在很多方面要突破旧政权的限制，成为旧政权的对立面。

以清末的教育改革来谈，清政府进行教育改革的目的本来是要培养符合朝廷统治需要并巩固皇朝统治的新型人才，因此在兴办近代学堂时当然要加以某些根本要求。例如，要求无论何种学堂"均以忠孝为本，以中国经史之学为基，俾学生心术壹归于纯正。"一再严令学生不得从事政治活动，并谕令学务官和地方督抚及学堂监督、学监、教员等务须切实整饬学风，对那些离经叛道的学生要严加惩处，"以符朝廷造士安民之至意。"在驻外使馆中则设立留学生监督处，监督留学生的学习和日常生活，制定留学生的约束章程，规定留学生不得"妄发议论，刊布干预政治之报章"，出版和翻译著作不得有"妄为矫激之说，紊纲纪害治安之字句"，等等。但新式学堂学生和留学生一旦接受了近代西方的教育，接触到西学知识和民主政治理论，就不是清朝统治者所能禁止和控制得住了，必然会突破对他们的种种思想禁锢，成为封建专制制度的反叛者乃至掘墓人。也就是，宣传反对封建专制的革命思想和君主立宪思想，并且付诸实施的主要代表人物都是出自这些清朝廷自己派出去的留学生。

另一个重要的例子就是新军，新政改革的一个重要内容就是编练新军。朝廷编练新军的根本目的当然是为了保卫皇家政权，但是，随着新军接受近代军事教育，以及新军官兵文化知识的提高，新军的国家意识、民族意识和政治觉悟也逐渐从启蒙到提高和形成，使他们认识到当时中国社会的腐败、黑暗、落后与民族危机的严重性和其根源，从而产生对大清封建皇朝专制统治的强烈不满，最终就成了埋葬大清皇朝的掘墓人，例如，在目的是直接推翻大清皇朝统治的辛亥革命中，湖北、湖南、山东、山西、陕西、云南六省的起义，都是由新军直接领导的；贵州、浙江、广西、安徽、江西、福建、广东、四川、江苏等省虽然是各省立宪派（咨议局）会同士绅、商人和商会宣布独立，但都得到了所在地区新军的大力支持，而且各省新军的领导人，又大多是朝廷派往日本学习军事的留学生，尤其是当时清朝军事改革的重点——海军，在辛亥革命中更是最早全军投向革命的。

以湖北为例，到辛亥武昌首义前夕，革命组织文学会和共进会已经在新军中发展了四千人左右，其中共进会直接就是从东京同盟会中演化出来的。

文学社的前身是 1908 年 7 月曾经成立的湖北军队同盟会，曾打算要刺杀当时的湖广总督陈夔龙，因事情败露领导人逃走后被迫解散。但后来有一部分人又在军中组织了一个"群治学社"，后来，为了避免引人注意，该组织又改名为只谈文不论武的"文学社"。

所以，共进会与文学社都是以湖北新军作为自己发展力量的主要对象。1911 年 7 月，文学社检查自己在军队中组织的发展情况，得出的结论是：军中各标（团）、营，文学社的社员一般已经达到十分之一，而在第三十一标与第四十一标，更是达到了五分之一，总数约为三千人。如果再加上共进会会员两千多人，两者合计，约占湖北新军总数一万五千人的三分之一。而且，通过革命党人的宣传和教育，当时湖北新军中坚决反对革命的，也不过只有一千多人，所以总体说，湖北新军已经为革命力量所掌控，这就为武昌首义的成功，提供了最直接也是最重要的实力保证。所以后人说，张之洞在湖北的改革是"种豆得瓜"。

这正是：不改革是等死，改革是找死。

对于晚清所实施的十年新政，要掌握几个关键时间点：

光绪二十六年十二月初十日（1902 年 1 月 19 日），还在西安的慈禧太后以光绪皇帝的名义发布上谕，准备变法实施新政，张之洞和刘坤一随即上表达改革意见的"江楚三折"，所谓清末的"十年新政"就从此开始。

光绪二十七年十一月二十八日，1902 年 1 月 7 日，慈禧太后与光绪皇帝回到北京。

在 1901—1905 年间，实施"新政"的主要内容有：改革军制并组训新军、振兴商业并奖励实业、废除科举并育才兴学、改革官制并整顿吏治、规范行止并重视法律。

光绪三十年（1904 年 2 月 8 日—1905 年 9 月 5 日），在中国东北及附近海域发生了日俄战争，君主专制的大国俄国在陆战与海战中都败给了君主立宪的小国日本，俄国舰队被消灭，旅顺口陷落，在中国引起强烈震动，因此要求推翻君主的革命呼声和要求实现君主立宪的呼声在中国迅速兴起。

1905 年 8 月 20 日，革命党人在东京成立同盟会。

光绪三十一年十月（1905 年 11 月），清朝廷派五大臣出国考察西方政治。

光绪三十二年七月（1906 年 8 月），五大臣呈交出国考察报告，建议仿效日本，经过九年预备实行期以后，即仿行宪政期以后，大清皇朝实行君主立宪。

光绪三十二年八月（1906 年 9 月），朝廷宣布开始启动仿行宪政，从改革官制入手，同时宣布成立宪政编制馆。也就是实施新政进入到仿行宪政阶段。

光绪三十二年十月（1906 年 11 月），袁世凯所拟定的官制改革方案被否决，袁世凯被迫交出自己手中的大部军政大权。

光绪三十二年十月，在否定袁世凯的官制改革方案以后，朝廷推出了包含十一个部的内阁，继续保留军机处；慈禧太后指示：军机处、内务府、八旗、翰林院、太监为"五不议"。

光绪三十四年六月，1908 年 7 月 22 日和 8 月 27 日，仿行宪政正式开始，公布《钦定宪法大纲》和仿行宪政《逐年筹备事宜清单》，即路线图，宣布仿行宪政要实施九年，将在 1916 年召开国会，正式制定君主立宪的宪法。

光绪三十四年十月二十一日与十月二十二日，1908 年 11 月 14 日与 15 日，光绪皇帝与慈禧太后相继驾崩。

1908 年 12 月 3 日，溥仪在太和殿正式登基成为宣统皇帝，由摄政王控制政权。

1909 年 1 月 2 日，袁世凯被剥夺一切职务，被开缺"回家养疾"。

1909 年 2 月，迫于要求立宪的压力，摄政王载沣下令成立中央资政院与各省咨议局。

1911 年 5 月 8 日，宪政编制馆公布《内阁官制》。当天，未经资政院同意，朝廷突然宣布推出被称为"皇族内阁"的所谓责任内阁，立即遭到立宪派和舆论界的强烈反对。

1911 年 10 月 10 日，辛亥革命武昌首义爆发，一个月内全国有十五个省响应。

1911 年 10 月 29 日，发生震动京畿的滦州兵变。

1911年10月30日，摄政王载沣发布《罪己诏》，并以滦州兵变提出的十二条政纲起。

草了宪法，称为《重大信条十九条》，并立即实行，也就是立即开始君主立宪。

1911年11月13日，"皇族内阁"解散，袁世凯按《重大信条》十九条就任内阁总理。

1911年12月4日，摄政王载沣宣布辞职。

1912年2月12日，隆裕皇太后以宣统皇帝名义颁布大清皇帝退位诏书。

也就是清末实施"十年新政"，本来是有希望在采用君主立宪的政体基础上，挽救皇朝的存在，但由于一再拖延，其最后结果却是大清皇帝退位。

第十二章

辛亥革命浪潮下袁世凯逼皇室退位

12—1. 武昌首义：新军协统黎元洪被举为军政府都督

1911 年 10 月 10 日，驻武昌的新兵发动起义，占领了湖广总督府，湖广总督瑞澂仓皇出逃。当时的形势是，起义已经成功，当务之急是赶快建立新政府，不能继续这群龙无首的局面。革命军一定要找一个德高望重、为全国所知的人出任新政府的首脑，才能号召天下，争取全国响应，免得别人说他们是兵变闹事。起义人员认为，以他们自己的资历与身份，确实当时不能担任新政府首脑。的确，让全国人民知道，武昌新军起义是革命而不是由部分下级军官发动的兵变，这一点非常重要。于是就开会讨论这个问题。

经过与会人员的讨论，他们决定通知湖北省咨议局主席汤化龙和驻会议员、原清政府劝业道、武昌府、县的官员和绅商代表，11 日下午速来咨议局一楼会议厅举行联席会议，商讨新政府的组成问题。人员都来了以后，首先，起义士兵推举湖北劝业道（掌管全省农工商业及交通事务的官署）道台担任军政府主管财务的负责人，虽经他拒绝但最后还是同意了。然后又请武昌府尹担任安民局长，他推脱说，"我已经是七十岁的人了，杀我正当其时，如果要用我，我的精力就实在顾不过来了。"

当然最重要的是要推举军政府都督人选。起义士兵考虑到湖北省咨议局主席汤化龙是一位全国知名人物，曾留学日本，进士出身，可以作为民意代表出任湖北军政府都督。

汤化龙是著名的立宪派人物，由于对清朝廷拖延立宪早有不满，因此已经渐渐转向革命派，至少对革命派是不敌对、不反对的，因此当起义士兵请他出任军政府都督时，他并没有坚决拒绝。但是他的儿女亲家、咨议局议员胡瑞霖觉得，现在的局势还很难说谁胜谁负，现在答应了起义士兵的要求出任都督，万一局势翻盘，可就要杀头的。于是他说："现在是军队起来革命，汤议长不便领导，你们最好还是在军队中找一个有声望的人出来当这个都督比较合适。"汤化龙一听就明白了亲家的意思，于是他也接着说："革命事业兄弟一向赞成。现在武昌起义，各省还不知道，我们应当立刻通电各省，争取响应，革命才能大功告成。再说瑞澂逃跑后，一定会报告朝廷，而朝廷也一定会派兵来，战事将不可避免。兄弟乃一介书生，对军事一窍不通，显然不适宜于任都督。至于其他行政事务，兄弟一定尽力办忙。"

听了汤化龙一番表白，士兵们觉得有些道理，所以也就没有为难他，而且他提出了一个很重要的建议：到军人中间去找合适的人任都督，以应付即将要来临的清朝廷军队的反攻。

那么，在湖北现有的军人中，哪一位适合请出来任军政府都督呢？

黎元洪！就是他！

1905 年清朝廷计划在全国范围内编练新军，湖北新军的编练计划是两镇（师），当时已经练成了第 8 镇和第 21 混成协（旅），前者由总兵张彪任统制（师长），后者由曾经奉命三次去日本考察日本陆军训练的副将黎元洪任协统（旅长），是武官中的从二品。

当时，袁世凯练的新军称北军，而张之洞练的新军称南军。第 8 镇统制张彪完全是一个旧式军人，不懂如何练新军，因此在清末的几次南北秋操会演时，张彪虽然是南军名义上的总指挥官，但实际指挥者却是黎元洪。特别是在 1908 年的太湖秋操中，黎元洪率南军与北军对抗，竟然三战三胜，由此声名鹊起，引起了军界的普遍关注。

黎元洪是 1864 年 10 月出生，祖籍是江西，明代初期迁移到湖北黄陂县。

1883 年黎元洪考入李鸿章的水师学堂，在管轮科驾驶专业。1888 年，他作为第一届管轮科的学生毕业，被派往北洋水师"来远"舰实习，两年后又调到广东水师"广甲"号军舰，历任三管轮、二管轮，所以他是海军出身。

1894 年 9 月 17 日，"广甲"舰编入北洋水师序列，参加了中日海军黄海大战。在战斗中，"广甲"舰触礁搁浅，失去了战斗能力。黎元洪与其他水兵想把舰上剩余的弹药用布雷艇转移出来，但是遭到日本鱼雷艇的猛烈攻击。黎元洪等十几名水兵不得不跳水逃生。黎元洪在海里漂游了三个多小时，终于在一处海滩上岸，但当他又经历了众多辛苦回到海军时，却被告之他已经从海军中除名了。

当时张之洞署理两江总督，正在招聘军事人才，于是黎元洪就去金陵投奔张之洞，果然受到重用，先要他监修炮台，他认真负责的工作态度很受张之洞赏识。1896年张之洞回任湖广总督时，就将黎元洪带回湖北，参与编练新军。

后来，受张之洞派遣，他曾经三次赴日本考察军事，很熟悉日本的军队训练制度与方法，于是他就成为了湖北新军的骨干将领。1906年4月，清政府练兵处将湖北新军编为一镇一协，黎元洪出任第二十一协的协统，每月有五百两银子的俸禄。

由于张之洞是一位干练、开明的总督，受他的影响，黎元洪的思想也比较开通。而且，黎元洪虽然出身行武，却嗜好读书，通常是手不释卷，自己也十分爱惜人才。他从日本考察回来以后，就向张之洞积极建议派遣留学生去日本学习先进技术与军事。热心洋务的张之洞欣然采纳了他的建议，所以晚清时湖北省是往日本派留学生最多的省，很多人后来就成了辛亥革命的中坚力量；另一方面，由于看到日本军队的素质较高，这也直接促使黎元洪在编练湖北新军时，特别注重吸收有文化的知识青年入武，即鼓励秀才当兵，从而使得湖北新军较他省军人更易接受革命新思想，所以才能最先高举革命义旗。

其实在政治上，黎元洪比较倾向于君主立宪，但作为军人，他不能对政治表态，而对当时的革命党人，黎元洪也是比较宽容的，睁一只眼闭一只眼，没有坚决镇压。如1903年著名革命党人刘静庵得到黎元洪提拔，但后来刘静庵与黄兴的来往信件被查获，黎元洪也只是让刘静庵辞职了事。当革命党人季雨霖和张汉杰因从事秘密革命活动得罪官府被捕入狱面临大刑时，也都是黎元洪出面将他们保释，所以黎元洪当时被军界称为"爱护当兵文人，厚重知兵"的"领军名将"，在湖北军中享有很高的声誉。

因此当时请他出来担任军政府都督，不是没有道理的。

革命军于起义当晚就占领了武昌，几乎同时，驻汉口和汉阳的新军也发动了起义并光复了汉口和汉阳。当革命士兵已经占领了武昌城的制高点蛇山，并在那里架起了大炮，猛烈袭击城内各要害目标时，黎元洪知道大势已去，但又不希望自己的部队也卷入起事，于是命令打开营门，让士兵们自行散去。

黎元洪本人则从营门后门逃出避入朋友刘文吉家中，他惊慌未定、语无伦次地对刘文吉说："我身居协统，如今部下兵变，死也是死，不死也是死。如果革命党失败，朝廷必定要重罚我；如果革命党成功，我恐怕也是性命难保，这下如何是好，如何是好！"

刘文吉倒是有些见识，安慰他说不要着急，等等看。事情怎么发展还很难预料，说不定会有意想不到的后果发生。

经过一夜的激战，当革命军攻破总督府后，他们遇到一个难题：直接临时指挥起义的下级军官资望太浅，不能承担革命军首领的重担，原来选定的革命军总司令蒋翊武在战乱中又不知去向，这就使革命的士兵们陷入了群龙无首的境地。不过此时革命党人已经探知黎元洪的下落。

当士兵们找到黎元洪时，黎元洪当然十分紧张，他对士兵们说："我平时带兵，对你们并不刻薄，你们为什么要与我为难呢？"

协统黎元洪

士兵们回答："协统大人放心，我们来找你并没有任何恶意，只是请你出来主持大计。"

黎元洪又说："你们革命党人才济济，还用得着我吗？"

士兵们很坦率地解释说："我们都是普通士兵，没有协统大人的威望名声，哪能担负领导责任！"

黎元洪接着问："现在你们要把我带到哪里去，与谁接洽？"

士兵们说："到望楚台去，与我们的临时总指挥吴兆麟接洽。"

黎元洪本来就认识吴兆麟，于是就随着士兵们来见吴兆麟，开始时他还摆出协统的架子，指责吴兆麟不该胡闹，说这是造反。吴兆麟倒没有说什么，但士兵们却勃然大怒，大骂黎元洪不识抬举，甚至要杀了他，幸被吴兆麟制止，并立即就将他接到了咨议局。

11日下午，在咨议局二楼小会议室里，革命党人、起义士兵头目与黎元洪和汤化龙一起，开会议事。蔡济民正式提议，推举黎元洪任军政府都督，汤化龙议长负责民事，大家一致鼓掌赞成。但是黎元洪还是不干，他反复声明，这种天大的事情不可能开玩笑，千万要慎重，我不能胜任都督的重责。当时一下子也不好决定，于是起义士兵就将黎元洪软禁起来。

此时，军政府首先要发出第一号"安民公告"，黎元洪当然不同意自己在上面签字，士兵们只好拿枪对着他，然后当着他的面，士兵代表在公告上写了一个大大的"黎"字，黎元洪也无可奈何，而公告上写着："共图光复事业，建立中华民国。"表明黎元洪已无退路了。

当时张贴在武汉全城的《中华民国军政府鄂军都督黎布告》全文如下：

"今奉军政府令，告我国民知之：凡我义师到处，尔等不用猜疑。我为救民而起，并非贪公自私。拔尔等出水火，补尔等之疮痍。尔等前此受虐，甚于苦海沉迷。只因异族专制，故此弃尔如遗。须知今满政府，并非我家汉儿。纵有冲天义愤，报复竟无所施。我今为民不忍，赫然首举义旗。第一为民除害，与民戮力驰驱。所有汉奸民贼，不许残尊久支。贼昔食我之肉，我今寝彼之皮。有人激于大义，宜速执鞭来归。共图光复事业，汉家中兴立期。建立中华民国，同胞其毋差池！士农工商民众，定必同逐胡儿。军行素有纪律，公平相待不欺。愿我亲爱同胞，一一敬听我词！"

这是宣告统治中国两千多年的封建专制覆亡、号召建立中华民国的第一号布告。布告贴出以后，立即在广大群众中引起了强烈的反应。满城居民都奔走相告，扶老携幼出来争看布告，到处是喜气洋洋，欢声雷动。此时的黎元洪内心确实十分纠结。他既不敢公开与革命党人和起义士兵对抗，也不敢义无反顾跟随他们一道揭竿而起，走上革命的道路，左右为难，只好采取"非暴力"和"不合作"的含糊态度，三天内都不声不响，也不说话。

但是形势逐渐明朗了，与武昌隔江相望的汉阳和汉口很快也光复了，尤其是各省响应武昌起义的消息不断传来，黎元洪也就开始有所考虑了。他对前来看望的立宪派领袖汤化龙和胡瑞霖说："我是一个行武的人，从来不熟悉民事。革命兴起仓促，造反的那批人我大都不认识。你们几位都是地方豪杰，希望多都助我。"这表明他有心出来担当大任了，而此时汤化龙和胡瑞霖等立宪派人士最关心的是如何能从革命党手中分享军政府的实际权力，所以对黎元洪出任都督寄予厚望，因此十分积极地动员他，要他改变消极态度，切实担负起都督的重任。正当此时，革命党同盟会的重要人物谭人凤和居正到达武昌，他们立即就去见黎元洪。黎元洪无可奈何地对他们说："革命二字，我在军营里从来没有听说过，现在要我和你们一起革命，真是太意外了。"谭人凤趁势劝他："现在以你的名字签发的公告已经贴满了大街小巷，天下人都知道你已经是都督了。所以你还想效忠清朝也不可能了。还不如下定决心，跟我们合作，转祸得福。"

其实黎元洪并不是糊涂人，他已经看清了形势，经过几天的拒绝现在已有台阶可下，他当然就顺水推舟，同意出任军政府都督了，于是他对革命党人表态："我决心与你们帮忙就是了。"

也就是武昌起义三天后的 10 月 13 日，黎元洪最终同意出任都督。这天下午，他在革命党人的劝说下剪掉了辫子，自己摸着光头笑道："有点像弥勒佛了。"正是：

辫子已随前清去，此处空余和尚头；

辫子一去不复返，此头千载光溜溜。

黎元洪出任都督以后，立刻主持军政会议，他郑重表态说："自此以后，我即为军政府之一人，不计成败利钝，与诸君共生死。"随即，黎元洪接见了美国驻汉口领事，对他说，决心"废除封建帝制，建立民国，以共和为政体。"10月17日，革命党人在武昌阅马场举行设坛、祭天、誓师等活动，设黄帝轩辕氏牌位，树"湖北军政府都督黎"大旗。黎元洪庄严宣誓："元洪顺应天命，绝然而起，以我五洲各国立于平等，用顺天心，建设共和大业！"

都督黎元洪

军队向天鸣枪致敬，至此黎元洪正式就任武昌军政府大都督。

武昌起义爆发后，清朝廷派海军统领萨镇冰率领海军舰队来到武汉江面，严重威胁起义军。由于萨镇冰是黎元洪在海军服役时的上级与恩师，于是他就致书萨镇冰说："谁无肝胆？谁不是炎黄子孙？岂甘作满族奴隶而残害同胞？洪有鉴于此，识事体之大有可为，乃誓师宣言，矢志恢复汉业，改革专制政体，建立中华民国。"萨镇冰见信后，深以为然，随即率领军舰离开了武汉江面。萨镇冰其人一生跨越四个时代，最先是在晚清任到海军提督（相当后来之海军舰队司令），海军副都统加正都统（相当后来之中将加上将衔）；北洋时代官至海军上将，职至巡阅使；北洋军阀灭亡后又进入国民政府任海军高等顾问，退役时还再次获得海军上将高衔；新中国成立后，以其晚年，仍得入国防委员会为委员，一生经四朝，而均任高职，在众多历朝上将将军中，他是绝无仅有的一位。

黎元洪后来飞黄腾达且终身忠于共和。中华民国正式成立后，他曾先后四次任副总统和两次任总统，在反对袁世凯称帝和张勋复辟的历史事件中，有重要的历史贡献。

12—2. 威胁京畿：滦州兵变迫使清朝廷立即实行宪政

1911年10月10日武昌起义爆发后，不但当时在武昌的新军发动并积极参加了起义，而且接着在其他各省发动的起义也多有新军参与，如浙江等省。

最典型的是当时朝廷下令驻直隶滦州的新军第20镇南下征剿武昌革命党

起义，该镇统制张绍曾（昔日在日本的士官三杰蓝天蔚、吴禄祯、张绍曾之一）却召集会议说："湖北之变，为铲除专制，实现共和，以此倡议号召天下，凡属同胞，都会支持。"所以如果贸然前去镇压，必定是"胜则自残同类，败则死无指名"，结果这名由朝廷培养出的将军，不但不去打革命党，反而于 10 月 29 日就在北京城旁边的滦州发动兵谏，倒向革命，向朝廷发出强硬奏折，提出十二项政治纲领，要求立即停止进攻武汉并实施英国式的君主立宪，否则就要兵进北京。

其具体过程是：1911 年，清政府决定在直隶永平府（府治在今卢龙）举行第三次秋操（军事演习）。操演军队沿北宁铁路（今京山铁路）东西会进。东路是以汉人为主的新建陆军，军咨使冯国璋为总统官，第 6 镇统制吴禄贞和第 20 镇统制张绍曾为副总统官。东路军包括第 4 镇、第 6 镇第 13 混成协（旅）和第 20 镇，自东北开拔驻山海关至滦州一线。西路军是以满人为主的宫廷禁卫军，皇族大臣舒清阿为总统官，军咨官田献章、哈汉章为副总统官。西军包括禁卫军的第 1、2、3 混成协，由通州开拔驻丰润、开平一线。双方兵员共 7 万多人，载涛为秋操大元帅。拟 10 月 10 日（农历八月十九日）两军开操，计划初战西军"败"退却至石佛庄。12 日两军再战，西军仍败，退却在古冶。14 日西军转守为攻，直胜东军，东军退却到坨子头、柏树庄。15—17 日两军"议和"，18—19 日举行阅兵式，20 日罢操。从此显示"满强汉弱"，维系朝廷权威。

参加演习的第 6 镇统制吴禄贞（湖北云梦人，1897 年在日本加入兴中会，1902 年回国从事革命活动）、第 20 镇统制张绍曾（河北大城人，早年留学日本，倾向革命）和第 2 混成协统领蓝天蔚（湖北黄陂人，1904 年入同盟会）都毕业于日本陆军士官学校，时称"士官三杰"，三人秘密商定，于开操之时，以实弹攻击西军，扫清禁卫军后整军入京，直取首都。并密约武汉同时举兵，使清廷首尾难顾。

不料，10 月 10 日武昌首义成功，成立了湖北军政府，黎元洪被推为大都督。清廷上下惊慌失措，遂急令永平秋操停止，并调集各部南下武汉，准备镇压起义。西路军陆续回京，东路军倡兴革命之举亦被清政府得知。20 镇中之王金铭（第 20 镇第 79 标第 1 营管带）、施从云（第 79 标第 2 营管带）、冯玉祥（第 83 标第 3 营管带）等革命派极力敦促张绍曾即刻举兵，响应南方革命。反对派潘榘楹（第 20 镇标统）、范国障（标统）等人则力主赴湖北镇压起义。此时张绍曾收到彭家珍（曾任云南新军第 19 镇随营学堂管带兼教训官、天津兵站司令副官，后加入同盟会）的急电，要张在滦州扣留由彭负责押运的、从关外运来的支援南方清军的军火。张见电即刻行事，共截获枪 5000 支，子弹 500 万发。

张绍曾截获军火后，实力大增，遂于 10 月 29 日电奏清廷，实行兵谏，提出"废除内阁，速开国会"，表示只要"实行立宪"，即可"停军不发"同时提出改革的《十二条政纲》：

（1）大清皇帝万世一系。（2）于本年内召集国会。（3）宪法由国会起草，以皇帝之名义宣布之，但皇帝不得加以修正或否认。（4）缔结条约及讲和，由国会取决，以皇帝之名义行之。（5）皇帝统率海陆军，但对国内用兵时，必经国会议决。（6）不得以命令施行"就地正法，格杀勿论"之事。（7）特赦国事犯。（8）组织责任内阁，总理大臣由国会选举后，以皇帝敕任之，其他国务大臣由总理大臣推荐任之。皇族不得为国务大臣。（9）国会有修改宪法之提议权。（10）本年度预算未经国务议决，不得适用前年度之预算支出。（11）凡增重人民之负担，须由国会议决。（12）宪法及国会法之制定，军人有参与权。

在滦州兵谏的同一天，山西民军杀死巡抚陆钟奇宣布独立，山西与京畿在咫尺之间，因此山西起义成功又给清廷以极大威胁，感受到东西两面收迫，此时京城里盛传张绍曾军指日即至，故人心惶惶。

于是在这种威胁下，清廷摄政王下诏罪己："政地多用亲贵，则显戾宪章；路事朦于金壬，则动违舆论。促行新治，而官绅或借为网利之图，更改旧制，而权豪或只为自便之计。民财之取已多，而未办一利民之事；司法之诏屡下，而实无一守法之人……以前旧制口法有不合于宪法者，悉皆除罢。"

清廷罪己的同时，又下诏准组完全责任内阁，不再任用亲贵。诏书中有"懿亲执政，与立宪各国通例不合"云云，本来是国人早就一再指出的，现在才写入诏书真令人感慨。

更大的动作是下诏解除党禁："党禁之祸，自古垂为炯戒，不特戕贼人才，抑且消沮士气……兹特明白宣示，与民更始……嗣后大清帝国臣民，苟不越法律范围，均享国家保护之权利，非据法律，不得擅以嫌疑逮捕。"前因谋刺摄政王而被捕并判终身监禁的著名革命党人汪精卫和黄复生随即被释放。

清廷这三个动作：罪己，实行责任内阁制度，解除党禁推行政党政治，都是为了唤回已经流失的民心，特别是对立宪派来说，现在清廷所允诺者就是他们一直以来所坚持的诉求，即以和平的方式走君主宪政的道路，但为什么即使是立宪派，对清廷抛出的最后的救亡之策也无动于衷呢？原因简单得很，人心已冷，谁也没有再耗下去的兴致了。

"罪己诏"是滦州兵变的次日，即 10 月 30 日，由醇亲王颁布的，他在诏中称自己不配做摄政王，同时下诏：立即实行宪政，迅速起草宪法，组织责任内阁，释放政治犯。11 月 1 日，就解散皇族内阁，以让袁世凯组阁。

而且朝廷令资政院立即起草宪法，于是资政院也迅速起草了《宪法重要信条》共 19 条（以张绍曾的《十二条政纲》为基础），又称《十九信条》。

摄政王载沣马上代表皇帝在太庙宣誓皇室遵守《十九信条》。从形式上来看，中国此时已经进入君主立宪了，例如规定内阁总理大臣由国会选举，皇帝任命；其他国务大臣由总理大臣推荐，皇帝任命；皇帝不得干预政务；皇亲不得担任重要朝臣等。

晚清时节拖了多少年都不肯实施的君主立宪，先九年后六年，都还在争议中，但现在一个晚上就宣布实施了，就是兵变压的，也就是枪杆子里出宪政。

此时，摄政王载沣拿不出断然的措施以挽回局面，只是选择了在皇朝最危急的时刻自己以皇帝名义发布"罪己诏"以后，并在袁世凯的压力下，于12 月 6 日宣布自摄政王位上退位，对挽救清皇朝的覆亡实际上没有作出任何实际的最后努力，诚为可悲。当时北京城内一片恐慌，官吏眷属纷纷迁往天津租界，隆裕皇后也准备携带小皇帝溥仪逃往承德避难。可见当时的朝廷已经软弱到什么程度，北京城边几个兵一喊，就吓得皇太后和皇帝要出城逃命。

当然，惊恐之余，清廷一方面假意奉承，暂避兵锋；另一方面紧张部署，此时，袁世凯已经在湖北督师，北洋后院起火，大大出乎袁世凯意料之外，他不愿意看到清廷骤然垮台，使他失去与革命党人讨价还价的筹码，更不愿意迫使大清皇帝退位这样大的历史成就被他人抢走。但此时他确实处于两面受敌的不利局面，因此他断然采取了措施：

首先，袁世凯致电庆亲王奕劻，要他谏阻帝后出京，同时派遣心腹赵秉钧入京说通奕劻，调北洋军姜桂题所部毅军进驻北京城把守九门要冲，并使赵秉钧代满人桂春署理民政大臣，这样，毅军的力量就控制了北京巡警与警卫大权，并强令商铺开业。戏院唱戏，稳定人心。

第二项措施就是立即派段祺瑞北上，与徐世昌、赵秉钧等心腹人士共同协理对付张绍曾与吴禄贞等兵谏头目。张绍曾率领第 20 镇与吴禄贞率领的第6 镇都是袁世凯一手训练出来的，这两个镇的各级军官与徐世昌和段祺瑞都有着千丝万缕的联系，不是门生就是老部下。所以，段祺瑞到北京后，立即给参加兵谏的将领们打电报，劝阻他们停止兵谏，服从袁世凯的调遣，一切过往不究。他接着就派人去奉天，首先劝说驻奉天的第3镇统制卢永祥站到袁世凯这一边来，而第6镇首领吴禄贞是坚定的革命党人，无法劝说与收买，于是就决定将其杀害。为此，袁世凯将第3镇由东北调至廊坊，切断了张、吴二部会合的可能；将滦州以西的车皮全部集中于京，以防滦军乘车西进。11月7日调第6镇统制吴禄贞署理山西巡抚，削去兵权。当吴行至石家庄时，袁世凯派人将其暗杀。

吴禄贞被刺杀以后，张绍曾已孤掌难鸣，徐世昌就要第20镇第40协的协统潘矩楹胁迫张绍曾离开第20镇，于是张乃离开部队住在天津租界不出，然后袁世凯又要清廷授予张绍曾为"宣抚大臣"，南下长江一带，宣达朝廷的"德意"，完全削去了他的兵权。又任命潘矩楹代张绍曾为第20镇统制，接着把20镇分散调开，化整为零。将78标调往关外，将77标移至锦州，第80标开到临榆（抚宁），滦州只剩标统（团长）岳兆麟所率领的第79标团部及三个营驻扎在滦州车沽，革命派骨干被分散。

张绍曾认为吴禄贞一死，"应援断绝""尽成泡影""铤而走险，徒取败亡"；另一方面，他又轻信清廷所颁布的《十九信条》，认为"朝廷锐意维新，定卜可达希望"，同时在潘矩楹的胁迫下，不得不交出兵权，避居天津。滦州兵谏宣告失败。

1911年冬，清廷赏予张绍曾侍郎衔，免去统制职，任命为宣抚大臣。

张奏请开去差缺，回津就医，迅即准其所请。实际上朝廷是明把张升为兵部侍郎，暗令袁世凯夺了张的兵权。中华民国成立后，张绍曾曾任各种政府要职，如曾经担任过数届北洋政府陆军总长，并于1923年黎元洪第二次总统任内担任过国务总理。1928年张绍曾曾支持自己过去的下属、国民军冯玉祥部，因此1928年3月，张绍曾被冯玉祥的死对头奉系军阀张作霖派人刺杀于天津。

12—3. 权臣篡国：朝廷对形势已失控，袁世凯重掌军权

1908年11月14日和11月15日，光绪皇帝和慈禧太后在两天之内相继去世以后，由年仅三岁的溥仪即位继任皇帝，是为宣统。由于皇帝年龄太小，就由他的父亲摄政王载沣主持朝政。

宣统即位之初，初掌摄政大权的醇亲王载沣（作为光绪皇帝的亲弟弟，

当然十分记恨袁世凯在百日维新中的告密行为，导致后来光绪被幽禁在瀛台达十年之久，最后不明不白地死去，而且据说袁世凯在慈禧太后面前曾主张光绪死后立庆亲王奕劻之子载振为帝）还没有立即对袁世凯采取行动。

1908年11月21日，已任摄政王的载沣首次接见外国使节时，作为外交大臣的袁世凯还陪同接见。1908年12月3日，宣统皇帝正式登基，宣布将于1916年颁布宪法。

12月13日，颁布监国摄政王礼节，以法律规定了摄政王的权限范围，表明要依法治国。

12月16日和18日，连续下旨要求各省督抚认真考察吏治，要求各级官员崇尚节俭，摒弃浮华。12月19日，封官加冕。载沣的弟弟载洵、载涛加郡王衔。张之洞、袁世凯加太子太保衔。12月25日，中央组建禁卫军，直属摄政王载沣，此时，摄政王三兄弟都已经掌握了军权，于是就要清算袁世凯了。

载沣及拥戴他的皇亲们和康有为及梁启超等保皇派，本来就都打算要杀袁世凯，所以在做完上述安排以后，载沣就要杨度拟旨杀袁世凯，但杨度冒死拒绝拟旨。

于是摄政王就转而征询军机大臣庆亲王奕劻和张之洞的意见。庆亲王奕劻听到此话感到骇然，但由于他与袁世凯的亲密关系，使得他不敢说什么。而张之洞以老臣身份力劝："现今刚遭国丧，不宜杀戮旧臣。"载沣也有些担心杀袁以后无法控制北洋军，因此就于1909年1月2日，断然要求袁世凯离开北京回河南彰德老家洹上村去钓鱼养他的"足疾"。

袁世凯在慈禧晚年时已有预感，他在给哥哥的一封信中曾写道："慈宫春秋已迈，犹如风中之烛，一旦冰山崩，皇上独断朝政，岂肯忘怀昔日之仇，则弟的位置必不保。"

袁世凯去职以后，当时的陆军部部长铁良当然心中十分高兴，以为今后他就真能掌握军权了，但摄政王载沣却一定要牢牢地将兵权掌握在他们兄弟（载洵和载涛）手中，所以，1909年夏天，朝廷突然免去铁良的禁卫军训练大臣职，第二年2月，又免去他的陆军部部长职，把他打发到南京去做一个空头的江宁将军，从而载沣完成了对兵权名义上的收取。

1911年10月10日辛亥首义成功以后，虽然全国各地都纷纷响应，但这还不足以使当政的清皇朝立即灭亡，造成最后一击使清朝皇帝退位的原因是袁世凯与北洋军的逼宫。

武昌起义爆发以后，10月12日朝廷就派新任陆军大臣荫昌督师南下，于是荫昌乃招冯国璋等北洋将领商议出兵。冯国璋领兵南下到彰德时曾向当时在洹上河边钓鱼的袁世凯请示，袁世凯授以"慢慢走，等等看"的六字箴言，所以荫昌明显感觉到北洋军实际上难以驾驭，因此迟迟不敢对武昌的革命军发动进攻。

烟蓑雨笠一渔舟的袁世凯

庆亲王当然明白其中道理，于是乘势奏请起用袁世凯会同荫昌调遣各军，所以朝廷于10月14日授袁世凯为湖广总督（一请），但袁世凯却以"足疾未痊，难堪重任"而拒绝。

无奈之下庆亲王于10月20日命袁世凯的至交老友徐世昌微服到彰德打听袁世凯的真实想法。袁世凯对来访的徐世昌说："要我干吗，也未尝不可；但要我干得好，就得听我的。"于是他就把自己要求的条件告诉了徐世昌。徐世昌回到京城以后，装出一副很不高兴的表情对朝廷说："不成，不成。我们还是要荫昌赶紧督师去前线吧，没有他不见得不能打仗。"

当醇亲王问袁世凯到底想要什么时，徐世昌说出了袁世凯的四个条件：要总揽兵权、要召开国会、由他主持内阁和宽容革命党及武昌起义人员。在这些条件下，朝廷显然军政都已经完全被架空了。当时袁世凯的真实想法显然是：利用革命党对付清皇朝，再还留着清朝廷对付革命党，于是就可以使他坐收渔利，实现实际掌控政权。所以朝廷若不答应他的条件，他就不出山。而当时徐世昌实际上也看到了清皇朝大势已去，在形势已无可挽回的情况下，不如成就袁世凯，所以回来以后故意说了那样一通话，他的用意就是：与其公开支持袁世凯，不如先让荫昌到前线去碰碰钉子，吃了败仗无法收拾局面以后当然就能顺利请出袁世凯了。

果然，朝廷当时也觉得袁世凯的条件过于苛刻，乃促荫昌出兵一试。不出徐世昌所料，荫昌出兵后，号令不通，军队行至孝感一带，就不肯再前行了，荫昌急得毫无办法，而革命形势发展很快，此时整个北洋军中笼罩着一股诡秘的气息，不要说平叛了，竟似有反噬京城的势头。而且此时全国各省都纷纷宣布独立。清廷已经完全慌了手脚，于是清廷只好接受庆亲王奕劻的建议，于10月27日解除荫昌督师的职务，同时任命袁世凯为钦差大臣节制湖北前线水陆各军和全国各地军队（二请），见到完全掌握军权之后，于是袁世凯就领命出山了。

所以，从革命军武昌起义到袁世凯受命为钦差大臣督师湖北，中间整整相隔十八天。这十八天就是荫昌号令不行，南下北洋军停兵不进的十八天，在这段可贵的时间里，不但武昌起义军为迎击清军的反攻得以完成充分的准备，而且使全国各省纷纷宣告独立响应武昌起义已成燎原之势，所以此时纵然袁世凯出山也再难挽回清皇朝覆没的命运了。

可见，朝廷于1911年10月14日任命袁世凯为湖广总督，要他统率北洋军去扑灭革命，但袁世凯对此并不满意，借口"足疾未愈"，故意拖延。清廷于是将荫昌调回，27日任命袁世凯为朝廷中央的钦差大臣，节制湖北水陆各军及长江水师（先前派去镇压革命党的原水师提督萨镇冰已私自离舰而去）。圣旨一到，袁世凯的"足疾"立刻就全好了。虽然此前袁世凯曾写诗对外说自己已经归隐山林：

今来此地做劳人，满目林泉气象新；墙外太行横若障，门前洹水喜为邻。
风烟万里苍茫绕，波浪千层激荡频；寄语长安诸旧侣，素衣早浣帝京尘。
百年心事总悠悠，壮志当时苦未酬；野老胸中负兵甲，钓翁眼底小王侯。
思量天下无磐石，叹息神州持缺瓯；散发天涯从此去，烟蓑雨笠一渔舟。

可是谁会相信袁世凯真的已归隐山林了呢？正是：

总督当非忘世仙，何心恋赏洹水涓；来客未醒朝中梦，难舍皇城教场喧。
武昌炮响惊天下，一蓑冷雨翁未眠；排炮三响枭龙走，但留钓舟伴风烟。

10月30日他赴湖北誓师，11月1日，冯国璋部攻入汉口，随即，在满足了袁世凯所提的几个条件以后（总揽兵权、召开国会、由他主持内阁、宽容革命党及武昌起义人员），且又面临滦州兵变，朝廷便依照刚刚通过的宪法重大信条十九条的原则，资政院于11月8日选举袁世凯为内阁总理大臣。第二天，清廷予以任命。正在前线督战的袁世凯接到这个任命后，稍事推辞，就在清廷再三电促和各界舆论影响下，踏上北上荣归之路。

1911年11月13日他再一次威风凛凛地进北京。

《泰晤士报》驻北京的记者莫里循这样描绘当时的场面："袁世凯，皇位的觊觎者，抵达了三年前自己被罢官的北京。今天他由2000名士兵

进攻武昌的北洋军冯国璋部

护卫，并被政府热情地接待。为了欢迎他的到来，政府发布了公告，称京城附近的军队都由其掌控。""有一群安静并且秩序井然的人从火车站到他的居所夹道欢迎他的到来。袁世凯看上去很强壮，不过有报道称他的身体状况不是很好，这也成了他一再推迟应满清政府之邀到北京的借口。"此前，他还报道说："已通过军队将领和国防大臣禁止参与任何相关政治活动决议，军队一切事务都由袁世凯一人调配，在与起义军交涉过程中，他拥有指挥军队的绝对权力。在朝廷执政期间类似的事情只发生在曾国藩时期，当时慈禧太后授予曾国藩绝对权力以平定太平天国叛乱。朝廷至少开始吐出它所囤积的财产。有一道诏书的内容表明，隆裕太后从她私人金库中调拨了一百万两白银，作为军饷以应付湖北境内的紧急需要。"

有诗说这次袁进皇宫觐见皇帝的派头：

> 怒马锋车孰敢当？舍人奔避入朝房；
>
> 遍言海外真天子，内监谰言亦太狂。

见惯大场面的内宫太监都被此派头惊呆了，以为外国皇帝来了。

袁世凯这次进京是当时朝廷对他的三请。1月13日，袁世凯抵达北京，入住锡拉胡同私邸。第二天，入宫拜见隆裕太后，誓言效忠清室，受命即日到阁办事。稍后他就到东交民巷拜访各国公使，透露自己此次受命组阁的感受、心迹和将要采取的政策，以期获得各国认同和支持。袁世凯说，他此次北来，主要的任务就是要保存大清皇朝既有体制同时又要进行体制创新，也就是既要留存本朝皇帝，又要施行人民多年来期待而一直没有真正实现的君主立宪政体。至于从前的满汉歧视，自当在此次变革中一扫而空。更为重大的问题，则在于保存中国，避免中国因此次动荡而导致分裂，故他期望各党在这个大目标上能够建立起码的政治认同和国家认同，能够牺牲小我的政策，为保全大我的中国作出贡献。出于这种考虑，袁世凯表示他将要建立的政府一定是一个强固的政府，一定能够用强力手段解决目前的危机。

此前，在滦州兵变以后，醇亲王被逼无奈下诏"罪己"，称自己不配做摄政王，随即解散皇族内阁，以让袁世凯组阁。

袁世凯到北京以后，经过资政院的推举与朝廷的任命，于11月17日组成内阁，掌控了全国军政大权，由于袁世凯已任总理大臣，原内阁总理大臣庆亲王奕劻改任弼德院总裁。

袁世凯或许能够给中国带来新的希望，他在11月16日公布的内阁成员名单也确实令人耳目一新，有一种新人物新气象的感觉，因为这里没有一个旧官僚与皇室宗族：

外务大臣：梁敦彦；副大臣胡惟德署外务大臣；曹汝霖署副大臣。

民政大臣：赵秉钧。

度支大臣：严修；绍英署。

学务大臣：唐景崇；副大臣：杨度。

陆军大臣：王士珍；副大臣：田文烈；寿勋署陆军大臣。

海军大臣：萨镇冰；谭学衡署。

司法大臣：沈家本；副大臣：梁启超。梁启超未到任前，副大臣由定成暂行署理。

工农商大臣：张謇；熙彦署农工商大臣。

邮传部大臣：唐绍仪；杨士琦、梁士诒先后署理。

野心勃勃且被清廷三请的袁世凯于是利用当时南北对峙的局面，开始逐步窃取全国政权。这时候，他需要一方面用革命军来恐吓清朝廷，另一方面又要用北洋军来恐吓革命派。

当时，虽然袁世凯已经能够掌控大清朝廷下的军政大权，但是还有两点没有满足：

尽管他已经能掌控大清朝廷中的军政大权，但是他名义上还是朝廷内阁总理大臣，在他的上面还有朝廷的皇帝，也就是他还不是国家元首；

尽管他已经能掌控大清朝廷中的军政大权，但是已经成燎原之势的革命军及他们已经所控制的领域，却不在袁世凯所能管控的范围内。

袁世凯对这两点当然都很不满意，他知道这两个问题有关联但不能同时解决，他必须首先向革命军施压，要使他们认识到，革命军若想绕开袁世凯来推翻清朝廷，那是很难实现的，因此革命军必须与袁世凯合作，才能推翻清皇朝，而在这个合作过程中，革命军就必须给袁世凯满意的回报承诺，这个回报承诺当然就是推翻大清皇朝以后的国家统治权。

袁世凯既然已经组阁，那他当然要集中权力。

袁世凯将权力集中于自己手中的第一步，就是要求停止入对奏事。内阁一成立，袁氏开单列举的朝廷事项大要为：照内阁官制召见国务大臣外，其余召见官员，均应暂停；总理大臣不必每日入对，如遇有事件可奉召入对，并得随时自请入对。除照内阁官制得由内阁国务大臣具奏外，其余各衙门应奏事件，均暂停止。所有从前应行请旨事件，均咨行内阁核办，其必应具奏者，暂由内阁代递，凡无须必请上裁事件，均以阁令行之。清廷无可奈何，一一从其请，并下诏：此后奏事人员，于章程未定以前，关于国务有所陈述者，均暂呈由内阁核办，无须再递封奏，以明责任，而符宪政。袁世凯这一步棋的要害在于，将入对奏事之权，都集中到了以他为首脑的内阁，各衙门对内阁负责，听内阁号令，不再像过去那样还要向皇帝"请旨"，而他自己什么时候

北洋军进攻汉口

面见皇帝，可以随心所欲，这意味着国家无论发生了什么大事，总理大臣是否想让皇帝知道，什么时候想让皇帝知道，都由总理大臣所掌控。

袁世凯集权的第二步是罢免军咨府大臣（即参谋总长）载涛和毓朗，而代之以附己的荫昌和自己的亲信徐世昌。

第三步是逼摄政王辞位。隆裕太后也只能允之，下诏准摄政王退位，并再次强调"用人行政，均责成内阁总理大臣"。于是摄政王宣布于12月4日退位，这意味着清室朝廷要彻底放弃抵抗也无力抵抗了。醇亲王辞职后，一脸轻松地对福晋瓜尔佳氏说："从今天起，可以回家抱孩子了！"可福晋哭骂他没有出息。

第四步是调自己的嫡系大将冯国璋入京接任禁卫军统领，随后又以准备出战为名，将这支皇家武装调出了北京城，然后再由自己的亲信段芝贵另编拱卫军负责守卫北京。

第五步是让自己的心腹赵秉钧接管北京的警察。

这样，经过一番精心的布置，袁世凯不但掌握了政权，而且用自己的班底成员和武装力量接收了清朝廷的全部权力，隆裕皇后和溥仪小皇帝就成了袁世凯手中可任意摆弄的傀儡，他们都只能听袁世凯的话，而不可能再成为袁世凯的威胁了。

在晚清时节参与博弈的朝廷、袁世凯和革命军三方中，朝廷事实上就早早地出局了。

这样，袁世凯就先巩固了自己的后方，然后就可以与革命军博弈了。

所以，在借革命的迅速发展给清廷施加压力，且同时宣誓效忠朝廷获得信任被任命为内阁总理大臣以后，他就进一步对革命党人施加压力。

11月27日，北洋军攻陷汉阳，革命军总司令黄兴随即被迫离开武昌，

总理大臣袁世凯

因此此时攻占武昌已指日可待，但袁世凯却暗令北洋军停止对武昌的进攻，他定下的原则是："打下汉口就够了，汉阳有无皆可，而武昌是决计不能攻下的"，当时南下的是段祺瑞与冯国璋两镇主力北洋军，于是他以段祺瑞取代了邀功心切的冯国璋，将冯国璋调回北京任禁卫军统领。

而且，尽管当时南京形势已经很危急，但作为当时已受命统领全国兵马的袁世凯，也不从徐州和合肥调兵去解救南京，并且在摆出要进攻武昌的姿态的同时，又要英国驻汉口领事出面，提议南北停战议和。

由于武昌起义军已经抗击北洋军一个多月，在此期间上海和南京均已被革命军夺得，也使得袁世凯认识到，只能通过谈判来解决了。

12 月 18 日，北、南两方代表唐绍仪和伍廷芳在上海开始进行谈判，正式谈判经过五次会谈并未取得明确的结果。

12—4. 皇朝末日：南北议和获承诺，北洋逼宫清帝退位

在武汉前线接替冯国璋的段祺瑞对袁世凯的意图心领神会，他随即从前线后撤，并派亲信靳云鹏、廖宇春等人与民军进行接触，很快就达成五项协议：确定共和国体、优待退位后的清皇室、举袁世凯为临时大总统、南北满汉军出力将士，各享其应得之优待，并不负其战时伤敌之责、组织临时议会，恢复各地秩序。由于达成了协议，武汉前线战事乃停止。

这一方案甚至比袁世凯本人所预想的更彻底，首先它跳过了妥协性的君主立宪，直接宣布进入共和，并把袁世凯本人置于实现共和后的国家元首位置。后来南北议和双方正式在上海谈判时，就是以这个方案为基础，只是将关于元首的条文改为"首先推翻清朝廷皇室者即推举为临时大总统"，袁世凯对此也同意。

1912 年 1 月 1 日，在南京成立了中华民国临时政府，孙中山就任临时大总统，袁世凯当然对此很恼火，因为此前革命军方面曾许诺一定将新成立的民国总统位留给他，于是他威胁要撤回正式的和谈代表。此时清皇朝尚未退位，由于它重新启用袁世凯率领北洋军进攻武汉，起义军已经在汉口和汉阳

战场上失败。

左为唐绍仪

当时北洋军约有 16.5 万人，南方起义民军虽号称有 40 万人，不过都是未经训练的部队，纪律不良，军械落后，缺乏合格军官，所以若战事延续下去则起义军将难以抵御北洋军的进攻。在这种压力下，经与黄兴等商议以后，孙中山在元旦就职临时大总统的宣誓中实际上已暗示同意在袁世凯能促使清帝退位和赞成共和的条件下，就将政权南北和谈，让给袁世凯。

1 月 22 日，孙中山向袁世凯给出了正式的承诺。当革命党人给出了上述承诺后，在袁世凯的授意下（他自己不想被骂成曹操），以段祺瑞为首的四十七名领军的北洋军将领于 1 月 26 日联名奏请清廷，要求明降谕旨，宣示中外，定立共和国体。说实行共和国体可以拯救百姓于水火，也为太后和皇上赢得尧舜一样的美名。电文称："民军筹饷增兵，布满各境，我皆无后援，力太单薄，加以兼顾数路，势益孤危，彼则到处勾结土匪、勒捐助饷、四处煽扰、散布诱惑……虽祺瑞等公员自励，死生敢保无他，而饷源告匮，兵气动摇，大势所趋，将心不固。一旦决裂，何以恃以为战？深恐丧师之后，宗社随倾。彼时皇室尊荣，宗潘生计，必均难求满志……故敢比较利害，冒死陈言：退请换汗大号。明降谕旨，宣告中外，立定共和政体。"

1 月 26 日，段祺瑞等人的逼宫通电发表以后，袁世凯为了掩盖自己在后面支持的逼宫意图，又以袁世凯、徐世昌、王土珍、冯国璋的名义联合发表致段祺瑞的公开电，声称："忠君爱国，天下大义；服从用命，军人大道；道义不存，秩序必乱。"并诫其切勿轻举乱动，这就是袁世凯与段祺瑞的合演双簧。

由于见朝廷无反应，2 月 5 日，段祺瑞等九名北洋最重要将领再次联名电奏清廷，痛斥少数王公迭次阻挠颁发共和诏书，电报威胁清帝若再不退位，将进攻北京。这封电文着墨不多，但言辞激烈，态度坚定，最后称，若"不允所奏，一意孤行，将率全军将士入京，与败坏大局之王公大臣剖陈利害。"

1912 年 1 月 16 日，袁世凯在紫禁城养心殿东暖阁晋见隆裕皇太后，五岁的宣统皇帝坐在太后身后，奇怪地看着一个跪在红毡垫上的粗胖的老头，满脸泪痕地说一些让太后很为难的话题。他不知道，此人就是袁世凯。而袁世凯当天在太后面前谈的问题就是请皇太后就退位问题迅速作出决断，太后当然很为难。

当时，也就是 1912 年 1 月 16 日，袁世凯手捧着他和全体内阁大臣联名上奏的折子，悲痛地向太后和皇帝宣读。奏章说：现在海军已经叛变了，前线没有军饷了，日本人正觊觎着辽东半岛，俄国人挑动外蒙古要独立，举国上下已经是人心涣散了。再看现在世界各国都是君主立宪或者民主共和了，南方现在的民军要求的就是民主共和，如果与民军发生战争，又会给西洋各国在中国的利益造成损害，因此它们都希望我们进行政治改革，战事一长，它们难免就会干涉，而与民军的交恶也就更深。

对隆裕太后出之以恫吓密奏中，他先以国务总理大臣的身份，大叹了一番苦经，"无饷可筹，兵不敷遣，度支艰难，计无所出，筹款之法，罗掘俱穷，大局岌岌，危逼已极……臣等受命于危急之秋，诚不料国事败坏一至于此也"，又抬出南方，"民军之意，万众之心，坚持共和，别无可议"，接着安抚皇室，民军愿意优待皇室"民军亦不欲以改民主，减皇室之尊荣"。而最妙的是最后一段，"读法兰西革命之史，如能早顺舆情，何至路易之子孙，靡有劫遗也。民军所争者政体，而非君位，所欲者共和，而非宗社。我皇太后皇上何忍九庙之震惊，何忍乘舆之出狩？必能俯鉴大势，以顺民心。"

说法国大革命的事，法王路易十六和王后是上了断头台的，此处分明是恐吓隆裕太后：若不及早退位，清皇室将蹈法王之覆辙。有意思的是，主旨是恐吓别人，但从字面上看，却合情合理，而又哀婉动人，仿佛时时处处都在替别人着想。袁世凯上奏时确是痛哭流涕，隆裕皇太后听到法国皇帝路易十六被杀的下场，吓得抱着小皇帝号啕大哭。接着，袁世凯出宫就遇刺，皇太后更是吓破了胆。

注意，此时离袁世凯进北京受朝廷之命与厚望，担任内阁总理大臣，并信誓旦旦宣布自己一定效忠皇室，时间才两个月。所以历史说袁世凯背叛他曾宣誓效忠的清皇朝，是不折不扣的、不忠不义的贰臣。

隆裕太后觉得大势已去，无力回天，于是决定以皇帝名义发布退位诏书，她在决定逊位的御前会议上泪流满面地说："悔不随先帝早走，免遭这般惨局！再不同意共和，不同意逊位，恐日后我大清宗室皇族，荡然无存；何况今已到国无宁日，生灵涂炭的地步，敢问于心何忍？"可见正是北洋军致命一击，使清廷认识到已失去了所有的支持力量，因此为保证皇室的安全（不久前，最坚决的宗室保皇党领袖良弼被暗杀，使皇太后感觉到有生命危险了）

与今后的生活，隆裕皇后不得不考虑退位。

此前，1912 年 1 月 16 日，袁世凯在北京东华门外遭到同盟会京津分会成员的炸弹暗杀，他本人幸免于难。23 日凌晨秘密觐见隆裕太后，告知局势已不可控制，退位或可保全。此时，袁已得知南京已正式承诺，只要逼使清帝退位，自己就可当民国的总统。

隆裕皇太后

1912 年 2 月 12 日，大清帝国隆裕皇后知大势已去，无可奈何乃宣布皇帝退位。经袁世凯等大臣附署后的清宣统皇帝退位诏书如下：

朕钦奉隆裕皇后懿旨：前因民军起事，各省响应，九夏沸腾，生灵涂炭，特命袁世凯遣员与民军代表讨论大局，议开国会，公决政体。两月以来，尚无确当办法，南北暌隔，彼此相指，商辍于途，士露于野，徒以国体一日不决，故民生一日不安。

今全国人民心理多倾向共和，南中各省既倡议于前，北方诸将亦主张于后，人心所向，天命可知，予亦何忍因一姓之尊荣，拂兆民之好恶。用是外观大势，内审舆情，特率皇帝将统制权公之全国，定为共和立宪国体。近慰海内厌乱望治之心，远协古圣天下为公之意。

袁世凯前经资政院选举为总理大臣，当兹新旧代谢之际，宣布南北统一之方，即由袁世凯以全权组织共和政府，与民军协商统一办法。总期人民安堵，海宇安康，仍合汉满蒙回藏五族完全领土为一大中华民国，予与皇帝以退处宽闲，优游岁月，长受国民之优礼，亲见郅治之告成，岂不懿欤！钦此

当然，作为一个退位皇帝，他没有权力指定袁世凯为中华民国总统，但是无论如何，清帝退位就意味着大清皇朝已经完全让出了政权。但是要注意，这实际上只是大清皇帝的逊政诏书，也就是大清皇帝只是交出了对中国的统治权，然而并没有去号，也就是大清皇朝还存在，因此大清皇帝也依然存在，当然，其存在的地域与方式则由民国确定。

为促使清帝退位，经南北议和商定，民国临时政府此前发布了《清帝退位后优待之条件》：

一、清帝逊位后，其尊号仍存不变，中华民国将以待外国君主之礼相待。

二、清帝逊位后，岁用四百万两，新币后改为四百万圆，由中华民国拨付。

三、清帝逊位后，暂居宫禁，日后移居颐和园，侍卫人员照常留用。

宣统皇帝

四、清帝逊位后，其宗庙陵寝，永远奉祀，由中华民国酌设卫兵，妥慎保护。

五、清德宗崇陵未完工程，如制妥修，其奉安典礼仍如旧制，所有实用经费，均由中华民国支出。

六、以前宫内所用各项执事人员，得照常留用，唯以后不得再招阉人。

七、清帝逊位以后，其原有财产由中华民国特别保护。

八、原有禁卫军归中华民国陆军部编制，其额数俸饷仍如旧。

民国政府对于皇族待遇还作出了承诺：清皇族的王公世爵仍保留其头衔；清皇族的私有财产将受到保护；清皇族免去当兵义务。此前，2月10日，临时政府发出最后通牒，称清帝若不在三天内自行退位，将撤销上述已承诺的优待条件，于是2月12日清帝宣布退位。

这样，中国历史上统治全国的最后一个清皇朝，在取得政权268年（1644—1912年）经袁世凯等大臣附署后的清帝退位书以后，在中国的统治便寿终正寝了，从秦始皇统一中国算起，延续了2132年的封建皇朝帝制的统治结束了（注意，我们这里说帝制统治结束了，并没有说帝制结束了），在推翻清皇朝统治这个目的上，辛亥革命至此取得了完全的成功。

2月13日，袁世凯致电孙中山等表明自己支持共和，称："共和为最良国体，世界之公认，今由弊政一跃而跻及之，实诸公累年之心血，亦民国无穷之幸福。大清皇帝既明诏辞位，业经世凯署名，则宣布之日，为帝政之终局，即民国之始基，从此努力进行，务令达圆满地位，永不使君主政体再行于中国。"注意最后一句话，信誓旦旦，冠冕堂皇。

当时，除了同意在袁世凯能促使清帝退位和赞成共和的条件下，将政权让给袁世凯这一点以外，南京临时政府与袁世凯在以下两点的认识是一致的：

一、清帝必须退位。

二、但是必须让清帝体面退位，绝不能废黜清朝皇帝或者对清皇室进行流放，更不能监禁和杀戮，那样就会使清皇室及其追随者乃至整个满族，都会成为对中国深怀恨意的敌人，他们可能会退退回蒙古与俄国结盟，也可能回退回满洲与日本结盟，无论是哪种情况，都会给新政府带来麻烦，甚至引发暴乱乃至战争，所以为清帝退位提供了优待条件承诺。

辛亥革命完成了中国最上层政权和平更替，是孙中山和黄兴为代表的革命党、北洋军袁世凯方与隆裕皇后代表的清廷三方理智妥协的结果，在中国历史上是十分罕见与成功的。

在中国长达 268 年（1644—1911 年）的清皇朝统治终结了，它最终的失败在于它不能够通过彻底和有深远影响的改革，使中国适应世界的形势，迅速成为一个现代化的国家。

辛亥革命发生以后，摄政王载沣为了预防袁世凯对他的报复，本来不敢再起用袁世凯，只因奕劻的一力举荐，并保证袁世凯忠诚不二，这才使载沣和隆裕皇后解除了戒心，却不料袁世凯掌握了政权以后的举措，完全与奕劻的保证背道而驰。

于是，奕劻在皇族中就被视作是出卖祖宗，自亲贵乃至宗室，无人不痛骂他。在隆裕皇后主持的讨论是否应当退位的御前会议上，他更是被骂得如狗血淋头，结果是，奕劻赶紧跑到天津租界里买房居住，避免在京城与皇族人员见面。由于他贪污受贿的资产高达千万两，故一直可以在天津租界里过着舒适生活，不与清皇室联系。

奕劻于民国六年（1917 年 12 月 9 日）病死。奕劻死后，家人请求紫禁城内尚存的小朝廷赐予谥号，末代皇帝溥仪本想给奕劻"谬""丑""幽""厉"等恶谥，但最终采纳上疏房意见，给了一个"密"字，意思是让他"追补前过"。

在清代亲王谥号中，"密"是最差的一个字。按照谥号的规则，"追补前过曰密"，于其人的功绩无可称，所以，"密"字是谥法中的"下谥"，不但毫无褒美之意，而且只比恶谥稍好一点。以奕劻一生贪庸琐鄙、祸害朝廷的事迹来说，死后没有受到大清皇室的恶谥与清算，还算是宣统皇帝不念旧恶，皇恩浩荡吧。

12—5. 历史结论：从晚清的朝政人物看清皇朝的覆没

清朝以前的明朝是一个非常保守、封闭、落后、经济萧条而又不思进取的皇朝（有人说明朝是三无——无明君、无名将、无名士；两多——多宦官、多艳妓）。而清皇朝政权刚成立时是很有改革魄力的，那时清皇朝的统治者清楚看到明皇朝的政治腐化、宦官专权误国、税收繁重和李自成、张献忠等农民起义的困扰，因此在新中国成立后有意克服满族的部落心态和家系组织，争取与汉人合作并采用明朝既存的合理的政府体制，再加上几位英明果断的君王（康熙、雍正和乾隆）颁布了很多积极的具有深远影响的政策，所以国家迅速强大、繁荣并带来了近二百年的和平，人民和社会获得了休养生息和巨大的发展。

但是，长期的和平却助长了过度的发展，如人口发展过快，而军务废弛，腐败现象随之逐渐在政府中蔓延，皇帝也逐渐成为平庸之君，表明这个国家从内部开始衰败了。

国家与政权从内部开始衰败后，必然引发社会问题，但清皇朝与别的皇朝不同的是：中国历史上别的皇朝内部出现问题时，只会引起自己国家老百姓的不满和造反，而清皇朝不但面临内部造反，而且还面临外国的军事入侵和意识形态的渗透。从白莲教起义（1796—1804 年，此时正在嘉庆年间，因八旗、绿营皆已腐朽，于是开始各省办团练）和太平天国运动（1850—1864 年）以后，清皇朝就面临内忧外患的双重威胁。

这时随着满族官僚的骄奢、堕落、腐败与无能，八旗与绿营兵的衰落，各地方督抚在各次对外战争中势力的做大，国家政权统治力便逐步从中央向地方转移，而支持朝政的力量也逐渐由汉人主导，例如，恭亲王主政时，曾使全国八个总督有七个是汉人，只有一个满人，而 1868 年时，十五个巡抚则全是汉人，与 1840 年相比，那时十五个巡抚中有七个满人和八个汉人。所以到了晚清时期（1851—1911 年），总督和巡抚的比例已从满汉各占一半的原则发展到 65.4% 的总督和 77.8% 的巡抚是汉人，可见皇朝的权力实际上已逐步转向汉人，也就是清皇朝解体实际上是不可避免的了。

几千年的历史表明，当中国面临内忧与外患（以前将外患仅理解为中原以外的外族入侵）而且中央政府又极度衰败时，政权就要倾覆而国家就要发生政权更替了。当时的表现是：

第一，首先要指出，清朝在中国历史上具有特殊的地位，因为它经历了从几千年传统封建的中国向现代共和中国的时代变换。但由于在康乾盛世时，中国作为一个世界大国，周边无敌手，从而造成了极其自满，在军备上不再追求改进，而此时西方已经从冷兵器走向火药兵器的时代，大清从此落后了；另一方面，大清皇朝又极端封闭，使清朝统治者根本没有看到国家已经面临历史形势的变化而必须进行变革，没有认识到应当使几千年的封建皇朝统治下的中国迅速转变为现代国家，如日本那样，以适应和对付西方的冲击（政治、文明和军事）。晚清的几个皇帝和慈禧太后，除了光绪皇帝还有所觉悟以外，都是极其封闭和保守的帝君（如像咸丰皇帝就根本拒绝与外国人见面），根本没有认识到一定要使自己的国家摆脱封闭而有所改变和发展，也没有认识到，只有迅速而果断地进行改革，才能延续皇朝的存在。

第二，在晚清的中国，由于几千年帝王统治的封建皇朝思想和体制、盲目和无知的天朝自大思想、过于辽阔的国土、落后的交通与通讯、几千年的自给自足体系、从不与外交流的传统、文人知识界和掌权的官僚只懂四书五经与对外界一无所知，从而整个国家思想界极度保守落后、并且继续保持远远落后的冷兵器军备与军事体系，这都直接促成清皇朝覆没。

第三，清皇朝晚期缺乏雄才明主也是重要原因。由于清朝的独裁政权将统治权力集中在皇帝手中，因此皇帝的从政领导能力就大大影响皇朝的兴衰。清朝初期由于有康熙、雍正、乾隆这些能干的君王，便为皇朝带来了历史性的辉煌，开创了一个光辉的年代。嘉庆和道光都是循规蹈矩但才智平庸的皇帝，是守成的帝君，没有什么大成就，但也能基本上能保持住帝国的家业。从咸丰起，帝国开始受到内忧外患的不断打击，而咸丰和同治却都是纨绔帝君，不但毫无建树而且后来连儿子都没有。结果造成慈禧太后在晚清近五十年的垂帘听政，而她却是一个浅陋、无知、封闭、排外、自私、保守、目光短浅、只顾个人私利不顾国家命运（或者说不顾朝廷未来的命运）的昏庸女人，她绝不允许任何改革触及她的权力。在这样的人物统治下的国家，面对急剧发展的世界形势，国势日见衰弱，当然只会加速走向灭亡。由于她的近半个世纪的统治，终于将清皇朝带上了覆没的道路。

史家是这样评价进入衰落与亡国期（从嘉庆帝以后）的几位清朝皇帝：

嘉庆帝：平庸。这个皇帝平生只干了一件大事，那就是查办了大贪官和珅。

道光帝：无能。当年英国人发动鸦片战争，也不过就几千人和几十条船，并没有太强的战斗力，但是，道光犹豫不定，结果把仗打输了，从此造成了中国无穷的灾难，加之他又错选咸丰为嗣君，所以，他是一个误国之君。

咸丰帝：荒淫。英法联军打到北京时，他还在圆明园听大戏，过他的30岁生日，面对进攻的敌人，这个极度荒淫的皇帝抛弃江山社稷和臣民，带着戏班子和女人逃往热河，甚至不敢见洋人的面，这样的皇帝怎能不误国家。

同治帝：顽童。他亲政不过一年有余，不但毫无建树，而且自己竟然私自出宫去逛妓院，结果染梅毒而死，何能称为称职的帝君。

光绪帝：傀儡。他四岁当皇帝，无论是在生活上还是在政治上都被慈禧太后管得紧紧的，十年亲政实际上也是徒有虚名，百日维新失败以后更又成为了一个不幸的成年傀儡皇帝。

宣统帝：符号。他三岁登基，六岁退位，本身只是一个帝王的符号而已。

慈禧太后：晚清 47 年的真正统治者。没有文化，对世界一无所知，刚愎自用，对国家不负责任，只知道要维持自己的垂帘听政，极度迷恋于揽权和玩弄权术，结果因贪图个人欢乐修建颐和园导致甲午战败，因个人要泄私愤引义和团排外又造成庚子之乱，事后还推卸责任并拖延改革，终于导致清廷的覆亡。

著名清史学家阎崇年说了一段总结性的话："皇朝盛衰，原因固多，皇帝个人素质，是一最大因素。（在封建皇朝体制下）皇帝是国家、民族的最高象征，应该是当朝整个国家、各个民族中最杰出、最优秀的代表。清朝的开国皇帝太祖努尔哈赤、太宗皇太极，是当时天下之精英，是各路英雄之俊杰。后来康熙、雍正、乾隆三帝，是踏着前三帝（太祖、太宗、世祖）功业的基础，利用西方尚未东渐的时势，并具有个人素质与才能的优势，而成为英君、能君、名君。嘉庆、道光以后，清朝不自觉地或被迫地参与世界范围近代社会的竞争。然而，皇帝却一代不如一代——嘉庆帝为庸君、道光帝为愚君、咸丰帝为懦君、同治帝为顽君、光绪帝为哀君、宣统帝则为幼君。最后，同、光、宣这三个皇帝连儿女都生育不出来，遑论其他。清朝皇帝的选择，太祖、太宗时是由贵族会议推选，顺治开始改为皇帝遗命制，雍正又改为秘密建储制，慈禧再改为太后懿旨制。一个三四岁的娃娃，做大清国的元首，岂不是天下的大笑话！这是家天下、君主制的必然结果。而且皇帝只能在爱新觉罗氏宗室中选择，而不能在其他宗室，更不用说从民众中选出最优秀、最杰出的元首。结果在激烈的国际竞争面前，优胜劣汰，落后挨打，败下阵来，清祚断绝也就成为必然。"

而且，由于作为封建专制体制下对皇帝或皇权没有监督机制，所以其皇帝个人的素质就起了决定性的作用，更不可思议的是，在西方已经进入工业化、近代化、民主制的形势下，大清皇朝不但拒不改革，还自认天朝至上，甚至在多次战败后还不思图强，竟愚蠢到迷信义和团去挑衅西方八国，造成庚子之乱。结果"逆天时，拂民意，不鉴古，拒通变。因此，清朝的覆亡，民国的兴起，是历史的必然逻辑，也是民意的必然选择。"

第四，晚清实际掌握朝廷行政大权的朝臣们缺乏富有活力和有远见的治国之才，大都只顾自己的既得利益，很少有为帝国前途着想的人物，所以并不支持改革。像恭亲王这样稍有远见的大臣，结果都是落得被打击、被排挤的命运，而掌握朝政的都是那些只会奉承慈禧太后的大臣，他们醉心于保护自己的既得利益，因此无法进行有系统、有决心的改革。

也就是在朝中，建议和支持洋务运动的实际是极少数，而且没有形成一个有巨大影响力与推动力的政治集团，即令支持者都只是个人从事，或者只是地方官员，如某几位直隶总督、两江总督、湖广总督和两广总督等，虽然他们在自己任内实施了一定的推行洋务的改革，但也不能推广到全国，因此难以形成全国有计划的制度性改革，从而不能使国家整体形成要改革的动力与方向；即令后来因形势所迫不得不进行立宪改革时，又不是真心愿意实施，而是一味拖延敷衍，没有看到，当时只有实施君主立宪才能够挽救皇朝，结果是错过了可能挽救自己的最后一个机会与希望。从根本上说，就是一个封闭的朝廷和社会拒绝开放。

第五，清皇朝始终未能摆脱它以满人征服者自居的心理，所以对汉臣总是怀有不信任感，虽然在形势所迫下，朝廷不得不启用曾国藩、左宗棠、李鸿章、张之洞、刘坤一这样的大臣，但是又总是担心他们的权力过大会引起皇室统治势力的下降，因此总是对他们加以各种牵制与掣肘，使得清末形成了一种遏制汉人权力的趋势。在进行洋务改革的官员中，毫无疑问思想比较开放的汉人督抚比满人皇亲贵族要更积极一些，汉人要振兴中华的民族主义也引发了满人的民族主义，于是当权的少壮满人皇亲贵族就极力排挤汉人，如那位刚愎又无知的军机大臣刚毅就扬言："汉强则满灭，汉衰则满盛"，甚至还声称："宁赠友邦，勿与家奴"。从总体上说，满人认为推行政治改革尤其是推行宪政会削弱满人权贵的权力，因而晚清时期的满汉间的种族敌视，便实际上阻碍了中国走向改革和实现现代化的进程；特别是平定太平天国以后，看到各地汉人督抚的势力逐步增长，他们更是忧心忡忡，所以后来会组建"皇族内阁"以求将权力更集中在满族权贵手中，因此晚清时因权力分配的满汉分歧已严重导致阻碍改革的进行；但是又由于当时掌权的满族庆亲王的贪婪腐败和自己无能，就使得袁世凯在军政两方面势力的急剧膨胀，终成尾大不掉之势，使得后起的满族权贵也无可奈何，而且也正是他的力量实际摧毁了满族的抵抗，加速了清皇朝的覆灭。

第六，几千年的封闭和天朝至上思想，使得整个国家，从上到下，从官到民，都缺乏对西方、对世界的认识与理解，而几千年的儒家思想与文明又极度排斥外来文明与文化，拒绝承认西方文明的一些先进的内容。清王朝完全没有认识到西方的入侵的严重性，从制度与技术上看到自己战败的必然性，而总是把对外战争的屡次失败都归结为偶然，因此一旦某一场战争结束以后，外部压力减少时，又重新回到自我满足于"天朝至高无上"的状态，他们甚至将已亲眼看到的先进的西洋机器、轮船、火车、枪炮、电报斥之为"奇技淫巧"而加以拒绝，总沉迷于"以华制夷"的梦想中，对于学习西方嗤之以鼻，所以结果是长期使国家处于封闭与落后的状态；认为洋人和西洋文化已经传入中国只是暂时的，可以将其赶出去，所以负责外交的总理事务衙门都只是一个临时组织；这些昏庸的朝廷大官们，甚至都不愿意面对洋枪、洋炮这样的现实，于是就出现了义和团事件这样严重的后果；而对于朝廷官员来说，他们认为以西方的形象和制度来改造天朝的现实是绝对不可接受的，如改革官制就拒绝。

第七，中国的古老文化是重道轻器，但是，当形势迫使大清朝廷要进行一定改革时，它却推行了"重器轻道"的原则。我们看到，无论是李鸿章或是张之洞所推行的洋务运动，都主要是注意学习西方的"器"与"术"，而不牵涉到国家政治体制和社会意识的改造。

而当年日本改革的总设计师福泽谕吉曾指出，一个民族要崛起，必须完成三个转变：一是人心的改变；二是政治制度的改变；三是器物的改变。

日本由于准确地完成了这三个转变，所以它迅速从一个封闭落后的国家转变成世界强国；但大清皇朝拒绝实施前两个改变，而只想向西方学一点"器物的改变"，然而由于国家和民族的意识理念以及政治制度不能支持彻底的变革，也就摆脱不了落后和挨打的局面，甚至面临被瓜分的危险。

第八，正是在这种形势下，在中国革命力量与立宪派兴起了。

他们都认识到，在中国首先要进行"人心的改变"和"政治制度的改变"。

就革命派来说，他们面对自己国家如此的形势，努力向国民宣传革命思想，立志要推翻清皇朝的统治，建立一个全新的共和国，并且在使自己的国家成为共和国以后，再努力自强实现现代化而走向世界。

另外，在不推翻清皇朝的前提下，力求以君主立宪代替君主专制，也就是以君主立宪政治制度取代已经延续了几千年的君主专制制度，并在这个前提下争取国家富强的立宪派也兴起了，他们也努力向国民宣传："专制必败，立宪强国。"

最后，在两股势力的汇合下，终于通过辛亥革命埋葬了统治中国达 268 年的大清皇朝。其实，不但思想解放的革命派与立宪派看到了这一点，就是某些在任的封疆大吏也敏锐地看到了这个问题。曾任直隶总督、两广总督的著名淮军大将张树声，1884 年 11 月临死前，他在自己的《遗折》中奏道："……

夫西人立国，自有本末，虽礼乐教化远逊中华，然驯致富强，具有体用。育才于学堂，论政于议院，君民一体，上下一心，务实而戒虚，谋定而后动，此其体也；轮船、大炮、洋枪、水雷、铁路、电线、此其用也。中国遗其体而求其用，无论竭蹶步趋，常不相及，就令铁舰成行，铁路四达，果足恃欤！"

这已把西方的政治制度作为救国的根本上达朝廷了。敢于把"育才于学堂，议政于议院"等有关"废科举""兴民权"等要害问题尖锐地摆到清最高统治者面前，并要其正视现实，改变"数百年不变之法"，以图王朝之兴，以求民族富强，否则纵有战舰成群，铁路成网，又有何用。所以他作为一名武将出身的封疆大吏，不但见识过人，确实也胆识过人。

第九，从清朝廷本身来说，在关键时刻不是当机立断，而是拖延，结果自己失信于民而导致最终的覆亡。

首先，当体制变革作为历史的要求提出之后，体制内最下层，即功名不高地位不显的"读书人"就成为了变革的主要动力，发动了戊戌变法。他们当时不希望、也根本不希望"革命"，所以"戊戌变法"实际是非常温和。然而，清政府却以"极端""激进"的手段来对待温和的变革，"六君子"喋血菜市口，康、梁等被迫流亡海外。究竟是维新派"激进"还是保守派"极端"？当清政府连"体制内"的改革者都不能容忍，把他们推向"体制外"时，"体制外"的留学生、会党便不可避免地成为变革的主要动力。这样，一场社会革命便难以避免了。本来，"戊戌维新"时清政府尚有一定的变革主动权。但它却拒绝改革，丧失了一次难得的机会。只是在经历了两年后的"庚子巨变"这种大流血之后，它才在"内外交迫"的情况下不得已而为之地开始"新政"。不过为时已晚，此时再做这些已远远不够，需要做更多的改革或妥让，于是从此人们开始提出"立宪"的要求。到1904年，不少重臣都半公开主张立宪政体之国。

1906年9月初，清廷终于被迫发布仿行立宪的上谕，宣布进入预备立宪阶段。国内表现出万众欢腾，然而清廷并不珍视此时对它来说极其珍贵的民情民意。1908年公布的《宪法大纲》对权力极其垄断。连温和的立宪派也终于认识到"政府宁肯与人民一尺之空文，不肯与人民一寸之实事"，开始号召"人民与之争者，宜与争实事，而不与争空文"。1910年在不到一年时间里，以地方士绅为主的"立宪派"发动几次大规模的国会请愿运动，声势浩大，遍及全国。但清廷就是毫不妥协，拒不开国会，拒不立宪，反而采取越来越激烈的手段镇压立宪运动，是清廷自己实施拖延，再一次失信于人民。而且就在辛亥革命前的1911年5月8日，清廷利令智昏地出台一个垄断权力的"皇族内阁"。完全违背皇族成员不能入阁当国务大臣的基本原则，实际向世人宣示清廷所谓"立宪"只是一个幌子、其实根本不愿放弃一丁点权力的真实面目。结果使其统治基础的士绅阶层与其迅速疏远，最终弃它而去。

1911年5月推出"皇族内阁"之时，清廷又倒行逆施地宣布要将原本股份制的民营铁路收归国有。为保卫自己的产权，以绅商为主的几省股民自然要发起"保路运动"。四川保路风潮相对最为激烈，最后成为辛亥革命的导火索。然而，四川保路运动的绅商首领一开始坚持的是毫不过激的"文明争路"，但清政府还是在9月初逮捕领导保路的绅商首领，随后在成都开枪打死30余名手无寸铁的和平请愿者！这究竟是绅商"过激"还是清政府"过激"？它直接导致了一个月后的辛亥革命的爆发，清朝廷自掘坟墓何其显然。

正是清政府的所作所为使从来温和谨慎的士绅商董都开始远离它抛弃它进而反对它！他们尚且态度大变、非常激烈，又何必指责孙中山等革命党人推翻清王朝是"激进"呢？是清政府的颟顸与极端顽固，最后"造就"了辛亥革命的"激进"。

纵观晚清历史，每当还有一线希望、还能控制一定局面的时候，清廷总是拒不变革；只到时机已逝、完全丧失操控能力的时候，它才匆匆忙忙地被动"变革"。以致步步被动，一拖再拖，一误再误，完全丧失变革的主动权。这样，它后来便不得不为此付出更高的代价，直到完全破产。

大清皇朝覆亡了。

就是这些清皇朝内部的因素及其具体表现与不断深化注定了这个皇朝要走向死亡。

但在中华民族和中国历史发展的进程中，应当肯定的是，清皇朝具有不可磨灭的贡献。

在中国历史上，即令在强盛的汉朝，中原的势力范围并未越过沙漠，沙漠外主要是匈奴等游牧民族统治；到了盛唐，虽然建立了"丝绸之路"，沟通了西域，但玉门关外西域之地也没有归唐皇朝实际管辖；而处于现在青海和西藏之地的吐蕃，几个世纪都与中原政权有战事。满族入主中国后，他将东北（还包括外兴安岭和乌苏里江以东的大片疆域）还有蒙古都带入了中国版图。由于康乾盛世的赫赫成就，新疆、青海和西藏也都正式成为中国领土。即令在晚清，19世纪60年代，中亚阿古柏入侵新疆，李鸿章想要放弃新疆集中国力保海防，但左宗棠坚决不同意，最后他以六十多岁的高龄带兵入疆，平定入侵的阿古柏匪帮，收复整个新疆，并建议在新疆建省。随后，毅勇侯曾纪泽又单身入俄，硬是将俄国人已吞下的新疆伊犁地区从俄国人的口中夺了回来。此外，康熙年间还收复了台湾并继续接受琉球为藩属国。

在完成中国空前的统一以后，清朝初期，除了蒙古、满洲、西藏、新疆和青海这五个特殊的行政区以外，全国共有十五个行省。考虑到有几个省面积过大，于是在康熙年间，就将江南省拆分为江苏与安徽，将陕西省拆分为陕西与甘肃，将湖广省拆分为湖北和湖南，于是就形成了中国的十八个基本行政省，这也大致是原来明朝的版图。

清皇朝是少数民族在中国建立的第二个全国政权，它存在 268 年，而中国第一个少数民族全国政权元朝只存在 89 年，清朝这样长的统治期曾给中国带来了长久的和平与繁荣。表现在辛亥革命成功后，1912 年共和国体的中华民国成立，当时清廷移交给中华民国的土地面积是 1142 万平方公里，是明朝疆土（353 万平方公里）的三倍多。

与明朝相比，增加了东北、内外蒙古、台湾、西藏、新疆、青海等地区，它最盛时疆土达 1303 万平方公里。但是，由于无知、无力与后期的腐败无能，它也丧失了 161 万平方公里的疆土（如伊犁以西、黑龙江以北外兴安岭、乌苏里江以东、库页岛和台湾、香港等地），但最终，清朝不但将从明朝手中得到的土地（即十八省）原封交回，而且交给当时以汉人为主体的中华民国更为辽阔的疆土。实事求是地说，清皇朝并没有对不起中华民族这个大家庭。

第十三章
清帝退位后尚留的历史尾声

13—1. 天出二日：袁世凯称帝与尚存清朝廷达成默契

皇帝退位以后，隆裕皇太后带着溥仪，艰难度日。这种艰难，主要不是物质上的，而是精神意义上的。因为有一大帮死硬派，将清朝皇权的丧失都归罪于隆裕皇太后，处处与她过不去。而同治、光绪时代进宫的妃嫔们，也不把她这个太后当回事。为了节省宫中的开支，隆裕太后不得不裁减了一大帮勤杂人员，于是太监们对她也是一肚子意见。而这个无限忠于大清的皇太后，在退位以后认为自己是犯了滔天大罪，她觉得上对不起爱新觉罗的列祖列宗，下无脸见年幼的皇帝溥仪，她痛悔未能与载沣通力合作，共辅幼帝，她深恨自己的鲁莽与无知。虽然没有人当面抱怨过她，但是人们的目光都像责备她。身边太监们的唉声叹气使她心如刀绞。溥仪每天的请安也变成了对她良心的惩罚。她终日以泪洗面，茶饭不香，郁闷不欢，再也无心游乐了。"亡国"的罪责无情地压垮了她，她积郁成疾，终至病倒不起。一年以后，1913年2月22日，隆裕皇太后终于在极度的痛苦和悔恨中而死，这时离她下诏宣布退位，只有一年零十天的时间，死时年仅45岁（弥留时将溥仪抱在怀中说："不要难为他！"同时无限凄惨地说："孤儿寡母，千古伤心。睹宫宇之荒凉，不知魂归何所！"），死后与光绪帝合葬崇陵。

隆裕皇太后去世后，袁世凯政府宣布"以外国君主最优礼待遇，议定各官署一律下半旗一天，文武官员服丧左腕戴黑纱二十七天。自二月二十二日始，至三月二十日止，以志哀悼"，在"头七"的祭典日子里，大总统亲戴黑纱，并特备溥仪三万圆。最后在太和殿举行了隆重的"国民哀悼会"，由参议长吴景濂主祭，副总统黎元洪的唁电称她"德至功高，女中尧舜"。山西都督阎锡山称她"贤明淑慎，洞达时机，垂悯苍生，主持逊位。视天下不私一姓，俾五族克建共和，盛德隆恩，道高千古。"

《中国日报》撰文说："己丑年嫁光绪为嫡后，秉性柔懦，失西后欢，尤与光绪感情不洽。抑郁深宫二十余年。既无可誉，亦无可讥。唯清廷退位，后力居多，将来共和史中亦不失有价值之人物也。"《亚细亚日报》撰文说："隆裕太后去岁，不为亲贵浮言所动，力主共和，实为有造民国。今一朝崩御，我五族国民，当同情哀悼。"

皇帝与皇太后及摄政王

此前一个星期，也就是 2 月 15 日，却是这位太后的寿诞。当时已是中华民国，大总统袁世凯派总统府秘书长梁士诒作为中华民国元首代表前往祝贺，先行三鞠躬，呈递国书，称："大中华民国大总统谨致大清隆裕太后陛下，愿太后万寿无疆。"

但是坐在旁边的溥仪却奇怪地问道："这个人是不是很面熟？"

一年前，1912 年 2 月 12 日，正是这个梁士诒和外务大臣胡惟德奉袁世凯的命令，入紫禁城养心殿，来要求隆裕皇太后正式宣布皇帝退位，当时溥仪也正在座。于是隆裕皇后以宣统皇帝的名义宣读了退位诏书，他们两人接过诏书以后，没有照例下跪叩拜，而是行鞠躬礼向这个皇朝告别。面对此情景，隆裕皇后号啕痛哭，对此溥仪印象极深。

于是后来有诗嘲曰：

> 未央贺朝本家人，民国拜寿觐礼新；
> 皇命卷帘通姓氏，官家尽识旧时臣。

袁世凯是前清的重臣，也是他利用北洋军的实力于 1912 年初逼迫隆裕皇后发布退位诏书。但是，在袁世凯掌控国家政权以后，他对已经退位的清皇室还是比较尊重的。

例如，1913 年 10 月 10 日，袁世凯就任中华民国正式大总统，随即，他就致信给已逊位的大清皇帝：

"大清皇帝陛下：

中华民国大总统谨致书大清皇帝陛下，兹于宣统三年十二月二十五日奉大清隆裕皇太后懿旨，将统治权公诸全国，定为共和立宪政体，命袁世凯以全权组织临时共和政府，含汉满蒙回藏五族共和完全领土为一大中华民国。旋经国民公举为中华民国临时大总统。受命以来，两岁于兹，深虞陨越。今幸内乱已平，大局安定，于中华民国二年10月6日经国民公举为正式大总统。国权实行统一，友邦皆已承认，于是年10月10日受任。凡我五族人民皆有进之于明，跻于太平之希望。此皆仰荷大清隆裕皇太后暨大清皇帝天下为公、唐虞揖让之盛规而克臻此。我五族人民感载兹德，如日月之照临，山河之涵育，久而弥昭，远而弥挚。唯有董督国民，革新郅治，恪守优待条件，使民国巩固，五族协和，庶有以慰大清隆裕皇太后在天之灵。特此报告，并祝万福。

中华民国袁世凯"

真不知道袁世凯为什么要写这封信，是否还是具有为臣子的本能。

1915年冬天，袁世凯即将称帝的形势已经越来越明显了。

不过，这时候在北京紫禁城内还有一个虽已让出政权，却还保有皇帝头衔的小皇家朝廷存在，即清朝廷仍然存在。

但是，中国古话说得好："天无二日，国无二主。"

袁世凯要当皇帝，就必须安排好"两个皇帝"之间的关系。

于是，已退位的清皇室与袁世凯之间就做了一笔政治交易：清皇室表明态度支持袁世凯当皇帝；而袁世凯承诺对清皇室的优待条件不变。

这明显对双方都有利：对袁世凯来说，这表明清皇室不与他计较真正的皇帝位了；而对于清皇室来言，袁世凯重申对清皇室的优待条件就是承认了"天有二日"的现实，因此清皇室不但能继续存在，溥仪也免除了被杀或被流放的危险。

所以在1915年12月12日，当袁世凯正式宣布称帝的那一天，清皇室内务府大臣世续、景丰、绍英就联名给袁世凯发了一封公函：

"钦奉上谕。前于辛亥十二月钦奉孝定景皇后懿旨，委托今大总统以全权组织共和政府。旋由国民推举今大总统临御统治，民国遂以成立。乃试行四年，不适国情，长此不改，后患愈烈。因此，代行立法院据国民请愿，改革国体……现由全国民代表决定君主立宪，并推戴今大总统为中华帝国大皇帝，为除旧更新之计，坐长治久安之谋，凡我皇室，极表赞成。"

袁世凯看到这份公文后，当然十分高兴。

因为袁世凯此前在清皇室优待条件上重新批写了一段跋语，这段话在收到清皇室的公函之前就已经写就并通告了清皇室："先朝政权，未能保全，仅留尊号，至今耿耿。所有优待条件各节，无论如何，断乎不许变更。容当列入宪法。袁世凯志。乙卯孟冬。"

也就是袁世凯承诺他称帝后不但不会危及清皇室的存在，而且重申对清皇室优待条件不变，并且要将这种承诺今后写入宪法。

不但如此，袁世凯还决定要加强与清皇室的联系纽带。醇亲王载沣在当年 11 月 16 日的日记中就写道："偕世太傅公见四贵妃，秉商皇室与袁大总统结亲事宜，均承认可，即命筹办一切云。在内观密件，甚妥。一切如恒云云。"据溥仪在回忆录中解释说，这里"所谓密件，就是袁的手书跋语。所谓亲事，就是袁世凯叫步兵统领江朝宗向我父亲同世续提出的让他的女儿当（溥仪的）皇后。太妃们心里虽不愿意，也不得不从。"

1915 年 12 月 13 日，也就是袁世凯正式表示接受帝位后的第二天，他在中南海怀仁堂接受了文武官吏人的朝贺，二百多文武百官分成班次，文东武西，大家向这位原大总统、即将称帝、但今日还尚未登基的皇帝行了三鞠躬礼。

随即，他便发布了一系列"政事堂奉策令"，其中宣布：对清皇室的优待条件永远不变；特命清宗室溥伦为参政院院长。

但是袁世凯只当了八十三天的皇帝，并且在第二年的 6 月 6 日就在举国一片唾骂声中死去了，因此皇室优待条件自然也就未能写入宪法，而溥仪当然后来也没有与袁世凯的女儿结婚。

13—2. 黄粱一梦：张勋领六千辫兵入京，演出复辟闹剧

1917 年 6 月 7 日，长江巡阅使、北洋十三省督军之盟主、辫帅张勋，受总统黎元洪的邀请，进京来调解总统黎元洪与国务总理段祺瑞之间的"府院之争"，此时段祺瑞已经被黎元洪解职，并一怒走天津。

多少年来就一直心怀复辟清皇朝统治的张勋带领十个营的六千名辫子军北上北京，他先到天津与段祺瑞见面，段对他复辟之举既不赞成也不反对，空言说你要复辟我就打你，其实段就是要借张勋的力量推倒国会并赶走黎元洪。张勋进京以后首先强迫黎元洪在三天内解散国会。在武力压迫下黎元洪毫无办法，只好从命。

张勋筹划复辟前数日，曾密谒溥仪，真是"落花时节又逢君"，进以复辟之说，溥仪摇头不愿。张问："皇上不愿，其意安在，能讲给老臣听否？"

溥说："陈师傅宝琛终日里子曰诗云闹个不了，朕那还有心思去干别的事！"

张说："圣上如允重登大宝，即日理万象，可以不用读书了。"

溥仪大喜曰："敢是一做皇帝，书就可以不必读了吗？"

宣统又登宝座

张说："古来只有马上天子，从无读书天子。"

溥仪于是说："准如卿言，朕便干了。"

1917 年 6 月 30 日，张勋的军队开到北京城外，本人就进城到江西会馆戏场听戏。他装出一副超然悠然的样子，说是来调停黎段纠纷的。听戏一直听到子夜 12 点钟，回到寓所后；参谋人员进进出出，频繁部署；谋士和幕僚正在聆听保皇党的首脑——康有为讲话。康随即要张勋命令他的"辫兵"把京津临时警备总司令王士珍、副司令江朝宗和陈光远以及京师警察厅总监吴炳湖"请"来，突然宣布道："本帅此次率兵入京，并非为某人调解而来，而是为了圣上复位，光复大清江山。"接着他告诉众人，今日傍晚，他已进宫面圣，召开了"御前会议"，决定明晨请皇上复位。议罢厉声问道："诸位尊意如何？"王、江、陈、吴四人被这突如其来的事件弄得心惊肉跳。王士珍壮着胆子问道："各省及外交部接洽过吗？"张勋回答："外交确有把握。冯国璋、陆荣廷均表赞意，并有电来催。各省督军也一致拥护。"王士珍等默默无语。张勋又说："我志在必行。你们同意，则立开城门，放我兵马进来。否则请各归布置，决一死战！"

王士珍等面面相觑，不敢再说什么。张勋遂下令打开城门，6000 "辫子兵"全部进城。

接着 1917 年 7 月 1 日凌晨 1 点，张勋身穿蓝纱袍、黄马褂，戴上红顶花翎，率领刘廷琛、康有为、王士珍、江朝宗和辫子军将领五十多人乘车进宫，正式恭请清逊帝溥仪临朝复辟。7 月 1 日凌晨 3 时左右，本于 1912 年 2 月 12 日已经宣布退位、现在才 12 岁的溥仪在瑾、瑜两太妃和太保世续、师傅陈宝琛等人的护导下，来到养心殿召见张勋一干人等。

张勋见小皇帝坐上了龙椅，便立即甩开马蹄袖，领着众人匍匐在地，向溥仪行三跪九叩首大礼。张勋奏曰："隆裕太后不忍为了一姓的尊荣，让百姓遭殃，才下诏办了共和，谁知办得民不聊生。共和不合咱的国情，只有皇上复位，万民才能得救！"

溥仪按照陈宝琛的指点表示谦让说："我年龄太小，无才无德，当不了如此大任。"

张勋立即赞颂："皇上睿圣，天下皆知，过去圣祖皇帝（指康熙）也是冲龄践祚嘛。"

听张勋赞颂不已，溥仪忽然想起一个问题，连忙问："那个大总统怎么办呢？给他优待还是用别的办法对待？"

张勋回答说："老臣会让黎元洪奏请让他自己退位，皇上只需准他奏就行了。"

说到这里，溥仪便连忙按照陈宝琛的嘱咐说："既然如此，我就勉为其难吧！"

于是，张勋、康有为等人又跪拜在地上，高呼万岁，王士珍等人也只得跪下随口欢呼。

这时奏事处太监就拿来事先已经拟好的一大堆"上谕"，于是溥仪就一口气宣读了八道皇帝复辟后的"上谕"：

一、即位诏。诏书宣布"共和解体，补救无方，于宣统九年五月十三日（1917年7月1日），临朝听政，收回大权，与民更始。"

二、黎元洪奏请奉还国政，封一等公，以彰殊典。

三、设内阁议政大臣，其他官职暂照宣统初年，现任文武大小官员均照常供职。

四、授张勋、王士珍、陈宝琛、梁敦彦、刘廷琛、袁大化、张镇芳为内阁议政大臣。

五、授万绳拭、胡嗣瑗为内阁阁丞。

六、授各部尚书：梁敦彦为外务部尚书、张镇芳为度支部尚书、王士珍为参谋部尚书、雷震春为陆军部尚书、朱家宝为民政部尚书。

七、授徐世昌、康有为为弼德院正、副院长。

八、授总督和巡抚：张勋兼直隶总督、冯国璋为两江总督、陆荣廷为两广总督。各省督军改称巡抚。

次日，溥仪又补授瞿鸿禨、升允为大学士，冯国璋、陆荣廷为参与国政大臣，补授沈曾植为学部尚书，萨镇冰为海军部尚书，劳乃宣为法部尚书，李盛铎为农工商部尚书，詹天佑为邮传部尚书，贡桑诺布尔为理藩院尚书。

张勋还发出通电，攻击辛亥革命"篡改共和、纲纪颓废、老成绝迹、暴民愤姿"，称共和不如君主，"相距天渊"。"为时势计，莫如归复君主；为名教计，更莫如推戴旧君"。

宣布已"奏请皇上复辟"，以使国民"享数百年或数十年之幸福"。并通令各省"遵用正朔，悬挂龙旗"。这样，溥仪便接受了他们的拥戴，宣布该年民国六年为"宣统九年"，通电全国改挂龙旗。但皇室中也还有头脑清楚的，如瑾太妃，她清楚地知道，如今再搞复辟，结果只会葬送民国优待皇室的条件，其他一点好处都没有。所以她不但不高兴，而且感到后果可怕，流着泪说："康有为和张勋这个搅法，会葬送这个孤儿寡母的小朝廷啊！"但她无能为力。

张勋对她说："今日之事，得听我的，有不从者，莫怪老夫无情。"

溥伦责备他说："你这番举动不是学曹操吗？"

张回答说："曹操逼宫，那是弑后惊主；我今日逼宫，是拥君即位，哪能一概而论。"

不过，当时张勋起用的七个议政大臣、两个内阁阁承、各部尚书和弼德院正副院长，全是汉人，不但做官没有满人的份，而且张勋在宣布皇帝复辟的第二天就专门发了一道"上谕"，禁止皇亲贵族干政。因此王公亲贵们"大不高兴"和"十分积忿"。于是溥仪在回忆中说"醇亲王又成了一群贝勒贝子们的中心，他们要和张勋理论，还要亲自找我做主，他们整天聚在一起寻找对策"。帝师陈宝琛对皇帝说："本朝辛亥让国，就是这般王公亲贵们干政闹出来的，现在还要闹，真是无知以极，皇上万不可答应他们。"

不过幸好这些皇亲们的对策还没有想好，讨逆军就进了城。这倒成全了他们，让他们摆脱了这次复辟的责任。

宣布复辟以后，一时间北京街头又出现了穿着清朝袍褂、脑后拖着假长辫的遗老遗少。在复辟的日子里，最宝贵的莫过于脑后的那条辫子。

众所皆知，张勋不但自己留辫子，他的军队也全留辫子，"辫子军"实乃名至实归。据说，张勋在去见清帝的时候，太保世续说辫子与时世不合，劝他将辫子剪去。张勋听后大恼，便在清帝面前起而为辫子辩护："我手下的兵，个个都有辫子。这些兵之所以要有辫子，这在军事上关系重大。正因为我的兵都留辫子，所以奸宄之徒就难以混入。如今这些乱党奸徒，岂不个个都是没有辫子的？"复辟的当天下午，转自铁当手下报告街上到处都是留辫子的人后。血社张勋乐不可支，拍腿掀须大笑道："我说人心不忘旧主，今日果应其言。不然，哪里来这许多有辫子的人呢？这就是民心所向啊！"

在张勋开列的复辟宣统朝廷的官员名单中，有一条原则："凡前清官僚，自亡国后，保存发辫而不服官于民国者为上选，可得内阁宰辅位次；有发辫而曾应民国之聘出山者为次选，可得尚书、侍郎之职；至若无发又为民国官员者，虽有奇才异能，亦屏而不用。"

也就是，在张勋眼中，一个人的才华能力不是最主要的，关键是要有"辫子"。这样一来，当时京师中所有理发铺中所存的假辫子，一下子就被抢光了。

段祺瑞马厂誓师

张勋宣布复辟的第二天，黎元洪冒着生命危险立即通电全国怒斥复辟，称张勋为"国贼"，委托住在南京的副总统冯国璋代任总统职务，并重新任命段祺瑞为国务总理，黎元洪本人则随即避入日本使馆。

段祺瑞也随即组织"讨逆军"并任总司令，领北洋军于7月3日在天津小站马厂誓师"保卫共和"，宣布张勋八大罪状。段祺瑞任命段芝贵为东路讨逆军总司令，指挥第八师和第十六混成旅沿京津铁路西进；任命在保定的曹锟为西路讨逆军总司令，指挥第三师、第二十师沿京汉线北上，两路讨逆军共约五万人，兵力远大于张勋带到北京来的六千人，而且此时各地曾表示拥戴张勋的督军们都没有派兵支持张勋。

7月7日，张勋兵败廊坊，7月9日，北京公使团照会清室，劝其解除张勋武装，明确表明不支持复辟。段祺瑞很快就击溃了张勋的"辫子兵"，并于7月12日完全粉碎复辟闹剧，当张勋只剩下紫禁城一座孤城时，有一位外国记者来访，见张勋正愁眉苦脸，便询问张在思考什么，张勋回答说："我正在想诸葛亮空城退敌之策。"最后张勋逃入荷兰使馆。

复辟失败后的宣统皇帝溥仪只得再一次发布退位诏书，它是由醇亲王载沣和溥仪的师傅陈宝琛拟定的：

"宣统九年五月二十日，内阁奉上谕：前据张勋等奏称，国本动摇，人心思旧，恳请听政等语。朕以冲龄，深居宫禁，民生国计，久未与闻。我孝定景皇后逊政恤民，深仁至德。仰念遗训，本无丝毫私天下之心。惟据以救国救民为词，故不得已而允如所请，临朝听政。

乃昨又据张勋奏陈，各省纷纷称兵，是又将以政权之争致开兵衅。年来我民疾苦，已如火热水深，何堪再罹干戈重兹困累！言念及此，辗转难安。朕断不肯私此政权，而使生灵有涂炭之虞，致负孝定景皇后之盛德。著王士珍会同徐世昌，迅速通牒段祺瑞，立办一切交接善后事宜，以靖人心，而弭兵祸。钦此！"

徐世昌

载沣最担心得胜的人会惩办复辟，取消优待，所以在退位诏书中把责任都推到张勋身上，然而也还是比较实事求是地承认了确有"不得已而允如所请，临朝听政"的事情发生。

但是，在大清退位前就已经位列三公、这次复辟中又被任命为弼德院院长的徐世昌，不满意这份退位诏书中把清皇室的责任说得过重，于是他就采取大事化小的办法，弃这个退位书不用，改用清皇室内务府给民国政府的一份公函来代替，而这份公函只是夹在以国务总理段祺瑞的名义公布的大总统命令中出现："……张勋率领军队，入宫盘踞，矫发谕旨，擅更国体，违背先朝懿训。冲入深居宫禁，莫可如何。此中情形，当为天下所共谅……"

然后段祺瑞给内务府复信说："张勋据京，演此奇变，幸早扑灭，渐复原状，敬当视力所及，以尽保护之责。"

这样一来，这次复辟就完全与清室无关了，因此也就不影响对清皇室原有的优待。醇亲王对此当然十分感激，从此以后他也加强了与民国当权人物的来往。

人们说，张勋与袁世凯相比，不在一个档次上。袁世凯是一个雄才大略的人，为称帝的事得以实现，他身边积聚了一大批杰出的谋士，先有计划做了许多舆论与实际准备工作并按步骤一步一步实行然而最后也落得身败名裂；而张勋不过是区区一介武夫，与袁世凯有天壤之别，他在中国要复辟帝制，仅仅是带了六千兵到京城就一哄而起，以为这样宣统皇帝就能再次临朝，他也就能成为复国的元勋，真是愚不可及。

他根本就没有考虑谁会支持他，尤其是北洋系的人谁会支持他，他本来就不是北洋系的领袖人物，而且他也没有真正可靠的谋士，他发动复辟之后，起用的都是清朝的遗老，如沈曾植、刘廷琛等，他们退隐多年后对当时中国的实际情况可以说是一无所知，只眷恋前清朝廷旧制，穿马褂、戴长辫，完全不懂政治，没有政纲、没有政府组织、没有制度、没有政策、没有宣言、没有武装。也就是政治上一塌糊涂，军事上毫无部署，对事情没有全盘策划，对后果没有充分估计，这样的政变怎么可能会得到支持！

所以说，袁世凯的帝制都不能成，张勋要能成事，那真是没有天理了。

徐世昌说张勋不过是一介莽夫，又干了一件天大的鲁莽事，"鲁莽灭裂"，结果当然是事情全盘皆输，自己也身败名裂，可以说对张勋的评价是一针见血。

宣统皇帝溥仪，历经人世沧桑（晚清皇帝、中华民国废帝、伪满洲国皇帝、战俘押在苏联、战犯监禁在中华人民共和国监狱、获特赦、成为新中国普通公民），直到 1967 年，溥仪因患尿毒症病倒。周恩来总理闻讯，亲自打电话指示政协工作人员，一定要把溥仪的病治好。后指示将他安排到首都医院进行中西医会诊。在病情最危急时，周总理又指派著名老中医蒲辅周去给他看病，并转达周总理对他的问候，后因医治无效，于 1967 年 10 月 17 日凌晨 2 时 30 分去世。

溥仪的遗体依据中华人民共和国的有关法规火化，骨灰获准安放在北京八宝山革命公墓第一号室。

1994 年，旅居海外的张世义先生在易县崇陵西北兴建了一座华龙皇家陵园。为了提高陵园知名度，张世义经过不懈努力，劝动了溥仪的最后一任妻子李淑贤，同意将溥仪的骨灰迁葬西陵。

安放仪式于 1995 年 1 月 26 日举行，由李淑贤把骨灰盒捧至墓穴前，安放在铺着黄缎的灵台上。一个简单的仪式之后，陵园工作人员将骨灰盒放入水泥筑的"椁"内。面南背北，盖上"椁"盖，最后浇铸混凝土。中国封建社会的最后一个皇帝的骨灰就这样安葬了。

准确地说，溥仪墓不在清西陵，但在清西陵附近。

长期以来，人们对中国的末代皇帝溥仪的称呼都是宣统帝或者清废帝、末代皇帝、逊帝等，因为他没有庙号和谥号，他去世时是平民身份，所有没有谥号。

但溥仪毕竟是末代皇帝，货真价实地做过三年的清朝皇帝，所以爱新觉罗家族在台湾的后裔于 1967 年给溥仪上了庙号"宪宗"和谥号"配天同运法古绍统粹文敬孚宽睿正穆体仁立孝愍皇帝"。

后说在某位"宣国公（此人身份有待进一步核实）"的建议下，于 2004 年（一说是 2002 年）重新给溥仪上了庙号和谥号，庙号清恭宗；谥号"配天同运法古绍统粹文敬孚宽睿正穆体仁立孝愍皇帝"。尊骨灰奉安处（在易县华龙皇家陵园）为"献陵"，尊皇后婉容为"孝恪愍皇后"，祥贵人谭玉龄为"明贤皇贵妃"，福贵人李玉琴为"敦肃福贵妃"，新中国成立后的夫人李淑贤为"孝睿愍皇后"，淑妃文绣已正式离婚不再属于皇室。从谥法解释来看，后一个庙号和谥号还是比较客观地反映了溥仪的一生。

但是需要注意，溥仪的谥号、庙号都是民间所加，与以前皇帝的谥号、庙号为政府（朝廷）所加是不同的，溥仪所谓的谥号，庙号并不算是正式的谥号、庙号，这个庙号和谥号是家族内定的，未获国民与历史的认可。

13—3. 最后消失：冯玉祥将溥仪赶出紫禁城，皇朝消亡

1912 年 2 月 12 日，清朝皇帝颁布退位诏书。注意：

一、清朝皇帝宣布退位，也就是让出了清朝廷对中国的统治权。

二、清朝皇帝并未去号，也就是该皇帝本人、皇帝称号仍然存在。

三、这就意味着，清皇朝还存在。

四、而且，从清皇朝手中取得对中国统治权的中华民国政府也正式承认，清皇朝及其朝廷结构还可以合法存在，而且中华民国还承诺了在各方面（包括在财政上）对它的存在给予支持。

五、民国政府还承诺对清皇朝的皇帝给予对外国君王的礼遇。

六、但是，这个仍被允许存在的清皇朝，其领地仅限于北京紫禁城内后面一部分。

这样，在紫禁城内，溥仪的小朝廷照样还有内务府，继续还发布"上谕"，而且北洋政府历届总统接替时，都循例派遣专使，以对外国君王之礼前往紫禁城内送"国书"。

而且，由于这个小朝廷的继续存在，就使得一批有复辟君主统治的人觉得还有希望，1917 年 7 月发生的张勋复辟就是最典型的例子。

1922 年 12 月，溥仪结婚时，民国大批军警为其放哨布岗，恭敬护卫。一些有名望的民国政界人士，如黎元洪、张作霖、吴佩孚等人，都送了厚礼，这在当时引起了极大的轰动。

1924 年 10 月，第二次直奉战争爆发，直系大将冯玉祥突然从热河前线倒戈，并且兵进北京，发动北京政变。直系随即战败，其领军主帅吴佩孚仅率少量残兵乘海船逃往江苏，直系总统曹锟的政府也就立即倒台，曹锟尽管没有被逮捕，但是被幽禁在其总统府内。

此时国家无元首，然后成立以黄郛为首的摄政内阁。

进入北京并掌控政权以后，冯玉祥决定完全结束这个残存的小朝廷，将溥仪驱逐出宫。为此他要内阁召开会议并作出驱逐溥仪的决定。但是，由于对大清皇室的承诺是当年中华民国临时政府作出的国家正式承诺，不是哪一

个人或哪一届政府可以随意废除的，因此
黄郛的摄政内阁在接到冯玉祥关于要驱逐
溥仪的决定后，便召开内阁会议讨论此事。
最后通过以改变对清皇室的优待条件的方
式来驱逐溥仪出宫。新修订的对清皇室的
优待条件如下：

鹿钟麟逼宫

今因大清皇帝欲贯彻五族共和之精神，
不愿违反民国之各种制度仍存在于今日，
特将清室优待条件修正如下：

第一条，大清宣统皇帝从即日起永远废除皇帝称号，与中华民国国民在
法律上享有一切平等之权利。

第二条，自本条件修正后，民国政府每年补助清皇室家用五十万元，并
特支出二百万元开办北京贫民工厂，尽先收容旗籍贫民。

第三条，清室应按照原优待条件第三条，即日移出宫禁，以后得自由选
择住居，但民国政府仍负保护责任。

第四条，清室之宗庙陵寝永远奉祀，由民国酌设卫兵妥为保护。

第五条，清室私产归清室完全享有，民国政府应当为特别保护，其一切
公产应归民国政府所有。

修正条件比原来优待条件不可同日而语，岁用由四百万减少到五十万，
尤其是永远废除尊号和即日出宫，即没收全部财产而且也确定了清皇朝在名
义上与形式上的正式消亡。

内阁紧急会议决定修改清皇室优待条件以后，就派北京警备总司令鹿钟
麟和警察总监张壁，会同社会知名人士李煜瀛共同前往紫禁城执行。

11月5日，鹿钟麟、张壁各带领20名精悍部属，并请李煜瀛陪同，一
起乘汽车来到故宫。此前，驻在清宫及景山守卫的士兵有1200多人，隶属于
京师卫戍司令部，自民国元年起就如此驻扎。为便于鹿钟麟的行动，11月4
日上午，冯玉祥就派自己的国民军孙岳部将上述故宫保卫部队予以缴械，并
都调驻北苑，听候改编。同时，冯玉祥又派国民军接管了紫禁城内守卫队的
营地，故宫进出的后门神武门也换上了国民军的岗哨。

鹿钟麟等人先将故宫外的军警布置好，并将电话线切断以后，于上午9
时率领军警各20名进入故宫神武门，鹿等三人直奔溥仪的寝宫。在途中遇到
闻讯而来的清朝廷内务府大臣绍英等人，于是鹿钟麟随绍英等一同进屋坐定，

鹿钟麟首先宣布了来意，并出示了公文，公文上写着："大总统指令：派鹿钟麟、张壁交涉清室优待条款修正事宜。此令。中华民国十三年十一月五日。国务院代行国务总理黄郛。"鹿钟麟同时就向绍英宣布废除帝号，并且溥仪必须即日迁出故宫，首先请交出皇帝御玺，同时将《修正清皇室优待条款》交给绍英。

绍英故作镇静，指着李煜瀛说："你不是故相李鸿藻的公子吗？何忍出此？"又指着鹿钟麟说："你不是故相鹿传霖家的吗？干吗这么逼我们呢？"

鹿钟麟说："我们来此是执行国务院的命令，同时也是为了清室。如果不是我们，就不会这样客气了。最近摄政内阁成立，各方又纷纷提出惩办复辟的祸首，想直接采取不利于清室的行动。现在宫内外都已经布满军警，气势汹汹，就要动手了。如果不是我劝他们稍等片刻，现在就会出乱子了。"绍英听说这些，接过文件后就匆匆转向宫内。

溥仪对于修改皇室优待条款并不十分吃惊，因为他对此早有思想准备，但是对于限令他们必须在三个小时内搬出紫禁城这一点，却十分紧张，于是他要绍英等人再出去与来人交涉。溥仪随即在宫中召开紧急御前会议，商讨对策。会议认为，本来按照民国元年的优待条例，清朝廷应当移居颐和园，只因后来民国政府并未要求搬出，故一直未迁移，因此对于搬出故宫一项，可以同意，只是所给的三个小时太仓促，根本来不及清点私产，所以要求清内务府大臣绍英和朱益谦继续就这个问题与鹿钟麟商议。双方协商了近三个小时，最后决定将一切物品暂时先保管起来，但是溥仪却必须即日离宫。

此时皇宫中仅存的敬懿皇太妃与荣惠皇太妃却表示宁死也不搬出皇宫，绍英就拿这个做理由，再去和鹿钟麟交涉。鹿钟麟见事情还是不能解决，就故意大声告诉随行人员："快去告诉外面，时间虽然到了，但事情还可商量，先不要开炮放火，再延长二十分钟。"

绍英听后大惊，连忙跑回去对溥仪说，他们只限二十分钟，时间一到后面景山上就要开炮了。溥仪一看是不能拖了，于是答应鹿钟麟，他马上就出宫。

溥仪随即就通告宫中的太监与宫女收拾个人的细软，即日解散回家，并且每个太监发给十块银圆，每个宫女八块银圆。当时宫中还有太监470余人，宫女100余人，真是一片混乱。

溥仪又召开第二次御前会议，讨论移居地点问题，结果决定搬回到自己父母家中去——得胜桥醇亲王府。于是，溥仪便在鹿钟麟、张壁和李煜瀛等人的监视和保护下，离开了故宫。鹿钟麟给他们准备了汽车，溥仪与皇后婉容、皇妃文绣及绍英等上车后，在两辆卡车的士兵押送下到达醇亲王府。

溥仪的汽车来到王府门口下车时，才和鹿钟麟见了面，他们两人握了手。鹿钟麟问溥仪："溥先生，你今后打算要做皇帝，还是打算做一个平民？"溥仪随即回答："我愿意从今天起就当一个平民。"鹿钟麟笑着说："好！那今后我一定保护你。"

溥仪出宫后，皇宫中原来保存的历代帝王的传国玉玺，即由鹿钟麟送到国务院，经由黄郛与李书城等，在后乐堂一一验收，然后交由第一科保管，但这里并没有中国历史上最著名的"金补玉"那尊玉玺，据说是被元朝末帝元顺帝带到蒙古去了。有关点验皇宫内公私物品的手续，即由国务院下令组成清室善后委员会，由李煜瀛任委员长，汪兆铭、蔡元培、鹿钟麟、张壁、绍英等14人任委员。这个委员会的任务是：对故宫保存的历代文物进行清点、登记、整理、保管，以防止遗失或损坏。故宫的警卫由鹿钟麟派兵守卫，一直到1926年4月，国民军在奉军的攻击下，鹿钟麟领军从北京退守南口，故宫才交由内务部接管。

在完成驱逐溥仪出宫之后，11月8日，冯玉祥就以摄政内阁国务院的名义通电全国，说明驱逐溥仪出宫的理由。

当然，对于这个举动，社会上有不同的看法，有赞成的，也有不以为然的。11月6日，北京城全城挂国旗以示祝贺，这当然是奉政府命令老百姓才挂国旗的。

清室的遗老旧臣们当然反对，如段祺瑞第二天就致电冯玉祥，他认为冯玉祥发动北京政变以后所做的各件事都是正确的，唯独他对驱逐溥仪出宫一事，觉得有欠妥当。而冯玉祥立即回电说："此次班师回京，可说未办一事，只有驱逐溥仪，才真是对得起国家，对得起人民，可告天下后世而无愧。"

那么，溥仪搬到醇亲王府去居住，是不是就没有问题了呢？事情还真不是这样简单。

溥仪住进醇亲王府后，醇亲王府原有的卫队也被赶走，由冯玉祥的部队进驻，虽然溥仪此时已经只是一个平民，但是还是没有行动自由，溥仪猜测，冯玉祥是怕他跑到使

溥仪与庄士敦

馆区避难。

1924年11月，冯玉祥电邀段祺瑞和孙中山入京共商国是。11月中旬，冯玉祥和张作霖先在天津会面，决定组织中华民国临时政府，以段祺瑞为临时执政。这两个人在第二次直奉战争中结为盟友，打败了吴佩孚，将直系赶出了华北，两人的关系应当很好。但据说在天津第一次会晤时就产生了激烈的争吵，原因就在于紫禁城事件。

11月17日，段、张、冯在北京的段祺瑞府邸再次会晤，段祺瑞对冯玉祥十分冷淡。此前，段祺瑞就向媒体表示，他对于任意改变对清皇室的"优待条款"极为不满。段祺瑞就任临时执政的第二天，中外报纸就报道："昨天，段祺瑞大帅就任临时总执政之职。他上任后做的第一件事，就是撤销了曾引起极大争议的对满清皇帝的诸多限制，并宣布允许皇上的家庭教师庄士敦先生去访问他的学生。"当天晚上，庄士敦就走进了醇亲王府，冯玉祥的士兵也撤走了，所以此时冯玉祥与张作霖和段祺瑞的关系都不好。

但是，不久就发生了江浙战争，段祺瑞的皖系卢永祥想要南下恢复他失去的浙江地盘，而吴佩孚在湖北得到各地直系督军的支持后，就任十四省直系联军总司令，扬言要北上报仇，所以冯玉祥此时面临奉、直、皖三股势力联合对抗他的压力，非常郁闷。他的部下第二军军将领岳维峻和邓宝珊向冯玉祥献计：趁张作霖和张学良父子两人只带有少量卫队在北京之际，进行突袭，将他们父子两人捉住枪毙，以解除奉系的压力。冯玉祥却担心这样做会引起奉军的异动，酿成混战，而日本人则可能浑水摸鱼侵占东三省，因此不敢贸然行事。但是这个消息却传了出来，张作霖父子连夜出京，北京谣言盛传说即将出现一场大战。庄士敦当然努力安慰溥仪，但溥仪还是感到不放心，于是大家商定还是设法去使馆区避难。

11月29日，溥仪的中文老师陈宝琛告诉庄士敦，据他所得到的最新消息，冯玉祥正在往北京城内增调部队，并且突然召集他的高级军官在西山他所在的寺庙里开会。看来，冯玉祥随时可能会有大动作，万一牵涉到溥仪，醇亲王也无可奈何。

于是他们商议立即动身，溥仪也随即同意了。庄士敦强调，不要将出走的计划告诉给醇亲王府的任何人，包括皇后和皇上的父亲醇亲王，皇上一人先走。之后，溥仪在庄士敦与亲信郑孝胥等人的周旋与安排下，以出门兜风为借口，偷偷溜进了东交民巷日本公使馆。

为什么溥仪要到日本公使馆呢？因为溥仪与日本公使馆有一段渊源。

1923 年 9 月，日本发生了关东大地震，人民伤亡惨重。溥仪从报纸上得知此事以后，就向日本捐献了 30 件故宫珍贵文物，希望日本用拍卖所得救助灾民。日本的大正天皇收到文物后，赞不绝口，担心这样珍贵的文物流落入民间会保存不当，便以皇室收藏的名义高价收买。日本政府为了表达对溥仪的谢意，特派驻华公使芳泽谦吉去紫禁城拜见溥仪致谢。多亏了庄士敦的引见，才使芳泽能见到溥仪。此后，日本就一直鼓励其驻华人员多接触中国权贵，以备日后之用。因此，庄士敦确认日本使馆最有可能庇护溥仪。

果然，日本公使芳泽一见溥仪来到，惊喜过望，一口一个"陛下"地叫着，像个仆人一样忙前忙后照料溥仪。后来溥仪在《我的前半生》回忆录中说，日本公使的恭敬，与本国政变军人对他的无礼，形成了鲜明的对比，正是从那一刻起，他对日本产生了深深的好感。

第二天，皇上"出走"的消息就在北京城内引起了轰动，其轰动程度不亚于其先前被驱逐，而且人们也无限感慨，没有发生在前的无端被驱逐，一个中国皇帝就不会今天被迫要到日本公使馆去寻求避难，这是谁造成的？

几天以后，在日本公使的强烈要求与抗议下，段祺瑞同意放走皇后婉容等人，并都住进了日本使馆。

于是，大清皇朝最后一位皇帝——宣统皇帝溥仪，从此就依靠了日本，并且以后在日本的卵翼下，他又当上了伪"满洲国"的皇帝，不过那是后话了。

附录一
清朝政权纪元

年号	在位时间	陵位名称
顺治（福临）	公元 1644—1661 年，共 18 年	孝陵（清东陵）
康熙（玄烨）	公元 1662—1722 年，共 61 年	景陵（清东陵）
雍正（胤禛）	公元 1723—1735 年，共 13 年	泰陵（清西陵）
乾隆（弘历）	公元 1736—1795 年，共 60 年	裕陵（清东陵）
嘉庆（颙琰）	公元 1796—1820 年，共 25 年	昌陵（清西陵）
道光（旻宁）	公元 1821—1850 年，共 30 年	慕陵（清西陵）
咸丰（奕詝）	公元 1851—1861 年，共 11 年	定陵（清东陵）
同治（载淳）	公元 1862—1874 年，共 13 年	惠陵（清东陵）
光绪（载湉）	公元 1875—1908 年，共 34 年	崇陵（清西陵）
宣统（溥仪）	公元 1909—1911 年，共 3 年	华龙陵园

附录二
晚清时代纪元表

1851 辛亥 元年（咸丰时期）

1852 壬子 二年

1853 癸丑 三年

1854 甲寅 四年

1855 乙卯 五年咸丰

1856 丙辰 六年

1857 丁巳 七年

1858 戊午 八年

1859 己未 九年

1860 庚申 十年

1861 辛酉 十一年

1862 壬戌 元年（同治时期）

1863 癸亥 二年

1864 甲子 三年

1865 乙丑 四年

1866 丙寅 五年

1867 丁卯 六年

1868 戊辰 七年

1869 己巳 八年

1870 庚午 九年

1871 辛未 十年

1872 壬申 十一年

1873 癸酉 十二年

1874 甲戌 十三年

1875 乙亥 元年（光绪时期）

1876 丙子 二年

1877 丁丑 三年

1878 戊寅 四年

1879 己卯 五年

1880 庚辰 六年

1881 辛巳 七年

1882 壬午 八年

1883 癸未 九年

1884 甲申 十年

1885 乙酉 十一年

1886 丙戌 十二年

1887 丁亥 十三年

1888 戊子 十四年

1889 己丑 十五年

1890 庚寅 十六年

1891 辛卯 十七年

1892 壬辰 十八年

1893 癸巳 十九年

1894 甲午 二十年

1895 乙未 二十一年

1896 丙申 二十二年

1897 丁酉 二十三年

1898 戊戌 二十四年

1899 己亥二十五年

1900 庚子 二十六年

1901 辛丑 二十七年

1902 壬寅 二十八年

1903 癸卯 二十九年

1904 甲辰 三十年

1905 乙巳 三十一年

1906 丙午 三十二年

1907 丁未 三十三年

1908 戊申 三十四年

1909 己酉 元年（宣统时期）

1910 庚戌 二年

1911 辛亥 三年

附录三
晚清七十年大事回眸

道光十九年四月二十二日（1839 年 6 月 3 日），钦差大臣林则徐在虎门销烟。

道光十九年八月二十四日（1839 年 10 月 1 日），第一次鸦片战争正式爆发。

道光二十二年七月二十四日（1842 年 8 月 29 日），《南京条约》签订，割让香港。

道光三十年正月十四日（1850 年 2 月 25 日），道光皇帝驾崩。

道光三十年正月二十六日（1850 年 3 月 9 日），咸丰皇帝即位。

道光三十年十二月十日（1851 年初），洪秀全在广西金田村发动起事，建号"太平天国"。

咸丰二年三月，钦差大臣赛尚阿进剿失败，太平军进入湖南，八月攻长沙，近三月不克。

咸丰二年十二月（1853 年 1 月），由湖南北出洞庭湖的太平军首次攻陷武汉三镇。

咸丰三年一月（1853 年 2 月），曾国藩奉旨开始在湖南办团练。

咸丰三年二月十一日（1853 年 3 月 20 日），太平军攻陷金陵（南京），并正式在此建都，改金陵为"天京"，四月，派林凤祥和李开芳北伐北京，胡以晃和赖汉英西征武昌。

咸丰三年三月（1853 年 4 月），清军钦差大臣向荣在天京城外建立江南大营。

咸丰三年十二月（1854 年 1 月），著名湘军早期将领江忠源在与太平军作战时殁于庐州。

咸丰四年正月十九日，太平军再克汉口，分一路南下，三月十日克岳州，继续南下，击败曾国藩的湘军于长沙北面的靖港，三月二十七日占领湘潭，另一路六月二日攻克武昌。

咸丰四年三月初八（1854年4月5日），左宗棠入幕湖南巡抚骆秉璋。

咸丰四年四月初五（1854年5月2日），曾国藩的湘军首败太平军于湘潭。

咸丰四年四月（1854年5月），曾国藩兵进湖北，正式开始进攻太平军。

咸丰四年八月二十三日（1854年10月14日），曾国藩攻克武昌。

咸丰四年十二月底（1855年1月29日），曾国藩水师被太平军分割在鄱阳湖与长江。

咸丰五年正月和六月（1855年2月和7月），僧格林沁消灭北伐太平军林凤祥与李开芳。

咸丰五年七月二十七日（1855年8月），恭亲王奕訢第一次被贬，发回上疏房读书。

咸丰六年三月（1856年4月），湘军名将罗泽南战死武昌。

咸丰六年四月（1856年5月），杨秀清率领太平军攻破江南大营。

咸丰六年十一月（1856年12月），胡林翼攻克武昌，随即肃清湖北全境的太平军。

咸丰六年八月（1856年9月），太平天国发生内讧，在天京，天王洪秀全联合北王韦昌辉杀死东王杨秀清，翼王石达开回师天京调解不成，又被迫出走，11月天王捕杀韦昌辉。

咸丰七年四月（1857年5月），石达开回天京后因受洪秀全猜疑，自领兵离天京到安庆，四个月后，领兵南下江西，1859年初兵进湖南，继而转战广西、贵州、四川和云南等地。

咸丰七年十一月（1857年12月29日），英法联军攻占广州，第二次鸦片战争爆发。

咸丰八年一月（1858年2月），石达开出走后，钦差大臣和春在天京城外再建江南大营。

咸丰八年四月（1958年5月），在攻占大沽炮台以后英法联军攻占天津。

咸丰八年五月（1858年6月25日、27日），中国与英法两国在天津签订《天津条约》。

咸丰八年十月（1858年11月16日），太平军取得三河镇大捷，湘军名将李续宾战死。

咸丰九年五月（1859年6月24日）僧格林沁在第二次大沽口战役中击

败英法联军舰队。

咸丰九年十二月（1860 年 1 月），因遭弹劾，左宗棠退出湖南巡抚官署。

咸丰十年闰三月（1860 年 4 月末），李秀成率领太平军第二次攻破江南大营。

咸丰十年四月十九日（1860 年 6 月 8 日），曾国藩受命署理两江总督，8 月 10 日，实授两江总督、钦差大臣，督办江南四省苏、浙、皖、赣军务与财务。

咸丰十年四月（1860 年 5 月），曾国荃开始围攻安庆。1861 年 9 月 5 日，攻陷安庆。

咸丰十年七月（1860 年 8 月 12 日），英法联军在北塘登陆，很快占领天津。

咸丰十年八月（1860 年 9 月），僧格林沁兵败通州八里桥。

咸丰十年八月（1860 年 9 月 30 日），咸丰皇帝北狩到达承德行宫。

咸丰十年八月（1860 年 9 月），恭亲王受命留守北京并任与英法议和全权大臣。

咸丰十年九月（1860 年 10 月 6 日），英法联军火烧圆明园，10 月 13 日攻占北京。

咸丰十年九月（1860 年 10 月 24 日与 25 日），恭亲王与英法两国分别签订《北京条约》，一个星期后，中俄签订《北京条约》，俄罗斯从中国攫取了黑龙江以北和乌苏里江以东约 140 万平方公里的土地。

咸丰十年十月五月（1860 年 6 月），左宗棠受命自组楚军，该年秋助曾国藩大战祁门。

咸丰十一年二月（1861 年 3 月 11 日），北京成立办理各国事务的总理衙门，即外交部。

咸丰十一年七月十六日（1861 年 8 月 21 日），咸丰皇帝立皇四子载淳为皇太子，并遗诏定肃顺等八位大臣为新皇帝的顾命大臣。

咸丰十一年七月十七日（1861 年 8 月 22 日），咸丰皇帝驾崩于热河承德行宫。

咸丰十一年八月二十六日（1861 年 9 月 30 日），一代中兴名将胡林翼逝世。

咸丰十一年十月初二（1861 年 11 月 2 日），慈安太后、慈禧太后联合恭亲王等发动"辛酉政变"，一举清除了肃顺等八名顾命大臣。

咸丰十一年十月初九（1861 年 11 月 9 日），同治皇帝登基。

咸丰十一年十一月初一日（1861 年 11 月 30 日），慈安与慈禧两位皇太后正式垂帘听政。

咸丰十一年十二月（1862年1月），左宗棠领军入浙江收复太平军占地，旋任浙江巡抚。

同治元年三月初七（1862年4月5日），李鸿章领淮军到达上海，5月13日署理江苏巡抚，6月淮军大败太平军于上海。

同治元年七月（1862年8月），恭亲王在北京设立同文馆，次年在上海也设立同文馆。

同治二年四月（1863年3月），平定浙江后，左宗棠任闽浙总督。

同治二年五月（1863年6月），西征的太平军翼王石达开兵败大渡河，自己来到清营（四川总督骆秉章营）以求能保部属生命，未果，并于8月6日被凌迟处死于成都。

同治三年六月十六日（1864年7月19日），湘军嫡系曾国荃攻陷天京，随即掠烧全城。

同治四年四月二十四日（1865年5月18日），僧格林沁亲王被捻军击毙于山东曹州。

同治四年四月底（1865年5月24日），曾国藩任剿捻钦差大臣，李鸿章署理两江总督。

同治四年八月（1865年9月），李鸿章创建江南机器制造总局。

同治四年十二月（1866年1月），左宗棠消灭太平军最后一支部队谭体元部于粤东。

同治五年九月（1866年10月），左宗棠奉调陕甘总督，开始剿捻、平回、收疆的大业。

同治五年十一月（1865年12月），曾国藩剿捻失败，李鸿章接任剿捻钦差大臣，曾国藩回任两江总督。

同治六年十二月（1868年1月），李鸿章剿灭东捻。

同治七年七月（1868年8月），李鸿章与左宗棠联合剿灭西捻，10月李鸿章任湖广总督。

同治七年七月（1868年8月），曾国藩任直隶总督，马新贻接任两江总督。

同治九年七月二十六日（1870年8月22日），两江总督马新贻在南京遇刺身亡。

同治九年九月（1870年10月），曾国藩因处理天津教案被责，免直隶总督，由李鸿章接任直隶总督兼北洋大臣，曾国藩回任两江总督。

同治十一年二月初四（1872 年 3 月 12 日），曾国藩逝世于南京。

同治十一年（1872 年），李鸿章和盛宣怀创建上海轮船招商局。

同治十二年九月（1873 年 10 月），左宗棠平陕甘回乱。

同治十三年七月二十七日（1874 年 8 月），同治皇帝突然宣布废除恭亲王等十名大臣。

同治十三年十二月初五（1875 年 1 月），同治皇帝驾崩，随后四岁的光绪皇帝即位。

光绪元年三月二十八日（1875 年 5 月 3 日），左宗棠以陕甘总督受命为督办新疆军务的钦差大臣。

光绪二年三月（1876 年 4 月），左宗棠由兰州移节肃州（酒泉）。

光绪二年九月（1876 年 10 月），左宗棠命令所属部队开始西征新疆。

光绪四年六月（1878 年 7 月），左宗棠全部消灭新疆阿古柏匪帮。

光绪四年（1878 年），李鸿章创办开平煤矿矿务局。

光绪五年（1879 年），李鸿章筹建上海机器织布局，1894 年华盛机器纺织总厂成立。

光绪五年（1879 年），李鸿章开始向外国购买军舰组建北洋水师。

光绪六年（1880 年），李鸿章和盛宣怀组建电报总局。

光绪七年正月二十六日（1881 年 2 月 24 日），曾纪泽与俄国签订《中俄伊犁条约》，中国收回伊犁地区。

光绪七年正月（1881 年 2 月），左宗棠回京任军机大臣、东阁大学士，次年九月任两江总督。

光绪七年三月初十（1881 年 4 月 8 日），慈安皇太后去世。

光绪七年（1881 年），李鸿章建成唐山到胥各庄的运煤铁路。

光绪九年十一月（1883 年 12 月），中法战争爆发，延续到光绪十一年二月（1885 年 4 月）。

光绪十年三月初八（1884 年 4 月 8 日），甲申之变，恭亲王全班军机大臣五人被废黜。

光绪十年十月（1884 年 11 月），新疆建省，刘锦棠为首任巡抚。

光绪十一年七月二十七日（1885 年 9 月 5 日），钦差大臣、恪靖侯左宗棠在福州去世。

光绪十一年九月（1885 年 10 月），朝廷组建海军衙门，由醇亲王奕譞任海军总理大臣。

光绪十一年十月十二日（1885 年 11 月），清朝廷决定台湾建省，刘铭传任首任巡抚。

光绪十二年（1886 年），开始修建颐和园，挪用海军经费 2600 万两，光绪十四年建成。

光绪十四年十一月（1888 年 12 月 17 日），北洋水师建成。

光绪十五年二月（1889 年 3 月），慈禧太后撤帘归政给光绪皇帝，慈禧移居颐和园。

光绪十六年十一月（1890 年 12 月），醇亲王奕谭去世。

光绪十六年（1890 年），张之洞在湖北汉阳建立枪炮厂，后来发展成汉阳兵工厂。

光绪二十年七月（1894 年 8 月 1 日），中国对日本宣战，甲午战争爆发。

光绪二十年七月二十九日（1894 年 9 月），北洋水师与日本舰队进行黄海大海战。

光绪二十一年一月（1895 年 2 月 17 日），威海卫陷落，北洋水师全军覆没。

光绪二十一年三月（1895 年 4 月 17 日），中日签订《马关条约》，割让台湾、澎湖与辽东半岛，李鸿章因此被免一切官职。

光绪二十一年三月（1895 年 4 月 24 日），俄、法、德三国干涉下，日本放弃辽东半岛。

光绪二十一年四月初八日（1895 年 5 月 2 日），康有为等人在北京组织《公车上书》。

光绪二十一年九月（1895 年 10 月 2 日），光绪帝御笔钦准设立北洋大学堂，这一天也成为中国第一所大学建校纪念日。

光绪二十一年冬（1895 年冬），袁世凯开始在天津小站训练新军，北洋军因此形成。

光绪二十二年四月（1896 年 5 月），李鸿章作为专使出使俄国并签订《中俄密约》。

光绪二十二年（1896 年），盛宣怀就任铁路督办大臣，担任此职直到光绪三十二年（1906 年），在此期间，中国开始大修铁路。

光绪二十三年四月（1897 年 5 月 27 日），中国首家银行——中国通商银行在上海成立。

光绪二十四年四月十日（1898 年 5 月 29 日），恭亲王奕䜣去世。

光绪二十四年四月二十三日（1898 年 6 月 11 日），光绪颁布《明定国是诏》宣布变法。

光绪二十四年四月二十八日（1898年6月16日），光绪皇帝接见康有为。

光绪二十四年七月十七日（1898年9月4日）光绪皇帝将礼部六堂官集体革职。

光绪二十四年八月初四（1898年9月20日），袁世凯从北京回天津并向荣禄告密。

光绪二十四年八月初五（1898年9月21日），慈禧太后返回官中，光绪失去自由。

光绪二十四年八月初八（1898年9月24日），谭嗣同等六君子被杀。

光绪二十四年八月初八（1898年9月24日），慈禧太后再度临朝训政。

光绪二十五年十二月（1900年1月17日），李鸿章到达广州接任两广总督。

光绪二十五年十二月二十八日（1900年1月30日），傅儁被立为大阿哥。

光绪二十六年四月（1900年5月），义和团进入北京，并从5月17日起，在北京城内开始火烧教民居房和教堂。

光绪二十六年四月（1900年5月22日），朝廷召开第一次御前会议、6月17日召开第二次御前会议，6月18日召开第三次御前会议，6月19日召开第四次御前会议，决定开战，6月21日，清朝廷正式宣布对各国宣战。

光绪二十六年五月二十九日（1900年7月初），东南各省始实施在此次战争中东南互保。

光绪二十六年六月（1900年7月14日），八国联军占领天津，8月4日开始进攻北京。

光绪二十六年六月（1900年7月3日），美国再次宣布对中国主张的"门户开放"政策。

光绪二十六年六月（1900年7月8日），李鸿章再次被任命为直隶总督兼北洋大臣。

光绪二十六年七月初二（1900年7月28日），朝廷大臣许景澄和袁昶被处死，8月11日，另三位朝廷大臣徐用仪、立山、联元三人也被处死。

光绪二十六年七月初十（1900年8月5日），清军兵败北仓、十一日失守杨村、十五日兵败通州。

光绪二十六年七月二十日（1900年8月14日），八国联军进入北京。

光绪二十六年七月二十一日（1900年8月15日），慈禧太后挟持光绪从北京出逃，经河北、山西，九月四日到达西安，途中光绪帝欲返回北京并亲自与入侵联军谈判，未被允许。

光绪二十六年八月（1900年9月18日），李鸿章到达天津，开始与八国联军议和。

光绪二十六年十二月初十（1902年1月29日），慈禧太后以光绪皇帝名义发布上谕宣布准备变法实施新政。

光绪二十七年八月（1901年9月17日），李鸿章与八国联军签订《辛丑条约》。

光绪二十七年八月二十四日（1901年10月），慈禧太后离西安回銮北京。

光绪二十七年十月（1901年11月7日），李鸿章在北京病逝，推荐袁世凯任直隶总督。

光绪二十七年十一月（1901年12月），在回銮北京的路上废大阿哥傅儁。

光绪二十七年十一月二十八日（1902年1月7日），慈禧太后与光绪皇帝回到北京。

光绪二十六年十月（1903年11月），朝廷公布《铁路简明章程》，允许各地官民自筹资本建设铁路干支线，民间集资修建铁路的趋势由此兴起。

光绪二十九年三月（1904年4月），荣禄病死，庆亲王出掌军机，从此军权归于袁世凯。

光绪二十九年十二月（1904年1月13日），朝廷宣布从丙午（1906年）科起废除科举。

光绪三十年（1904年2月8日—1905年9月5日），日俄战争爆发，君主专制的大国俄国败给了君主立宪的小国日本，在中国引起强烈震动，因此要求实现君主立宪的呼声在中国迅速兴起。

1905年8月20日，革命党人在东京成立同盟会。

光绪三十一年十月（1905年11月），朝廷派五大臣出国考察西方各国政治，12月成行。

光绪三十二年七月（1906年8月25日），五大臣呈交出国考察报告，建议仿效日本，经过九年预备期以后，实行君主立宪。

光绪三十二年八月（1906年9月1日），朝廷宣布仿行宪制，预定九年，从改革官制入手，成立宪政编制馆，但11月6日，袁世凯所拟定的官制改革方案被取消，成立新内阁。

光绪三十三年（丁未年）七月（1907年6月—1907年8月），两位朝廷重臣瞿鸿禨和岑春煊相继被庆亲王奕劻和袁世凯排挤而免职，同时袁世凯也担心被猜疑而交出了四镇北洋军并辞去所有兼职以求自保，这两件事发生在同一年，是为"丁未政潮"。

光绪三十四年（1908年），盛宣怀将汉阳铁厂、大冶铁矿、萍乡煤矿合并，成立"汉冶萍煤铁厂矿有限公司"，改"官督商办"为完全商办公司，并被荐举为公司总经理。

光绪三十四年七月（1908年8月27日），宪政编制馆公布《钦定宪法大纲》，同时公布从仿行宪政到实行宪政的九年"路线图"与"时间表"，预定在1906年召开国会。

光绪三十四年十月二十日（1908年11月13日），醇亲王三岁的儿子溥仪被召进宫立为嗣君，醇亲王载沣被封为摄政王。

光绪三十四年十月二十一日（1908年11月14日），光绪皇帝驾崩。

光绪三十四年十月二十一日（1908年11月14日），慈禧太后降懿旨，溥仪入承大统，即皇帝位，继承穆宗同治皇帝，兼祧光绪，命摄政王监国。

光绪三十四年十月二十二日（1908年11月15日），慈禧太后去世。

1908年12月3日，溥仪在太和殿正式登基，成为宣统皇帝。

1909年1月2日，袁世凯被解除一切职务并要求他离京去河南彰德老家养他的"足疾"。

1909年2月，摄政王载沣下令成立中央资政院与各省咨议局（已先成立）。

1909年1月26日、6月22日、10月3日，十六省的咨议局正副局长一年三次到北京请愿要求尽快召开国会，正式立宪。

1909年6月，朝廷命张之洞官修湖广铁路，在盛宣怀的游说下，以商股筹集不易为由，他与德、英、法三国银行签订了《湖广铁路借款合同》，要借款六百万英镑。消息传出立即激起大规模的反抗浪潮，老湖广总督张之洞竟于10月5日"心焦难堪，呕血而死"。

1911年5月8日，宪政编制馆推出《内阁官制》，当天，未经资政院同意，朝廷突然推出被称为"皇族内阁"的所谓责任内阁，立即遭到立宪派与舆论界的强烈反对。

1911年5月9日，内阁签署全国铁路干线归国家所有的诏令，即《路权回收令》，颁布后，各省群起反抗，举行游行示威。

1911年5月17日，断然拒绝资政院召开临时国会的要求。

1911年5月20日，与英、美、德、法四国银行团签订湖广铁路借款合同。

1911 年 6 月 7 日，立宪派首领张謇到彰德密会袁世凯，表示立宪派将支持他主持大局。

1911 年 6 月，四川保路运动蓬勃兴起，组织保路同志会，推举立宪党人四川咨议局正副局长蒲殿俊、罗纶为正副会长，拼死破约保路，参加者以十万计，后发展到成都罢市两个多月。9 月 7 日，新任四川总督赵尔丰诱捕蒲殿俊和罗纶等，枪杀请愿群众三十余人，下令解散保路同志会。激怒了的四川各地民众就将各处电线捣毁，沿途设卡，断绝官府来往文书，于是朝廷从湖北调兵入川进行镇压。

1911 年 10 月 10 日，辛亥革命武昌首义爆发，10 月 17 日，革命军在武昌成立了湖北军政府，公推原新军第 21 协协统黎元洪为都督，并获得了立宪派的全力支持。

1911 年 11 月 3 日，赶到武昌的黄兴就任武昌起义军总司令。

1911 年 10 月 10 日，武昌首义成功以后，一个月内全国有十五个省起义响应宣布独立。

1911 年 10 月 14 日，朝廷授袁世凯为湖广总督，要求他前赴武昌平息革命军起义，遭到袁世凯的拒绝。

1911 年 10 月 28 日，朝廷任命袁世凯为钦差大臣，节制一切水陆各军，也就是赋予他统帅全国军队的大权，袁世凯便领命出山前去湖北前线。

1911 年 10 月 29 日，新军第 20 镇在河北滦州发动兵变，威慑北京，并提出清廷必须实施的《十二条政纲》。

1911 年 10 月 30 日，摄政王载沣发布《罪己诏》，并以滦州兵变提出的《十二条政纲》起草了宪法，称为《重大信条十九条》，并立即实行，也就是正式开始君主立宪。

1911 年 11 月 1 日，北洋军冯国璋部攻入汉口，并且火烧汉口。

1911 年 11 月 8 日，按照《重大信条十九条》，资政院投票选举袁世凯任内阁总理大臣。

1911 年 11 月 13 日，"皇族内阁"解散，袁世凯到北京就任内阁总理大臣，并组成内阁。

1911 年 11 月 27 日，北洋军攻陷汉阳。

1911 年 12 月 4 日，摄政王载沣宣布退位。

1911 年 12 月 18 日，北南两方代表唐绍仪与伍廷芳在上海开始议和谈判。

1912 年 1 月 1 日，南京临时政府成立，孙中山就任临时大总统。

1912 年 1 月 16 日，袁世凯在北京遭遇炸弹袭击，未伤，当日奏请皇帝退位。

1912 年 1 月 17 日、18 日、29 日、30 日，清皇室接连开御前会议讨论如何应对时局，未能作出决定。

1912 年 1 月 26 日，47 名北洋军将领联名通电要求清帝退位，同日，坚决反对让出政权的朝廷保皇党组织"宗社党"领袖良弼在北京遇刺身亡。

1912 年 2 月 5 日，9 名最重要的北洋将领再次向朝廷发出威胁退位的通电。

1912 年 2 月 10 日，南京临时政府向清朝廷发出最后通牒，三天内若不宣布自行退位，将取消此前已承诺的对退位皇室的优待条件。

1912 年 2 月 12 日，隆裕皇太后以大清帝国宣统皇帝名义发布退位诏书，但这只是皇帝退位但并不同时去号，也就是在中华民国指定的北京原皇宫紫禁城内，还允许以溥仪为皇帝的清朝小朝廷存在。

1912 年 2 月 13 日，袁世凯发出支持共和的通电。

1915 年 12 月 12 日，在袁世凯即将宣布称帝的前夕，紫禁城内的清皇室向袁世凯发出公函，表示清朝尚存的宣统皇帝支持袁世凯为"中华帝国皇帝"，不在乎"天有二日"。

1917 年 7 月 1 日至 12 日，在张勋的支持下，溥仪在北京实施了短暂的十二天复辟，事后当时的民国政府只对张勋进行了通缉，没有对溥仪及其小朝廷进行追究。

1924 年 11 月 5 日，北洋军阀冯玉祥派部将鹿钟麟将已逊位的溥仪及其他皇室成员全部赶出紫禁城，大清皇朝自此正式消亡。

主要参考书目

1. 《清史稿》，赵尔巽等撰，中华书局，1977 年。

2. 《清德宗实录》，世续等编，中华书局，1987 年。

3. 《清穆宗实录》，宝鋆等编，中华书局，1987 年。

4. 《中国近代史上的关键人物》，苏同炳著，百花文艺出版社，2007 年。

5. 《中国近代史》，徐中约著，第 6 版，世界图书出版公司，2008 年。

6. 《近代中国史纲》，郭廷以著，格致出版社、上海人民出版社，2009 年。

7. 《晚清七十年》，唐德刚著，岳麓书社，1999 年。

8. 《清代通史》，萧一山著，华东师范大学出版社，2006 年。

9. 《我的前半生》（灰皮本），爱新觉罗·溥仪著，群众出版社，2011 年。

10. 《曾国藩传》，朱东安著，百花文艺出版社，2001 年。

11. 《晚清巨人传——左宗棠》，安静波著，哈尔滨出版社，1996 年。

12. 《慈禧垂帘——祺祥政变始末》，王开玺著，东方出版社，2014 年。

13. 《走进李鸿章》，许绍堂、许高彬著，中国书店，2013 年。

14. 《康有为大传》，张耀鑫、刘媛著，华中科技大学出版社，2013 年。

15. 《千秋功过袁世凯》，周醉天著，金城出版社，2012 年。

16. 《爱新觉罗·载沣——清末监国摄政王》，凌冰著，文化艺术出版社，1988 年。

17. 《苦命天子》，茅海建著，三联书店出版社，2006 年。

18. 《戊戌变法史实考》，茅海建著，三联书店出版社，2005 年。

19. 《南北之争与晚清政局（1861—1864）——以军机处汉大臣为核心的探讨》，林文仁著，中国社会科学出版社，2005 年。

20. 《中国近代史话初集》，左舜生著，台北传记文学出版社，1970年。

21. 《庚子勤王与晚清政局》，桑兵著，北京大学出版社，2004年。

22. 《花随人圣盦樜忆》，清 黄濬著，上海古籍书店，1983年。

23. 《清稗类钞》，徐珂著，中华书店，1983年。

24. 《庸庵笔记》，清 薛福成著，江苏人民出版社，1983年。

25. 《光绪朝东华录》，清 朱寿朋编，张静庐等校点，中华书局，1984年。

26. 《庚子西行记事》，清 唐晏著，台湾广文书局，1967年。

27. 《庚子西狩丛谈》，清 吴永口述，刘冶襄记录，岳麓书社，1985年。

28. 《庚子国变记》，清 李希圣著，上海古籍出版社，1995。

29. 《崇陵传信录》，清 恽毓鼎著，中华书局，2007年。

30. 《方家园杂咏纪事》，清 王照著，中华书局，2007年。

31. 《光绪皇帝外传》，清 恽毓鼎、景善著，重庆出版社，1998年。

32. 《凌霄一士随笔》，清 徐凌霄，徐一士著，山西古籍出版社，1997年。

33. 《清代野史》，辜鸿铭著，巴蜀书社，1983年。

34. 《翁同龢传》，高阳著，中国友谊出版社，1999年。

35. 《慈禧十大迷案破解》，徐彻著，中华书局，2008年。

36. 《枫窗三录》，罗继祖著，大连出版社，2001年。

37. 《翁同龢与戊戌变法》，萧公权著，台北联经出版公司，1983年。

38. 《1901，一个帝国的背影》，王树增著，海南出版社，2010年。

39. 《流亡日志 慈禧在山西的53天》，孙丽萍，陕劲松著，北岳文艺出版社，2011年。

40. 《咸丰同治帝》，徐立亭著，吉林文史出版社，1993年。

41. 《奕䜣慈禧政争记》，宝成关著，吉林文史出版社，1980年。

42. 《晚清那些人和事》，何晓明著，东方出版中心，2013年。

43. 《最后的摄政王——载沣传》，凌冰著，文化艺术出版社，2006年。

44. 《洋务运动史》，夏东元著，华东师范大学出版社，1992年。

45. 《二十世纪中国史纲》，金冲及著，社会科学文献出版社，

2009 年。

46. 《甲午战争与近代社会》，戚其章著，山东教育出版社，1990 年。

47. 《晚清人物与史事》，马忠文著，北京师范大学出版社，2015 年。

48. 《清代人物传考 下篇》，李文海、孔祥吉 主编，辽宁人民出版社，1989 年。

49. 《戊戌变法人物传稿》（增订本），汤志钧著，中华书局，1984 年。

50. 《正说清朝十二臣》，余沐著，中华书局，2005 年。

51. 《清宫秘史》，林均宁编，中国华侨出版社，2015 年。